工程管理与工程造价新形态融媒体教材

工程项目投资与融资

主　编　王　乐
副主编　杨　杨
参　编　孙　莉　薛文碧　苏仁权
主　审　刘亚臣

机械工业出版社

本书依据教育部制定的工程管理类专业人才培养目标，结合实际教学需求，系统地介绍了工程项目投资与融资的相关知识。全书分为工程项目投资和工程项目融资两大部分：第 1~4 章为工程项目投资部分，主要介绍工程项目投资的基本概念、理论与决策、评价等相关内容，同时对工程项目投资可行性研究部分等内容进行重点分析和阐述，并对相关的投资决策与评价问题进行了探讨；第 5~12 章为工程项目融资部分，主要介绍工程项目融资模式，探讨了 BOT、PFI、ABS 及 PPP 等融资模式在工程项目中的实际应用，同时论述了工程项目融资在运用过程中的风险及担保等相关内容。

本书主要作为高等院校工程管理、工程造价、房地产经营管理专业及经济类相关专业的本科教材或教学参考书，也可作为注册造价工程师、监理工程师等职业资格考试的应试参考书。

图书在版编目（CIP）数据

工程项目投资与融资/王乐主编．—北京：机械工业出版社，2023.2
工程管理与工程造价新形态融媒体教材
ISBN 978-7-111-72534-3

Ⅰ.①工…　Ⅱ.①王…　Ⅲ.①基本建设投资-高等学校-教材②基本建设项目-融资-高等学校-教材　Ⅳ.①F283②F830.55

中国国家版本馆 CIP 数据核字（2023）第 010521 号

机械工业出版社（北京市百万庄大街 22 号　邮政编码 100037）
策划编辑：冷　彬　　　　责任编辑：冷　彬　何　洋
责任校对：韩佳欣　王明欣　　封面设计：张　静
责任印制：刘　媛
北京盛通商印快线网络科技有限公司印刷
2023 年 4 月第 1 版第 1 次印刷
184mm×260mm · 17.75 印张 · 440 千字
标准书号：ISBN 978-7-111-72534-3
定价：53.80 元

电话服务　　　　　　　　网络服务
客服电话：010-88361066　机　工　官　网：www.cmpbook.com
　　　　　010-88379833　机　工　官　博：weibo.com/cmp1952
　　　　　010-68326294　金　书　网：www.golden-book.com
封底无防伪标均为盗版　机工教育服务网：www.cmpedu.com

前　言

近年来，在我国经济迅速发展的同时，大型基础设施项目的投资环境、融资方式、投资风险等方面也随之发生变化。2014 年国家发改委印发了《关于开展政府和社会资本合作的指导意见》（简称《指导意见》），从项目适用范围、部门联审机制、合作伙伴选择、规范价格管理、开展绩效评价、做好示范推进等方面，对开展政府和社会资本合作（PPP）提出具体要求。与《指导意见》一同印发的还有《政府和社会资本合作项目通用合同指南》，提出合同编制的注意事项及有关要求，对于解决工程项目建设中的资金缺口问题起到了积极的作用。同时，国家计委与外汇管理局于 1997 年共同发布的《境外进行项目融资管理办法》中定义："项目融资是指以境内建设项目的名义在境外筹措外汇资金，并仅以项目自身预期收入和资产对外承担债务偿还责任的融资方式。"综上，如今工程项目投资与融资已成为广泛应用于大型工程项目资金筹集的一种重要手段，以解决大型基础设施项目建设的资金来源等问题，从而有效地解决了各国经济发展建设中资金不足的问题，极大地推动了经济社会基础设施项目的发展。

本书编写以教育部产学合作协同育人项目"工程项目投资与融资"的课程建设为背景。其主要内容分为工程项目投资和工程项目融资两大部分。工程项目投资部分主要基于前沿理论的研究成果，结合我国当前工程建设领域的发展趋势，系统分析工程项目的投资决策过程及其相关要素，重点介绍对项目投资进行财务、经济、环境及社会效益的综合评价的理论与方法，其内容涵盖从单个项目延伸到项目组合进行投资分析，以判断项目的可行性程度，从而做出正确决策的整个过程，对促进投资理论与实际工程项目的相结合具有现实性的指导意义。工程项目融资部分主要以项目的投资结构为支撑，结合融资方式、融资模式及信用保证结构方面的内容进行系统性分析，其中，投资结构主要确定项目的实际投资者对项目资产的法律拥有形式和项目投资者之间的权利义务关系。在融资方式中，主要以项目的经济强度和债务承受能力为出发点，系统论述了股本金与债务资金比例的确定问题。在项目的融资模式中，结合工程实际和当前项目融资的发展趋势，重点论述融资模式中的基本模式与典型模式。同时在工程项目融资的信用担保部分，从定性层面探讨风险管理和担保方式的内容，帮助读者理解有效的风险防范措施是工程项目投融资成功的关键，从而为工程实际设计合适的投融资方案。

本书与行业发展形势同步，符合工程管理相关专业的学科建设和人才培养目标的需求，同时还可以满足造价工程师、监理工程师等职业资格考试的应试需求。本书的主要特色如下：

(1) 基于实际工程背景，在国内案例中引入“港珠澳大桥”和“北京大兴国际机场”工程项目作为典型案例进行详细阐述，促进投融资理论与实际工程相结合，对我国基础设施建设领域具有现实的指导意义。

(2) 依据工程项目投资与融资的教学需求，在内容选取上克服与其他课程存在知识体系交叉和重复的问题，提高知识模块的融合度；在内容设计上深入浅出，突出专业性、综合性和实用性，不仅帮助读者更好地理解知识点，而且能够提升将理论运用于实际工程项目中的实操能力。同时，结合国内外经典案例，引导读者关注工程领域的相关时事新闻，扩展知识面，开阔视野。

本书共 12 章，由北京经济管理职业学院王乐担任主编，负责总体思路与框架的确定，并完成统撰定稿。具体的编写分工如下：第 1、3、7 章由西安建筑科技大学杨杨编写，第 2、4 章由长安大学薛文碧编写，第 5、6、8、9 章及第 12 章中的 12.1~12.3 节由王乐编写，第 10、11 章由大连大学孙莉编写，第 12 章中的 12.4 节由陕西铁路工程职业技术学院苏仁权编写。

本书各章均设有本章重难点、本章小结及复习题等模块，以便读者在学习过程中通过思考与练习，更好地掌握相关知识。本书还配有 PPT 课件，图文并茂，方便教学使用。

本书在编写过程中借鉴并参考了一些专业资料、论著以及其他同类教材的信息资料，在此谨向这些文献的作者表示深深的谢意。

由于编者水平有限，书中难免存在不足和疏漏之处，恳请读者批评指正和提出修改建议，以便本书今后修订时进一步完善和提高。

编　者

目　录

前　言

第1章

项目投资管理概述

本章重难点

重点掌握投资和工程项目投资的含义和特点、投资和工程项目投资的分类、工程项目投资的资金来源、工程项目投资的基本流程、工程项目投资管理的概念、工程投资管理模式的分类等；难点在于工程项目投资管理各参与方的责任及工程项目投资管理的措施。

1.1 投资概述

1.1.1 投资的含义

投资是人们在日常生活中经常用到的一个概念。投资的含义非常宽泛，而且不同学科基于不同考虑，对其定义也不尽相同。

经济学认为，投资是指个人或单位寄希望于不确定的未来收益，而将货币或其他形式的资产投入经济活动的一种经济行为。

金融学认为，投资是指投资人以金融工具为投资对象，以期将来取得一定投资收益的行为。

财务学认为，投资是指投资人将从有关渠道取得的资金投入自身经营活动或他人经营活动，以谋取未来收益的行为。

可见看出，投资的经济学概念、金融学概念和财务学概念，既有统一性，也有差异性。其差异性主要表现在以下几个方面：

1. 投入物的差异性

经济学意义上的投资与金融学意义上的投资和财务学意义上的投资，其投入物的形式是不同的。经济学和财务学意义上投资的投入物的形式多种多样，可以是货币，也可以是机器设备、原材料、厂房等生产资料，还可以是无形资产和知识经验，如专利权、商标权、销售方法和渠道、原材料购入或资金筹措的方法和渠道、信息收集的渠道和处理方法等；而金融学意义上投资的投入物的形式则较为单一，只能是货币形式，包括现金和其他货币形式。

2. 投资去向的差异性

经济学意义上的投资是指社会实际资本的增加，包括厂房、设备和存货的增加，或者是指以新建筑、新耐用设备或额外库存的形式所表现的新的生产资本形式。也就是说，在经济学意义上，投资的去向主要是投资人自身的经营活动。金融学意义上的投资是投资人通过购买金融工具来完成的，在大多数情况下，投资人既无必要，也无可能购买自己所制造的金融工具；投资人可以购买的主要是他人所制造的金融工具。也就是说，在金融学意义上，投资的去向主要是他人的经营活动。而在财务学意义上，投资的去向既可以是投资人自身的经营活动，也可以是他人的经营活动。

综上所述，投资是指特定经济主体为了在可预见的将来获得收益或使资金增值，在一定时期向一定领域的标的物投放足够数额资金的经济行为。简单地说，投资是企业为获得收益或为控制其他企业而向一定对象投放资金的过程。

1.1.2 投资的特点

企业的投资活动与经营活动是不同的，投资活动的结果对企业在经济利益上有较长期的影响。企业投资涉及的资金多、经历的时间长，对企业未来的财务状况和经营活动都有较大的影响。与日常经营活动相比，企业投资的主要特点表现为以下几个：

1. 属于企业的战略性决策

企业的投资活动一般涉及企业未来的经营发展方向、生产能力规模等问题，如厂房设备的新建与更新、新产品的研制与开发、对其他企业的股权控制等。

2. 属于企业的非程序化管理

企业的投资项目涉及资金数额较大。对这些项目的管理，不仅是一个投资问题，也是一个资金筹集问题。特别是对设备和生产能力的购建、对其他关联企业的并购等，都需要大量资金。对于一个产品制造或商品流通的实体企业来说，这种筹资和投资不会经常发生。对这类非重复性特定经济活动进行的管理，称为非程序化管理。

3. 投资价值的波动性大

投资项目的价值是由投资标的物资产的内在获利能力决定的。这些标的物资产的形态是不断转换的，未来收益的获得具有较强的不确定性，其价值也具有较强的波动性。同时，各种外部因素，如市场利率、物价等的变化，也时刻影响着投资标的物资产的价值。因此，企业在进行投资管理决策时，要充分考虑投资项目的时间价值和风险价值。

企业投资项目的变现能力不强，因为其投放的标的物大多是机器设备等变现能力较差的长期资产，对这些资产的持有目的也不是变现，并不准备在一年或超过一年的一个营业周期内变现。因此，投资项目的价值不易确定。

4. 投资收益的不确定性

投资是在期望收益率高于银行信用利率的基础上做出决策的，而期望收益率是投资的各种收益率水平和不同概率的加权平均值，并非投资的实际收益率，投资存在不能保值增值、甚至亏损的风险，这就是投资收益的不确定性。

投资收益的不确定性与投资活动涉及面广、影响因素多、投资周期长等因素相关。主要包括：

1）投资是建立在已有数据基础上的预测和决策，但是这些已有数据不可能包括未来可能发生的变化，投资周期越长，则未来变化与主观预测之间的差距就越大，因而投资收益的不确定性就越大。

2）投资者即使有稳定的投资资金来源，也未必保证一定能实现期望值，因为在较长周期的投资过程中，投资管理能力会直接影响投资效率。

3）投资分析技术的不当和偏差也会造成投资收益的不确定性。投资收益的不确定性决定了投资者必须具有较高的风险管理能力，能科学预测、慎重决策、强化管理，同时应建立健全投资责任制。

5. 投资的不可逆性

投资项目一旦开始初始支出或转换为专用资产，如厂房、设备、基础设施、无形资产等，因转换用途的成本非常高，因此存在变现能力比较差、难以退出的风险，只能以其提供的产品和服务获取收益。这就是投资项目的不可逆性。例如，关闭一家工厂需要折价变现流动性较差的固定资产，还需要支付从合同条款出解脱出的成本（如违约金），同时还要蒙受未来收益的损失。这些失败的投资因为不可逆变成了沉没成本。

1.1.3　投资的分类

对投资进行科学的分类，是分清投资性质、认识投资特点的前提，其目的在于加强投资管理、提高投资效益。投资可按以下标志分类：

1. 按投资的经营方式分类

依据经营方式的不同，投资可以分为直接投资与间接投资。

直接投资是指把资金投放于经营性资产，以获取利润的投资，也称为实业投资。实业投资可以根据各种生产经营条件在企业生产经营中的作用，进一步分为固定资产投资、无形资产投资和流动资产投资。其中，固定资产投资和无形资产投资属于劳动手段的投资；流动资产投资属于劳动对象的投资。直接投资具有投资者与投资项目建设者统一的特点。

间接投资是指企业把资金投放于各种金融工具，以便获得股利或利息收入的投资，也称为金融投资。金融投资可以根据金融工具的层次性，进一步分为基本金融工具投资和衍生金融工具投资。其中，基本金融工具投资主要包括股票投资和债券投资；衍生金融工具投资包括金融远期合约投资、金融期货合约投资，金融选择权合约投资和金融互换合约投资。间接投资具有投资者和投资项目建设者相分离的特点。

直接投资与间接投资的比较见表 1-1。在投资收益上，直接投资一般只能获得投资利润；而间接投资不仅可能获得投资利润，还可以获得资本利得，即金融工具的买卖价差。在投资的风险上（主要指市场风险），直接投资只遇到所生产的产品或提供的劳务在市场上不能实现的风险；而间接投资还会遇到金融市场风险，影响金融市场的因素不仅众多而且变动频繁，金融市场风险较商品市场风险要大得多。

表 1-1　直接投资与间接投资的比较

项　目	投资类型	
	直接投资	间接投资
经营方式	投放于经营性资产，属于实业投资	投放于金融性资产，属于金融投资
资产流动性	资产不能分割，难以变现	资产可以分割，随时变现
分类	固定资产投资、无形资产投资和流动资产投资	基本金融工具投资和衍生金融工具投资

2. 按投资的期限分类

依据期限的不同，投资可以分为短期投资和长期投资。

短期投资是指能够并且也准备在一年以内收回的投资。它主要包括对现金、应收账款、存货、短期有价证券的投资，长期有价证券投资如能随时变现，也可归于短期投资。短期投资一般具有回收期短、所需资金少、变现能力强、波动性大等特点。

长期投资是指一年以上才能收回的投资。它主要是对厂房、机器设备等固定资产的投资，也包括对无形资产和长期有价证券的投资。长期投资一般具有回收期长、所需资金多、变现能力差等特点。

不管是短期投资还是长期投资，都会对企业的财务状况、损益状况和经营状况产生重要影响，但短期投资的影响时间短，而长期投资的影响时间长。因此，长期投资的风险通常大于短期投资的风险，与之相应，长期投资的收益一般也高于短期投资的收益。

3. 按投资在再生产过程中的作用分类

依据在再生产过程中作用的不同，投资可以分为初创投资和后续投资。

初创投资是指在建立新企业时所进行的各种投资。它的特点是投入的资金通过建设形成企业的原始资产，为企业的生产、经营创造必备的条件。

后续投资是指为巩固和扩大企业再生产规模所进行的各种投资。它主要包括为维持企业简单再生产所进行的更新性投资、为实现扩大再生产所进行的追加性投资、为调整生产经营方向所进行的转移性投资等。

从理论上讲，企业后续投资的风险相对较高。这是因为：如果后续投资是原投资方向的继续，那么，后续投资处在产品生命周期的后期阶段，有可能面临因产品衰落而无法销售的风险；如果后续投资投向与原投资方向不同的方向，由于是新的投资领域，收益的不确定性较大，风险也较大。依据风险与收益均衡原理，后续投资的收益也应该更高，至少应维持以前投资的收益水平。

4. 按投资的去向分类

依据去向的不同，投资可以分为国内投资和国际投资。

国内投资是指企业把资金投向本国（企业）经营活动的投资。国内投资还可以按投资范围进一步分为对内投资和对外投资。对内投资是指把资金投向企业内部，购置各种生产经营用资产的投资；对外投资是指企业以所拥有的资产直接投放于其他企业，或者以购买股票、证券等金融资产方式向其他企业的投资。

国际投资是指企业把资金投向他国（企业）经营活动的投资。国际投资具有国内投资的共性，但在实际运作中较国内投资要复杂得多。国际投资的跨国界属性，决定了它具有如下特点：投资目的的多元性；投资所用货币的多样性；投资所体现利益的民族性；投资环境的复杂性；投资所包含的更大的风险性。

1.1.4　投资的意义

在市场经济条件下，企业能否把筹集到的资金投放到收益高、回收快、风险小的项目上去，对企业的生存和发展都是十分重要的，投资的意义主要表现在以下几个方面：

1. 投资是取得利润的基本前提

企业经营的目标是不断提高经济效益，为此，就要采取各种措施增加利润、降低风险。在商品经济条件下，企业要想获得利润，必须拥有一定数量的资金，并把资金投放到各种资产上，才能进行生产经营，取得利润。

2. 投资是企业维持简单再生产的必要手段

在科学技术、社会经济迅速发展的今天，要维持简单再生产，就必须不断投入所需的人力、物力；必须对所使用的机器设备进行更新；必须对产品和生产工艺进行改进；必须不断提高员工的文化、科学、技术水平；等等。企业只有通过一系列的投资活动，才能建立这些维持简单再生产不可缺少的条件。

3. 投资是企业扩大再生产的必要前提

企业为不断提高其经济效益、增强其竞争能力，必须适当扩大其生产经营规模。为此，企业要扩建厂房，增添机器设备，运用更先进的设备来更新已有设备，这些都需要投入资金。

4. 投资是降低企业经营风险的重要方法

企业把资金投向生产经营的关键、薄弱环节，可以使企业的各种生产经营能力配套、平衡，形成更强的综合能力。企业把资金投向多个行业，实行多元化经营，能增加企业销售和盈余的稳定性。这些都是降低企业经营风险的重要方法。

1.2　工程项目投资

1.2.1　工程项目投资的含义及特点

1. 工程项目投资的含义

工程项目投资既是企业可持续发展的前提，也是企业取得经济收入的来源和竞争力的基础。工程项目是指管理对象在一定约束条件下（限定的资源、时间、质量等）完成的具有特定目的的一次性任务。工程项目的特点包括：有明确的项目组成，工程项目在一个总体设计或总概（预）算范围内，由若干个互有内在联系的单项工程组成，建成后在经济上可以独立经营，在行政上可以统一管理；有明确的建设目标和任务，如时间目标，即在规定的工期内完成项目，还有工程质量目标、资金目标等；需要遵循必要的建设程序和经过特定的建设过程，且是一个有序的全过程；工程投资项目一般是一次性的，建设任务完成，则投资结束。

工程项目投资是一种以特定建设项目为对象，直接与新建项目或更新改造项目有关的长期投资行为。工程项目建设过程就是工程项目投资活动的完成过程。

2. 工程项目投资的特点

(1) 投资金额较大

由于项目本身具有地域性、一次性、复杂性和过程多样性等特点，因此，项目投资不仅涉及主体项目，还包括与项目直接和间接相关的各项投资内容，一般涉及固定资产投资(设备购价、建设安装工程成本) 和流动资产投资等，所需资金一般较大。

(2) 投资回收期较长

工程项目投资一般会在较长时间内影响企业，所投资金一般都需要几年甚至十几年才能收回。因此，工程项目投资对企业今后长期的经济效益，甚至对企业的命运都有着决定性的影响。这就要求企业在进行工程项目投资前必须认真进行可行性研究。

(3) 投资变现能力较差

工程项目投资的实物形态主要是建筑物和机器设备等固定资产，有些甚至是专用性资产，这些资产不易改变用途，出售困难，变现能力较差。

(4) 投资风险较大

工程项目的建成往往需要一年以上甚至更长时间，建设过程涉及面广，各种情况的变化带来的不确定因素较多，同时在建设过程中不产生直接生产效益，只有在建成验收交付使用后才能发挥效益或产出效益。因此，其不确定因素较多，易受各种环境因素变化的影响，加之项目投资不容易变现，所以工程项目投资的风险一般较大。

1.2.2 工程项目投资的分类

工程项目投资可按不同标准进行分类。

1. 按投资内容分类

工程项目投资按内容可以分为新建项目和更新改造项目。

(1) 新建项目

新建项目是以新建生产能力为目的的外延式扩大再生产。新建项目按其涉及内容又可细分为单纯固定资产投资项目和完整工业投资项目。

1) 单纯固定资产投资项目，简称固定资产投资，其特点在于，在投资中只包括为取得固定资产而发生的垫支资本投入，而不涉及周转资本的投入。

2) 完整工业投资项目，其特点在于，不仅包括固定资产投资，而且涉及流动资金投资，甚至包括无形资产等其他长期资产投资。

(2) 更新改造项目

更新改造项目是以恢复或改善生产能力为目的的内涵式扩大再生产。因此，不能将项目投资简单地等同于固定资产投资。项目投资对企业的生存和发展具有重要意义，是企业开展正常生产经营活动的必要前提，是推动企业生产和发展的重要基础，是提高产品质量、降低产品成本不可缺少的条件，是增强企业市场竞争能力的重要手段。

2. 按对企业未来的影响分类

按投资项目对企业未来的影响，工程项目投资可分为战术性投资和战略性投资两大类。

战术性投资是指不牵涉整个企业前途的投资，如为提高劳动生产率而进行的投资、为改善工作环境而进行的投资等。战略性投资是指对企业全局有重大影响的投资，如企业转产投资、增加新产品投资等。战略性投资一般所需资金多、回收时间长、风险大，对企业未来发展影响大。

3. 按投资项目之间的关系分类

根据投资项目之间的相互关系，工程项目投资可分为相关性投资和非相关性投资两大类。如果采纳或放弃某个投资项目，可以显著地影响另一个投资项目，则可以说这两个投资项目在经济上是相关的。如对油田和输油管道的投资，便属于相关性投资。如果采纳或放弃某一投资项目并不显著地影响另一投资项目，则可以说这两个投资项目在经济上是不相关的。如一家制造公司在专用设备上的投资和在某些办公设备上的投资，就是非相关性投资。

4. 按增加利润的途径分类

根据增加利润的途径，企业固定资产项目投资可以分成扩大收入的投资与降低成本的投资两类。扩大收入的投资是指通过扩大企业生产经营规模以便增加利润的投资。降低成本的投资是指通过降低经营支出以便增加利润的投资。

5. 按投资主体分类

按投资主体，工程项目投资可分为政府项目投资、企业项目投资和外商项目投资。政府项目投资是指为了适应和推动国民经济或区域经济的发展，为了满足社会的文化和生活需要，以及出于政治、国防等因素的考虑，由政府通过财政资金，发行国债或地方财政债券，利用外国政府赠款，以及国家财政担保的国内外金融组织贷款等方式独资或合资兴建的固定资产投资项目。企业项目投资是指由企业自有资金、贷款资金或发行企业债券、股票等筹资方式，为企业生产性战略而进行的投资项目。外商项目投资是指由国外投资人、政府组织、国际组织、民间组织或个人资金投资的项目。不同的投资主体形成了项目投资的不同评估特点与管理特点。

1.2.3　工程项目投资的资金来源

工程项目投资的资金来源主要有以下几个方面：

1. 财政预算投资

财政预算投资是指以政府预算资金为来源，并列入年度基本建设计划的建设项目投资，也称为国家投资。财政预算投资主要包括国家预算、地方财政、主管部门和国家专业投资公司拨给或委托银行贷给建设单位的基本建设拨款、中央基本建设基金、拨给企业的更新改造拨款，以及中央财政安排的专项拨款中用于基本建设的资金。

基础性设施项目建设周期长、投资大、收益低，需要政府扶持，以及一部分基础工业项目，还有直接增强国力的符合经济规模的支柱产业项目，可由国家开发银行融资，建立稳定的资金来源。其中一些有稳定的预期现金流量的项目，还可采用项目融资的方式获得资金来源。

公益性项目包括科技、教育、文化、卫生、体育、环保等事业单位及政府机关、社会团体、公益设施、国防设施的建设项目。这类工程项目投资的资金来源于政府财政拨款。

2. 自筹资金投资

自筹投资是指主管部门、地方和单位、个人等通过正当来源自筹资金用于项目投资，已成为工程项目筹资的主渠道。自筹资金主要有地方自筹资金，部门自筹资金，企业、事业单位自筹资金，以及集体、城乡个人筹集资金等。自筹资金必须纳入国家计划，并控制在国家确定的自筹资金投资规模以内。地方和企业的自筹资金，应由建设银行统一管理，其投资要与预算内投资一样，事先进行可行性研究和技术经济论证，严格按基本建设程序办事，以保障自筹投资有较好的投资效益。

3. 银行贷款投资

银行利用信贷资金发放基本建设贷款是工程项目投资资金的重要组成部分。银行贷款的发放和使用应符合法律法规和中国人民银行发布的行政规章，应遵循安全性、效益性、流动性三个原则。一般来说，流动性和安全性越高，贷款效益性越低；相反，贷款效益性越高，流动性和安全性就越低。这也符合风险与收益对等原则。

4. 利用外资

利用多种形式的外资，是我国实行改革开放政策、引进外国先进技术的一项重要举措，同时也是我国工程项目投资不可缺少的重要资金来源。其主要形式有：外国政府贷款；国际金融组织贷款；国外商业银行贷款；在国外金融市场上发行债券；吸收外国银行、企业和私人存款；银团贷款；利用出口信贷；吸收国外资本直接投资，包括与外商合资经营、合作经营、合作开发以及外商独资等形式；补偿贸易；对外加工装配；国际租赁等。

5. 利用有价证券市场筹措建设资金

有价证券市场可以买卖国家债券、公司债券和股票等有价证券，在不增加社会资金总量和资金所有权的前提下，通过融资方式把分散的资金累积起来，从而有效地改变社会资金总量的结构。有价证券主要指债券和股票。

（1）债券

债券是一种有价证券，是社会各类经济主体为筹措资金而向债券投资者出具的，并且承诺按一定利率定期支付利息和到期偿付本金的债权债务凭证。我国发行的债券种类有：国家债券，即公债、国库券，是国家以信用的方式从社会上筹集资金的一种重要工具；地方政府债券；企业债券；金融债券。债券发行后，可在证券流通市场上进行交易。债券的发行与转让分别通过债券发行市场和债券转让市场进行。债券的票面价格是指债券券面上所标明的金额；债券的发行价格是指债券的募集价格，是债券发行时投资者对债券所付的购买金额；债券的市场价格是指债券发行后在证券流通市场上的买卖价格。

债券具有安全性、流动性和收益性的特点。其中，安全性是指债券持有者到期能够无条件收回本金，为此债券发行者应提供物资担保或信用担保。流动性是指债券持有者可将债券抵押、贴现或转让。收益性是指债券持有者在偿还期内有权领取债券利息。一般来说，当企业预测未来市场销售情况良好、盈利稳定，且预计未来物价上涨较快，企业负债比率不高时，可以考虑以发行债券的方式筹资。

（2）股票

股票是一种有价证券，它是股份公司为筹集资金向其出资者签发的出资证明或股份凭证。股票一经发行，持有者即为发行公司的股东，有权参与公司的决策、分享公司的利益，同时以自己的出资额为限分担公司的责任和经营风险。股票具有无偿还性、可抵押性、可转让性的特点。按股东承担风险和享有利益的大小，股票可分为普通股和优先股两大类。优先股股东较普通股股东优先获得利润分配，按一定比例获取固定股息，企业倒闭时优先分得剩下的可分配给股东的财产，但不参加股东大会。普通股股东在优先股股东之后分得股息，在公司盈利较多时分享红利，还可获得股票增值收益。普通股股东有参加股东大会，选举公司董事、监事，以及参与公司管理的权力，其权力大小取决于持股份额。股票筹资是一种弹性融资方式，由于股息和红利不像利息必须按期支付，且股票无到期日，公司不需要偿还资金，因而融资风险低。

1.2.4　工程项目投资的基本流程

工程项目投资的特点决定了其投资具有较大的风险，一旦决策失误，就会严重影响企业的财务状况和现金流量，甚至会导致企业破产。因此，项目投资必须按特定的程序，运用科学的方法进行可行性分析，以保证决策正确有效。工程项目投资的基本流程图如图 1-1 所示。

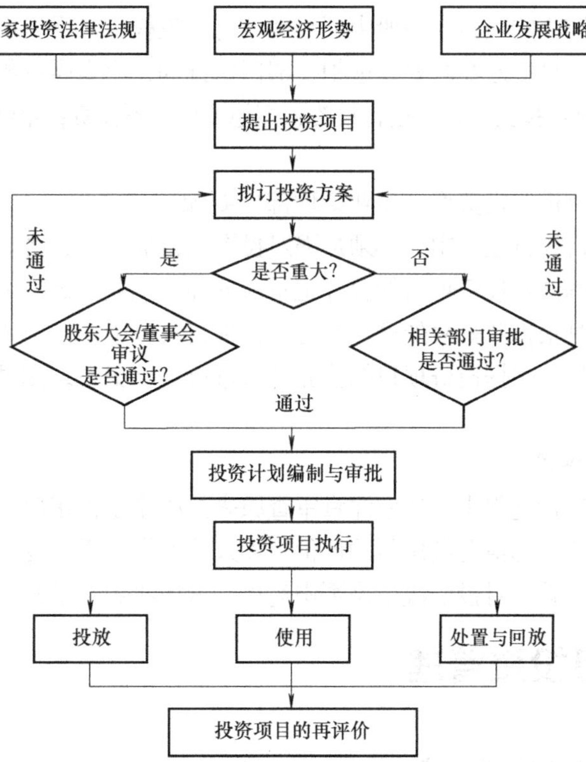

图 1-1　工程项目投资的基本流程

工程项目投资的基本流程包括以下步骤：

1. 提出投资项目

企业的各级管理人员都可根据国家投资法律法规、宏观经济形势和企业发展战略提出新的投资项目。投资规模较大、所需资金较多的战略性项目，应由企业高层管理者提议，由各部门专家组成专家小组提出方案并进行可行性研究；企业中层、基层人员提出的主要是战术性投资项目，其方案由有关部门组织人员提出并进行可行性研究。

2. 拟订投资方案

投资项目方案的拟订是建立在根据详细可靠的市场预测、成本分析和效益估算进行的项目可行性研究的基础上的。可行性研究是在项目建议书的基础上，对项目有关的社会、经济、技术、财务、组织等各方面的情况进行深入调查研究，从投资战略是否符合企业的发展战略、是否有可靠的资金来源、能否取得稳定的投资收益、投资风险是否处于可控或可承担范围内、投资活动的技术可行性、市场容量与前景等几个方面进行论证，然后提出该项目建设是否可行的结论性意见。

3. 投资项目决策

投资项目评价后，企业领导者要做出投资决策，又称资本预算决策。企业要按照规定的权限和程序对投资项目进行决策审批，通过分级审批、集体决策来进行，决策者应与方案制订者适当分离。重点审查投资方案是否可行，投资项目是否符合投资战略目标和规划，是否具有相应的资金能力，投入资金能否按时收回，预计收益能否实现，以及投资和并购风险是否可控等。对投资额较小的项目，一般中层经理就有决策权；对重大投资项目，应当报经董事会或股东大会批准。投资方案需要经过相关部门审批的，应当履行相应的报批程序。投资项目的决策主要有三种：接受项目，进行投资；拒绝项目，不投资；重新调查研究后再决定。

4. 投资项目执行

企业决定对某项目进行投资后，企业管理部门要编制资金预算，并筹措所需要的资金，实施投资。在投资项目执行过程中，必须加强对投资项目的管理，密切关注投资项目的市场条件和政策变化，准确做好投资项目的会计记录和处理。企业应定期组织投资效益分析，发现异常情况，应当及时报告并妥善处理。同时，在项目实施中，还必须根据各种条件，准确对投资的价值进行评估，根据投资项目的公允价值进行会计记录。如果发生投资减值，应及时提取减值准备。

5. 投资项目的再评价

投资项目在具体执行过程中，还应注意审查原来的决策是否正确、合理。一旦出现新的情况，就要随时根据变化的情况做出新的评价。如果情况发生重大变化，导致原来的投资决策已变得不合理，那么就要对投资决策是否中途停止做出决策，以避免更大的损失。

1.3 工程项目投资管理

1.3.1 工程项目投资管理概述

工程项目投资管理所涉及的投资对象，主要是以投资主体建设项目形成固定资产和流动资产的投资，因此，工程项目投资管理是以固定资产投资管理为核心来进行的。如果从主体角度划分，工程项目投资管理可以分为工程项目宏观管理和微观管理。工程项目投资管理就是对工程项目在投资方面开展的所有工作，即从投资资金角度，在项目立项、可行性研究、评价、决策、设计、设备购置、施工、验收、资金回收等一系列阶段围绕资金进行规划、协调、监督、控制和总结评价的活动，以达到保证工程项目投资质量、提高建设速度和投资效益的目的。从具体的实施层面，工程项目投资管理的含义主要包含两个方面：一是指对工程项目进行的投资规划、组织和监督工作；二是指确定建立执行上述任务（投资项目计划、组织和监督）的单位。工程项目投资管理模式是决定工程投资项目各参与方地位和相互关系的经营活动方式，它使项目各参与方形成自我约束和激励机制。工程项目投资的参与方包括投资方、贷款方、咨询设计单位、工程承包商（或施工单位）、材料供应商、业主（或建设单位）及其他有关单位。

工程项目投资管理各参与方的责任如下：

1）投资方就是拟建设项目共同进行股权性投资的当事人。投资方的目的就是通过投资使工程项目完成，以满足其获得收益的期望。作为投资方，其职责就是为项目提供资金，保证项目沿着正确方向，为工程项目提供支持，监督项目的进程、资金运用与质量，对需要其决策的问题做出决定。

2）贷款方通常是对拟建项目提供贷款的商业银行或其他金融机构。贷款人应当按照国家关于投资项目资本金制度的有关规定，综合考虑项目风险水平和自身风险承受能力等因素，合理确定贷款金额，并对工程项目提供贷款支持。

3）咨询设计单位，包括财务、设计、造价、监理等单位。财务咨询单位为业主提供项目可行性研究。工程设计单位按现代设计思想，对设计进行优化，当好业主的参谋，给出合理的决策建议，处理好设计和施工之间的关系。工程造价咨询单位和工程监理单位对工程造价加以控制，具体包括：①审查设计概（预）算是否符合投资要求，设计是否经济合理，选用的定额标准是否适当等问题；②审查投标单位的资质，以及报价是否合理等问题；③通过对合理工程量进行计量，防止承包商多报、早报、虚报工程量；④认真对待工程设计变更、进度改变、施工条件变化和新增工程等问题；⑤对可能引起的索赔事项及早提醒业主注意，减少索赔的发生。

4）负责监督和实施工程项目的建造者，即工程承包商（或施工单位），包括总承包商、专业承包商或分包商，它们负责工程投资项目的单项工程或单位工程的施工任务。工程承包商为了获得工程项目，必须以有竞争力的合理标价参加投标或按照专业特点联合投标，以达到降低施工成本、提高工程承包经营效益、保证工程质量和工期，进而有效控制工程造价的目的。其中，总承包商负责协调项目任务的分工协作，协同专业承包商或分包商尽职尽责地完成任务；专业承包商则负责完成其专业任务内的工作，包括机械、电气、基础、土方和拆迁等专业项目的承包商，它们可以是总承包商的分包商，也可以直接与业主签订独立合同，受业主监督管理。

5）材料供应商，包括钢结构、网架金属结构、商品混凝土、预应力钢筋、钢屋架以及电气照明等方面的供应商；设备供应商，包括发电机组、热力、管道和其他设备等方面的供应商。多数供应商都负责现场安装以满足施工需要，由于结构复杂的项目日益增多，专业承包商和材料设备供应商的供货渠道逐渐趋同。

6）业主（或建设单位），应降低筹资成本，以招标投标方式优选项目建设的合作单位，以及组建或委托项目管理公司管理项目建设。在政府投资项目的代建制模式中，业主委托政府主管部门通过招标投标方式寻找专业化的项目管理公司负责项目全过程管理。

1.3.2 工程项目投资管理模式的分类

1. 按管理体制划分

按管理体制，工程项目投资管理模式可以分为自营和发承包。自营是指业主组织人力、物力承担建设。其优点是管理可控、风险可控；缺点是缺乏严格的经济责任制和内部约束，经济效益较低。发承包是指建设单位（或总承包单位）委托具有从事建筑活动的法定从业资格的单位为其完成设计、施工等建筑工程的全部或部分的交易行为。其优点是引进竞争机制，促进各专业单位提高技术与管理水平，进而精打细算，提高经济效益；缺点是业主不能对工程进展进行全程控制，对于业主来说风险较大。

2. 按管理方式划分

按管理方式，工程项目投资管理模式可以分为业主直接管理和业主委托专业管理单位管理。业主直接管理是业主组建管理机构，承担对承包单位的管理工作，也就是在发承包合同中自认甲方。其优点是项目管理权集中，易于业主做决策调整；缺点是业主缺乏建设管理经验、管理水平不高，一个项目建成，取得了一定经验教训后，建设管理机构就解散了。当业主不能在同一行业里做滚动开发时，该缺点会显得比较突出。

业主委托专业管理单位管理是业主委托诸如项目管理公司、承包公司，监理公司等专业单位代表业主，对设计、施工等承包单位进行管理，而业主不直接参加项目建设的日常管理工作，把精力放在资金筹措和对委托单位的监督上。

3. 按承包方式划分

按承包方式，工程项目投资管理模式可以分为建设全过程总承包、施工总承包和分标承包。建设全过程总承包是由承包公司（或设计单位主体）对建设全过程（即从可行性研究到竣工投产）向业主总承包，是将勘测、设计、采购、施工、安装、试运行、竣工验收全部建设任务都交给承包单位。其优点是发挥设计单位的优势，结合设计与施工，有利于缩短工期、降低造价。

施工总承包是建设项目从施工准备到工程竣工的全部施工任务由某一个施工承包商总承包，业主或业主委托的监理单位对工程施工进度进行质量监督。

分标承包是业主据工程规模和性质，将项目分为若干个标段，由若干承包商承包。业主或业主委托监理单位负责协调各承包商，该方式适合于大型工程项目。

4. 按项目的分工管理划分

按项目的分工管理，工程项目投资管理模式可以分为传统的设计-承包模式、专业化的项目管理模式、业主-建造运营模式、交钥匙模式。

传统的设计-承包模式，就是业主选择设计单位为承包商，提供项目所需的详细规划和设计，设计单位同时代表业主在施工期间监督项目的执行。尽管具体工作由众多专业承包商承担，但由总承包商对工程总负责。总承包商由业主通过招标投标或邀请谈判选择，总承包商可以选择自己完成建设项目的全部或部分工作，也可以只作为管理者采用招标投标方式邀请谈判方选择分包商。

专业化的项目管理模式，是指专业的工程项目经理和其他各方共同组成项目管理公司，或由专门的项目管理公司负责代理业主完成项目的规划、设计和施工等任务的集中管理。该模式有利于各管理队伍之间的协调。

业主-建造运营模式，是指业主有连续的在建项目，可保留稳定的职能部门，而把其他业务分包出去，以便于业主集中管理和控制关键部门。

交钥匙模式是一种特殊的设计-建造方式，是指由承包商为业主提供包括项目可行性研究、融资、土地购买、设计、施工直到竣工移交给业主的全套服务。

1.3.3　工程项目投资管理的措施

1. 建立项目审批制和落实项目法人责任制

建立项目建议书、可行性研究和项目评估的严格审批制度，该制度既能体现政府主管部门的宏观和微观投资管理政策，又能形成科学的投资决策程序。

落实项目法人责任制，一是有助于建立合理的项目组织结构，在项目管理中落实投资控制的人员、任务分工和职能分工；二是有利于委托或聘请有关咨询单位或有经验的工程造价师做好工程造价的控制及管理工作；三是有利于积极推行项目设计、施工、材料采购等的招标投标制度；四是有利于在市场经济条件下，使工程项目投资管理的各参与方自我约束、自我激励和各负其责，从而有效管理工程项目投资。

2. 全过程工程项目投资管理

(1) 全过程工程项目投资咨询

工程项目投资的业主方希望获得工程项目策划、设计、施工至竣工的全过程投资管理服务，因而为业主服务的咨询公司应参与从可行性研究直到竣工决算的全部工作。全过程工程项目投资咨询需要科学周密而有计划地分阶段设置投资控制目标，通过目标控制，在项目决策、设计、发包和实施阶段，把投资发生额控制在批准的限额以内，并随时纠偏，以确保投资目标顺利实现，使投资估算、工程概算、设计预算、承包合同价更趋合理准确，真实而客观地反映项目实际进程发生额，有效防止概算超估算、预算超概算、竣工结算超预算等“三超”现象发生，最大限度地合理使用人力、物力、财力，从而获得较好的投资效益和社会效益。

(2) 造价部门参与设计管理

在全过程工程项目投资管理中，尤其要重视设计阶段的投资管理。造价部门应参与设计管理，推行以“价”定“量”的限额设计方法，使设计部门严格按照批准的可行性研究报告及投资估算控制初步设计，按照批准的概算控制技术进行施工图设计，在确保达到技术标准和建设规模的前提下，按分配的投资控制设计，进行合理变更，保证总投资不突破，并在技术与经济平衡的条件下实现工程造价最小。

造价部门公布合理的技术经济指标及考核指标，为设计工作者选择设计方案时提供参考信息，促使设计人员精打细算、精心设计，不断优化设计，使优化的设计方案既符合限额设计的要求，经济可行，资源节约，又能满足工程结构、使用功能和安全可靠的要求，为业主创造最优价值。

(3) 设计与施工相结合

设计和施工相结合是全过程投资管理的重点。这方面可取的模式有 CM 模式、D+D+B

模式、D+B+FM 模式等。CM（Construction Management）模式就是设计与施工交叉作业，使设计与施工尽可能相互沟通和搭接，既有利于降低成本、提高质量，又可使工期缩短，对业主有利。D+D+B（Develop+ Design+ Build）模式是将传统承发包模式向前延伸，即承包方既负责项目前期决策阶段的策划、管理，又负责设计和施工。D+B+FM（Design+ Build+ Facility Management）模式是传统承发包模式向后延伸，即设计、施工与物业管理相结合。

这些新型的发包模式归结起来都属于设计/施工一体化模式。其优点是：①使建筑企业的业务范围、功能均发生了变化，具有了设计、施工、造价管理、开发及管理能力，甚至还可以设法帮助业主进行项目融资，使原来在设计者与施工者之间存在的大量矛盾得以避免；②使施工企业能在设计阶段为设计单位的设计提供施工投资最省的方案，而承包商为业主融资，又能把承包商与业主的利益联系在一起，这样，以设计阶段为重点的全过程投资管理才更有可能成为现实；③可以将项目分成若干组成部分，一部分设计完成后，这部分的施工便马上进行而无须等到项目其他部分的设计完成，如果协调得当的话，整个项目周期会大为缩短；④该模式可以进一步拓展为交钥匙方式，该方式中，业主可将所有责任委派给设计/施工公司一家承担，而该公司只要在商定价格的基础上移交业主满足标准和要求的完工产品即可；⑤该模式还可以拓展为专业化的工程投资项目管理的代理模式，如代建制模式，尤其适合大型复杂的政府投资项目，这是因为大型项目内部的职能式、项目式、矩阵式等嵌套组织共生复杂，且存在复杂的集权和分权，不同阶段的组织形式也不相同，如果没有专业化、效率高的项目管理公司代理业主管理，很难完成。

3. 开发和利用动态工程投资管理信息系统控制投资

工程投资控制之所以出现超资超额现象，往往是因为信息管理方式落后，资料精度不够，不能及时、全面地为决策者决策提供可靠的依据。

（1）全方位动态控制投资

全方位动态控制投资，即对工程投资项目所涉及的地价、建筑安装工程费用、配套费用前期费用等，既要分别控制，又要作为项目整体加以控制，并把工程投资划分为静态投资和动态投资，把估算编制中的投资除去预备费部分作为静态投资，把基本预备费和涨价预备费等变动费用之和作为动态投资。

（2）建立一套动态的工程投资管理信息系统控制投资

目前，很多优秀的计算机软件都能实现项目投资和进度的动态跟踪，如世界银行和许多国家政府部门推荐使用的 P6 系列软件和微软公司的 MS Project 软件，均能计算项目管理中的网络参数、关键路径、时差，自动生成横道图、网络图和日历图、任务分配计划表，自动绘制源、工作量和费用曲线，自动平衡全部资源。

4. 通过规范化合同管理确保有效控制工程投资

我国已起草和发布了一系列建筑法律、法规和合同示范文本，但与国际标准合同文本，尤其与国际通用的 FIDIC 合同文本相比，在合同文本的严谨性、合同主体的责权利方面仍有差距，应吸收国外合同条款中的合理部分，结合我国金融、保险、建筑法规，对现行合同文本进行修订，并在法律部门的监督配合下，做到有法必依，保证合同的严肃性，为工程投资的有效控制提供法律保障。

在具体合同管理方面应注意以下事项：

1）重点关注合同的法律性是否完备，合同是否完整，风险分摊是否合理，特别重视合同条件第二部分（结合具体工程的专用条款）的制定，要借助国际招标合同管理手段和方法（如 FIDIC 条款）。

2）工程说明书应尽可能做到详细、明确、技术上要求切实可行，在对合同条件的拟定、招标方式的选择、承包金额的协商过程中，应根据相应的法律法规，切实控制投资，保证业主合理的最佳成本效益。

3）在与承包商协议整个合同和商谈工程承包价时，一是要做好施工图预算和工程招标标底的审查工作，编制好标底；二是除以市场价格基础对承包商总体报价的合理性做出评估外，尤其要注意利用资金的时间价值，对承包商报价的平衡性做出评估，合理确定合同价，加强招标中对合同价的控制。

4）由于项目建设期贷款利息、汇率变动、税费变化和价格变化都可能影响工程投资，因此：一要合理制订工期；二要评估合同中的价格调整条款；三要发挥监理工程师对施工费用的控制作用，监理工程师可以对工程设计变更、进度计划改变、施工条件改变和新增项目以及承包商索赔要求等严格控制。

本章小结

本章主要介绍了投资和工程项目投资的含义和特点、投资和工程项目投资的分类、投资的意义、工程项目投资管理的要求，在此基础上熟悉工程项目投资的资金来源、工程项目投资的基本流程、工程投资管理模式的概念以及各参与方的责任、工程投资管理模式的分类及工程项目投资管理的措施。

复习题

1. 简述投资和工程项目投资的含义。
2. 简述投资的主要特点。
3. 简述投资的意义。
4. 简述工程项目投资的分类。
5. 简述工程项目投资的资金来源。
6. 简述工程项目投资的基本流程。
7. 简述工程项目投资管理模式的概念及分类。
8. 简述工程项目投资管理的措施。

第 1 章练习题

扫码进入在线答题小程序，完成答题后可获取答案及其解析

第2章 项目投资环境分析

本章重难点

重点掌握项目投资环境的分类、项目投资环境因素分析、项目投资环境评价、投资环境管理的基本思路和政府优化投资环境管理的途径。难点在于项目投资环境评价的内容和方法。

2.1 项目投资环境概述

2.1.1 项目投资环境的含义

环境在经济学领域中是指某一经济主体从事某一经济行为时的外部条件。投资环境是指围绕投资主体、投资活动所提供的外部条件集合，或者说，是投资的一定区域内影响或制约投资活动及其结果的一切外部条件的总和。这些外部条件包括与一定投资项目相关的政治、经济、社会、文化、法律、自然地理、基础设施、服务等因素，它们相互作用、相互制约，形成一个有机整体。所以，投资环境是一个复杂的系统。

作为保证实现投资目标的外部条件，投资环境是针对投资的流动性提出的。一方面，不同地域的自然地理、政治、经济和社会条件不同，导致同一投资会取得大不相同的经济效益，资本的逐利性使得投资的流动成为必然；另一方面，生产方式的改变，技术、通信和交通条件的发展，也大大便利了投资者寻找最有利的投资场所，使得资本的流动成为可能，就导致了资本的大规模、远距离流动。投资的流动，既包括在不同国家和地区的区域间流动，也包括一国范围内不同的区域间流动。

作为影响投资目标的一项重要内容，投资环境最初主要表现为投资区域范围内的自然地理环境和基础设施等基本物质条件。其后，各国为了加速推进经济发展，相继出台了鼓励投资的多种政策，在经济、立法、制度、服务等方面不断创造各种优惠条件，以吸引各种投资。于是，投资环境的外延就进一步扩展到社会的政治、经济、市场、文化等其他方面，并且其重要性正呈不断上升趋势。

总之，作为一个内涵和外延都非常丰富的系统，项目投资环境包含对投资项目有直接或间接影响的区域范围内的地理位置、自然资源、基础设施、市场条件、人力资源、信息渠道、经济政策、法律法规、社会秩序、政治形势等诸多条件和因素，涵盖了与整个项目投资过程有关的各个方面。同时，作为复杂系统的组成部分，项目投资环境的构成因素也并非一成不变的，它们往往随着经济社会的发展而变动，其优势和劣势也有可能相互转化。

2.1.2　项目投资环境的特性

项目投资环境涉及自然、社会、经济、文化、法律、科技等多方面因素，是一个十分复杂的综合体。它主要具有以下特征：

1. 系统性

投资环境包括的要素众多，它们相互联系、相互制约、相互作用，构成一个多维、多元、多变量、多层次的投资环境系统。投资环境系统的各子系统以及每一系统内部的各要素之间存在着复杂多变的关系，在确定投资规模、方式及提高投资效益等方面发挥的作用各不相同。因此，对投资环境的分析必须从整体出发，依据整体状况，寻求各要素的最佳组合，从而为提高项目投资效益创造良好的外部条件。

作为一个复杂有机系统，投资环境系统具有系统的一般特性，如层次性、结构性、功能性等。另外，在某一项目投资环境的大系统中，总有一个或几个要素在某一阶段的发展中占据主导地位，即在整体中起到规定和支配其他要素的作用。对项目投资环境进行分析和评价时，应抓住这些主导要素重点研究。

2. 差异性

各地区的内在条件不同、发展阶段不同，导致区域经济形成非常大的地区差异。自然地理条件的差异是产生区域经济差异的自然基础；原有的经济发展水平、经济管理体制、经济发展政策、劳动力素质等的差异是区域经济差异的社会基础；各地区成本和市场的比较优势是区域经济差异的经济基础。区域经济差异也决定了投资环境的区域差异。

投资环境对投资活动的制约与影响存在差异性。同一投资环境对不同部门、行业和项目的投资有不同的制约与影响，有的投资环境适合工业投资，有的投资环境适合旅游业投资，有的投资环境适合劳动密集型产业，有的投资环境适合技术密集型产业。明确投资环境的差异性，既可使投资者选择在便于发挥其行业、项目优势的地区进行投资，也便于受资地区从其投资环境的实际出发，有针对性地改善投资环境，从而有效地增强对所需行业投资的吸引力。

3. 动态性

投资环境本身及其评价观念都在变化之中。一般来讲，在投资环境的构成因素中，除自然条件和地理位置不可变动外，政治、经济、法律、管理、社会文化、科学技术等众多因素都将随着时间推移而发生不同程度的变化；评价投资环境的标准和观念也将随着政治、经济、科技等的发展而发生变化和调整；相同的投资环境在不同的时期也会产生不同的效益，投资环境价值的高低也是变化的。认识投资的动态性，可以明确投资环境的优劣不是绝对的，而是相对的，因此改善投资环境是无止境的，必须坚持不懈地努力。

4. 可改造性

由于具有动态性，在相当程度上投资环境是可以通过人们有意识的经济活动加以改进和完善的。投资环境的改造应建立在对投资环境有深入了解、比较分析与研究的基础上，有针对性地改善投资环境，增强引资功能。当然，还要尽可能避免由于改造不当而出现意外的负面效果。

除了上述特性之外，投资环境还具有其他特性：较强的外部性，如旅游景观的价值增减等；专属性，一般由国家或政府控制；标识性，可以作为衡量地域的重要性、开放性的指标等。这些特性可以帮助人们更深刻地认识投资环境，研究其运动和发展规律，采取相应的措施，从而实现投资环境的优化。

2.1.3 项目投资环境的作用

项目投资环境对项目投资活动有着重要的作用，具体表现在以下几个方面：

1. 对投资的吸纳作用

投资环境是生产要素流动、资源配置的外在动力之一。无论是国际投资还是国内投资，一般来讲，投资者的目的包括投资建厂顺利进行、生产经营正常发展、投资回收并实现更大增值等。为了达到目的，投资者总是寻找最优投资区域作为自己的投资客体，以保证其投资动机的实现。也就是说，拥有良好投资环境的地区，有利于资本增值，对资本具有吸引力；反之，投资环境恶劣的地区则会对投资产生排斥作用，阻碍资本进入。

2. 投资决策的参考依据

投资者要科学地做出投资决策，就需要事前广泛地收集各种信息，进行实地考察，以掌握具体项目的投资环境。只有在这些环境因素令其满意的前提下，才会进一步开展项目的投资机会研究及可行性分析等工作，进而为项目的投资决策提出科学合理的建议。从这个意义上讲，项目投资环境的分析和评价是投资者进行投资决策的首要环节，也是投资决策的重要参考依据。

3. 影响项目的投资效益

投资环境是投资效益发挥的重要制约因素和力量。这体现在以下几个方面：①投资环境提供了投资者生产经营的各种要素，规定了这些要素获取的可能性、质量、数量、种类、成本等；②投资环境从税收优惠、股权比例、利润汇出等政策法律法规及其他相关方面深刻地影响投资效益；③投资环境影响企业内部资源组合、协调及其运作方式，涉及战略与计划、组织与控制、领导与激励、生产与采购、研究与开发等各个方面，进一步间接影响项目投资效益。

总之，项目投资环境规定了投资的产生、投向、效益、数量和结构，对项目投资活动具有至关重要的作用。

2.1.4 项目投资环境的分类

按照不同的目的和使用标准，项目投资环境可以分为不同的类别。

1. 按项目投资环境构成因素的属性划分

按项目投资环境构成因素的属性，项目投资环境可分为硬环境和软环境。

硬环境是指项目投资环境中有形要素的总和，是由多种物质条件构成的环境系统。它一般包括以下内容：

（1）基础设施

1）一般基础设施：道路、交通、水电设施等。

2）外联基础设施：机场、港口、通信设施等。

3）生活服务设施：医院、学校、娱乐文化设施、居住设施、住宅等。

4）生产服务设施：基础工业厂房、配件原料生产加工设施、辅助生产设施等。

5）组织与管理机构设施：行政管理机构设施、金融组织设施等。

（2）自然地理状况

1）地表、地下环境：水文、地质、土地等。

2）地上环境：气候、季节等。

（3）资源条件

1）物质资源的适应性与可供性：品种、品位、储量等。

2）人力资源的适应性与可供性：人口总数、年龄、结构、文化技术水平等。

硬环境是投资环境的物质基础，其重要性不言而喻。目前，我国项目投资的硬环境不断得到改善。

软环境是指项目投资的政治、经济、社会、文化等环境，是由多种政策、法规、规章、制度，以及社会的观念、心理、文化等因素构成的非物质环境系统。它一般包括以下内容：

（1）社会政治环境

具体包括国际战争与和平状况、国际信誉、政治体制、政治结构、政局的连续性与稳定性、社会安定与治安状况、社会政治目标与战略等。

（2）社会经济环境

1）一般经济环境：国际经济形势与货币制度；国际经济贸易与进出口自由性及稳定性；社会经济发展战略与规划；国民经济增长情况；产业结构及水平；对外经济活动规模与结构；就业水平、消费结构与水平；外汇储备、国际收支状况；通货膨胀、币值稳定状况等。

2）经济政策：投资政策，即投资重点、规模、结构；对外政策，即外资投向与外资股份的规定、内销比例与出口优惠及国产化率、雇佣比例和培训；财政政策，包括各税种、税率、税期及国家政预算制度；金融政策，包括货币政策、利率政策、借贷政策、股票债券发行规定；外汇政策，包括利润、本金、工资汇出及其汇率高低；科技政策，包括技术更新政策、新技术开发利用规定、技术专利转让制度等；土地及固定资产管理政策，包括土地占用时间、费用、固定资产折旧、购置规定等；价格政策，包括定价权、价格调整方式等；工商管理政策，包括手续、层次及规定等。

3）经营环境：经营者素质、管理经验、经营能力；组织形式与管理制度；决策系统，包括资金运用、人事、工资、供销等；生产系统，包括生产设备技术水平、员工技术水平及文化素质、生产协调性等；经营系统，包括市场开拓能力、产品和原料供销状况、定价形式；经营成本，包括劳动力价格、原材料价格等。

4）市场环境：金融市场，包括资本市场、货币市场；产品市场，包括品种、规模，资源是否充足，客户是否稳定；劳动力市场，包括劳动力素质、自由流动程度等。

（3）社会法律环境

具体包括法律完备性、仲裁公正性、法制的严肃性等，以及各种法律法规，如投资法、涉外经济法规、企业法、财政法、金融法等。

（4）社会文化心理环境

具体包括：社会文化传统与价值观念；社会对风险的态度与承受力；社会对外开放程度；社会风气与人际关系；社会文化水平、科技发展状况等。

（5）社会服务环境

具体包括：信息服务的及时性、完备性、准确性；组织与管理服务结构的层次与工作效率；投资的审批手续与程序的方便性；金融组织管理机构、法律机构的健全、完备程度；社会人员的服务态度、办事效率等。

硬环境是投资环境的物质基础，软环境是投资环境的中枢神经，影响着硬环境的吸引力。随着硬环境的不断改善，软环境的重要性越来越凸显，其改善可以提高硬环境的效用，从而大大提高整体投资环境水平。项目投资同时面临着不可回避的硬环境与软环境，只有与两者保持协调和适应，才有利于项目投资活动的顺利进行。

2. 按项目投资环境构成因素的多少划分

按项目投资环境构成因素的多少，项目投资环境可分为狭义投资环境和广义投资环境。

狭义投资环境主要是指经济环境，即一国或一个地区的经济发展水平、经济发展战略、经济体制、金融市场的完善程度、产业结构及货币的稳定状况等。

广义投资环境除了经济环境外，还包括自然、政治、社会文化、法律、地理等方面的内容，它们之间互相联系、互相制约，共构成投资环境大系统，并对投资项目在不同程度上产生各种影响。

3. 按项目投资环境因素作用的范围划分

按项目投资环境因素作用的范围，项目投资环境可分为宏观投资环境和微观投资环境。

宏观投资环境通常表示一国总的投资环境，作为一般条件考察在该国投资的有利程度。它包括一个国家的政治状况、法制健全程度、经济发展总体水平、经济政策及对外资的态度、机构办事效率、居民的风俗习惯及受教育程度等与投资有关的自然、经济和社会环境。

微观投资环境是指影响具体投资项目的环境状况，作为具体条件考察投资项目在该国投资的有利程度。它包括投资地点及周围的经济发展水平、地方性政策的取向、当地交通和通信等基础设施状况、产业技术水平、劳动力素质等自然、经济和社会条件。

一国的宏观投资环境良好，不等于微观投资环境都良好，对某些项目的投资可能存在不利条件；反之，宏观投资环境不良，也不等于微观投资环境都不好，对某些项目的投资可能有利可图。对投资环境宏观与微观的划分，有利于解决一般性与特殊性的矛盾。

除了上述分类方法外，还可以按环境因素的内容将项目投资环境划分为社会经济环境、物质技术环境、自然地理环境和资源环境等；按环境因素的优势高低可划分为高势环境和低势环境；按投资的时期长短可划分为长期投资环境和短期投资环境；按影响投资的外部条件和波及范围可划分为国际投资环境和国内投资环境，其中，国内投资环境又可进一步分为国家环境、行业环境、地区环境和企业环境等。

项目投资环境的分类虽然较多，但都是为了准确识别和有效管理而服务的，脱离了目的性的分类是没有实际意义的。

2.2　项目投资环境因素分析

项目投资环境是一个复杂系统。根据系统学原理，要认识投资环境这个系统，首先要认识构成此系统的众多因素，了解其对投资环境总体的影响。下面对项目投资环境的构成因素进行分析。

2.2.1　自然环境

项目投资的自然环境是指项目的地理位置、地形地貌、资源状况、气候条件等各种自然因素。人类的生存发展史是一部开发利用自然条件和寻求优良生存环境的历史。优越的自然环境，人类聚居、投资活跃；而恶劣的自然环境，人迹罕至、荒凉贫瘠。自然环境的不同造成了区域之间的基础性差异，这会对投资方向和投资效益产生根本影响。

1. 地理位置对项目投资效益的影响

如果投资项目位于沿海或河网地区，可以充分利用廉价的水运，大大减少原料、燃料和成品运输的支出，提高投资效益；反之，如果投资项目位于山区或交通不便地区，则会给运输带来极大的困难，投资者必须增加运输建设方面的资金支出，从而降低投资效益。如果项目位于协作方便、生产性和非生产性基础设施比较齐全的地区，原材料、燃料和水源等各种资源丰富，或者项目与产地或销地距离较近，则可以节约大量资金，获得较好的经济效益。

2. 地形地貌对投资项目地点的影响

投资项目建设地点的选择，即通常所说的项目选址，要充分考虑地形地貌的影响。例如，原有企业的结构布局相互之间有无影响，是否符合环保和城镇建设规划的要求，投资项目地区条件是否满足项目的基本要求等。项目建设要尽量减少对自然地形的改变，尽量少占或不占农田，以减少投资成本；要考虑生产、生活用水能否得到保证，工业废水、生活污水、地面雨水能否顺利排放，还要预防山洪灾害、洪涝灾害等；为便于原材料、燃料的输入和成品的输出，投资项目的地点应尽量靠近运输干线。

3. 资源状况对投资项目的影响

这里的资源主要指自然资源，即天然存在的，由自然力作用形成的能为人类利用的资源，包括土地资源、水资源、生物资源、矿产资源等。自然资源的数量、质量及分布不同，会造成区域之间的基础性差异，对于投资而言，就造成资源导向性结果。资源状况对不同产业投资项目的影响不同：第一产业受资源状况的影响极大；第二产业受加工工业原料来源的制约，因此投资指向原料地的倾向非常明显；一般而言，第三产业的投资较少受到自然资源状况的制约和影响。

4. 气候条件对产业投资布局的影响

气候条件包括光照、气温、水分、土壤等要素。恶劣、极端的气候会削弱和排斥投资，对工业、建筑业、盐业生产中的露天操作产业，特别是对农、牧、渔业的生产影响非常大，制约着这些产业的投资布局。

2.2.2 社会环境

投资的社会环境又称投资的人文环境，主要包括政局状况、法律法规、人口数量及素质、风俗习惯等。稳定和谐的社会环境是正常投资经营活动的基础。

1. 政局状况

一般来讲，投资的主要目的是获得盈利。要获得盈利，保证投资活动的安全，首先就要求有稳定的政治局面。稳定的政局是保证投资目标顺利实现的先决条件。只有社会稳定，经济才能发展，人民生活水平才能提高。这里政治安定性包括以下三个方面：社会群体对社会环境、政府的方针政策是否拥护和赞成；个人对收入增长和社会保障等生活质量方面状态的满意程度；低收入群体对收入差距拉大和富裕阶层所持的态度。应特别关注低收入群体对收入差距拉大的态度，防止其产生对抗社会的心态，甚至做出一些偏激的行为，成为社会不稳定因素。

2. 法律法规

法律法规包括国家和地方政府市场颁布的各项法规、法令和条例等，是企业营销活动的准则，是投资活动正常运行的前提。法律法规的健全是经济高效运行的必要保障。

我国的法律法规体系是在国际经济一体化的大形势下、在社会经济的发展中不断发展完善的。很多法律从无到有，填补了法律空白区域；一些法律进行了必要的修订，从而规范和约束了政府、企业等的行为，使得投资活动有了必要的保障。执法公正是法律权威的最终体现，执法是否严格公正，对人们的行为具有本质的影响。如果执法公正严明，就会给企业决策提供明确的依据，减少企业决策风险，有助于吸引投资；相反，则会扰乱市场，扩大企业决策风险，抑制投资。法律意识是人们对法律制度的认识和评价。经济主体的法律意识都会物化成一定性质的法律行为，造成一定的行为后果，所以，法律意识也是法律环境的一部分。

总之，法律制度能够确保社会的稳定和安定，保障投资者的人身和财产安全；能够促使生产经营、市场交易法制化、规范化，保护投资者、生产者、消费者等各方的权益，使社会成员的利益不受侵犯；有利于建立统一、公平、公正、有序的市场竞争秩序，创造良好的市场环境，促进资源的有效合理配置，发挥市场机制的作用；可以使各利益相关方有法可依，规范人们的行为。法律法规直接关系到投资效益与投资风险，在投资环境中占有重要地位。因此，健全的法制、正确的法治观念、相对稳定的法律制度及公正的执法机制，都是良好投资环境的重要基础。

3. 人口数量及素质

人作为物质产品和精神产品的生产者和消费者，一方面是投资的重要构成因素，另一方面又是各种投资活动的最终追逐目标。人口数量及素质具体包括人口数、出生率、教育程度、地理分布、年龄分布和老龄化程度、家庭形态、健康状态、守法程度、学习能力、勤奋程度等。一般来说，在劳动者素质较低而劳动力供应充足的地区，适宜发展劳动密集型产业；反之，则适宜发展资金、技术密集型产业。

一方面，在人口及其素质因素中，人口的受教育水平是一个很重要的方面。因为受教育水平关系到项目实施所必需的劳动、技术先进程度和社会环境的文明程度等。可以想象，在受教育水平较低的环境里，劳动力素质较差，可能会导致在项目建设过程中，先进的技术工艺及设备、优秀的技术与管理经验等不能得到良好的应用，从而必然会妨碍投资的继续进入。同时，由于人口的受教育水平又会影响消费水平和需求程度，也会对投资环境产生或多或少的影响。

另一方面，人口数量和结构的变化会带来不同的投资机会。例如，随着生育政策的放开，可以预见今后会产生更大的婴幼儿用品市场需求，从而带来相应的投资机会。根据 2020 年全国第七次人口普查相关数据，我国 60 岁及以上人口为 26402 万人，占 18.70%（其中，65 岁及以上人口为 19064 万人，占 13.50%），与 2010 年相比，比重上升 5.44 个百分点。这些数字反映了我国人口老龄化程度的加剧，同时也给投资者带来“银发经济”的投资机会。

4. 风俗习惯

不同国家和地区的民族风俗习惯不同，导致了不同消费需求和消费方式，它制约和影响着一个国家、一个地区的投资结构及服务经营方式。如果不了解当地特殊的风俗习惯，可能引起当地人的不满，产生文化冲突，最终导致投资无法正常进行。另外，文化背景、宗教信仰等作为社会环境的重要组成部分，可能会导致投资中产生矛盾，增加投资过程中的交易成本，从而对投资活动产生直接或潜在的影响。

2.2.3 经济环境

经济环境包括经济发展状况、经济体制、市场状况、基础设施，以及原材料、燃料供应等，它对投资环境的作用是多方面的。

1. 经济发展状况

经济发展状况对投资环境的影响可以从经济发展水平、经济发展速度和经济安全程度三个方面进行说明。

经济发展水平一般用 GDP 和人均 GDP 来反映，它体现了一个国家的经济实力。显然，经济发展水平越高，市场需求就越大，项目投资所依赖的环境条件也相对完善，对投资活动有很大的促进作用。

经济发展速度是动态反映一国经济情况的动态指标。经济发展速度越快，市场及需求的扩大也越快，吸引投资及获得收益的机会也越大。

经济安全程度则是指经济发展出现波动的可能性。投资及项目建设都需要有稳定、安全的经济大环境作为支撑。经济安全程度越低，投资环境越差，投资风险也就越大。

2. 经济体制

经济体制是指国家组织、管理经济活动的制度、方式和方法的总称。投资活动要顺利开展，要求投资者对项目所在地的经济体制有清楚的了解，这样才能在一定的体制规范和要求下有效地对投资项目进行管理。经济体制主要包括商品流通体制、金融体制、财税体制、投资体制、工商管理体制、外贸体制、物资管理体制等。其中，对投资环境产生直接影响的是投资体制。

3. 市场状况

市场状况包括市场的性质、市场的容量、市场的结构、市场的发育程度等。市场的性质决定了投资的流向，市场的容量决定了投资的规模，市场的结构决定了投资的结构，市场的发育程度决定了投资的发育程度。而投资要适应市场的原则，正如供给要符合需求的原则一样，只有符合市场需求的投资才有可能获得成功。

4. 基础设施

基础设施是重要的投资硬环境，它为生产和生活提供必要的一般共同条件，在国民经济和社会发展中具有十分重要的作用。基础设施包括生产型公共设施、生活型公共设施和发展型公共设施三大类。其中，生产型公共设施包括通信、交通、供水、供电、供气、供热等，一般由政府提供。这些设施往往是所有投资主体的必备要素，良好的设施可以节约投资主体的生产成本，降低投资主体的进入壁垒。生活型公共设施主要包括医疗卫生设施、公园和娱乐设施、旅游风景以及商业、饮食网点等。这些设施决定了生活环境的舒适度，高品质的舒适生活环境可以吸引高素质的人才。发展型公共设施包括职业培训机构、产权市场、科技与企业家人才市场、劳动力市场、不动产市场等。方便要素流动的公共设施可以吸引投资和其他要素的流入。总之，基础设施的齐全程度、装备水平等状况直接影响投资者的兴趣，决定着投资规模的大小和效率的高低。

5. 原材料、燃料供应

原材料、燃料供应的总体要求是：原材料、燃料的供应地距离投资项目不能太远，要有通畅的运输条件；当必须到外地采购原材料、燃料时，经济距离和价格要合理；原材料、燃料供应的保证程度要与特定产品的市场寿命相一致；应充分估计原材料、燃料市场的未来变化趋势。只有这样，才能保证投资者的投资效益。

2.2.4 政策环境

这里的政策主要指经济政策，是政府为了实现一定时期的目标，对经济活动施加干预进行管理而制定的行动准则，包括产业政策，金融、货币、物价政策，外汇和贸易政策，税收制度等。

1. 产业政策

对产业政策的深入理解有助于投资者了解投资所在地的产业发展重点和目标，从而有的放矢，降低投资风险。产业政策由产业结构政策、产业组织政策、产业技术政策和产业布局政策组成。其中，产业结构政策影响着该地区的产业结构，对投资者来讲尤其重要。

（1）产业结构制约投资方向

现有产业结构提供的设备、原材料、技术等，保证了特定投资项目的需要；现有产业提供的市场，影响着投资项目预期效益的发挥。

（2）产业结构影响投资效益

如果位于产业部类齐全的地区，投资项目可以较为方便地获得所需的各种设备、原材料和技术，一般来讲，也可以较为方便地选择销售市场，往往可以取得较好的经济效益；反之，则效益不能得到保证。在这里，第三产业的发展程度至关重要。第三产业包括金融、保险、会展、商业零售、信息、家政等现代服务业。第三产业可以大大增加投资的关联效应，拉长产业链，提高产品附加值，引发国内需求，吸纳制造业过剩的劳动能力。如果第三产业不发达、内部结构不够完整、各种服务的专业化程度低、政企不分、行业垄断，各投资主体就不得不自己兼营完成这些服务工作，会导致成本大幅度上升，极大地降低经济效益。

（3）产业结构影响投资方式

当现有产业结构比较完善、合理时，投资项目就可以更多地考虑进行现有企业的技术改造；反之，投资项目应更多地考虑外延式的新建投资项目。

2. 金融、货币、物价政策

从金融、货币政策来看，如果银根放松、贷款利率降低、调减外汇储备，会扩大本国投资的来源和规模，有利于加快投资项目建设进度和提高投资盈利，也有利于引进外资、发展涉外投资；反之，则对投资有排斥作用。

从物价政策来看，物价变动对长期投资有重要影响，因此，进行长期投资时，要充分考虑货币的时间价值、风险价值及影响物价变动的诸多要素。

3. 外汇和贸易政策

在涉外投资项目中，投资者的现金流需要在投资所在地进行东道国货币和本国货币之间的转换，所以需要相应的外汇和贸易政策保证流通渠道的畅通。外汇和贸易政策主要会影响货币的自由兑换、外汇汇出有无限制等。

4. 税收制度

一般地，国家可以利用税收杠杆对项目投资活动进行指导和调节。国家可以通过开征某些税种，对不同的征税对象设置不同档次的税率，来贯彻产业政策，控制投资规模，引导投资方向，调节投资结构，加强重点建设，促进国民经济的发展。

为了对投资活动有效控制或影响，一方面，政策需要保持稳定性、连续性、公开性；另一方面，政策也需要随着形势变化而调整、变动。

2.2.5　技术环境

技术环境主要是指环境中的科技创新要素以及该要素与经济发展结合的紧密程度。技术环境大体包括四个基本要素：科技发展水平、科技创新能力、科技创新体制、科技创新政策和法律。

1. 科技发展水平

科技发展水平是构成技术环境的首要因素，包括科技研究的领域、科技研究成果门类分布及先进程度、科技成果的应用和推广三个方面。科技总体水平会影响资源利用率，从而影响投资方向、经济增长速度与增长质量。

2. 科技创新能力

科技创新能力是指一个国家或地区的科技研究与开发的实力。科技创新能力决定了产业的核心竞争力，以及与大型跨国公司竞争的实力，影响着项目的投资方向和投资效益。

3. 科技创新体制

科技创新体制是指一个国家社会科技系统的结构、运行方式及其与国民经济其他部门的关系状态的总称，主要包括科技事业与科技人员的社会地位、科技机构的设置原则与运行方式、科技管理制度、科技推广渠道等。科技创新体制决定了企业创新的服务水平和效率，同时也影响着项目的投资方向。

4. 科技创新政策和法律

国家凭借行政权力与立法权力，制定相应的政策和法律，对科技事业履行管理、指导的职能。良好的科技创新政策和法律可以鼓励创新精神，激发创新热情，保护创新成果，使企业家和技术人员的创新潜能得到最大限度的发挥。

2.3　项目投资环境评价

项目投资环境评价是指在某种特定的评价标准下，按照一定的评价原则，设立合理的评价指标体系，然后采用恰当的方法，对项目投资环境的优劣程度进行评判的思维过程。在实际工作中，通过项目投资环境评价，给出环境优劣程度的数量化指标，是投资者投资决策的依据，也是受资者更好地利用和吸引投资的基础。

2.3.1　项目投资环境的评价原则

要科学地评价项目投资环境，应该遵循以下基本原则：

1. 客观性原则

项目投资环境评价应该从实际出发，以事实为依据，实事求是地进行评价；应该杜绝从主观意愿出发，想当然地进行评价。为了真实客观地反映项目投资环境的情况，必须进行实地考察，收集尽可能多的资料和数据，并对这些资料、数据加以整理和归纳，在此基础上进行客观的评价。另外，在条件允许的情况下，要尽可能多地选择比较对象，尽可能地扩大比较范围，这样才能得出相对客观的结论。

2. 系统性原则

项目投资环境是一个多因素、多层次的复杂系统，系统内的各个要素相互联系、相互制约、相互影响。所以，在评价投资环境时，必须运用系统的分析方法对其进行评价。一般地，评价投资环境时，需要构造投资环境评价指标体系，并将其归纳为层次清晰的树状结构，以明确投资环境的主要因素和不同层次要素的内在联系。只有对投资环境进行系统、全面、综合的分析，才能了解和掌握投资环境所面临的各种可变因素，使评价结果真正符合客观实际。

3. 时效性原则

项目投资环境是一个动态的系统，具有很强的时效性。因此，对该系统进行评价时，一定要注意分析和掌握投资环境各因素的变动趋势，注意其时效性，以保证评价的正确性和客观性。

4. 定性与定量相结合的原则

在对项目投资环境进行评价时，定性分析简单易行，可以使投资者对投资环境的总体情况有一个初步的基本了解；但这种方法过于简略和笼统，说服力不足，难以作为投资者的决策依据。基于数学的定量方法逻辑严密、形式简洁、便于比较，是定性方法的良好补充；但也不能完全采用定量方法，因为投资环境本身的复杂性可能导致一些问题无法精确地抽象，也可能因技术上难以实现的局限性而无法找到合适的量化法加以描述，最终还得依赖定性方法解决。

2.3.2　项目投资环境的评价指标体系

为了全面、系统、准确地评价某一国家或地区的项目投资环境，应该建立一个能够全面、客观、准确地反映投资环境各个层次状况的指标体系。

1. 投资环境评价指标体系的构建原则

（1）系统性原则

投资环境是一个由多个因素和子系统构成的综合性复杂系统，其评价指标体系应全面系统地反映各系统及其构成要素。另外，评价指标体系还应针对不同对象关于投资环境的不同要求，突出重要因素。也就是说，应该在构建评价指标体系时，选择该领域关键的影响因素进行重点分析，还要根据经济条件的变化，适时调整评价因素或指标重点。

（2）差异性原则

区域经济差异是指在国家内部，一些区域比另一些区域有更快的增长速度、更高的经济发展水平和更强的经济实力，致使空间上呈现出发达区域与不发达区域并存的格局。区域经济差异和地区投资环境差异息息相关。所以，在构建地区投资环境评价指标体系时，需要反映这种差异性。只有选择具有较大地区差异性的指标，才能方便地区之间投资环境的比较和识别。

（3）体现评价内涵和评价目标原则

投资环境涵盖范围很广，涉及自然、社会、经济等各个方面。要将所有因素都选入投资环境评价指标体系，既不可能，也不必要。另外，投资环境评价的具体背景与要求不同，从而相应的评价内涵与评价目标也不一样，因此指标体系的构建应充分体现其评价内涵，突出评价目标。离开了这一主题，企图去建立一个适应所有场合的万能指标体系，是不现实的。

（4）可比性、可操作性与稳定性原则

评价指标体系应具有可比性，也就是各种指标的等同化。在各评价指标中，量纲相同的指标直接可比，量纲不同的指标经无量纲化达到间接可比，而对于定性指标，则可通过专家评估进行量化，实现可比。

可操作性是指在反映了评价基本内涵的前提下，选取的指标尽可能精简，避免含义相同或相近的指标重复出现，同时要做到指标含义明确，具有一定的现实统计资料作为基础，便于使用。

稳定性是指构成指标体系的指标应是变化比较有规律性的，要尽量避免选择那些受偶然因素影响大起大落的指标。

一般地，评价指标体系应能反映投资环境的以下特性：适应性，即项目投资环境与项目投资要求相适应的程度；安全性，包括投资环境是否稳定，是否能够保证安全收回投资本金；稳定性，包括项目投资环境的变化是否具有一定的规律性，是否可以预测；引导性，包括投资环境是否能够调节投资总量和投资方向。

2. 项目投资环境评价指标

在实践中，项目投资环境评价指标的设计应结合投资项目的具体情况和实际需要，在充分掌握信息资料的基础上进行。一般地，项目投资环境评价指标体系中包括下列指标：

（1）投资获利率

投资获利率是指一定时期内投资项目所获得的利润额与投资额之间的比率。设投资额为 T，利润为 P，则投资获利率可表示为 P/T。一般来说，投资获利率越大越好，它是评价项目投资环境优劣程度的主要参数。

（2）投资乘数

投资乘数是指盈利增量与投资增量之间的比率。这一参数反映的是除现有投资数量之外，追加一定数量的投资所能带来的经济效益。一般来说，投资乘数越大，项目投资环境越好。

（3）边际耗费倾向

边际耗费倾向是指耗费增加额与获益增加额之间的比率。它用于描述由于耗费变化导致的收益变化幅度大小。在确定生产性投资的流向时，必须计算一定项目投资环境中边际耗费倾向的高低。

（4）投资饱和度

投资饱和度是指在一定条件下，某一领域已经投入的投资额与该领域资金容量的比值。当该值等于或大于 1 时，称为投资饱和，应中止投资。这一参数主要从市场容量方面反映项目投资环境状况。

（5）基础设施适应度

基础设施适应度是指某一地区的交通运输、能源、水源、通信等基础设施对投资项目的适应程度。其中，各项基础设施在总体基础设施中所占权数应根据投资项目的具体需要确定。

（6）投资风险度

投资风险度是指对投资活动可能遇到的风险大小的评估。这一参数由于随机性很强，实际很难获取，计算方法也很多。实践中，应当根据投资的内容与投资环境之间的关系选用合适的评价方法。

（7）有效需求率

有效需求率是指社会平均利润（利息）与产品销售收入减去要素成本及使用者成本的比率。要素成本是投资者支付在土地、劳动力、固定资产等生产要素上的费用；使用者成本是其支付在原材料等流动资金占用上的费用。

（8）国民消费水平

国民消费水平是指一定地区内居民储蓄总额与当地国民收入总额之间的比率。它反映了该地区居民的生活消费水平。应当注意的是，这一指标对于不同类型的投资项目往往具有不同的意义。

（9）资源增值率

资源增值率是指某种资源经过加工以后，所形成的产品价值总额与该资源开发时的最初价值总额之间的比率。它反映了开发某种资源所带来的盈利大小。资源增值率高，说明生产技术与经营管理水平高，或者说明交通运输等基础设施条件良好，有利于对资源进行深度加工。

（10）优化商品率

优化商品率是指一个地区的名优商品总数与全部商品总数的比率。它既可以概略地反映该地区生产力发展水平的高低、科技力量的强弱和产品竞争能力的大小等状况，也可以间接反映项目投资环境的适应性。

这里要说明的是，在实际投资环境评价工作中，并不拘泥于上述这些指标，而应根据具体投资项目的性质和要求，确定合适的评价指标。对每一指标的权重应采用合理方法赋值，从而使评价结果更具科学性和实用性。

2.3.3　项目投资环境的评价方法

项目投资环境的评价方法可以分为定性评价方法和定量分析方法两大类，每一大类又包含若干不同的方法。下面对这些方法进行简单说明和探讨。

1. 定性评价方法

定性评价方法是以综合、分析、归纳、推理为主的评价方法，主要包括以下几种：

（1）冷热对比法

冷热对比法是最早的项目投资环境评价方法之一，是 1968 年美国学者伊西阿 · A. 利特法克（Isiah A. Litvak）和彼得 · 班廷（Peter Banting）在《国际商业安排的概念构造》一文中提出的。冷热对比法的基本思想是：从投资者的立场出发，选定各个投资环境因素，对投资项目的投资环境因素逐一评价，好的为热，差的为冷，然后根据冷热因素所占比重的大小，决定投资环境的优劣，最后在此基础上对不同的项目投资环境做出比较。此文中选定的投资环境因素具体包括以下七个：

1）政治稳定性。政治稳定性主要是指政权是否稳定且被拥护，以及政府能否为企业的生产经营创造良好的外部环境。肯定为“热”，否定则为“冷”。

2）市场机会。市场机会主要是指需求程度、消费者人数及购买力强弱等。若都比较大则为“热”，否则为“冷”。

3）经济发展和成就。经济发展和成就主要是指宏观经济环境的好坏，即经济是否稳定，发展速度是否快，经济效率是否高等。肯定为“热”，否定则为“冷”。

4）法律阻碍。法律阻碍主要是指法律法规对投资的鼓励及规范程度，以及资金投入后项目实施和经营的困难程度等。阻碍少且难度小为“热”，否则为“冷”。

5）实质阻碍。实质阻碍是指自然、地理条件的优劣，因为恶劣的自然地理条件往往会影响投资环境的质量，并对投资及项目的实施造成阻碍。阻碍小为“热”，否则为“冷”。

6）文化一元化。文化一元化是指一个投资体系内各阶层人士的相互关系、风俗习惯、价值观念及宗教信仰等是否存在较大差异。差异小为“热”，否则为“冷”。

7）地理及文化差距。地理及文化差距主要是指投资环境体系内的空间距离及文化、观念的差异等。距离近且差异小为“热”，否则为“冷”。

冷热分析法侧重于国际宏观分析，但缺乏国内微观探讨，是一种粗略的评价方法。这种方法可用于投资前期的国别选择。

（2）等级尺度法

等级尺度法是国际上流行的一种投资环境的分析和评价方法，是美国学者罗伯特·斯托鲍夫（Robot Stobauch）于1969年在《如何分析国外投资气候》一书中提出的。该方法着眼于对投资者施加限制和鼓励政策所带来的影响，并且将投资环境因素分为不同的等级予以评分，最后汇总。

等级尺度法确定的影响投资环境的八大因素包括资本收回限制、外商股权比例、对外商的管制程度、货币稳定性、政治稳定性、给予关税保护的意愿、当地资本可供程度和近五年通货膨胀率等。

等级尺度法具体的评分方法如下：

首先，根据每个因素对整体投资环境的重要性确定评分区间，同时根据每个因素的完备程度分成若干层次，在各因素的评分区间内确定各层次的分值。

其次，根据受评对象的情况，对号入座，分别评出各因素的分值。

最后，将各因素的分值加总，即得出投资环境的评价总分。总分越高，表明投资环境越好。

等级尺度法所需资料易于获取，便于比较，简便易行；其缺点是考虑因素不全，评分主观性较强，适用范围有限。它一般适用于评价法制健全、经济发达、基础设施完善的发达国家。

（3）多因素评价法

1）多因素评价法和关键因素评价法。多因素评价法和关键因素评价法是香港中文大学的闵建蜀在1987年提出的，是两个前后关联的评价方法。

多因素评价法是将影响投资环境的因素分为政治、经济、财务、市场、基础设施、技术、辅助工具、法律与法制、行政机构效率、文化、竞争共11类，然后再对每一类进行细分，在对各子因素分别进行评分的基础上加总，得出综合的评价结果。关键因素评价法则是从具体的投资动机出发，找出影响具体投资动机的关键因素，包括降低成本、发展当地市场、原料供应、生产和管理技术、风险分散、追随竞争者等六种，再予以评价。

这种方法不仅考虑了影响投资的所有重要因素，而且还根据投资者的投资动机考虑了具体投资项目的关键因素，这是其优点；但并未考虑东道国吸引外资的目的，此为其缺陷。多因素评价法适合对某地区投资环境做一般性评价；关键因素评价法则对具体项目投资目标的实现具有决策分析意义。

2）多因素加权平均法。多因素加权平均法的基本思路是：评价投资环境时，分别给出各因素的权重，再给出得分，最后算出加权总分进行排序。投资环境的评价因素包括宏观经济状况、国际收支状况、政治风险、生活水平、成本因素、社会因素、税制及其他法规等七个方面。多因素加权平均法的优缺点及适用场合与等级尺度法类似。

（4）准数评价法

准数评价法是我国学者林应桐在《国际资本投资动机和投资环境准数》一文中提出的。他根据各种投资环境因素的相关特性，对在投资建设与实施经营过程中起不同效用的因素进行了归纳和分类，形成了“投资环境准数”的数群概念，为评价和改善项目投资环境提供了一种新的思路和方法。林应桐提出的投资环境评价因素具体包括以下几类：

1）投资环境激励系数。投资环境激励系数包括政治经济稳定、资本汇出自由、投资外交完善度、立法完备性、优惠政策、对外资兴趣度、币值稳定等七个子因素。

2）城市规划完善度因素。城市规划完善度因素包括整体经济发展战略、利用外资的中长期规划、总体布局的配套性等三个子因素。

3）税利因素。税利因素包括税收标准、合理收费、金融市场等三个子因素。

4）劳动生产率因素。劳动生产率因素包括工人劳动素质和文化素质、社会平均文化素质、熟练技术人员和技术工人数量等三个子因素。

5）地区基础因素。地区基础因素包括基础设施及交通、工业用地、制造业基础、科技水平、外汇资金充裕度、自然条件、第三产业水平等七个子因素。

6）效率因素。效率因素包括政府机构管理科学化程度、有无完善的涉外服务及咨询体系、管理手续简化程度、信息资料提供系统、配套服务体系、生活环境等六个子因素。

7）市场因素。市场因素包括市场规模、产品的市场占有率、进出口限制、人财物供需市场开放度等四个子因素。

8）管理权因素。管理权因素包括开放城市自主权范围、“三资”企业外资股权限额、“三资”企业经营自主权程度等三个子因素。

准数评价法根据要素内在联系予以综合，克服了机械评分法的不足，但其公式中多因素之间的关系在实践中缺乏足够的证据。准数评价法对投资者筛选投资项目、了解自身的投资环境具有很好的参考作用。

（5）抽样评价法

抽样评价法是指运用抽样调查的方法，随机地抽取或选定若干不同类型的投资者，由投资者对投资环境的相关评价指标进行口头或书面评估，最后根据综合后的意见得出评价结论的一种方法。

这种方法简便易行，信息资料容易获得，调查对象和内容可以根据投资需要合理取舍；但主观性比较强，样本不足以反映客观真实情况。其结果可作为了解项目投资环境的参考依据。

（6）动态评价法

动态评价法是由美国道氏化学公司制定的一套投资环境动态评价方法。其主要思想是：在评价项目投资环境时，不仅要看目前的影响因素，还要考虑到今后可能发生的变化以及这些变化对投资活动可能带来的影响。所以，在进行项目投资环境评价时，这种方法对投资者的业务条件、引起变化的主要压力等都做了详细的归纳，然后将有利因素和假设汇总，找到对项目的成功实施具有决定性作用的若干个关键因素，最后提出项目预测方案。

这种方法考虑到投资项目在中长期内动态发展变化的可能性及其影响因素；但对因素及假设的汇总分析比较薄弱，也比较主观。动态评价法对项目预测方案的分析和提出具有重要的指导意义。

（7）系统评估法

系统评估法选取五个投资环境评价指标，即流通性、安全性、成长性、优惠性、收益性，然后用这些指标将投资环境分成八种类型。评价时，将待评区域的五项指标与八种类型比较，与何种类型最接近，即归属该类型的投资环境。

系统评估法采用图形评价，结果直观，操作简便；但所选指标过少且偏重软环境要素，无法反映投资环境全貌，评价结果主观随意性大。在缺乏待评区域更详细的资料或评价时间要求很短的情况下，它不失为一种快速有效的方法。

（8）投资环境地图法

投资环境地图法由赵映冈于 1994 年提出。这种方法利用地图来进行投资环境评价，实质是确定投资环境地图的属性、投资环境地图的内涵、选题和投资环境地图的表现形式。投资环境地图包括立足于投资环境评价因素的投资环境地图和立足于投资环境评价结果的投资环境地图两种形式。

这种方法是一种直观、科学的投资环境评价方法；是 GIS（地理信息系统）评价投资环境可视化表达的理论基础；但它依赖纸质地图，要把影响投资环境的众多因素及其相互作用、相互关系表现在方寸之地上，绝非易事。投资环境地图法适合于投资环境单要素及评价结果的直观表达。

2. 定量分析方法

定量分析方法可以从量上揭示投资环境之间的准确数量关系及相互影响的变化规律。定量分析方法众多、计算复杂，有些方法要借助计算机完成。限于篇幅，这里仅介绍几种常用方法的基本思想，感兴趣的读者可参考系统评价相关内容。

（1）相似度评价方法

相似度评价方法又称参数分析法、综合评价指标体系法，1987 年由郭文卿、郎一环、霍明远等提出。该方法是以若干指标，如投资获利率、基础设施适应度、国民消费水平等作为投资环境质量的统一衡量标准，运用模糊数学方法计算待评投资环境对应参数指标与衡量标准的相似程度，并据此评判投资环境优劣的一种方法。相似度值越高，投资环境越好；反之，则越差。

这种方法将数量经济学方法应用于投资环境评价，并试图以尽可能少的相对指标为客观尺度来进行定量评价，是投资环境评价的一种方法创新；但缺点在于指标设置较少，过于笼统且存在结构性缺陷，未能反映投资环境的区域内部差异。相似度评价方法适用于一国内部的区际投资环境评价与比较。

（2）投资环境评价聚类分析法

聚类分析法是用多元统计分析的数学方法定量地确定样本的亲疏关系，从而客观地分型划类。其具体方法有系统聚类法、调优法、图论聚类、灰色聚类、模糊聚类等数种。由于投资环境在很多情况下都带有模糊性或受很多模糊性因素的影响，用模糊数学方法来做聚类分析，能使分类更切合实际。

聚类分析法可为投资环境类型划分及投资环境建设提供科学依据，但由于分析指标体系和统计量计算方法选取的差异，可能导致不同的聚类结果，从而引起投资环境划分的不确定性。

（3）层次分析法

层次分析（Analytic Hierarchy Process，AHP）法是一种多层次权重解析法，20 世纪 70 年代末由美国匹兹堡大学教授萨蒂（Satty）提出。这种方法以定性和定量相结合的方法处理各种决策因素，将人的主观判断用数量形式表达和处理，整个过程体现了人的决策思维特征，即分解、判断和综合。

使用 AHP 法评价项目投资环境，首先建立投资环境评价问题的递阶层次结构，即分析投资环境评价的各个元素，并将这些元素按属性分组形成不同的层次，形成递阶层次结构；通过对同一层次的各元素关于上一层次中某一准则的重要性进行两两比较，确定层次中各元素的相对重要性；最后进行综合评价，确定投资环境相对重要性的总排序。

AHP 法可将投资环境评价中一些难以测量的指标进行量化，将复杂的评价问题条理化、层次化，得到不同投资环境的排序，这对于投资环境评价问题是有效的；但 AHP 法主观性较强，不太合适对于某些定量化要求较高的评价问题。该方法主要用于主观指标的定量化，也可以作为目标加权方法，与其他决策方法结合使用。

（4）综合评价法

综合评价法即加权平均法，通过计算各指标的权重及各待评投资环境在各指标上的评分值的加权和，得到投资环境的综合评分值。数值越大，表明投资环境越好。各指标权重可以由 AHP 法确定，指标评分值由专家根据具体准则确定。

综合评价法考虑各指标的加权值，为决策提供了科学依据；但该方法中确定权重和指标评分的方法有主观性因素影响。它适合对区域一般性总体投资环境的评价。

（5）数据包络分析法

数据包络分析（Data Envelopment Analysis，DEA）法是美国著名运筹学家 A. 查尼斯（A. Charnes）、W. W. 库珀（W. W. Cooper）及 E. 罗兹（E. Rhodes）等人于 1978 年提出的一种系统分析方法。DEA 法以相对效率概念为基础，根据多指标投入和多指标产出对同类型决策单元（Decision Making Units，DMU）进行相对有效性和多目标决策分析。

DEA 法的基本思路为：判断某个 DMU 是否相对有效，也就是看是否有一个虚构的 DMU 比它更“好”，即相同产出条件下投入更少或相同投入条件下产出更多。若有这样的 DMU，则原 DMU 不是相对有效的，否则就是相对有效的。

DEA 法可以处理多输入，尤其是多输出决策单元的相对有效性评价问题。这一特点对于受众多因素影响、多目标性的投资环境评价意义重大。DEA 法不必事先设定决策单元的具体输入输出函数，这符合投资环境没有固定模式可循的特点；可以为每一个评价对象找出其差距和优化方向，这一点对于找出投资环境的缺陷与不足，以及如何改善投资环境具有指导意义；剔除了非有效决策单元，从而排除了由于统计误差等因素的影响，尤其是对于要处理大量统计数据的投资环境问题，提高了评价的准确度。

(6) 模糊综合评价法

现实生活中，大量存在着无绝对明确的界限和外延的现象。这些现象称为模糊现象及模糊概念，不能用普通集合论表达。1965年，美国著名的控制论专家L. A. 扎德（L. A. Zedeh）教授发表了关于模糊集合的论文，提出了处理模糊现象的新的数学概念“模糊子集”，力图用定量、精确的数学方法处理模糊现象。

模糊综合评价法就是以模糊数学为基础，应用模糊关系合成的原理，将一些边界不清、不易定量的因素定量化，通过计算评价对象的综合隶属度向量、综合评价值从而进行综合评价，确定其等级和排序的一种方法。投资环境属于复杂系统，具有变量众多、机制复杂、结构层次难以界定、不确定性因素作用显著等特点，具有典型的模糊性，适合采用这种方法进行评价。

除了上述评价方法之外，投资环境的定性评价方法还有三因素评价法、体制评估法等，定量评价方法还有主成分分析法、灰色对比法、神经网络法等。这些评价方法有一些相似之处，又都有其各自的特点，在实践中要根据具体的情况和掌握的信息，选择适当的评价方法，也可以根据评价目标等的不同，适当地修改和调整评价方法，以便更科学、更合理地对项目投资环境进行评价。

2.4 项目投资环境的优化和管理

项目投资环境的优劣是投资者进行投资决策的依据，同时对受资者来说，也直接关系到资金的引进和经济的发展。因此，在加强项目投资环境建设的基础上，按照资本增值属性和价值规律，改善构成投资环境要素的质量，有效调整投资环境的要素配置，从而实现投资环境的优化，使投资活动的收益最大化，这是国民经济发展的要求。这个过程需要通过投资环境管理实现。

2.4.1 项目投资环境优化和管理的基本原则

1. 系统性原则

项目投资环境是由诸多要素结合在一起构成的综合体，这些要素相互作用、相互影响，共同决定了投资环境的优劣。这种特点要求在建设、优化和管理系统环境时，必须坚持系统性原则，考虑投资环境的整体最优，而不是只偏重于某一因素的优化。另外，投资环境诸要素属于不同的领域，由不同的部门或机构进行管理，这也要求在优化和管理投资环境时把握好协同性原则，各相关部门应树立起整体性、同向性、同步性的观念。只有这样，才能使这些要素有机地结合在一起，互相配合、互相补充，创造良好的投资环境。

2. 特色性原则

不同地区在自然、社会、经济等各方面的基础和特点不同，不同投资项目所要求的环境也不同，所以，投资环境优化和管理的实际情况和重点也各不相同。如果不结合自身实际，盲目按照统一的标准或照搬他人经验进行投资环境优化和管理，效果一般不尽如人意。进行项目投资环境的优化和管理时，应该根据自身的优势，扬长避短，重点提升和优化某些投资环境要素的质量，形成特色性的投资环境。

3. 平等互利原则

良好的项目投资环境应对投资者和受资者都有益处。要想双方受益，项目投资环境的优化和管理应该建立在互利互惠的基础上，损害任何一方利益的项目投资环境都不是良好的投资环境。而项目投资环境的好坏，不仅关系到投资的顺利进行，还关系到双方合作关系的延续，以及地区吸纳投资能力的进一步加强。

4. 国际化惯例原则

随着改革开放和经济全球化的不断深化，国际贸易中的一些惯例和规范的影响也越来越大。如果不同国际规范接轨，对吸引外来投资和对外投资这些重要活动有很大的消极影响。实践中，一方面要按照国际惯例优化和管理项目投资环境，另一方面还要约束、规范优化和管理项目投资环境的全过程。

2.4.2　我国项目投资环境优化和管理的方向

就我国的现状来看，虽然在改革开放和经济全球化背景下，项目投资环境的改善已取得了不错的效果，但同国际标准相比较还有一定距离。这也是我国在吸引外资和对外投资中遇到困难的部分原因。所以，应该下大力气加强投资环境优化和管理。具体可以从以下几个方面着手：

1. 加强法治建设，完善法律环境

政府积极加强法治建设，完善立法，加强执法，提高政策法规的透明度，建立一个低风险、高信用、公平公正、有利于保护投资者合法权益的法律环境，保障投资经营各方及劳动者的权益；建立统一、开放、竞争有序的市场体系，并且努力为投资及项目实施创造完善的金融、人才、物流等配套服务体系和发展环境。

2. 加强政策建设，增强竞争优势

政府应把形成公平、优良的投资环境作为制定经济政策的出发点，制定各项优惠政策不仅是为了吸引企业的投资，也应使企业更快更好地发展。在制定政策时，一方面，应从实际出发，强调公开化、公正性，提供合适的公共政策，提供税收优惠和财政援助，重视人才的培养和激励，更多地考虑企业长期持续发展的需要；另一方面，加强组织保证体系建设，加强落实各项政策，重点扶持、积极引导投资方向，促进各产业升级和技术的开发与引进，大力开拓各种新的项目投资形式，以增强项目和地区的引资能力和创收能力。

3. 优化政府行为，提高政府服务水平

高品质、高效率政府在经济发展进程中起着不容忽视的作用。要改善投资环境，建立人民满意的政府，政府应当优化其行为：树立国际化思维和国际眼光，提供制度支持，增强地区竞争优势，提供地区价值和吸引力；建立起学习型组织和机制，进行有效的组织学习；建立战略型政府与质量型政府，再造政府公务流程，提供高效管理和高质量服务，提高政府服务水平。

4. 积极营销，提升地区竞争力

利用市场营销理念和方法，借鉴企业的管理经验管理地区和地区政府，体现市场需求导向和市场竞争驱动，把投资者当作顾客或者消费者，把地区软硬环境当作产品，按照企业市场营销管理的制度和方法，了解、满足“顾客”需求，改进“产品”的生产和服务，创造和维护一个有效率的市场，营造一个良好的、对各类有益资源具有吸引力的公共环境，获取有益的跨国跨区域资源，增加地区创造价值的能力，从而提高地区竞争力。

2.4.3 项目投资环境管理

投资环境管理是指投资环境管理主体运用相应的手段和方法，作用于投资环境系统各要素，以改善和优化投资环境系统，最大限度地发挥其经济发展推动功能的活动过程。投资环境管理主体是地方政府，因为只有政府才具有协调各方面的关系，为地方吸引外资、发展经济创造良好环境条件的综合能力；管理的目的是促进投资环境的改善和优化，为已投资者创造良好的生产经营环境，为待投资者塑造形成有吸引力的创业环境，最终推动地方经济快速发展。

1. 投资环境管理的任务

投资环境管理的任务包括监测、预报和调控三大方面。

监测的主要任务是，对区域投资环境系统运行过程的各个方面，尤其是重大的投资活动和投资环境改善举措，进行跟踪、监测和分析，及时展示投资等经济活动的动态情况和投资环境质量的变化，对投资环境质量和投资经济活动出现的偏差做出及时的反应和评价。

预报的主要任务是，事先对区域经济发展方向和投资环境变动趋势，以及可达到的目标和水平做出预测，对区域投资环境系统运行过程中可能出现的异常现象，如投资环境质量恶化、对投资吸引力和资源要素集聚能力持续下降等做出预警。

调控的主要任务是，通过对区域经济系统目标和投资环境变化状况进行比较，针对出现的问题和暴露的不足，采取相应的调控措施，对投资环境要素系统涉及的有关经济特征变量或政策变量进行调节，实现对区域投资环境系统运行过程的有效管理与控制，使其能够适应区域经济发展的要求，达到预期的优化目标。

2. 投资环境管理的基本思路

(1) 强化投资环境意识，营造良好亲商氛围

投资环境功能的发挥、各项政策和服务的实施，是通过人的意识和行为来表现的。投资环境优化和管理不仅体现在硬件环境和政策制度等方面，而且体现在每个人的意识和行为上。个人行为，尤其是政府工作人员的行为可以影响投资者的感情，进而影响投资决策。因此，应提高政府工作人员对投资环境的认识，通过各种文化载体强调环境优劣与地区繁荣兴旺紧密相连、环境好坏与每个人的利益息息相关等理念共识，营造“人人都是投资环境，事事关系投资环境，处处维护投资环境”的良好氛围，形成有利于投资环境优化和管理的个人行为规范与人文社会氛围，使投资环境意识深深融入人们的思想意识中，成为全体成员共同的价值观和自觉行为。

(2) 投资硬环境和软环境管理并重

我国目前总体上处于工业化的中期阶段，生产力水平相对落后，生产力方面的障碍对投资环境影响较大，硬件环境因素的作用比较直观，因此在投资环境管理方面存在比较重视硬

件要素的建设与提高，而轻视软件要素的建设与优化的现象。这种错误认识对地区投资环境的改善极为不利。

随着生产力发展和科技进步，硬件问题变得相对容易解决。相对于硬环境建设，软环境建设是一项更加艰难、复杂而漫长的建设工程。软环境建设旨在推进受资地区社会的上层建筑和生产关系全面改革，促使人们与自身行为中的不良观念意识和行为习惯“决裂”，进而形成一种积极的、符合市场经济要求的行为意识和制度规范。良好的软环境能成倍提高整体投资环境的水平，所以在投资环境管理过程中，要做到硬环境和软环境并重。

（3）全面构建投资环境竞争新优势

投资环境优化和管理是政府和全社会的一项长期战略，是需要政府长抓不懈的战略性、全局性任务。改革开放以来，各地区的投资环境都有不同程度的改善。一个地区要吸引更多的投资，不能仅依赖于国家给予的优惠政策，而应该要有新举措，需要全面构建投资环境竞争新优势。这就需要进一步完善硬环境管理，建立优质高效的政府服务环境、公平有序的法治环境、优惠互利的政策环境。另外，还需要建立和完善投资环境综合评价和考核体系，并认真执行。

3. 政府优化投资环境管理的途径

鉴于我国基本国情，政府行为对投资环境起着决定性的影响。基于这一背景，政府优化投资环境管理，需要继续改革政府职能，是国民经济发展新阶段的要求。具体途径应包括以下几个方面：

（1）改善政策环境

各级地方政府必须注意进一步落实支持企业投资的政策，创造资金自由流通的条件，满足投资者自由营运的要求，制定统一规范的市场准入标准，赋予各类投资者平等的待遇，创造公平、公开、公正的投资政策和体制环境。

（2）打破行业垄断

打破基础设施的行业垄断，按照价值规律、供求规律、竞争规律的要求推动规范、有序的市场体系形成，制定有利于提高竞争效率的市场规则，为企业发展创造公平的竞争环境。

（3）完善硬环境管理

加强投资载体建设，地区基础设施、地区综合建设；加速交通道路网通信网建设，缩短本地与大城市、港口、机场、铁路的差距，增加区位优势；根据本地区的产业发展现实条件，培育先导产业和主导产业，形成良好的产业配套与协作条件，创造产业投资环境优势；努力提高现有企业的素质。

（4）转变政府职能

政府职能就是要使政府集中精力搞好经济社会规划和公共服务。强化政府宏观调控职能，弱化微观管理职能，转化社会管理职能，实现从无限权力的政府向有限责任的政府、从干预型政府向服务型政府的转变；在严格把关的同时，最大限度地简化手续，规范操作，限定时间，提高效率。

（5）用信息技术提高行政效率

提高政府行政效率是实现政府公共服务职能的保障。行政效率直接关系到行政功能的发挥，关系到投资环境形象的塑造。电子政务是信息技术与现代政府管理有机结合的产物，速度快，效果好，效率高，把政府改革同电子政务建设密切结合，实现高效率政府管理和服务。

（6）加强地方政府间的投资环境管理横向联系与合作

区域联合协作是一种世界性的历史趋势，任何一个地区或国家，不管其经济社会发展阶段如何，都不可能生存于“经济真空”，不可能靠建立自给自足、封闭式的区域经济体系而进入先进地区的行列。地方政府间的横向联系与合作可以在相同的公共物品生产和供应上减少重复建设，节约人力、财力和物力资源，有利于投资环境管理优化。

（7）实施主动招商引资战略

确定本地优势产业、特色产业和瓶颈产业，并制定产业政策吸引相关产业；根据地区优势构筑特定行业的投资载体和产业平台，采用有效的策略，不断创新思路，实施多渠道招商引资；另外，还要充分利用现有投资资源，重点建设和优化现有投资环境。

本章小结

本章首先介绍了项目投资环境的基本知识，包括项目投资环境的含义、特性、作用和分类等。为了认识项目投资环境这个复杂系统，对其各构成因素进行了系统全面的分析，然后介绍了项目投资环境的评价原则、指标体系和评价方法，以便给出环境优劣程度的数量化指标，为投资决策提供依据。最后介绍了投资环境优化和管理的思路及途径。

复 习 题

1. 简述项目投资环境的特性。
2. 简述项目投资环境的分类体系。
3. 社会环境包括哪些因素？谈谈这些因素对项目投资活动的影响。
4. 项目投资环境评价的原则是什么？评价方法主要有哪些？
5. 除了文中所介绍的投资环境评价方法外，再查找三种其他评价方法，简单说说如何应用。
6. 简述我国项目投资环境管理的基本思路及优化途径。

第 2 章练习题

扫码进入在线答题小程序，完成答题后可获取答案及其解析

第3章 工程项目投资的评价

本章重难点

重点在于掌握项目投资评价和财务评价的概念、财务评价方法的分类、资金时间价值的计算、工程项目投资成本与收入估算的方法、现金流量与现金流量表、投资利润率、投资回收期、净现值、内部收益率等财务评价指标的计算，项目投资经济评价的概念和作用、影子价格理论、经济评价指标的计算，项目投资社会效益评价的概念及评价内容；难点在于掌握工程项目投资的投资利润率、投资回收期、净现值、内部收益率等财务评价指标的计算。

3.1 项目投资评价概述

1. 项目投资评价的概念

项目投资评价是指在项目投资决策前的可行性研究过程中，根据国民经济和社会发展以及行业、地区发展规划的要求，在项目初步方案的基础上，对拟建项目计算期内的投入产出等因素进行调查、预测、研究和计算，并做出项目财务可行性和经济合理性的论证和评价，比选并找出最佳方案，为项目投资决策者提供决策的科学依据。

项目投资评价对于加强固定资产投资的宏观调控，提高投资决策的科学化水平，引导和促进各类资源合理配置，优化投资结构，减少和规避投资风险，充分发挥投资效益，具有重要作用。

2. 项目投资评价的分类

按评价的性质，项目投资评价分为社会效益评价和经济评价。经济评价按其考虑范围的不同，可分为财务评价和经济费用效益分析（即国民经济评价）。

按评价的时间，项目投资评价分为前评价、中间评价和后评价。前评价是项目投资决策前的预测性评价，如项目建议书和可行性研究中的项目评价；后评价是项目建成投产后的评价；此外，有些项目在实施过程中还要进行中间评价。

按是否考虑资金的时间价值，项目投资评价分为静态评价和动态评价。

3.2 项目投资的财务评价

3.2.1 财务评价概述

1. 项目投资财务评价的概念

财务评价又称财务分析或项目盈利分析，是指在国家现行财税制度和价格体系的前提下，从项目角度出发，计算项目范围内的财务效益和费用，分析项目的盈利能力和清偿能力等，评价项目在财务上的可行性。

项目盈利能力的高低关系到投资主体的切身利益，是财务评价的主要指标，另外，从资金筹集角度来看，投资主体不仅要了解项目的盈利能力，更要关心项目的清偿能力。因此，盈利能力和清偿能力是财务评价的核心。

2. 财务评价方法的分类

(1) 按是否考虑资金的时间价值分类

财务评价方法按是否考虑资金的时间价值，分为静态评价法和动态评价法。静态评价法包括静态投资回收期法、投资利润率法等。动态评价法即折现现金流量分析，是在进行投资决策分析时，考虑资金的时间价值对投资效果影响的分析方法，如净现值法、内部收益率法等。

(2) 按资金来源分类

财务评价方法按资金来源，分为全投资评价法和自有资金评价法。全投资评价法即融资前评价法，该方法排除了融资方案变化的影响，不考虑资金来源的不同，从项目投资总获利能力的角度计算和评价项目的经济效益，考察项目方案设计的合理性。该评价方法应作为初步投资决策与融资方案研究的依据和基础。自有资金评价法考虑资金来源及还款条件，旨在从投资者的角度评价自有资金的获利能力，即项目对投资者的最终贡献。自有资金评价是对项目最终经济效果的评价，也是投资者决策的重要依据。

3.2.2 财务评价的理论基础——资金的时间价值

1. 资金时间价值的概念与影响因素

(1) 资金时间价值的概念

资金时间价值就是一定量的资金在不同时点上价值量的差额，是货币资金经过一定时间的投资使用或再投资过程中形成的增值额。由于货币是资金的原始形态和普遍形态，因此也有人直接称其为货币的时间价值。

资金时间价值是资金在特定空间的周转使用过程中产生的增值额。资金增值的部分金额是在原有资金本金基础上产生的差额，如果不参与企业生产、投资活动的循环和周转，即使存放一定时间，也不能产生货币增值。因此，资金时间价值虽然必须有时间因素，但更重要的是资金在循环和周转中的载体，如将货币资金存入银行、将货币资金投入工程项目建造；否则不仅不能产生增值，反而会带来资金损失。

从经济学定量的角度，资金时间价值相当于假设不考虑风险和通货膨胀条件下的社会平均资金利润率。由于市场竞争的存在，经济生活中各个部门投资的利润率趋于平均化。在利润平均化规律的作用下，等量的资本在相同时间内应获得等量的利润。每个企业在进行投资决策时，都希望至少要取得符合社会平均利润率的回报。因此，资金时间价值成为评价工程项目投资方案、融资方案和各类财务预测方案的基本标准。

需要重点提示的是，资金价值量运动存在不同方向与量的多少，财务学一般称为资金的流入（收入）量或资金的流出（支出）量。因此，不同时间的货币资金流量不能直接进行比较，需要把它们换算到相同时间的基础上，然后才能进行量化比较和比率的计算。

（2）影响资金时间价值的因素

从理论上讲，影响资金时间价值的因素有本金、利率和期数。或者说，资金时间价值的大小是由本金、利率和期数三个因素共同决定的。

1）本金。本金是资金增值的基础，没有本金的投入就不可能有资金的增值。从时间角度来看，本金是一笔资金的现在价值，简称现值，常用 P 表示。

2）利率。利率是资金增值的标准。在理论上，它是资金的增值额与投入的本金之比；在实践中，它是预先规定的。不管是在理论上还是在实践中，利率都与一定的时间相联系，经常表现为年利率、月利率、日利率等，常用 i 表示。

3）期数。期数即计息期数，是资金增值的时间限度，可以以年、月、天为单位，常用 n 表示。

2. 资金时间价值的计算

在资金时间价值的计算方面，依据利率的不同，可以分为单利的计算与复利的计算；依据本金的不同，可以分为复利的计算与年金的计算；依据计算内容的不同，可以分为终值的计算与现值的计算。

（1）单利的计算

1）单利的定义。单利是计算利息的一种方法，是复利的相对称谓。按照这种方法，在借贷双方约定的期限以内，只按本金计算利息，利息不计算利息，即不管时间多长，所生利息均不加入本金重复计算利息。

2）单利利息的计算。单利利息的计算公式为

$$I=Pin$$

3）单利终值的计算。单利终值是指现在一笔资金按单利计算的未来价值，常用 F 来表示。其计算公式为

$$F=P(1+in)$$

4）单利现值的计算。单利现值是指若干年后收入或支出一笔资金按单利计算的现在价值。其计算公式为

$$P=F/(1+in)$$

【例 3-1】　某项目公司向银行贷款 120 万元，贷款年利率是 6%，贷款期限为 3 年。则其利息为

$$I=120\text{ 万元}\times6\%\times3=21.6\text{ 万元}$$

3 年后应偿还本利和为

$$F=120\text{ 万元}\times(1+6\%\times3)=141.6\text{ 万元}$$

(2) 复利的计算

1) 复利的定义。复利是计算利息的另一种方法，是单利的相对称谓。按照这种方法，每经过一个计息期，要将所生利息加入本金再计算利息，逐期滚算，俗称“利滚利”。这里所说的计息期，是指相邻两次计息的时间间隔，如年、月、日等。除非特别指明，计息期均为一年。复利计息制度见表3-1。

表3-1 复利计息制度

期数	期初	利息	期末
1	P	Pi	$P(1+i)$
2	$P(1+i)$	$P(1+i)i$	$P(1+i)^2$
3	$P(1+i)^2$	$P(1+i)^2 i$	$P(1+i)^3$
⋮	⋮	⋮	⋮
n	$P(1+i)^{n-1}$	$P(1+i)^{n-1}i$	$P(1+i)^n$

2) 复利终值的计算。复利终值是指现在的一笔资金按复利计算的未来价值。复利终值的一般计算公式为

$$F=P(1+i)^n$$

式中，$(1+i)^n$ 称为复利终值系数，用符号 $(F/P,i,n)$ 表示。

【例3-2】 某项目公司有100万元，拟向收益率为8%的项目投资。5年后可以收回多少钱？

$$F=100\text{万元}\times(1+8\%)^5=146.93\text{万元}$$

3) 复利现值的计算。复利现值是复利终值的对称概念，是指未来一定时间的特定资金按复利计算的现在价值，或者说是为取得将来一定的本利和现在所需要的本金。

$$P=\frac{F}{(1+i)^n}=F(1+i)^{-n}$$

式中，$(1+i)^{-n}$称作复利现值系数，用符号 $(P/F,i,n)$ 表示。

【例3-3】 某项目公司欲在3年后获取本利和100万元，假设投资收益率为10%，则其现在应投入多少钱？

$$\begin{aligned}P&=F(P/F,i,n)\\&=100\text{万元}\times(P/F,10\%,3)\\&=100\text{万元}\times0.7513\\&=75.13\text{万元}\end{aligned}$$

(3) 年金的计算

年金是指一定时期内每期相等金额的收付款项。在现实经济生活中，计提等额折旧、支付等额租金、分期付款购货、分期偿还借款、发放养老金、每期相等的销售收入等资金流

动，都属于年金形式。年金按照每期收付款发生时间的不同，可以划分为后付年金、先付年金、递延年金和永续年金四种。其中，后付年金是现实生活中常见的年金形式，又称为普通年金。

1）普通年金终值及其计算。普通年金即后付年金，是指收付款发生在每期期末的年金。普通年金的收付形式如图 3-1 所示。横线为时间轴，用阿拉伯数字表示各期期末；竖线的位置表示收付款发生的时点，下端的数字表示收付款的金额，即年金，用 A 表示。图 3-1 展示的是第 1 期~第 n 期每期期末的收付款情况。

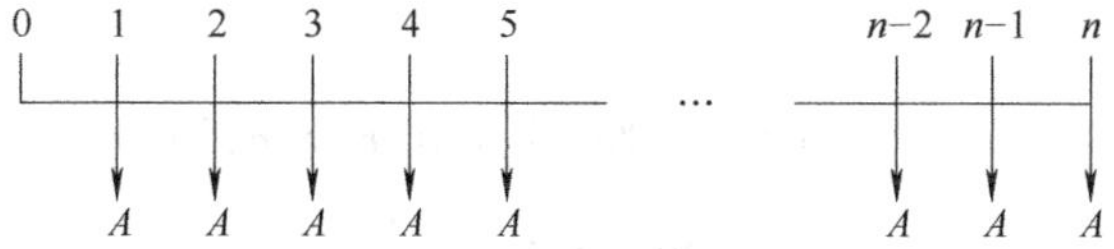

图 3-1　普通年金收付款情况（第 1 期~第 n 期）

普通年金终值是每期期末发生的收付款项按复利计算的终值之和。

假设每期期末的收付款金额（年金）为 A，利率为 i，计息期数为 n，每期复利一次。普通年金终值的计算如图 3-2 所示。

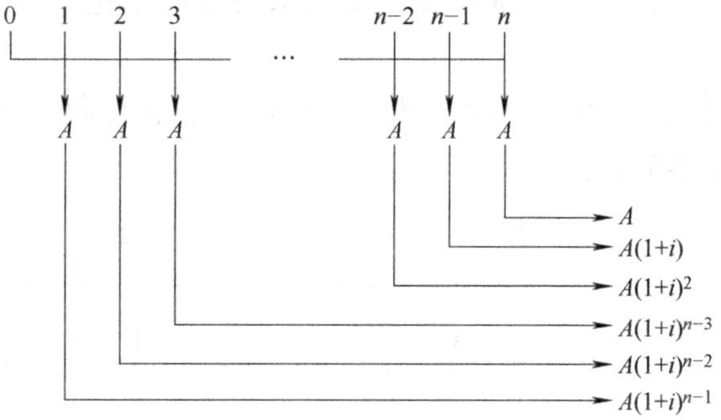

图 3-2　普通年金终值计算

普通年金终值可表示为

$$F=A+A(1+i)^1+\cdots+A(1+i)^{n-4}+A(1+i)^{n-3}+A(1+i)^{n-2}+A(1+i)^{n-1}$$

或

$$F=A\frac{(1+i)^n-1}{i}$$

式中，$\frac{(1+i)^n-1}{i}$称为普通年金终值系数，用符号（$F/A,i,n$）表示。它表示在利率为 i、期数为 n 的条件下，普通年金 1 元的终值。在实际工作中，为便于计算，可直接查阅“普通年金终值系数表”。

2）偿债基金的计算。偿债基金是指为使年金终值达到既定金额，每期期末应收付资金的数额。由其定义可知，偿债基金计算的原理是：已知普通年金终值 F，求普通年金 A。其计算公式可由普通年金终值的计算公式推导得到，即

$$A=F\frac{i}{(1+i)^n-1}$$

式中，$\frac{i}{(1+i)^n-1}$称为偿债基金系数，用符号（$A/F,i,n$）表示。显然，它是普通年金终值系数的倒数，可根据普通年金终值系数经过处理而得到。

【例 3-4】 某项目公司拟在 5 年后偿还 10 万元的负债，假设银行存款利率为 8%，从现在起每年年末需向银行存入多少钱，到期时可用银行存款的本利和还清该笔债务？

$$\begin{aligned}A&=100000\text{ 元}\times(A/F,8\%,5)\\&=100000\text{ 元}\times\frac{1}{5.8666}\\&=17045.6\text{ 元}\end{aligned}$$

因此，当银行存款利率为 8%时，每年年末存入 17045.6 元，5 年后可得到 10 万元用以清偿债务。

3）普通年金现值及其计算。普通年金现值是每期期末发生的收付款项按复利计算的现值之和。

假设每期期末的收付款金额（年金）为 A，利率为 i，计息期数为 n，每期复利 1 次。普通年金现值的计算如图 3-3 所示。

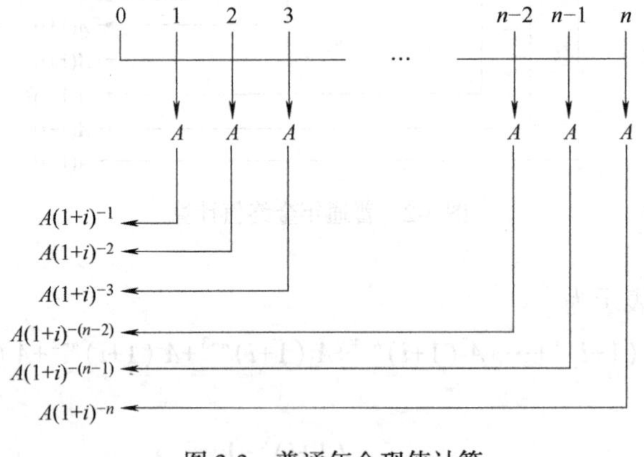

图 3-3 普通年金现值计算

所以，普通年金现值的一般计算公式为

$$P=A(1+i)^{-1}+A(1+i)^{-2}+\cdots+A(1+i)^{-(n-1)}+A(1+i)^{-n}$$

经整理可得

$$P=A\frac{1-(1+i)^{-n}}{i}$$

式中，$\frac{1-(1+i)^{-n}}{i}$称为普通年金现值系数，利率为 i，经过 n 期的年金现值，用符号（$P/A,i,n$）

表示。它表示在利率为 i、期数为 n 的条件下，普通年金 1 元的现值。在实际工作中，为了方便，可以直接查阅“普通年金现值系数表”。

【例 3-5】　某项目租赁一台生产设备，每年年末需付租金5000 元，预计需租赁 3 年。假设银行存款利率为 8%，则企业为保证租金的按时支付，现应存入多少钱用以支付租金？

根据普通年金现值的计算公式可得

$$P = A(P/A, i, n)$$
$$= 5000(P/A, 8\%, 3)$$

查“普通年金现值系数表”可得

$$(P/A, 8\%, 3) = 2.5771$$
$$P = 5000\text{ 元} \times 2.5771$$
$$= 12885.5\text{ 元}$$

4）投资回收额。投资回收额是指为使年金现值达到既定金额，每年年末应收付的资金数额。

由其定义可知，投资回收额的计算原理是已知年金现值 P，求年金 A。其计算公式可由普通年金现值的计算公式推导得到：

由于　$$P = A\frac{1-(1+i)^{-n}}{i}$$

则有　$$A = P\frac{i}{1-(1+i)^{-n}}$$

式中，$\frac{i}{1-(1+i)^{-n}}$称作投资回收系数，用符号（$A/P, i, n$）表示。它是普通年金现值系数的倒数，可根据普通年金现值系数经过处理而得到。

【例 3-6】　某项目公司欲投资 20000 元购置一台设备，预计可使用 3 年，预计年利率为 8%。该台设备每年至少给公司带来多少收益才是可行的？

根据投资回收额的计算公式可得

$$A = P\frac{i}{1-(1+i)^{-n}}$$
$$= P\frac{1}{(P/A, 8\%, 3)}$$

查“普通年金现值系数表”可得：

$$(P/A, 8\%, 3) = 2.5771$$
$$A = 20000\text{ 元} \times \frac{1}{2.5771}$$
$$= 7761\text{ 元}$$

3.2.3 工程项目投资估算

1. 工程项目投资估算的定义

工程项目投资估算是指对某项工程建设花费的全部费用进行估算。为工程项目建设花费的全部费用即该项目有计划地进行固定资产再生产，以及形成无形资产、递延资产和流动资产的一次性费用总和。生产性建设工程项目总投资包括建设投资和铺底流动资金两部分，非生产性建设工程项目总投资则只包括建设投资。

建设投资由设备及工器具购置费、建筑安装工程费、工程建设其他费用、预备费（包括基本预备费和涨价预备费）和建设期利息组成。

设备及工器具购置费是指按照建设工程设计文件要求，建设单位（或其委托单位）购置或自制达到固定资产标准的设备和新、扩建项目配置的首套工器具及生产家具所需的费用。

建筑安装工程费是指建设单位用于建筑和安装工程方面的投资。它由建筑工程费和安装工程费两部分组成。

工程建设其他费用是指未纳入以上两项的，根据设计文件要求和国家有关规定应由项目投资支付的为保证工程建设顺利完成和交付使用后能够正常发挥效用而发生的一些费用。

铺底流动资金是指生产性建设工程项目为保证生产和经营正常进行，按规定应列入建设工程项目总投资的流动资金。它一般按流动资金的30%计算。

建设投资可以分为静态投资部分和动态投资部分。静态投资部分由建筑安装工程费、设备及工器具购置费、工程建设其他费用和基本预备费构成。动态投资部分是指在建设期内，因建设期利息和国家新批准的税费、汇率、利率变动以及建设期价格变动引起的建设投资增加额，包括涨价预备费、建设期利息等。

2. 工程项目投资的总资产估算

工程项目投资的总资产估算是在项目的建设规模、技术方案、工程方案、设备选择方案及实施进度等已经确定的基础上对项目总资产投资进行的估算，包括固定资产投资估算和流动资金估算。

（1）固定资产投资估算的构成

固定资产投资估算包括固定资产投资和建设期利息两部分内容，分别对这两部分内容估算或计算后，即可以编制固定资产投资估算表。而固定资产投资按照占用性质划分，可分为建筑安装工程费、设备及工器具购置费、工程建设其他费用、基本预备费、涨价预备费和建设期利息等内容。根据国家对固定资产投资实行静态控制和动态管理的要求，固定资产投资又分为静态投资和动态投资两部分。其中，固定资产投资静态部分包括建筑安装工程费、设备及工器具购置费、工程建设其他费用及基本预备费等内容；固定资产投资动态部分包括涨价预备费、建设期借款利息，在概算审查和工程竣工决算中还应考虑国家批准新开征的税费和建设期汇率变动等内容。

（2）固定资产投资的估算方法

对于固定资产投资，可采用下列方法进行估算。

1）系数估算法。系数估算法分为三种：设备系数法、主要车间系数法和朗格系数法。

① 设备系数法。以拟建项目的设备费为基数，根据已建成的同类项目或装置的建筑安装费和其他工程费用等占设备费的百分比，求出相应的建筑安装及其他有关费用，其总和即为项目或装置的投资额。计算公式为

$$C=E(1+f_1P_1+f_2P_2+f_3P_3+\cdots)+I$$

式中 C——拟建项目或装置的投资额；

E——根据拟建项目或装置的设备清单，按当时当地价格计算的设备费（包括运杂费）的总和；

P_1, P_2, P_3——分别为已建项目中建筑安装及其他工程费用占设备费的百分比；

f_1, f_2, f_3——分别为由于时间因素引起的定额、价格、费用标准等变化的综合调整系数；

I——拟建项目或装置的其他费用。

② 主要车间系数法。对于生产性项目，在设计中若考虑了主要车间的产品方案和生产规模，可先采用合适的方法计算主要车间的投资，然后利用已建相似项目的投资比例计算辅助设施等占主要车间投资的系数，估算总投资。其计算公式与设备系数法相同，其中 P_1，P_2，P_3 表示已建项目中各车间工程费用占设备费的百分比。

③ 朗格系数法。该方法以设备费为基础，乘以适当系数来推算项目的建设费用。计算公式为

$$D=(1+\sum K_i)K_cC$$

式中 D——总建设费用；

C——主要设备费用；

K_i——管线、仪表、建筑物等项费用的估算系数；

K_c——管理费、合同费、应急费等项费用的总估算系数；

$(1+\sum K_i)K_c$——朗格系数。

这种方法比较简单，但没有考虑设备规格、材质的差异，所以精确度不高。

2）生产能力指数法。这种方法根据已建成的性质类似的建设项目或生产装置的投资额和生产能力粗略估算拟建项目或生产装置的投资额。计算公式为

$$Y_2=Y_1(X_2/X_1)^nf$$

式中 Y_2，Y_1——拟建项目或装置和已建项目或装置的投资额；

X_2，X_1——拟建项目或装置和已建项目或装置的生产能力；

f——不同时期、不同地点的定额、单价、费用变更等的综合调整系数；

n——生产能力指数，取值在 0~1 之间。

这种方法计算简单、速度快；但要求类似项目的资料完整可靠、条件基本相同，否则误差就会增大。

3）指标估算法。对房屋、建筑物等投资的估算，经常采用指标估算法，即根据各种具体的投资估算指标，进行单位工程投资的估算。投资估算指标的形式较多，用这些投资估算指标乘以所需的面积、体积、容量等，就可以求出相应的土建工程、给水排水工程、照明工

程、采暖工程、变配电工程等各单位工程的投资。在此基础上，可汇总成每一单项工程的投资，另外再估算出工程建设其他费用及预备费，即可求得建设项目总投资。

采用这种方法时应注意两点：一是若套用的指标与具体工程之间的标准或条件有差异，应加以必要的局部换算或调整；二是使用的指标单位应紧密结合每个单位工程的特点，能正确反映其设计参数，切勿盲目套用一种单位指标。

4）资金周转率法。这种方法简便、计算快，但精确度低，适于规划或项目建议书阶段的投资估算。计算公式为

投资额=(产品年产量×产品单价)/资金周转率

（3）流动资金的估算方法

流动资金是指项目建成投产后，在运营期内占用并周转使用的营运资金，不包括运营中需要的临时性营运资金。流动资金的估算可以采用下列方法：

1）扩大指标估算法。扩大指标估算法是按照流动资金占某种费用基数的比率来估算流动资金。一般常用的费用基数有销售收入、经营成本、总成本费用和固定资产投资等。扩大指标估算法简便易行，适用于项目初选阶段。

2）分项详细估算法。这是通常采用的流动资金估算方法。采用分项详细估算法时，流动资金的估算可以使用下列公式：

流动资金=流动资产-流动负债

流动资产=现金+应收和预付账款+存货

流动负债=应付账款+预付账款

流动资金本年增加额=本年流动资金-上年流动资金

流动资金一般应在项目投产前开始筹措。根据国家现行规定要求，新建、扩建和技术改造项目，必须将项目建成投产后所需的30%铺底流动资金列入投资计划，铺底流动资金不落实的，国家不予批准立项，银行不予贷款。铺底流动资金的计算公式为

铺底流动资金=流动资金×30%

铺底流动资金是计算项目资本金的重要依据，也是国家控制项目投资规模的重要指标。

根据国家现行规定，国家控制投资规模的项目总投资包括固定资产投资和铺底流动资金，并以此为基数计算项目资本金比例。计算公式为

项目总投资=固定资产投资+铺底流动资金

其中

固定资产投资=固定资产投资静态部分+固定资产投资动态部分

对于概算调整和后评价项目，固定资产投资动态部分还应包括建设期因汇率变动而产生的汇兑损益以及国家批准新开征的其他税费。

项目资本金最低需要量=项目总投资×国家规定的最低资本金比例

3. 工程项目投资的成本与收入估算

（1）工程项目成本费用的构成

成本费用是反映产品生产中资源消耗的一个主要基础数据，是形成产品价格的重要组成

部分，是影响项目经济效益的重要因素。建设项目产出品成本费用的构成与计算既要符合现行财务制度的有关规定，又要满足经济评价的要求。

按照财政部颁布的财务制度，参照国际惯例将成本核算办法，由原来的完全成本法改成制造成本法。所谓制造成本法，是在核算产品成本时，只分配与生产经营最直接和关系密切的费用，而将与生产经营没有直接关系和关系不密切的费用计入当期损益，即将直接材料、直接燃料和动力、直接人工、其他直接支出和制造费用计入产品制造成本，管理费用、财务费用和销售费用直接计入当期损益，不要求计算产品的总成本费用。

计算公式为

总成本=生产成本+制造费用

=直接材料+直接燃料和动力+直接人工+其他直接支出+制造费用

期间费用=管理费用+财务费用+销售费用

1）生产成本。生产成本是指为生产商品和提供劳务等发生的各项费用。它包括直接材料、直接耗费的燃料、动力和直接人工以及其他直接费用（支出）。

2）制造费用。制造费用是指企业各生产单位为组织和管理生产活动而发生的间接生产费用。它包括生产单位管理人员工资、职工福利费、生产单位房屋建筑物、机械设备等的折旧费、矿山维简费、租赁费、修理费、机物料消耗、低值易耗品、水电费、办公费、差旅费、运输费、保险费、劳动保护费等。

3）期间费用。期间费用包括管理费用、财务费用和销售费用。

① 管理费用。管理费用是指企业行政管理部门为管理和组织生产经营活动而发生的各项费用。它包括公司经费、工会经费、职工教育经费、劳动保险费、待业保险费、董事会费、咨询费、审计费、评估费、诉讼费、排污费、绿化费、土地使用费、土地损失补偿费、技术转让费、技术开发费、无形资产摊销、递延资产摊销、业务招待费、坏账损失、存货盘亏、毁损和报废（减盘盈）以及其他管理费用。

② 财务费用。财务费用是指为筹资而发生的各项费用。它包括生产经营期间发生的利息净支出、汇兑净损失、金融机构手续费及筹资发生的其他财务费用。

③ 销售费用。销售费用是指为销售产品和提供劳务而发生的各项费用以及专设销售机构的各项经费。它包括销售部门人员工资、职工福利费、差旅费、办公费、折旧费、修理费、广告费、销售服务费及其他销售费用。

（2）销售收入的估算

1）销售收入的含义。销售收入是指项目投产后在一定时期内销售产品（营业或提供劳务）而取得的收入。它是工程项目现金流入的主要内容，等于单位产品售价与销售数量的乘积。销售净收入是销售毛收入扣除商业折扣和销售退回及折让后的收入。

2）销售收入的估算方法。收入预测的重点是要预测各年工程项目可能提供的销售量或服务量。应分析、确认产品和服务的市场预测分析数据，特别要注重目标市场的有效需求分析；说明项目建设规模、产品或服务方案；分析产品或服务的价格，采用的价格基点、价格体系、价格预测方法；论述采用价格的合理性。

在价格选取上，应考虑价格变动的各种因素，即各种产品相对价格变动和价格总水平变动（通货膨胀），根据具体情况选用固定价格或变动价格进行分析。固定价格是指在项目生产经营期内不考虑价格相对变动和通货膨胀影响的不变价格。变动价格是指在项目生产经营期内考虑价格变动的预测价格。

① 生产经营期各年生产负荷的估算。生产负荷是指项目生产经营期内生产能力的利用率，以百分比表示。一般应按项目投产期和以后正常生产年份分别设定生产负荷。经济评估人员应配合技术评估人员鉴定各年生产负荷的确定是否有充分依据，是否与产品市场需求量预测相符合，是否考虑了项目的建设进度，以及原材料、燃料、动力供应和工艺技术等因素对生产负荷的制约和影响作用。

② 产品销售价格的估算。销售收入的重点是对产品价格进行估算。要鉴定选用的产品销售（服务）价格是否合理，价格水平是否反映市场供求状况，判别项目是否高估或低估了产出品价格。

③ 销售收入的计算。在项目评估中，产品销售（营业）收入的计算，一般假设当年生产产品当年全部销售。计算公式为

$$销售收入 = \sum_{i=1}^{n} Q_i P_i$$

式中　Q_i——第 i 种产品年产量；

P_i——第 i 种产品销售单价。

当项目产品外销时，还应计算外汇销售收入，并按评估时现行汇率折算成人民币，再计入销售收入总额。

4. 销售税金及附加的估算

销售税金及附加是指新建项目生产经营期（包括建设与生产同步进行情况下的生产经营期）内因销售产品（营业或提供劳务）而发生的消费税、资源税、城市维护建设税及教育费附加，是利润表和财务现金流量表中的一个独立项目。销售税金及附加的计征依据是项目的销售（营业）收入，不包括营业外收入和对外投资收益。

5. 增值税的估算

按照现行税法规定，增值税作为价外税不包括在销售税金及附加中。在经济项目评价中应遵循价外税的计税原则，在项目损益分析及财务现金流量分析的计算中均不应包含增值税的内容。

6. 现金流量与现金流量表

(1) 现金流量

现金流量是指项目建设过程中，从筹划、设计、施工、投产直至报废的整个期间，各年从系统中流入和流出的货币量总称，反映了项目在建设和生产服务年限内的资金运动。

其中，现金流入是指项目所引起的收益增加了货币资本，用正数表示。项目的现金流入包括产品销售收入、回收固定资产余值、回收流动资金、其他形式的现金流入（如成本降低额、税金节约额），用 CI 表示。现金流出是指投资项目所引起的开支减少了货币资本，用负数表示。项目的现金流出包括固定资产投资、流动资金、经营成本、销售税金、技术转让费用、资源税、营业外净支出等，用 CO 表示。净现金流量是指项目在一定时期内现金流出

和现金流入的代数和，用 NCF 表示。第 t 年的净现金流量如下：

$$NCF_t = (CI - CO)t$$

在计算现金流量时，还要考虑项目对企业其他部门造成的影响，正效应则计入现金流入，负效应则计入现金流出。此外，沉没成本不应计入现金流量，因为它是由于过去的投资决策失误或投资的固定资产因精神磨损[⊖]等原因而淘汰产生的，它所继续发生的费用（如折旧、利息等）不应计入新项目的现金流量中。

（2）现金流量表

现金流量表反映项目在计算期内不同时间的现金流入和现金流出情况，可以计算出各年净现金流量和累计净现金流量。它是计算内部收益率、净现值、投资回收期，进而分析项目财务盈利能力的基本依据。

现金流量表根据投资估算表、成本及价格估算表、经营成本估算表、销售收入计算表等辅助报表编制，分为全部投资现金流量表（即项目投资现金流量表）、自有资金现金流量表（即项目资本金现金流量表）和投资各方现金流量表。

全部投资现金流量表以全部投资为视角，计算项目投资内部收益率及净现值等财物评价指标，考察项目全部投资的盈利能力，是比较各投资方案的共同基础。

自有资金现金流量表（项目资本金现金流量表）以投资主体为视角，把借款的还本付息作为现金流出，计算自有资金的财务评价指标。项目借款是现金流入，又在同一时间用于项目投资，构成相同数额的现金流出，相抵为零，对净现金流量计算无影响，因此，表中投资只计自有资金，而现金流入是项目收入。

投资各方现金流量表用于计算投资各方的内部收益率等财务评价指标。

3.2.4　项目投资财务评价的指标与方法

1. 投资利润率法

投资利润率又称投资报酬率，是指项目投资方案的年平均利润额占平均投资总额的百分比。投资利润率的决策标准是：项目的投资利润率越高越好，低于无风险投资利润率的方案为不可行方案。

投资利润率的计算公式为

$$平均投资利润率=\frac{年平均税后净利额}{总投资额}\times 100\%$$

式中，分子是平均利润，不是现金净流量，不包括折旧等；分母可以用投资总额的 50%来简单计算平均投资总额，一般不考虑固定资产的残值。

【例 3-7】　某企业有甲、乙两个项目投资方案，投资总额均为 10 万元，全部用于购置新的设备，折旧采用直线法，使用期均为 5 年，无残值，其他有关资料见表 3-2。

⊖ 精神磨损又称无形磨损，是指设备或固定资产由于科学技术的进步而引起的贬值。

表 3-2　方案的详细情况表　（单位：元）

项目计算期	甲方案		乙方案	
	利　润	现金净流量（NCF）	利　润	现金净流量（NCF）
0		(100000)		(100000)
1	15000	35000	10000	30000
2	15000	35000	14000	34000
3	15000	35000	18000	38000
4	15000	35000	22000	42000
5	15000	35000	26000	46000
合计	75000	75000	90000	90000

要求：计算甲、乙两方案的投资利润率。

解：

$$甲方案投资利润率=\frac{15000\ 元}{100000\ 元/2}\times100\%=30\%$$

$$乙方案投资利润率=\frac{90000\ 元/5}{100000\ 元/2}\times100\%=36\%$$

从计算结果来看，乙方案的投资利润率比甲方案的投资利润率高 6%（36%−30%），应选择乙方案。

2. 投资回收期法

投资回收期法是根据工程项目投资方案的投资回收期来评价方案可行性及优劣的方法。

投资回收期是指投资方案的年现金净流量（NCF）积累到等于原始投资额所需要的时间，通常以年为单位。

投资回收期可根据原始投资额与年现金净流量直接计算。其计算公式为

$$投资回收期=\frac{原始投资额}{年现金净流量}$$

【例 3-8】　设有 A、B 两种项目方案都可建成一条传真机生产线，各种方案的固定资产投资额及预计年现金净流量见表 3-3。试计算各方案的投资回收期。

表 3-3　方案现金净流量表　（单位：万元）

方　案	各年现金净流量					
	第 0 年	第 1 年	第 2 年	第 3 年	第 4 年	第 5 年
A	−100	50	50	50	50	50
B	−150	50	50	50	50	50

解：各方案投资回收期的具体计算如下：

$$\text{A 方案的投资回收期} = \frac{100\ \text{万元}}{50\ \text{万元/年}} = 2\ \text{年}$$

$$\text{B 方案的投资回收期} = \frac{150\ \text{万元}}{50\ \text{万元/年}} = 3\ \text{年}$$

在使用投资回收期法时，不仅要计算各个投资方案的投资回收期，而且要设法获得企业所处行业的标准投资回收期或平均投资回收期，并进行对比。其决策评价标准为：投资回收期短于或等于行业标准投资回收期（或平均投资回收期）的方案可行，否则为不可行；在多个可行方案中，投资回收期最短的方案最优。

投资回收期法的概念容易理解，标准容易把握，计算也比较简便；但投资回收期在计算时，既没有考虑货币的时间价值，也没有考虑回收期满后的现金流量状况。因而，投资回收期法不能充分说明问题。

3. 净现值法

净现值法是根据投资方案的净现值来评价方案可行性及其优劣的方法。净现值（NPV）是指投资方案未来各年现金净流量的现值减去原始投资额的现值之后的差额。其计算公式为

$$NPV = \sum_{t=1}^{n} NCF_t (1+i)^{-t} - I_P$$

式中　NPV——净现值；

NCF_t——第 t 年的现金净流量；

$(1+i)^{-t}$——第 t 年的折现系数；

n——固定资产的有效使用期间；

i——折现率，一般应等于资金成本或企业要求的收益率；

I_P——原始投资额的现值。

净现值的计算步骤如下：

1）计算项目投资方案的各年现金净流量。

2）计算项目各年现金净流量的总现值。如果各年的现金净流量相等，则应按计算普通年金现值的方法计算其现值；如果各年的现金净流量不等，则应先按复利现值的计算方法分别计算每年现金净流量的现值，然后再加总。

3）计算原始投资额的现值。如果原始投资额是在投资期初一次性投入的，原始投资额便与其现值一致，可以直接使用原始投资额计算净现值，而且等于固定资产投资额；如果原始投资额是在投资期每年年初分次投入的，因原始投资额与其现值不相等，因此净现值的计算必须使用原始投资额的现值，而且其现值计算的方法和方向应视决策基准点而定。

4）根据净现值的计算公式，计算项目投资方案的净现值。

【例 3-9】　某工程建设项目现有 A、B 两种投资方案可供选择，两种方案各年现金净流量的计算已经完成，具体数据见表 3-4。

表 3-4 A、B 两种方案的现金净流量表 （单位：万元）

方案	各年现金净流量						现金净流量合计
	第1年	第2年	第3年	第4年	第5年	第6年	
A	400	400	400	400	400	400	2400
B	400	500	600	700	700	600	3500

而且已知，A、B 两种方案的原始投资额分别为 1600 万元和 1800 万元；A 方案和 B 方案都属于当年投资当年收益的情况，原始投资在固定资产有效使用期的第一年年初一次性投入。如果基准投资收益率为 10%，试计算各方案的净现值。

各方案净现值的计算过程如下：

首先，计算各方案各年现金净流量的现值。

1）由于 A 方案的各年现金净流量相等，因此应按计算普通年金现值的方法计算其现值，即：

A 方案 NCF 的现值 = 400 万元 × $(P/A,10\%,6)$ = 400 万元 × 4.3553 = 1742.12 万元

2）由于 B 方案的各年现金净流量不等，因此应先按计算复利现值的方法分别计算其现值，再进行加总，即

B 方案 NCF 的现值 = 400 万元 × $(P/F,10\%,1)$ + 500 万元 × $(P/F,10\%,2)$ + 600 万元 × $(P/F,10\%,3)$ + 700 万元 × $(P/F,10\%,4)$ + 700 万元 × $(P/F,10\%,5)$ + 600 万元 × $(P/F,10\%,6)$

= 400 万元 × 0.9091 + 500 万元 × 0.8264 + 600 万元 × 0.7513 + 700 万元 × 0.6830 + 700 万元 × 0.6209 + 600 万元 × 0.5645

= 363.64 万元 + 413.2 万元 + 450.78 万元 + 478.1 万元 + 434.63 万元 + 338.7 万元 = 2479.05 万元

其次，计算各方案原始投资额的现值。

1）由于 A 方案的原始投资额是一次性投入的，因此原始投资额的现值与原始投资额相等，即 A 方案的 I_p = 1600 万元

2）由于 B 方案的原始投资额也是一次性投入的，因此 B 方案的 I_p = 1800 万元

最后，根据净现值的计算公式计算各方案的净现值。

A 方案的 NPV = 1742.12 万元 − 1600 万元 = 142.12 万元

B 方案的 NPV = 2479.05 万元 − 1800 万元 = 679.05 万元

A、B 方案的净现值均大于零，说明这两种方案都可行，但以 B 方案为最优。

使用净现值法的决策评价标准是：净现值大于零（即净现值为正数）的方案可行，否则为不可行；在多个可行方案中，净现值最大的方案最优。

净现值法的优点是直观、鲜明、易于理解，净现值的计算考虑了资金时间价值因素，不仅能反映各方案的净收益，而且计算结果较为准确；其缺点是不能揭示各方案本身可能达到的实际收益水平，而且净现值的计算结果为绝对数，当各方案的原始投资额不等时，无法以

充分的理由说明哪个方案为优，因此需以净现值指数法作为补充。

4. 内部收益率法

内部收益率法是根据投资方案的内部收益率来评价方案可行性及其优劣的方法。

内部收益率（IRR）也称内含报酬率，是指使项目投资方案的各年现金净流量的现值之和等于原始投资额的现值时所用的折现率。由于当投资方案的各年现金净流量的现值等于原始投资额的现值时，投资方案的净现值为零，因此也可以将内部收益率解释为能使投资方案的净现值为零的折现率。内部收益率的计算原理可以表示为如下公式：

$$\sum_{t=1}^{n} \mathrm{NCF}_t (1 + \mathrm{IRR})^{-t} - I_{\mathrm{p}} = 0$$

式中　IRR——内部收益率；

NCF_t——第 t 年的现金净流量；

n——固定资产的有效使用期间；

I_{p}——原始投资额的现值。

内部收益率的计算过程及具体方法随着各年现金净流量的不同，可分为以下两种情况：

（1）各年现金净流量相等

当各年现金净流量相等时，内部收益率的计算步骤为：

首先，计算年金现值系数：

$$年金现值系数 = \frac{I_{\mathrm{p}}}{\mathrm{NCF}}$$

年金现值系数中的折现期限应等于固定资产的有效使用期限；折现率应等于内部收益率。

其次，查年金现值系数表，在相同的期数内，找出与上述年金现值系数相邻的较大和较小的两个折现率。

最后，根据两个相邻的折现率和计算得出的年金现值系数，采用内插法计算投资方案准确的内部收益率。

（2）各年现金净流量不等

如果各年现金净流量不等，就不存在原始投资的现值除以现金净流量等于年金现值系数的关系，也就无法借助年金现值系数表来计算确定内部收益率。此时，通常需要通过逐次测试的方法来确定内部收益率。其步骤为：

首先，估计一个折现率，并按此折现率计算净现值。如果计算出的净现值为正数，则表示预计的折现率小于该方案的实际内部收益率，应提高折现率，再进行测算；如果计算出的净现值为负数，则表示预计的折现率大于该方案的实际内部收益率，应降低折现率，再进行测算。经过反复测算，就可以找出净现值由正到负并且比较接近于零的两个折现率。

其次，根据上述两个相邻的折现率，并借助内插法，就能计算出投资方案准确的内部收益率。

【例 3-10】 继续以例 3-9 提供的工程建设项目投资的两个方案为例，来说明内部收益率的计算过程。

由于 A 方案各年现金净流量相等，故应按第一种情况的步骤计算内部收益率。

首先，计算年金现值系数。为了计算年金现值系数，需先行确定 A 方案的 I_p。对于 A 方案来讲，因其原始投资额是一次性投入的，故 I_p = 原始投资额 = 1600 万元，其年金现值系数为

$$年金现值系数=\frac{1600\text{ 万元}}{400\text{ 万元}}=4$$

其次，查年金现值系数表，确定与 IRR 相邻的折现率。在 $n=6$ 的行上，与 A 方案的年金现值系数 4 相邻的两个年金现值系数分别为 4.111 和 3.998，其对应的折现率分别为 12%和 13%。

最后，利用内插法计算 A 方案准确的内部收益率。

依据内插法的原理，计算投资方案的内部收益率应包括以下要点：①列示折现率与年金现值系数之间的对应关系；②依据对应关系建立求解 IRR 的方程；③解方程求 IRR。

对于 A 方案来讲，依据计算和查表所获得的数据：

折现率与年金现值系数之间的对应关系为

$$\begin{array}{ll} \text{折现率} & \text{年金现值系数} \\ \left.\begin{array}{l}\left.\begin{array}{l}12\%\\ \text{IRR}\end{array}\right\}\\ 13\%\end{array}\right\} & \left.\begin{array}{l}\left.\begin{array}{l}4.111\\ 4\end{array}\right\}\\ 3.998\end{array}\right\} \end{array}$$

建立的方程为

$$\frac{\text{IRR}-12\%}{13\%-12\%}=\frac{4-4.111}{3.998-4.111}$$

解方程求 IRR 的过程为

$$\begin{aligned}\text{IRR} &= 12\%+\frac{4-4.111}{3.998-4.111}\times(13\%-12\%)=12\%+\frac{0.111}{0.113}\times1\%\\ &=12\%+0.98\%=12.98\%\end{aligned}$$

因此，A 方案的准确内部收益率为 12.98%。

由于 B 方案的各年现金净流量不等，故应按第二种情况的步骤计算内部收益率，即应按逐次测试法来计算内部收益率。为了方便计算和对比，列表展示测试过程，见表 3-5。

表 3-5 测试过程

时间	NCF_t（万元）	设折现率为 18%		设折现率为 20%		设折现率为 22%	
		复利现值系数	现值（万元）	复利现值系数	现值（万元）	复利现值系数	现值（万元）
0	-1800	1.00	-1800	1.00	-1800	1.00	-1800
1	400	0.847	338.8	0.833	333.2	0.820	328

（续）

时间	NCF_t（万元）	设折现率为 18%		设折现率为 20%		设折现率为 22%	
		复利现值系数	现值（万元）	复利现值系数	现值（万元）	复利现值系数	现值（万元）
2	500	0.718	359	0.694	347	0.672	336
3	600	0.609	365.4	0.579	347.4	0.551	330.6
4	700	0.516	361.2	0.482	337.4	0.451	315.7
5	700	0.437	305.9	0.402	281.4	0.370	259
6	600	0.370	222	0.335	201	0.303	181.8
NPV		—	152.3	—	47.4	—	-48.9

在表 3-5 中，首先按 18%的折现率进行测试，计算的净现值为正数（163.1 万元），说明 18%的折现率低于 B 方案的内部收益率，应提高测试的折现率；将折现率提高到 20%后进行第二次测试，计算的净现值仍为正数（47.4 万元），说明 20%的折现率仍低于 B 方案的内部收益率，应进一步提高折现率；将折现率提高到 22%后又进行了第三次测试，计算的净现值为负数（-48.9 万元）。到此为止，就可以认定 B 方案的内部收益率在 20%~22%之间。

通过以上测试，获得了 B 方案内部收益率的可能值区间，但其准确值还需借助内插法来计算。

对于 B 方案来讲，依据表 3-5 所列的数据：

折现率与净现值之间的对应关系为

$$\text{折现率}\qquad\qquad \text{净现值}$$

$$\left.\begin{matrix}\left.\begin{matrix}20\% \\ IRR\end{matrix}\right\} \\ 22\%\end{matrix}\right\} \qquad \left.\begin{matrix}\left.\begin{matrix}47.4 \\ 0\end{matrix}\right\} \\ -48.9\end{matrix}\right\}$$

建立的方程为

$$\frac{IRR-20\%}{22\%-20\%}=\frac{0-47.4}{-48.9-47.4}$$

解方程求 IRR 的过程为

$$IRR=20\%+\frac{0-47.4}{-48.9-47.4}\times(22\%-20\%)$$

$$=20\%+\frac{47.4}{96.3}\times2\%=20\%+0.98\%=20.98\%$$

使用内部收益率法的决策评价标准是：内部收益率大于资金成本率的方案可行，否则为不可行；在多个可行方案中，内部收益率最大的方案最优。就本例题来说，如果该企业的资金成本率为 10%，则 A、B 两个方案均可行，但以 B 方案为最优。

内部收益率法的概念容易理解，标准易于把握，而且内部收益率的计算考虑了货币时间价值因素，能够反映投资方案的真实收益率。但这种方法的计算过程比较复杂，特别是在投资方案各年现金净流量不等的情况下，一般需要经过多次测试才能求得投资方案的内部收益率。

3.2.5 投资方案的比较和分析

前面介绍了单个方案或项目从不同角度进行取舍的标准。对单一方案或项目而言，前面介绍的评价指标是决定其取舍的重要准则；但在实践中涉及的经济评价中，往往需要在多个备选方案中进行比较和选择，在有资源限制等约束条件下，对不止一个方案选择与组合，进行方案排队，寻找满足约束条件的相对最优者或最优组合。对于多方案的比较和选取，除了可以应用前面介绍的独立方案的经济效益评价指标外，还可以运用多方案的评价指标，如相对投资回收期、差额净现值、差额内部收益率等。事实上，多方案的评价指标是独立方案经济效益评价指标的进一步应用。此外，多方案比选的方法与备选方案之间关系的类型有关。不同类型的备选方案，其使用的评价方法不同。

1. 投资方案之间的相互关系

投资方案按相互之间的关系可分为无资源限制的独立方案、互斥方案与相关方案，其中，相关方案又分为资源约束下的独立方案、现金流量相关方案和混合相关方案，如图 3-4 所示。

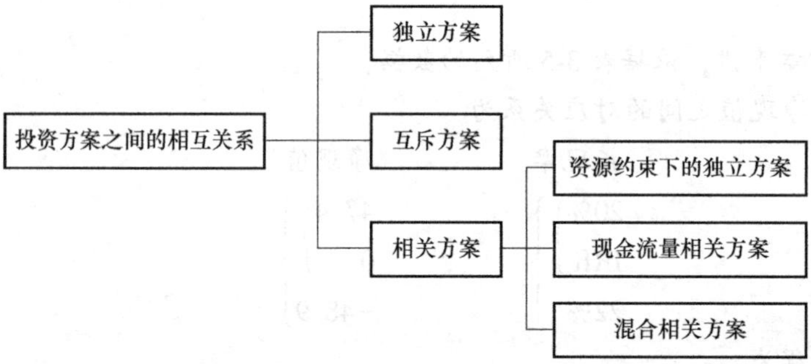

图 3-4 投资方案之间的相互关系

(1) 独立方案

所谓独立方案，是指各个方案的现金流是独立的，不具有相关性，且任一方案或项目的采用与否都不影响其他方案或项目是否采用的决策。独立方案的采用与否，只取决于方案自身的经济性，即只需检验它们是否满足净现值、投资回收期、内部收益率等指标的评价标准。因此，多个独立方案的评价与单一方案的评价方法是相同的，独立方案或项目的效果之间具有加和性。

(2) 互斥方案

所谓互斥方案，是指各个备选方案之间具有互斥性，在所有备选方案中至多只能选择一个。互斥方案或项目的效果之间不具有加和性。例如，某企业需要在进口设备与国产设备之间进行选择时，购买进口设备与购买国产设备就形成了两个互斥的投资方案。

由于互斥方案只能从中选择一个方案，因此，选择互斥方案时，它们的现金流量之间不存在相关关系。

（3）相关方案

相关方案是指多个方案之间存在着相关性，即取舍某一方案会改变其他方案的现金流量或影响其他方案的取舍。常见的相关方案主要有资源约束下的独立方案、现金流量相关方案和混合相关方案。

1）资源约束下的独立方案。尽管方案之间的独立关系意味着各个备选方案之间不具有相关性，但存在资源限制条件时，各个备选方案之间的采用与否就会受到资源条件的约束，此时接受某个或某些方案就意味着放弃其他方案，各个方案的采用与否不再是互不影响的关系。常见的资源限制条件有资金、劳动力、设备及原材料等。

2）现金流量相关方案。如果若干方案中，对任一方案的取舍会导致其他方案现金流量的变化，则这些方案之间就具有相关性，属于现金流量相关方案。

3）混合相关方案。各投资方案之间存在着独立、互斥、互补、替代及从属等多种关系。方案之间存在多种类型的关系就称为混合相关方案。比如，在有限的资金约束条件下，有几个现金流量相关方案，在这些方案中又包括一些互斥方案。

2. 多方案比选的常用方法

多方案比选常用以下方法：增量分析法、相对投资回收期法、直接对比法等。

（1）增量分析法

投资方案比选的实质是判断增量投资（差额投资）的经济合理性，即投资大的方案相对于投资小的方案多投入的资金能否带来满意的增量收益。增量分析法是通过计算增量净现金流量评价增量投资经济效果的方法。它将各互斥方案按照从小到大的顺序排列，从投资最小的方案开始，求出它与其紧后投资较大方案的净现金流量之差，即差额净现金流量。根据差额净现金流量，利用某项指标的计算公式求出相应的指标值，这个指标在这里称为差额指标。然后将该差额指标同相应的检验标准进行比较，根据检验结果选择较优方案，再用这个较优方案同其紧后投资规模更大的方案进行同样的对比。以此顺序进行方案的两两比选，逐个淘汰，最后余者为最优方案。常用的增量分析指标有差额净现值和差额内部收益率。

1）差额净现值。所谓差额净现值，就是把不同时间点上两个比较方案的净收益之差用一个给定的折现率，统一折算成期初的现值之和。

设 A 和 B 为投资额不等的两个方案，B 方案比 A 方案投资大，两个方案的差额净现值（ΔNPV）可由下式求出：

$$\Delta NPV_{B-A}=\sum_{i=0}^{n}[(CI_B-CO_B)_t-(CI_A-CO_A)_t](1+i_c)^{-t}$$

式中　CI-CO——财务现金净流量；

i_c——折现率。

因此，差额净现值判断准则是：当 ΔNPV>0 时，说明增量投资可行，投资额大的方案优于投资额小的方案；当 ΔNPV<0 时，说明增量投资不可行，投资额小的方案优于投资额大的方案。

2）差额内部收益率。与差额净现值相对应的是差额内部收益率（ΔIRR）。所谓差额内部收益率，就是指差额净现值为零时对应的折现率。计算公式如下：

$$\Delta NPV=\sum_{t=0}^{n}[(CI_B-CO_B)_t-(CI_A-CO_A)_t](1+\Delta IRR)^{-t}=0$$

式中　CI-CO——财务现金净流量。

由上式可以看出，差额内部收益率也可理解为使两个方案净现值相等时的折现率。当 $\Delta IRR>i_c$ 时，说明增量投资可行，投资额大的方案优于投资额小的方案；当 $\Delta IRR<i_c$ 时，说明增量投资不可行，投资额小的方案优于投资额大的方案。

需要注意的是，用差额指标筛选出的最优方案还需通过绝对效果检验，因此在互斥方案评价中包括两部分内容：一是考察哪个方案相对最优，可以用增量分析法进行相对效果检验；二是考察相对最优方案自身的经济效果与绝对效果检验。

（2）相对投资回收期法

当相互比较的方案都能满足相同需要，并满足可比要求时，则只需要比较它们的投资额大小和经营成本多少，就可以进行比选，也就是说，可以用相对投资回收期来比选方案。

相对投资回收期又称追加投资回收期、差额投资回收期，它有两种形态：静态的相对投资回收期和动态的相对投资回收期。

1）静态的相对投资回收期。所谓静态的相对投资回收期，是指在不考虑资金时间价值的情况下，用投资额大的方案比投资额小的方案所节约的经营成本来回收其差额投资所需要的时间。一般情况下，投资额大的方案，其经营成本低；投资额小的方案，其经营成本高。所以，静态的相对投资回收期的计算公式为

$$T_a=\frac{K_2-K_1}{C_1-C_2}$$

式中　T_a——静态的相对投资回收期；

K_2——投资额大的方案的全部投资；

K_1——投资额小的方案的全部投资；

C_2——投资额大的方案的年经营成本；

C_1——投资额小的方案的年经营成本。

与独立方案的投资回收期一样，用静态的相对投资回收期来选择方案时，也必须先选定一个基准投资回收期 T_0 与之比较，才能比选方案。判断时，当两个比选的方案产出相同时，其判断准则是：当 $T_a<T_0$ 时，投资额大的方案优于投资额小的方案，应选择投资额大的方案；当 $T_a>T_0$ 时，投资额小的方案优于投资额大的方案，应选择投资额小的方案。

2）动态的相对投资回收期。所谓动态的相对投资回收期，是指在考虑资金时间价值的情况下，用投资额大的方案比投资额小的方案所节约的经营成本来回收其差额投资所需要的时间。

设有两个比较方案 A 和 B，A 的投资额大于 B 的投资额，其经营成本之差 ΔC，投资额之差 ΔK，则满足下式成立的 T_a 即为动态的相对投资回收期：

$$\Delta K=\sum_{t=1}^{T_a}\frac{\Delta C_t}{(1+i_0)^t}$$

式中　T_a——动态的相对投资回收期；

i_0——基准折现率。

当每年的 ΔC 相等时，对该式两边取对数，移项得

$$T_a=-\frac{\lg\left(1-\frac{\Delta K i_0}{\Delta C}\right)}{\lg(1+i_0)}$$

动态相对投资回收期的计算方法与前面介绍的独立方案的投资回收期计算方法相同。当每年的经营成本差相等时，用公式计算；当每年的经营成本差不相等时，用列表法计算。

（3）直接对比法

对于寿命期不等的互斥方案或项目进行比选时，有以下几种直接对比法：

1）年金法。该方法是先计算各备选方案的净年值，其中净年值最大且非负的方案为最优方案。若是费用型方案或项目的比选，则取费用年值最小者为最优。

2）寿命期最小公倍数法。使用这种方法时，各方案或项目的共同分析期是所有备选对象寿命期的最小公倍数，从而使之具有时间上的可比性。求出各个方案或项目以此最小公倍数为寿命期的净现值（或费用现值），最大者（最小者）为优。

3）共同分析期法。值得注意的是，年金法和寿命期最小公倍数法均假定各方案可重复实施，从而达到时间上的可比性。但在实践中，往往存在不可能重复实施的方案或项目，如不可再生的矿产资源开发项目等，重复实施的假定不可能成立，则年金法与寿命期最小公倍数法不再适用。此时往往使用共同分析期法，即以最短寿命期为共同分析期，长于此寿命期的方案截止到该共同分析期，其资产净值或资金作为期末回收处理。

3.3　项目投资的国民经济评价

3.3.1　国民经济评价概述

1. 国民经济评价的概念

国民经济评价也称经济分析，是在合理配置社会资源的前提下，从国家经济整体利益的角度出发，计算项目对国民经济的贡献，分析项目的经济效益、效果和对社会的影响，评价项目在宏观经济上的合理性。国民经济评价把项目放到整个国民经济体系中来研究考察，从国民经济的角度来分析、计算和比较国民经济为项目所要付出的全部成本和国民经济从项目中可能获得的全部效益，并据此评价项目的经济合理性，实现资源的最优利用和合理配置，保证国民经济能够可持续地稳定发展。国民经济评价和财务评价共同构成了完整的工程项目的经济评价体系。在市场经济条件下，大部分项目通过财务评价可以满足投资决策的要求。但是，有些项目的财务现金流量不能全面、真实地反映其经济价值，需要进行国民经济评价，从国民经济的角度评价项目是否可行，并作为项目决策的重要依据。

2. 国民经济评价的作用

项目投资的经济评价由传统的财务评价发展到国民经济评价，其重要作用主要体现在以下三个方面：

1）可以从宏观上优化配置国家的有限资源。对于一个国家来说，其用于发展的资源（如人才、资金、土地、自然资源等）总是有限的，资源的稀缺与社会需求的增长之间存在着较大的矛盾，只有通过优化资源配置，使资源得到最佳利用，才能有效地促进国民经济的发展。而仅仅通过财务评价，无法正确反映资源是否得到了有效利用，只有通过国民经济评价，才能从宏观上引导国家的有限资源进行合理配置，鼓励和促进那些对国民经济有正面影响的项目的发展，而相应抑制和淘汰那些对国民经济有负面影响的项目。

2）可以真实反映工程项目对国民经济的净贡献。在很多国家，主要是一些发展中国家，由于产业结构不合理、市场体系不健全以及过度保护民族工业等原因，国内的价格体系产生较严重的扭曲和失真，不少商品的价格既不能反映价值，也不能反映供求关系。在此情形下，按现行价格计算工程项目的投入与产出，是无法正确反映项目对国民经济的影响的。只有通过国民经济评价，运用能反映商品真实价值的影子价格来计算项目的费用与效益，才能真实反映工程项目对国民经济的净贡献，从而判断项目的建设对国民经济总目标的实现是否有利。

3）可以使投资决策科学化。通过国民经济评价，合理运用经济净现值、经济内部收益率等指标，以及影子汇率、影子价格、社会折现率等参数，可以有效地引导投资方向，控制投资规模，提高计划质量。国家决策部门和经济管理部门必须高度重视国民经济评价的结论，把工程项目的国民经济评价作为主要的决策手段，使投资决策科学化。

3. 国民经济评价的步骤

对于一般工程项目，国民经济评价是在财务评价的基础上进行的。其主要步骤如下：

1）效益和费用范围的调整。主要是剔除已计入财务效益和财务费用中的国民经济内部转移支付，并识别项目的间接效益和间接费用，尽量对其进行定量计算，不能定量计算的，则应做定性说明。

2）效益和费用数值的调整。主要是对固定资产投资、流动资金、经营费用、销售收入和外汇借款等各项数据进行调整。

3）分析项目的国民经济盈利能力。编制国民经济效益和费用流量表（全部投资），并据此计算全部投资的经济内部收益率和经济净现值等指标；对于使用国外贷款的项目，还应编制国民经济收益费用表（国内投资），并据此计算国内投资的内部收益率和净现值等指标。

4）分析项目的外汇效果。对于产品出口或替代进口的工程项目，应编制经济外汇流量表和国内资源流量表，并据此计算经济外汇净现值、经济换汇成本或经济节汇成本等指标。

4. 国民经济评价与财务评价的关系

（1）国民经济评价与财务评价的相同点

1）评价方法相同。它们都是经济效果评价，都使用基本的经济评价理论，即效益与费用比较的理论方法。

2）评价的基础工作相同。两种评价都要在完成产品需求预测、工艺技术选择、投资估算、资金筹措方案等可行性研究内容的基础上进行。

3）评价的计算期相同。

(2) 国民经济评价与财务评价的不同点

项目投资的经济评价分为国民经济评价与财务评价两个层次，它们的主要区别见表 3-6。

表 3-6　国民经济评价与财务评价的区别

层　次	财 务 评 价	国民经济评价
评价角度	项目财务（企业）角度	国家整体角度
评价目的	以项目净收益最大化为目标，考虑项目的盈利能力、清偿能力、生存能力、利润和分配情况、各投资方的盈利能力等	以实现社会资源的最优配置和有效利用为目标，考察分析项目投资的经济效益和对社会福利所做出的贡献，以及整个社会为项目付出的代价，评价项目的经济合理性
效益与费用的含义	着眼于货币的流入与流出。凡增加项目流入的即财务收益；凡减少项目流入的即财务费用，因此，补贴、税金、各种利息均属财务费用	着眼于项目引起的社会资源的变动。凡是增加社会资源的项目产出，均计为效益；凡消耗社会资源的项目投入，均计为费用，因此，补贴、税金（部分）、国内借款利息作为转移支付剔除
效益与费用的范围	将项目作为独立的经济系统进行分析，因此仅包括发生在项目范围内的流入、流出项目的货币金额	将整个国家作为独立的经济系统进行分析，包括项目产生的直接效益和费用、间接费用和效益。不仅包括有形的外部效益和费用，而且包括无形的外部效益和费用
采用的价格	采用国内现行市场价格	采用更能反映货物真实经济价值、更有利于合理配置社会资源的影子价格
使用的参数和判据	采用行业基准收益率或投资者所能接受的最低收益率，国家统一发布的外汇汇率	采用社会折现率、影子汇率、影子价格及其换算系数

3.3.2　国民经济评价的理论基础——影子价格理论

如前所述，在一些国家中，或多或少地存在着产品市场价格的扭曲或失真现象。而在计算工程项目的费用和效益时，需要使用各类产品的价格，若价格失真，则必将影响到项目经济评价的可靠性和科学性，导致决策失误。因此，为了真实反映项目的费用和效益，有必要在项目经济评价中对某些投入物和产出物的市场价格进行调整，采用一种更为合理的计算价格，即影子价格。

1. 影子价格的概念

项目的费用与收益是依据商品价值的货币表现，即价格计量的，因此，能否正确计量项目的费用与收益，取决于所采用的价格是否合理。

影子价格是指资源处于最佳分配状态时，其边际产出价值，也可说是社会经济处于某种最优状态下，能够反映社会劳动的消耗、资源稀缺程度和最终产品需求状况的价格。可见，影子价格是一种理论上的虚拟价格，是为了实现一定的社会经济发展目标而人为确定的、更为合理（相对于实际交换价格）的价格。

影子价格不是产品的实际交换价格，而是作为优化配置社会资源，衡量产品社会价值的价格尺度，在工程项目的国民经济评价中用来代替市场价格进行费用与效益的计算，从而消除在市场不完善的条件下由于市场价格失真可能导致的评价结论失实。

2. 影子价格的确定

在经济费用效益分析中，要确定影子价格，首先要将投入物和产出物进行分类，再根据不同类别对国民经济的影响，使用不同的方法测算影子价格。

投入物与产出物通常分为外贸货物、非外贸货物和特殊投入物三种类型分别确定。

其中，外贸货物和非外贸货物的划分原则是看工程项目的投入或产出主要是影响对外贸易还是影响国内消费。只有在明确了货物的类型之后，才能有针对性地采取不同方法确定货物的影子价格。

（1）外贸货物的影子价格

所谓外贸货物，是指其生产和使用将对国家进出口产生直接或间接影响的货物。

外贸货物的定价基础是国际市场价格。虽然国际市场价格并非就是完全理想的价格，存在着许多问题，例如发达国家有意压低发展中国家初级产品的价格、实行贸易保护主义、限制高科技向发展中国家转移以维持高科技产品的垄断价格等，但在国际市场上，起主导作用的还是市场机制。各种商品的价格主要是由供求定理决定的，多数情况下不受个别国家和集团的控制，是在市场竞争中形成的，一般比较接近商品的真实价值。因此，利用国际市场价格作为影子价格的主要来源，使影子价格的确定变得相对简单可行。

外贸货物的影子价格的确定，是以实际将要发生的口岸价格为基础，按照项目各项产出和投入对国民经济的影响，根据口岸、项目所在地、投入物的国内产地、项目产出物的主要市场所在地以及交通运输条件的差异，对流通领域的费用支出进行调整而分别制定的。外贸货物影子价格的计算公式如下：

1）产出物的影子价格。计算公式为

直接出口货物的影子价格(SP)＝离岸价格(FOB)×影子汇率(SER)－国内运输费用和贸易费用

间接出口货物的影子价格＝离岸价格(FOB)×影子汇率(SER)－原供应厂到口岸的运费及贸易费用＋原供应厂到用户的运费及贸易费用－项目到用户的运费及贸易费用

当原供应厂和用户难以确定时，可按直接出口考虑。

替代进口货物的影子价格(SP)＝到岸价格(CIF)×影子汇率(SER)＋口岸到用户的运费及贸易费用－项目到用户的运费及贸易费用

当用户难以确定时，可按到岸价格考虑。

2）投入物的影子价格。计算公式为

直接进口货物的影子价格(SP)＝到岸价格(CIF)×影子汇率(SER)＋国内运费和国内贸易费用

间接进口货物的影子价格(SP)＝到岸价格(CIF)影子汇率(SER)＋口岸到原用户的运费及贸易费用－供应厂到原用户的运费及贸易费用＋供应厂到项目的运费及贸易费用

当原供应厂和用户难以确定时，可按直接进口考虑。

减少出口货物的影子价格(SP)= 离岸价格(FOB)×影子汇率(SER)-
供应厂到口岸的运费及贸易费用+
项目到用户的运费及贸易费用

（2）非外贸货物的影子价格

所谓非外贸货物，是指生产和使用对国家进出口不产生影响的货物。除了包括所谓的天然非外贸货物，如国内建筑、国内运输、商业及其他基础设施的产品和服务以外，还包括由于地理位置所限而使国内运费过高不能进行外贸的货物，以及受国内外贸易政策和其他条件限制而不能进行外贸的货物等所谓的非天然非外贸货物。

1）市场定价的非外贸货物的影子价格。市场定价的非外贸货物的影子价格的确定方法有两种：一种是以市场价格为基础进行影子价格测算；另一种是以成本分解法来进行影子价格的测算。

以市场价格为基础测算非外贸货物的影子价格：

产出物的影子价格(出厂价格)= 市场价格-国内运杂费

投入物的影子价格(到厂价格)= 市场价格+国内运杂费

成本分解法就是首先将这种非外贸货物或服务的成本进行分解，并按成本构成性质进行分类；然后分别按照影子价格的确定方法定价；最后将分解后重新调整所得的成本汇总，即得该货物的影子价格。

2）政府调控价格货物的影子价格。考虑到效率优先、兼顾公平的原则，市场经济条件下，有些货物或者服务不能完全由市场机制形成价格，而需由政府调控价格。例如，政府为了帮助城市中低收入家庭解决住房问题，对经济适用房和廉租房制定指导价和最高限价。

政府调控的货物或者服务的价格不能完全反映其真实价值，确定这些货物或者服务的影子价格的原则是：

① 能通过原有企业挖潜（无须增加投资）而增加供应的，按分解成本（通常仅分解可变成本）定价。

② 需要通过增加投资扩大生产规模以满足拟建项目需求的，按分解成本（包括固定成本分解和可变成本分解）定价。当难以获得分解成本所需资料时，可参照国内市场价格定价。

③ 项目计算期内无法通过扩大生产规模来增加供应量的（减少原用户供应量），取国内市场价格、国家统一价格加补贴、协议价格中较高者定价。

前面所说的成本分解法，是确定主要非外贸货物影子价格的常用方法，其做法简述如下：首先将货物的成本逐一分解，并按成本构成性质进行分类；然后分别按照其影子价格的确定方法定价；最后将分解后经重新调整所得的成本汇总，即得该货物的影子价格。

（3）特殊投入物的影子价格

所谓特殊投入物，一般是指项目在建设和生产经营中使用的土地和劳动力。

1）影子工资（即劳动力的影子价格）。影子工资是指项目使用劳动力，社会为此付出的代价，由劳动力的机会成本和社会资源耗费两部分构成，即

影子工资 = 劳动力的机会成本+新增资源消耗

其中，劳动力的机会成本是劳动力因在本项目中被使用而不能在其他项目中使用而被迫放弃的价值；新增资源消耗是社会为劳动力就业而付出的但职工未得到的其他代价，如搬迁费、培训费等。

影子工资一般通过影子工资换算系数计算，它是影子工资和项目财务评价中劳动力的工资和福利费（简称名义工资）的比值。影子工资的计算公式如下：

影子工资＝名义工资×影子工资换算系数

2）土地的影子价格。土地是一种稀缺资源，也是一种特殊投入物。土地的影子价格是指在项目中因使用土地资源而使社会付出的代价。土地的影子价格分为生产性用地和非生产性用地分别计算。

生产性用地主要是指农业、林业、渔业、牧业及其他生产性用地，按照这些生产性用地未来可以提供的产出物的效益及因改变土地用途而发生的新增资源消耗进行计算，即

土地的影子价格＝土地的机会成本+新增资源消耗

非生产性用地的土地影子价格可以根据完善市场的交易价格来确定；市场不完善或无市场交易价格的，应按消费者的支付意愿确定。

3. 国民经济评价参数

（1）社会折现率

社会折现率是衡量资金时间价值的重要参数，代表社会资金被占用应获得的最低收益率。它是计算经济净现值的折现率，并作为经济内部收益率的基准值，是建设项目或方案经济可行性的主要判别依据。

社会折现率应考虑社会经济发展目标、发展战略、发展优先顺序、社会成员费用效益价值的时间偏好、投资收益水平、资金机会成本、资金供需情况等因素的影响。

（2）影子汇率（SER）

我国与其他发展中国家一样，由于外汇短缺或其他原因，政府不同限度地对外汇实行管制，人民币不能自由兑换外币。国家外汇牌价规定的汇率尚不能反映外币的真实价值，因而需要建立一种合理的转换关系。影子汇率属于理论汇率，它与市场汇率关系密切，在没有生产扭曲的情况下，二者应当基本一致。

在国民经济评价中，影子汇率通过影子汇率换算系数计算，影子汇率换算系数是影子汇率与国家外汇牌价的比值。工程项目投入物和产出物涉及进出口的，应采用影子汇率换算系数计算影子汇率。

影子汇率＝外汇牌价×影子汇率换算系数

影子汇率换算系数是国家相关部门根据国家现阶段的外汇收支、进出口结构和水平、进出口关税、外汇的机会成本及发展趋势、外汇供需情况等因素综合测算和发布的。

3.3.3 国民经济评价的指标

1. 经济净现值

经济净现值（ENPV）是反映工程项目对国民经济净贡献的绝对指标，是用社会折现率将项目计算期内各年的净效益流量折算到建设期初的现值之和。经济净现值是反映建设项目

对国民经济净贡献的绝对指标，是经济费用效益分析的主要指标。其计算公式为

$$\mathrm{ENPV}=\sum_{t=0}^{n}(B-C)_t(1+i_s)^{-t}$$

式中 B——国民经济效益流量；

C——国民经济费用流量；

$(B-C)_t$——第 t 年的国民经济净效益流量；

i_s——社会折现率；

n——计算期。

在评价工程项目的国民经济贡献能力时，若经济净现值大于零，表示国家除得到符合社会折现率的社会盈余外，还可以得到以现值计算的超额社会盈余，则认为该项目从经济资源配置的角度考虑是可以接受的；反之，若经济净现值小于零，表示国家为拟建项目付出代价后，得不到符合社会折现率的社会盈余，则认为该项目不可行。

2. 经济内部收益率

经济内部收益率（EIRR）是反映工程项目对国民经济净贡献的相对指标，是项目在计算期内各年经济效益流量的现值累计等于零时的折现率。经济内部收益率是反映建设项目对国民经济净贡献的相对指标，是经济费用效益分析的辅助评价指标。其计算公式为

$$\sum_{t=0}^{n}(B-C)_t(1+\mathrm{EIRR})^{-t}=0$$

在评价工程项目的国民经济贡献能力时，若经济内部收益率等于或大于社会折现率，则表明项目对国民经济的净贡献达到或超过了要求的水平，此时项目是可以接受的；反之，则应拒绝。

3. 经济效益费用比

经济效益费用比是指项目在计算期内效益流量的现值与费用流量的现值之比，是经济费用效益分析的辅助评价指标。其计算公式为

$$R_{BC}=\frac{\sum_{t=0}^{n}B_i(1+i_s)^{-t}}{\sum_{t=0}^{n}C_i(1+i_s)^{-t}}$$

若经济效益费用比等于或大于1，表明该项目资源配置的经济效率达到或超过了可以接受的水平。

4. 经济外汇净现值

经济外汇净现值（$\mathrm{ENPV_F}$）是将工程项目计算期内各年的净外汇流量按照社会折现率折算到建设期初的现值之和。它是反映项目实施后对国家外汇收支直接或间接影响的重要指标，用以衡量项目对国家外汇真正的净贡献（创汇）或净消耗（用汇）。经济外汇净现值可通过经济外汇流量表计算求得。其计算公式为

$$\mathrm{ENPV_F}=\sum_{t=0}^{n}(\mathrm{FI}-\mathrm{FO})_t(1+i_s)^{-t}$$

式中 $\mathrm{ENPV_F}$——经济外汇净现值；

FI——外汇流入量；

FO——外汇流出量；

$(FI-FO)_t$——第 t 年的净外汇流量；

n——项目的计算期（年）；

i_s——社会折现率。

经济外汇净现值一般可按照工程项目的实际外汇净收支来计算。当项目有较大的产品替代进口时，也可按净外汇效果计算经济外汇净现值。所谓外汇净效果，是指净外汇流量再加上产品替代进口所得到的节汇额。

如果工程项目的经济外汇净现值等于零，则表明项目对国家的外汇收支没有损耗；如果工程项目的经济外汇净现值大于零，则表明项目对国家的外汇收支有净贡献。在以上两种情况下，项目是可以接受的。

3.4 项目投资的社会效益评价

3.4.1 项目投资社会效益评价的概念

一个项目在建设和运营过程中，不仅会产生一定的经济效益，也会形成一定的社会、环境效益和影响。对项目的经济效益进行考察与评价，就是前面项目的经济评价；对项目的环境效益和影响进行考察与评价，就是项目的环境评价；而对项目的社会影响进行考察与评价，就是项目的社会效益评价。

对项目仅从经济上和环境上进行评价，不足以对项目做出最优选择，还必须从项目对社会发展目标的贡献和影响方面分析其利弊得失，使项目得以整体优化，以保证其顺利实施。到目前为止，国内尚未形成一套完整的项目投资社会效益评价理论体系和评价方法。社会效益评价旨在系统调查和预测拟建项目的建设和运营产生的社会影响和社会效益，分析项目所在地区的社会环境对项目的适应性和可接受程度，评价项目的社会可行性。

投资项目社会效益评价的意义包括：

1）有利于国民经济发展目标与社会发展目标的协调一致，防止单纯追求项目的经济效益。

2）有利于项目与所在地区的利益协调一致，减少社会矛盾和纠纷，促进社会稳定。

3）有利于避免或减少项目建设和运营的社会风险，提高投资效益。

任何项目都与人和社会有着密切的联系，因而项目的社会效益评价难度大、要求高，并且需要一定的资金和时间投入。因此，不是任何项目都有必要进行社会效益评价。一般而言，社会效益评价主是针对当地居民受益较大的社会公益性项目、对人们生活影响较大的基础性项目、容易引起社会动荡的项目和国家地区的大中型骨干项目和扶贫项目进行评价。其中包括需大量移民或者占用农田较多的水利枢纽项目、交通运输项目、矿产和油气田开发项目、扶贫项目、农村区域开发项目，以及文化教育、卫生等公益性项目。

3.4.2 项目投资社会效益评价的内容

项目投资社会效益评价包括三个方面的内容：社会影响分析、项目与所在地区的互适性分析和社会风险分析。

1. 社会影响分析

项目投资社会影响分析主要是分析项目对社会环境、社会经济方面可能产生的正面影响和负面影响。

社会影响分析的内容包括：

1）项目对所在地居民收入的影响。主要分析由于项目实施可能造成当地居民收入增加或者减少的原因、范围和程度，收入分配是否公平，是否扩大贫富收入差距，并提出促进收入公平分配的措施建议。

2）对居民生活水平与生活质量的影响。主要分析项目实施后居民居住水平、消费水平、消费结构、人均寿命的变化及其原因。

3）对居民就业的影响。主要分析项目的建设和运营对当地居民的就业结构和就业机会的正面和负面影响。

4）对不同利益群体的影响。主要分析项目的建设和运营将使哪些人受益或受损，以及对受损群体的补偿措施和途径。

5）对脆弱群体的影响。主要分析项目的建设和运营对当地老人、妇女、儿童、残疾人等利益的正面或负面影响。

6）对地区文化、教育、卫生的影响。主要分析项目可能引起的当地文化教育水平、卫生健康程度的变化，以及对当地人文环境的影响。

7）对地区基础设施、社会服务容量和城市化进程的影响。主要分析项目是否可能增加和占用当地的基础设施，包括道路、桥梁、供电、供水、供气、服务网点等，以及这些项目对提高社会服务容量和城市化进程产生的影响。

8）对少数民族习俗习惯和宗教的影响。主要分析项目是否符合国家的民族和宗教政策，是否充分考虑了当地民族的风俗习惯、生活方式和宗教信仰，是否会引发民族矛盾、宗教纠纷等。

2. 项目与所在地区的互适性分析

互适性分析主要是分析项目能否为当地的社会环境、人文条件所接纳，以及当地政府、居民支持项目存在与发展的程度，考察项目与当地社会环境的相互适应关系。

互适性分析的内容主要包括：

1）分析与项目直接相关的利益群体对项目建设和运营的态度及参与程度，选择可以促进项目成功的各利益群体的参与方式，对可能阻碍项目存在与发展的因素提出防范措施。

2）分析项目所在地区的各类组织对项目建设和运营的态度，以及可能在哪些方面、在多大程度上对项目给予支持和配合。

3）分析预测项目所在地区的现有技术、文化状况能否适应项目建设和发展。

3. 社会风险分析

项目社会风险分析是对可能影响项目的各种社会因素进行识别和排序，选择影响面大、持续时间长并容易导致较大矛盾的社会因素进行预测，分析可能出现这种风险的社会环境和条件。

3.4.3 项目投资社会效益评价的方法

项目投资的社会效益评价涉及的内容比较广泛，面临的社会问题比较复杂，能够量化的尽量进行定量分析，不能量化的则要根据项目所在地区的具体情况和项目本身的特点进行定性分析。对经济和环境方面的评价，现在已经形成了一套比较系统的数量评价指标；而对社会方面的评价，则主要还是以定性分析为主，主要方法有以下三种：

1. 有无对比分析法

有无对比分析法首先调查在尚未拟建项目的情况下项目所在地区的社会状况，并预测项目建成后对该地区社会状况的影响，通过对比分析，确定拟建项目所引起的社会变化，即各种效益与影响的性质和程度。

2. 逻辑框架分析法

逻辑框架分析法用于分析事物的因果关系，通过分析项目的一系列相关变化过程，明确项目的目标及其相关联的先决条件，以改善项目的设计方案。

3. 利益群体分析法

利益群体是指与项目有直接或间接的利害关系，并对项目的成功与否有直接或间接影响的所有有关各方，如项目的受益人、受害人以及与项目有关的政府组织和非政府组织等。利益群体分析法首先要确定项目利益群体一览表，然后评估利益群体对项目成功所起的重要作用，并根据项目目标对其重要性做出评价，最后提出在项目实施过程中对各利益群体应采取的措施。

本章小结

本章主要介绍了项目投资评价和财务评价的概念，财务评价的分类，投资方案的比较和分析、国民经济评价的概念，影子价格理论，项目投资社会效益评价的概念、内容和方法等。要求在进一步理解的基础上，掌握资金时间价值的计算、工程项目成本与收入估算的方法、现金流量与现金流量表、投资利润率、投资回收期、净现值、内部收益率等财务评价指标的计算，以及经济评价指标的计算。

复习题

1. 简述财务评价的概念。财务评价的分类有哪些？
2. 投资方案之间的关系有哪些？
3. 固定资产投资和流动资金的估算方法有哪些？
4. 简述国民经济评价的概念。国民经济评价与财务评价的区别有哪些？
5. 什么是外贸货物和非外贸货物？它们的影子价格是如何确定的？
6. 国民经济评价的指标主要有哪些？
7. 项目投资社会效益评价的方法有哪些？
8. 某新建生产线期初投资 65 万元，建成后，该生产线的年销售收入为 30 万元，年经营成本为 12 万元。假设不考虑税金，求出该生产线的投资回收期。

9. 某企业拟投资 5000 万元新建一家工厂，工厂建成后每年的销售收入为 3500 万元，支出为 2500 万元。预计该厂的经济寿命为 20 年，残值为零，请计算该厂的内部收益率并判断方案是否可行（$i=12\%$）。

10. 某项目现金流量见表 3-7。

表 3-7　某项目现金流量　（单位：万元）

年末	0	1	2	3	4~10
现金流入			200	300	400
现金流出	800	1000			

试计算该项目的净现值和内部收益率（$i=10\%$），并分别按净现值与内部收益率标准判断该方案是否可行。

11. 某项目有三个互斥的备选方案 A、B、C，投资期限均为 10 年，现金流量见表 3-8。假设折现率为 12%，试分别用差额净现值法和差额内部收益率法进行方案的选择。

表 3-8　方案 A、B、C 的现金流量　（单位：万元）

方　案	A	B	C
初始投资	−175	−250	−300
年净收益	40	45	65

第 3 章练习题

扫码进入在线答题小程序，完成答题后可获取答案及其解析

第4章 工程项目投资决策

本章重难点

重点掌握工程项目投资决策的程序，可行性研究的相关知识；难点在于工程项目综合评价的内容和方法，以及可行性研究报告的作用和内容。

4.1 工程项目投资决策的基本知识

4.1.1 决策与工程项目投资决策的概念

1. 决策的概念

广义的决策是指人们为实现特定目标，根据客观可能性，在一定信息和经验的基础上，借助恰当的工具、技巧和方法，对影响目标实现的诸多因素进行分析，进而提出问题、确立目标、设计和选择方案的过程。狭义的决策是指从几种备选的行动方案中做出最终抉择，是决策者的决定。无论广义还是狭义，决策的核心都是在拟从事的计划或活动的多个目标或执行方案中选择最合理的一个，以达到最满意的效果。决策是管理的重要职能，是决策者的行为和职责。

决策通常由以下五个要素构成：决策主体、决策目标、决策方案、自然状态和效用。决策主体分为分析人员和决断人员两类。分析人员在决策过程中承担提出问题、系统优化和评价方案的任务；决断人员往往是系统组织中的领导者，在决策分析过程中能够且必须进行最后的决定。决策目标是决策主体综合考虑客观环境和内部资源确定的目标。决策必须至少有一个希望达到的目标。决策主体为达到决策目标而制定相应的决策方案。为保证决策的科学性，决策方案至少有两个或两个以上。自然状态也称结局。如果每个方案都只有一个结局，就称为确定性决策；如果每个方案至少产生两个以上可能的结局，则称为风险型决策或不确定型决策。每个结局的价值评估值称为效用。通过比较各个方案效用值的大小，可以评估方案的优劣。

社会经济活动非常复杂，因而决策也有不同的类型：按决策的作用，可分为战略决策、管理决策和业务决策；按决策过程中自然状态的多少及信息条件的充分程度，可分为确定型决策、风险型决策和不确定型决策；根据决策目标的数量，可分为单一目标决策和多目标决策；根据决策目标的性质，可分为刚性决策和柔性决策；根据决策问题重复情况，可分为重复性（或称常规型、程序化）决策和一次性（或称非常规型、非程序化）决策；根据决策中所涉及的方案个数及相互关系，可分为独立方案决策和相关方案决策等。不同的决策类型有不同的处理方法，但是相同的是决策过程是动态的、不断修正并不断调整的，要考虑各方因素的影响，以实现决策的科学化。

2. 工程项目投资决策的概念

工程项目投资是对按限定时间、预算和质量标准完成的一次性工作或任务的投资。这种投资具有投资金额大、影响时间长、变现能力差、投资风险大等特点，因而对企业未来的经营活动、现金流量和财务状况都会产生深远影响。工程项目投资决策的正确与否，决定着整个建设项目的成败和投资效益的高低，决定着整个项目的命运和发展前途。因此，在项目建设之前，要对项目建设的必要性和可行性进行认真研究和论证，切实掌握项目建设条件及相关各方面因素，对是否投资、如何投资做出分析和决定。这就是工程项目投资决策。

工程项目投资决策是指在进行工程项目投资活动时，项目投资者为了实现预期的投资目标，按照一定的程序，确定投资目标、选择投资项目、拟定投资方案，同时运用科学的理论和方法对各个备选方案进行综合评价，选择能实现预期投资目标的最优方案，并做出决策的过程。这一过程可概括为对拟建投资项目的必要性、可行性、合理性进行技术经济分析和评价，对各个备选投资方案进行综合评价，最终做出选择。

4.1.2　工程项目投资决策的必要性

工程项目建设对一个系统的、有特色的国民经济体系的构建有着至关重要的作用。合理的工程项目投资可以促进经济增长，增强综合国力，改善人民生活，从而推动国民经济的迅速发展；不合理的投资会导致效益不佳，甚至亏损严重，使国民经济发展背上包袱。工程项目投资决策是在投资实践活动进行之前的一种主观认识活动，是以具体的投资目标为指导，对投资方案进行制定、选择、评价直至得出最优方案的全部活动。一般来讲，工程项目投资决策活动非常必要，这是因为以下几个原因：

1. 资金和资源的有限性

工程项目建设要达到预期的目标，就会涉及资源的消耗，就会有浪费或节约问题。由于在特定的时期和一定的地域范围内，人们能够支配的资金和资源总是稀缺的，因此十分有必要对工程项目投资活动进行事前分析，以便在有限的资源约束条件下对其是否建设、如何建设进行科学决策。也就是说，要对所采用的技术进行选择，对工程项目投资活动本身进行有效的计划、组织、协调和控制，以最大限度地提高工程效益，降低损失或消除负面影响，最终提高工程项目的价值，达到预期的投资目标。

2. 项目技术的复杂性

现代化投资项目的技术结构复杂、涉及面广、影响投资建设的因素繁多，这就要求在项目确定之前，必须全面研究投资项目建设的各有关环节，认真分析投资项目建设过程中各种相关的有利与不利因素，经过技术经济论证，选择最佳投资实施方案。这是投资项目成败的关键。

3. 效益的不确定性

一方面，投资项目建设周期长，占用和消耗人力、物力、财力多，一旦工期拖延，项目就可能错过最佳投产时间，影响经济效益；另一方面，投资项目建设构造复杂、规模庞大，具有整体性和固定性，只有整个项目全部完成，才能形成综合生产能力，发挥投资效益。这个过程中有很多不确定性因素，所以面向未来的决策都存在一定的不确定性，这就要求决策者必须具有较强的洞察力和前瞻性，深谋远虑、高瞻远瞩，并能正确认识和对待决策后果与预期目标的偏差。

4. 影响的重大性

技术问题往往允许进行大量试验，可以经历数百次失败，只要最后成功就是胜利；而决策，特别是战略决策大多属于一次性活动，一旦失败就可能导致难以逆转的严重后果。这就要求决策者必须学习科学决策的基本理论，掌握并正确应用科学决策的方法和技术，不断总结经验，改善决策质量。

总之，当今社会正处在世界一体化、经济全球化、信息网络化的时代，决策因素众多、相互关系复杂、环境变化多端、影响重大深远，工程项目投资将处于更大的风险中。为了防止在大型工程项目决策上的片面性和盲目性，避免由于决策的失误而造成社会资源浪费，很有必要研究工程项目投资决策问题，以期做出正确的决策。

4.1.3 工程项目投资决策的特征

工程项目投资决策活动要借助系统分析和评价的理论、方法和工具，对获取的信息进行科学分析和梳理，为工程项目的科学决策提供依据。一般来讲，工程项目投资决策具有以下特征：

1. 具有全局性和长远性影响

工程项目投资决策是建设单位未来生存和发展的方针战略，牵涉多个部门和多方面的利益，许多大型工程项目的投资决策甚至关系国计民生，影响区域或全国较大范围或较长时期的发展。也就是说，工程项目投资决策具有全局性和长远性的影响。例如，“西气东输”工程不仅是西部大开发的一个战略决策问题，而且关系到东部、中部与西部的互动发展，影响整个国民经济发展。

2. 涉及系统内复杂组织关系的处理

工程项目投资决策一般都涉及系统内多个部门和多方面的利害关系。工程项目投资决策过程不仅贯穿于本部门的活动中，而且受到其他部门或政治力量的制约和干预，常常需要利用一些政治和外交手段处理大量复杂的组织关系问题。例如，三峡工程的决策就涉及上、下游两个地区之间的关系，以及航运、发电、防洪、旅游等多个方面的矛盾关系。

3. 一般是半结构化或非结构化的决策问题

工程项目涉及因素众多，不仅有物理系统中的硬要素，还有技术、经济、社会、生态等多种软要素；项目的形成需要投入多种物质、能量与信息，不仅包括人、财、物、技术、信息、政策等多种输入信号，其投入的方式或渠道也具多样性；工程项目受到政治、经济、技术、自然等各方面环境因素的影响，这些因素有些是确定性因素，还有大量的随机和不确定性因素。也就是说，工程项目的决策问题，除极少数可以定量分析外，大多数都是相关要素及其关系部分明确或者根本不明确的半结构化或非结构化的决策问题。这与一般的结构化、规范性问题相比，其求解方法完全不同。

4. 决策结果与分析者关系密切

日常决策可以按照经验、惯例、固定的程序和方法进行，即使决策者的素质不高，决策也不会出现大的问题。工程项目投资决策由于影响重大，涉及许多组织、行为和心理因素，很难结构化，故其决策质量很大程度上依赖于决策分析人员和决策者的素质。要科学进行工程项目投资决策，决策分析人员应具有敏锐的洞察力、良好的谋划能力和沟通能力；决策者应该具有开拓精神、创新意识和判断能力。

4.1.4　工程项目投资决策应遵循的原则

1. 科学民主原则

科学是人们对客观事物本质、特点和规律性的理性认识的系统化总结。决策科学化，就是要求决策者在制定投资决策的过程中必须以真实的资料为根据，采用科学的决策方法及先进的技术手段，尊重客观规律，遵循科学的决策程序。这是工程项目投资决策的基本要求。另外，投资决策在保证科学化的同时，还应广泛征求经济、技术和管理专家的意见，善于采纳各相关方的意见和建议，实行民主化决策。

2. 系统性原则

系统分析是指对系统的各方面进行全面分析和评价，以求得系统整体优化的方法，一般包括功能分析、要素分析、结构分析、可行性分析和评价分析。工程项目投资决策的前提是进行系统的全面分析，也就是分析过程中注重研究投资项目的总体性、综合性、定量化及最优化，做到定性分析与定量分析相结合、静态分析与动态分析相结合、总体分析和层次分析相结合、宏观分析和微观分析相结合、价值量分析和实物量分析相结合、预测分析与统计分析相结合等。

就投资决策分析过程而言，首先，要收集调查各方面的投资信息，并对其进行科学的分析和研究；其次，对下列问题做出系统回答，如拟建项目在技术上是否可行，经济上是否合理合算，建设条件是否具备，资源、人力、物力、财力是否落实，建设工期多长，需要多少投资，资金如何筹集等；最后，还必须考虑项目的相关建设和同步建设，项目建设对原有产业、结构的影响，项目产品的国内外竞争力及今后发展的趋势等一系列问题。

3. 经济效益原则

工程项目投资活动的目标是直接或间接地满足人类自身的需要，这个目标是通过投资的效果来实现的。各种工程经济活动的性质不同，因而会取得不同性质的效果，如财务效果、环境效果、艺术效果、军事效果等。有用的效果称为效益，一般来讲，工程项目投资活动的目标就是要提高工程项目的经济效益。投资决策必须坚持近期效益与远期效益相统一的原则、全过程经济效益与阶段性经济效益相统一的原则、直接经济效益与间接经济效益相统一的原则、微观效益与宏观效益相统一的原则、经济效益与社会效益相统一的原则。

4. 方案可比原则

可比性是指为了在对各项技术方案进行评价和选优时能全面、正确地反映实际情况，必须使各方案的条件等同化。由于各个方案涉及的因素复杂，有些因素又难以定量表达，所以一般不易做到绝对的等同化。在实际工作中，应当做到使方案经济效果影响较大的主要方面达到可比性要求，包括产出成果使用价值的可比性、投入相关成本可比性、时间的可比性、价格的可比性、定额标准的可比性、评价参数的可比性等。其中，时间的可比性是投资决策分析的关键。这不仅要求方案的技术经济分析中要采用相等的计算期，而且要求考虑资金的时间价值，这就需要运用合理的贴现率将它们的效果和成本都换算到同一个时点后，再进行方案评价和比较。

4.2 工程项目投资决策的程序

工程项目投资决策的程序是指投资项目在决策过程中，各工作环节应遵循的符合其自身运动规律的先后顺序。一般来讲，工程项目投资决策从根据国民经济发展需求确定投资决策目标开始，到工程建设方案的确定和评估决策为止。投资决策是一个发现问题、分析问题和解决问题的过程，它不是独立的一次性事件，而是贯穿于建设项目每个阶段的渐进的动态过程，上一阶段的决策成果是下一阶段的决策依据，下一阶段是上一阶段的延续和深化。工程项目投资决策过程一般包括项目目标确定、方案创造、综合评价和项目评估四个阶段。

4.2.1 目标确定

工程项目的目标是指一定外部环境和内部环境条件下，在市场调查和研究的基础上，项目投资者希望达到的某种结果。这个结果是社会经济发展所必需的，又是现有技术经济条件能够达成的，而且能够预见达成后会带来相应社会经济效益的。只有明确了决策目标，才能避免决策的失误；如果目标的确定带有主观性和盲目性，将会导致整个工程项目的失败。因此，这一阶段至关重要。

这一阶段的决策任务是要确定什么时间、什么地点、建设什么样的项目，也即提出项目建议书。在这个过程中要考虑国民经济现状和发展，国际局势的变化，国内外市场的变动，我国在国际经济中的地位、实力，以及国民经济的发展战略和生产力布局等。可以通过建立国家智库，汇集相关专家，采用头脑风暴法主动超前地构思工程投资项目，确定项目目标。投资主体的不同，决定了投资项目的类型也不同。

1. 政府投资

政府作为投资主体，进行的投资一般是多目标系统。其目标包括社会经济可持续发展、经济结构改善、就业水平提高、法制健全、社会安定、卫生保健、币值稳定、环境保护、义务教育、收入分配公平等。

(1) 政府投资的项目类型

政府投资项目很多，一般可以分为以下两类：

1）基础性项目。这类项目包括：自然垄断性、建设周期长、投资量大而收益低的项目，如铁路、公路、港口、民航机场、邮电通信、农业水利设施和城市公用设施等；需要政府扶植、关系国计民生的国民经济“瓶颈”产业、跨地区的项目，如电站、通信工程、煤炭、石油、天然气、农业、机电产品出口等；直接增强国力的支柱产业项目；重大高新技术在经济领域应用的项目，如生物、信息、新材料、新能源、空间技术、海洋技术等。

对于基础性项目的建设，政府一般通过控股、参股、鼓励社会民间资本参与，以及集中必要的财力通过项目法人承担。

2）公益性项目。公益性项目主要包括：科技、教育、文化、卫生、体育、环保等事业的建设；公、检、法、司等政权机关的建设；政府机关、社会团体办公设施的建设；国防设施的建设等。公益性项目的建设主要由政府直接承担。

（2）政府投资项目的特征

1）国民经济持续稳定发展的需要。可根据国民经济长期发展规划和产业政策拟定投资目标；社会经济发展中有某种需求，而实际中还没有这种产品或不能满足这种需求，因而需要建设某类工程来弥补发展中的薄弱环节，如大型高新科技产业园区的建设；存在或新发现某种未被利用的资源，如果合理开发，会给社会和经济建设提供需要的某种服务，则可开发或利用这些资源建设相应的工程；已有工程其产品或服务已不能适应国民经济发展的需要，还需建设同类大型工程或改造、扩建原有工程，以满足这些需求，如建设新的水电站、核电站、火电站及大型国有企业生产线，以及铁路运输线的改造和扩建等。

2）国民经济结构调整的需要。根据生产力重新布局的要求拟定投资目标；根据产业结构调整的要求拟定投资目标。

3）社会公平和可持续发展的需要。根据民族团结和不同地区经济社会均衡发展的要求拟定投资目标；根据改善生态环境的要求拟定投资目标；根据减灾防灾的要求拟定投资目标；各种人类文化遗产的保护和综合利用。

（3）政府投资项目的步骤

首先根据国民经济发展战略方针确定国民经济发展总目标；其次确定国民经济发展短、中、长期发展计划，并进行国民经济发展需求预测；然后建立国民经济发展可建项目集；接着根据自然、社会、政治、经济、技术、国防等因素及其他约束条件，由专家、规划人员、决策者对可建项目的需求时间、需求量、需求区域、需求形式等问题进行论证，确定国民经济发展拟建项目集；最后形成初步可行性研究或项目建议书。

2. 营利性组织投资

营利性组织通过融合生产要素，承担风险，以及有计划、有系统、有组织地经营，达到创造利润的目的。营利性组织投资是指从事投资活动，具有资金来源和自主的投资决策权力，享受投资收益、承担投资责任和风险。营利性组织投资的基本目的是利润最大化或股东财富最大化，除此之外还有派生目的，如提高生产率水平、技术创新、技术发明、组织设计及组织创新、保证收益达到基准收益的要求、弹性或适应性、扩大市场容量或创造市场、扩大生产规模等。

营利性组织作为投资主体的建设项目一般为竞争性项目。企业投资主体提出项目主要有以下来源：

(1) 依据消费者主权论，发现市场上消费者潜在的需求

发现市场消费者的潜在需求，也就是发现和研究人民物质文化生活的改善需要哪些项目，或者有哪些项目能够满足人民需求、提高人民生活水平。可以提出的项目有：将现有技术应用到新项目中生产新产品，扩大产品或服务的市场供给规模；将创新技术应用到原有或新项目中，生产质量和性能更好或成本更低的产品。

(2) 依据生产者主权论，追求突破，为消费者创造市场需求

追求突破，就是投资者或投资集团通过技术创新、技术发明，应用新技术生产新产品、提供新服务、创造新市场，并使消费者接受，从而产生新的市场需求。

营利性组织选择或确立建设项目时应考虑相应的约束条件，一般包括项目优势、投入物的资源优势或产出物的市场优势、地缘优势、技术优势、环境优势、信息资源优势、早期进入优势等。

3. 非营利组织投资

非营利组织是不以营利为目的的社会组织。按照组织服务对象范围的不同，非营利组织分为社会性组织和集团性组织两类。社会性组织如卫生事业、教育事业、科研机构、宗教团体、文化组织、慈善事业等社会组织；集团性组织如各种政治党派、基金会、工会、商会、学会、企业联合会等。

非营利组织投资与营利性组织投资和政府投资相比，具有一些不同的特点：以社会和集团利益为目标，不以营利为目的，不追求利润最大化；主要提供公共商品或服务，一般不提供私人商品或服务；收入具有非价格来源，在财务上对客户的依赖性较小，资金一般源自服务性收入、政府拨款、各种捐赠和资助等款项；常常可获得政府的减免税收并享受某些特殊政策的优惠；在世界范围内，有逐步民营化和企业化的趋势。

非营利组织投资的项目主要渠道是为了满足社会经济快速发展、扩大服务范围的需要；除此之外，还要满足改善服务质量、举行重大活动的需要等。需要说明的是，非营利组织源于客户服务的收入较少，项目建设很大程度上受到资金限制，因此，资金的来源渠道和数量是项目建设的首要考虑因素。

4.2.2 方案创造

第一阶段项目目标确定的重点在于考虑总体布局的合理性、协调性和经济性，对某一建设项目只能给出一个粗略的结论。第二阶段需要在此基础上系统地收集、整理和分析有关工程项目决策方面的信息，帮助决策人员了解投资环境，把握投资机遇，识别投资项目的制约因素和制约条件，在战略部署的指导下进行方案创造，制定项目规划设计方案。也就是说，本阶段的任务是在项目建议书的基础上，调查研究收集整理资料，对工程项目进行系统分析，预测项目的投资前景，提出项目关键问题，最后设计工程项目规划方案，包括产品方案和建设规模等。

1. 资料收集

一般地，方案创造阶段应收集和整理的资料包括：

（1）投资环境因素

投资环境因素包括投资的政治法律环境、社会文化环境、科学技术环境、宏观经济环境、行业或地区竞争环境等因素。

（2）投资产品需求

投资产品需求包括相关产品和消费者需求的有关资料。

（3）投资决策因素

投资决策因素包括投资形式、投资时机、投资规模、投资地点等的有关资料。

2. 项目实施方案的产生

在项目的论证、规划和实施过程中都离不开具体实施方案，方案是实现项目最终目标的单元和载体。这里把工程项目的实施分为战略规划和建设实施两个阶段，相应地，活动方案可分为战略规划方案和建设实施方案两类。战略规划方案由国家、地区或行业主管部门以及项目总负责人主持拟定，主要考虑总体布局的合理性、协调性和经济性；建设实施方案则由研究、设计、监理、设备供应、材料采购等单位主持拟定，这是根据战略规划方案论证的结果对具体技术方案进行的更深入细致的研究。在项目的建设过程中，两类方案密切相关，前者指导后者，后者不断修改、补充前者，使其逐步完善。

（1）战略规划方案的产生

工程项目的目标是满足社会或经济发展的某项或某几项需要，而其建设的可能性则是建立在国家的财力、物力、技术水平及自然资源的基础之上的。因此，战略规划方案首先要根据国民经济发展的战略方针和总目标，进行国民经济短、中、长期预测；然后动员规划人员、有关专家和技术人员提出满足这些需要的各种备选方案。这一阶段要求解放思想、放远眼光、尽量开发所有可能的方案，形成备选方案集。但是，提出的方案是否可行、合理，还要根据政治、社会、自然、经济、技术、生态等方面的基本约束进行分析，删除那些根本无法实现的方案，从而得到可供评价和选择的可行方案集，最后由规划人员、专家和决策者一起选出最满意的方案。

（2）建设实施方案的产生

当工程项目进入设计和实施阶段后，就需要把战略规划方案进一步细化，通过建设实施方案落到实处。因此，创造并选择技术先进、经济合理的实施方案是保证项目成功的关键。在实际工作中，对技术比较成熟的一般工程，往往采用定型的设计标准进行标准设计，按照常规方法和质量验收规范实施。而对建设实施中亟待解决的问题，就要作为优化目标提出来，通过拟定各种方案进行深入研究。按照价值工程方法，一个完整的建设实施方案的产生过程可分为确定对象、获取信息、功能分析、方案创造四个基本步骤，具体内容可参考工程经济学相关知识。

4.2.3　综合评价

方案确定后，即可分析项目在此方案下可能产生的后果和影响，对工程项目进行客观、全面的综合评价。首先确定项目的现金流量，进行工程项目财务评价。一些特殊项目，如有公共产品特征的项目、外部效果显著的项目等需要进行国民经济评价，最后进行不确定性分析和风险分析。如果评价的结果是满意的，则可进行项目的建设实施。

1. 工程项目财务评价

财务评价又称财务分析，是在国家现行财税制度和市场价格体系下，分析预测项目的财务效益与费用，编制财务报表，计算财务分析指标，考察拟建项目的盈利能力和清偿能力，明确项目对财务主体及投资者的价值贡献，据以判断项目的财务可行性，为项目决策提供依据。

（1）融资前分析和融资后分析

对于投资者而言，项目决策包括投资决策和融资决策两个层次，相应地，财务分析可分为融资前分析和融资后分析。

1）融资前分析。融资前分析是项目决策分析，是不考虑融资方案条件下的财务分析，即从项目全部投资的角度考察项目的盈利能力，重在考查项目的净现金流量的价值是否大于成本，判断项目方案设计的合理性，为投资决策提供依据。

融资前分析只进行盈利能力分析，具体做法是以建设投资、营业收入、经营成本和流动资金的估算为基础，考察项目计算期内的现金流入和现金流出，编制项目投资现金流量表，计算项目投资的财务内部收益率、财务净现值和投资回收期等盈利能力分析指标，判断项目的财务可行性。为了体现“与融资方案无关”的要求，在各项现金流量的估算中都应当剔除利息的影响。如果分析结果表明项目效益符合要求，再考虑融资方案，继续进行融资后分析；如果分析结果不能满足要求，可通过修改方案设计完善项目方案，必要时可据此做出放弃项目的建议。

根据需要，融资前分析又可从所得税前和所得税后两个角度进行考察，分别计算所得税前和所得税后的分析指标。所得税前和所得税后分析的现金流入完全相同，但现金流出略有不同。所得税前分析不将所得税作为现金流出，所得税后分析将所得税作为现金流出。

2）融资后分析。融资后分析属于项目融资决策，是在融资前分析结果能够接受的情况下，以设定的融资方案为基础进行的财务分析，重在考察项目资金筹措方案能否满足要求。

融资后分析以拟定的融资方案为基础，从项目资本金的角度，考察项目的盈利能力、偿债能力和财务生存能力，以判断项目方案在融资条件下的合理性，为融资决策提供依据。在项目的初期研究阶段，也可以只进行融资前分析。

融资后的盈利能力分析包括动态分析和静态分析。动态分析是通过编制财务现金流量表，根据资金时间价值原理，计算财务内部收益率、财务净现值等指标，分析资本金的获利能力；静态分析则不考虑资金时间价值，依据项目运营期正常生产年份或多年平均的利润数据计算相关盈利能力指标。对于举债建设的项目，还需通过偿债能力分析考察项目按期偿还借款的能力，即通过计算利息备付率、偿债备付率、资产负债率等指标，分别考察项目偿付利息和还本付息的资金保障程度，以及项目的债务风险度。

财务生存能力分析是通过项目计算期内的投资、融资和经营活动所产生的各项现金流入与流出，计算净现金流量和累计盈余资金，判断项目是否有足够的净现金流量维持正常运营，以实现财务可持续性，因此也称资金平衡分析。财务生存能力分析应结合偿债能力分析进行。

（2）财务评价应注意的问题

1）现金流量的确定。工程项目要经过资金筹集、资金投入、生产经营和资金回收等若干阶段才能达到预期的目标，所以建设项目的现金流量也就兼有了投资活动、筹资活动和经营活动的特点，具有一定的综合性。

项目经济评价给出建议的质量很大程度上取决于所使用项目现金流量数据的质量。实践中，确定项目现金流量，特别是那些涉及尖端技术的项目或史无前例的项目的现金流量是一项非常艰巨和复杂的任务。为了提高项目现金流量的分析质量，必须要投入时间和经费进行详细的市场调查与研究。确定现金流量要避免直接使用类似项目的数据，另外，不能使用基于财务惯例的现金流量，如折旧这样的会计要素，也不能使用不相关的沉没成本。只有基于项目本身的增量收入和支出，才可用于建设项目经济评价。

2）项目寿命期的确定。项目寿命期是指工程项目正常生产经营能够持续的时间。项目寿命期是工程项目投资决策分析的基本参数，寿命期的长短对投资方案经济效益和财务评价结果影响很大，因此需要认真分析、合理确定。

不同的项目类型，寿命期的确定方法也不同。对于特定性较强的建设项目，由于其厂房和设备的专用性，项目寿命期可以按照产品的寿命期确定；通用性较强的项目，或产品生产技术比较成熟、更新速度较慢的工程项目，可按主要工艺设备的经济寿命确定；一般大型复杂的综合项目采用综合分析法确定其寿命期。

确定项目计算期时应注意：项目计算期不宜定得太长，一方面是因为按照现金流量折现的方法，把后期的净收益折为现值的数值相对较小，很难对财务分析结论产生决定性的影响；另一方面由于时间较长，预测数据的精确度会下降。

项目寿命期的时间单位应根据具体情况而定。计算期较长的项目多以年为时间单位；对于计算期较短的行业项目，由于在较短的时间间隔内现金流量水平有较大变化，可根据项目的具体情况选择合适的计算现金流量的时间单位。

财务评价的具体操作方法可参考工程经济学的相关内容。

2. 工程项目国民经济评价

国民经济评价是项目经济评价的重要组成部分。它是按照资源合理配置原则，采用影子价格、影子汇率和社会折现率等国民经济经济评价参数，从国家整体角度考察和确定项目的效益和费用，分析计算项目对国民经济带来的净贡献，以评价项目经济上的合理性。

相对于人们的需要而言，任何一个国家的资源都是有限的。无论是具有不同知识水平、技术水平和管理能力的人力资源，还是资金、物资、土地和其他自然资源，在被分配到各种用途中时，应力求对国家的基本目标贡献最大。由于一种资源被用于某一方面，其他方面就不得不减少这种资源的使用量，因而国家必须按照一定的准则对资源进行合理的配置。对于投资项目而言，也就不能仅仅根据财务评价的结果判定其是否可行，而应该在此基础上进行国民经济评价。

（1）国民经济评价的作用

1）正确反映项目对社会福利的净贡献，评价项目的经济合理性。由于企业利益与国家和社会利益不总是完全一致的，基于企业或项目利益的财务评价难以全面、正确地反映项目的经济合理性，如国家给予项目的补贴、企业向国家缴纳的税金、某些货物市场价格的扭曲、项目的外部效果等，因此需要按照资源合理配置原则，从国家或社会的角度判断项目对社会福利的净贡献。

2）为政府合理配置资源提供依据。在现行的经济体制下，政府需要在资源配置中发挥调节作用，而国民经济评价的结果有助于政府做出资源配置决策：对那些本身财务效益好但经济效益差的项目实行限制；而对那些本身财务效益差但经济效益好的项目予以鼓励。

3）为政府审批或核准项目提供依据。在我国投资体制下，国家对项目的审批和核准重点放在项目的外部性、公共性方面，而国民经济评价强调对项目的外部效果进行分析，因此可以作为政府审批或核准项目的重要依据。

4）为市场化运作的基础设施等项目提供财务方案的制定依据。对部分或完全市场化运作的基础设施，如桥梁、公路、隧道等项目，可通过国民经济评价来论证项目的经济价值，为制定财务方案提供依据。

5）有助于实现企业利益、地区利益和全社会利益的有机结合与平衡。国家实行审批和核准的项目，应当特别强调从社会经济的角度考察和评价，以支持和发展对社会经济贡献大的产业项目。正确运用国民经济评价方法，在项目决策中可以有效地察觉盲目建设、重复建设项目，有效地将企业利益、地区利益和全社会利益有机地结合起来。

（2）国民经济评价的适用范围

并非所有项目都要做国民经济评价。一般地，需要进行国民经济评价的项目主要有以下类型：具有自然垄断特征的项目；产出具有公共产品特征的项目；外部效果显著的项目，如对环境和公共利益影响重大的项目；国家控制的战略性资源开发和关系国家经济安全的项目；受过度行政干预的项目；国家给予财政补贴或者减免税费的项目；国家及地方政府参与投资的项目，如交通运输、农林水利、基础产业建设项目等；主要产出物和投入物的市场价格严重扭曲，不能反映其真实价值的项目等。总之，由于市场配置资源的失灵或者需要由政府干预的工程项目需要进行国民经济评价。

国民经济评价的主要工作包括：识别国民经济的效益和费用；测算和选取影子价格；编制国民经济评价报表；计算国民经济评价指标并进行方案比选。其中，国民经济评价报表的编制可以单独进行，也可以在财务评价的基础上进行自计算。

（3）国民经济评价与财务评价结论的关系

在很多情况下国民经济评价与财务评价评价结论相同，但也有不少情况下两种评价结论不同。下面是可能出现的四种情况及相应的决策原则：

财务评价和国民经济评价均可行的项目，应予通过。

财务评价和国民经济评价均不可行的项目，应予否定。

财务评价不可行，国民经济评价可行的项目，应予通过。国家和主管部门应采取相应的优惠政策，如减免税、给予补贴等，使项目在财务上也具有生存能力。

财务评价可行，国民经济评价不可行的项目，应该否定，或者重新考虑方案，进行再设计。

3. 不确定性分析

不确定性是指主体认识和判断不具备完全条件或不具备完全掌握准确的对象事物属性和

规律性的情况下，对事物的趋势性所做出的判断及由此产生的偏差程度。不确定性产生的原因是多种多样的，既有系统外部环境变化的原因，也有系统自身变化的原因，还有人的思想和行为变化的原因。

在工程项目财务评价和国民经济评价中，要用到投资、成本、产量、售价等工程经济要素。这些要素的未来变化具有不确定性，且预测方法也存在局限性，导致评价结果可能出现偏差，从而给投资者带来投资风险。不确定性是建设项目决策的一大障碍。

工程项目不确定性分析是在对项目投资环境及项目自身特点的认识和预测的基础上，分析对拟建项目具有较大影响且变化可能性较大的不确定性因素，计算其增减变化对项目经济效果指标的影响程度，找出最敏感的不确定性因素及临界点，从而估计项目对各种不确定性因素变化的承受能力，为投资决策和风险控制提供依据。不确定性分析包括盈亏平衡分析和敏感性分析。

（1）盈亏平衡分析

盈亏平衡分析是在完全竞争或垄断竞争的市场条件下，研究工程项目，特别是工业项目的产品生产成本、产销量与盈利的平衡关系的方法。对于一个工程项目而言，随着产销量的变化，盈利与亏损之间一般至少有一个转折点，称为盈亏平衡点（Break Even Point，BEP）。在这个点上，营业收入与成本费用相等，既不亏损也不盈利。盈亏平衡分析就是要找出项目方案的盈亏平衡点。一般说来，对工程项目的生产能力而言，盈亏平衡点越低，项目盈利的可能性就越大，对不确定性因素变化所带来风险的承受能力就越强。

盈亏平衡分析的基本方法是建立成本与产量、营业收入与产量之间的函数关系，通过对这两个函数及其图形的分析，找出盈亏平衡点。盈亏平衡点一般可以是年产量的盈亏平衡点，也可以是营业收入、销售价格、单位变动成本等的盈亏平衡点，或者可以计算盈亏平衡点的生产能力利用率、经营安全率等。

（2）敏感性分析

敏感性分析是通过研究建设项目主要不确定性因素发生变化时，项目经济效果指标发生的相应变化，找出项目的敏感因素，确定其敏感程度，并分析该因素达到临界值时项目的承受能力。

敏感性分析可以把握不确定性因素在什么范围内变化，方案的经济效果最好，在什么范围内变化效果最差，以便对不确定性因素实施控制；区分敏感性大的方案和敏感性小的方案，以便选出敏感性小，即风险小的方案：找出敏感性大的因素，向决策者提出建议，是否需要进一步搜集资料，进行研究，以提高经济分析的可靠性。

敏感性分析在一定程度上就各种不确定性因素的变动对方案经济效果的影响做了定量描述，这有助于决策者了解方案的风险情况，确定在决策过程中及各方案实施过程中需要重点研究与控制的因素。但是，敏感性分析没有考虑各种不确定性因素在未来发生变化的概率，这可能会影响分析结论的准确性。实际上，各种不确定性因素在未来发生某一幅度变化的概率一般是有所不同的。可能有这样的情况出现：通过敏感性分析找出的某一敏感因素未来发生不利变化的概率很小，因而实际上所带来的风险并不大，以至于可以忽略不计；而另一不太敏感的因素未来发生不利变化的概率却很大，因而实际上所带来的风险比前一个敏感因素更大。这种问题是敏感性分析无法解决的，必须借助风险分析方法。

4. 风险分析

风险是相对于预期目标而言，经济主体遭受损失的不确定性。不确定性是风险存在的必要条件，潜在损失是风险存在的充分条件，经济主体是风险成立的基础。

风险分析是在市场预测、技术方案、工程方案、融资方案、财务分析和经济费用效益分析等论证中已进行的初步风险分析的基础上，进一步识别拟建项目在建设和运营中潜在的主要风险因素，揭示风险来源，判别风险程度，提出规避风险对策，为决策提供依据。

(1) 工程项目风险的主要来源

工程项目风险的主要来源有市场风险、技术风险、财产风险、责任风险、信用风险、金融风险等。

1) 市场风险。市场风险是指由于市场供求和价格的不确定性导致损失的可能性。也就是由于市场需求量、需求偏好，以及市场竞争格局、政治、经济等方面的变化导致发生不利的变化，如产出物的数量减少或价格下降、工程量增加或费用上涨、投入物消耗量上升或价格上涨、税率或利率变化、产业政策调整等，从而使工程项目经济效果或企业发展目标达不到预期的水平。对于大多数工程项目，市场风险是最直接也是最主要的风险。

2) 技术风险。技术风险是指高新技术的应用和技术进步使建设项目目标发生损失的可能性。在项目建设和运营阶段一般涉及各种高新技术的应用，由于种种原因，实际的应用效果可能达不到原先预期的水平，从而就可能导致项目的目标无法实现，形成高新技术应用风险。此外，建设项目以外的技术进步会使项目的相对技术水平降低，从而影响项目的竞争力和经济效果，这就构成了技术进步风险。

3) 财产风险。财产风险是指与项目建设有关的企业和个人所拥有、租赁或使用的财产，面临可能被破坏、被损毁以及被盗窃的风险。财产风险的来源包括火灾、洪水、地震、飓风、暴雨、偷窃、爆炸、暴乱、冲突等。此外，与财产相关的损失还包括停产停业的损失、采取补救措施的费用和不能履行合同对他人造成的损失。

4) 责任风险。责任风险是指承担法律责任后对受损一方进行补偿而使自已蒙受损失的可能性。

5) 信用风险。信用风险是指由于有关行为主体不能做到重合同、守信用而导致目标损失的可能性。在工程项目的建设过程中和生产营运过程中，合同行为是市场经济运行的普遍的基本单元。合同规范了诸多合作方的行为，是使工程顺利进行的基础。但如果有行为主体钻合同的空子或单方面无故违反承诺，将使工程项目受到损失。这就是信用风险。

6) 金融风险。金融风险是指任何有可能导致企业或机构财务损失的风险。从一些国家的经验来看，金融风险不管由什么原因引起，最终都表现为支付危机，即无法清偿到期的债务，或是银行系统不能满足存款者的普遍提存要求继而导致银行挤兑甚至银行破产。因此，金融风险也可定义为支付链条遭到破坏或因故中断导致的危险现象。

(2) 风险分析的步骤

1) 风险识别。风险识别是指采用系统论的观点对项目进行全面考察、综合分析，找出潜在的各种风险因素，并对各种风险进行比较、分类，确定各因素之间的相关性与独立性，判断其发生的可能性及对项目的影响程度，按其重要性进行排队或赋予权重。确定风险识别是风险分析和管理的一项基础性工作，其主要任务是明确风险存在的可能性，为风险估计、风险评价和风险应对奠定基础。敏感性分析是初步识别风险因素的重要手段。

2）风险估计。风险估计是指采用主观概率和客观概率的统计方法，确定风险因素的概率分布，运用数理统计分析方法，计算项目评价指标相应的概率分布或累计概率、期望值、标准差。概率分为客观概率和主观概率。客观概率是指用科学的数理统计方法，推断、计算随机事件发生的可能性大小，是对大量历史先例进行统计分析得到的概率。主观概率是指当某些事件缺乏历史统计资料时，由决策者自己或借助咨询机构或专家凭经验进行估计得出的概率。实际上，主观概率也是人们在长期实践的基础上得出的，并非纯主观的随意猜想。

3）风险评价。风险评价是指根据风险识别和风险估计的结果，依据项目风险判别标准，找出影响项目成败的关键风险因素。项目风险大小的评价标准应根据风险因素发生的可能性及其造成的损失来确定，一般采用评价指标的概率分布或累计概率、期望值、标准差作为判别标准，也可采用综合风险等级作为判别标准。

4）风险决策。风险决策有不同的方法，这取决于不同的人对待风险的态度。典型的风险态度有三种表现形式：风险厌恶、风险中性和风险偏爱。与风险态度相对应，风险决策者可参照以下决策准则：满意度准则、最小方差准则、期望值准则和期望值方差准则。

满意度准则对风险厌恶和风险偏爱决策者都适用。也就是说，只要决策者满意则方案可行。这种方法一般在选择最优方案花费过高，或未得到其他方案相关资料之前就必须决策的情况下采用。

最小方差准则是指根据方差大小选择方案，方差越小的方案越优。这是一种避免最大损失的准则，适用于风险厌恶型决策者。

期望值准则是指根据各备选方案指标损益值的期望值大小进行决策，隐含了风险中性的假设。它适用于风险态度中性的投资者。

期望值方差准则是指将期望值和方差通过风险厌恶系数化为一个标准值进行决策。风险厌恶系数的取值范围为 0~1，越厌恶风险，取值越大。它可用于任何风险偏好的决策者。

5）风险应对。风险应对是指根据风险决策的结果，研究规避、控制与防范风险的措施，为项目全过程风险管理提供依据。风险控制有四种基本方法：风险回避、损失控制、风险转移和风险保留。

风险回避是指投资主体有意识地放弃风险行为，完全避免特定损失风险的处理方法。损失控制是指当特定的风险不能避免时，可以采取行动降低与风险有关的损失的处理方法。风险转移是指通过契约将让渡人的风险转移给受让人承担的行为。其主要形式是合同和保险。风险保留即风险承担，也就是说，如果损失发生，经济主体将以当时可利用的任何资金进行支付。风险保留包括无计划自留和有计划自我保险。

方案创造和综合评价阶段可合称可行性研究阶段，是在项目建议书的基础上，对项目在技术、工程、经济、社会和外部协作条件等方面的可行性和合理性进行全面的分析论证。可行性研究的侧重点应根据项目性质、项目目标、项目投资者、项目财务主体，以及项目对经济与社会的影响程度等具体情况选择确定。下一节将详细介绍可行性研究相关知识。

4.2.4 项目评估

项目评估是从宏观角度出发，对项目建设的必要性及技术经济的合理性进行的全面审查和评价。也就是在可行性研究报告完成后，由指定的咨询机构、审计机构或银行部门对可行性研究报告进行评价。项目评估是项目最后进行决策的关键。

1. 项目评估的必要性

由于各种原因，可行性研究报告可能带有某种局限性；从可行性研究报告完成到项目评估这一段时间里，经济环境和建设条件可能发生了一些变化，有必要调整；由于技术问题或操作上的欠缺，可行性研究报告需要加以纠正和审定；通过第三方的项目评估合理纠正和补充可行性报告，使可行性报告更加完善和准确，便于融资机构做出融资决策，也便于政府相关部门做出审批或核准决策。在这些情况下，都需要进行项目评估。

2. 项目评估的原则和步骤

（1）项目评估的原则

项目评估的原则是：项目建设要符合国家各项方针政策，项目目标要符合国家和地区的国民经济发展规划；要充分考虑项目经济效益，实现项目微观经济效益与宏观经济效益的统一；保证评估的公正性、可靠性、科学性。

为实现项目微观经济效益与宏观经济效益的统一，项目产品应在一定时期内符合市场需求，并具有一定竞争能力；应考虑国力承受程度，从宏观上考虑项目投入物及相关投入物的短缺程度，项目的投入必须小于产出；要有货币的时间价值观念，动态地考虑项目营运对投资必须偿还的本金及利息；要从宏观的角度确定较为合理的价值尺度，调整换算投入物及产出物的价格，正确地分析项目的国民经济效益；应考虑项目投入物及产出物的机会成本及边际效益，以最小的投入换取最大的社会经济效果。

（2）项目评估的步骤

第一步，组建项目评估小组。评估小组人数一般以5~7人为宜。应建立项目评估责任制，指定专家作为评估小组负责人，负责协调汇总专家意见并主持评估小组的全面工作。评估人员应按评估内容、质量要求严格把关，确保评估工作公正、可靠、科学。

第二步，编制评估工作计划。根据评估要求，安排好初审、收集资料，各项评估内容，以及编写评估报告的进度，保证在设计任务书审批前提交评估报告。

第三步，对拟建项目做一般性审查。这是对项目的初步评审，审查方法可采用直观法、经验法。

直观法是评估小组按项目可行性研究的有关规定，对项目可行性研究报告的编制程序、编制单位、编制内容和附件逐条核对、审查，直观地发现是否符合有关规定。如发现不符，应要求可行性研究报告编制单位尽快改正并补送。

经验法是凭个人经验，据已知综合定额或经验数据，对可行性研究报告中的内容、资料、数据做简单估算和审查。特别是利用国内已建成的同类项目数据进行简单对比，以期及早发现问题。如属明显不合理的项目，应停止评审。

第四步，根据一般性审查的信息，确定调查目标，编制调查提纲，收集有关数据资料，进行调查。

第五步，分工把关，对可行性研究报告进行详尽、全面的审查。

第六步，通过项目经济效益分析，对有关政策及管理体制提出改进建议。

第七步，对项目进行总评估，并编写评估报告。对项目是否应该上马、宜建规模、建设方案选择等，提出明确的意见。

3. 项目评估的内容

1）可行性研究报告所采用的各项数据、资料、标准、规范是否可靠和准确，是否符合国家有关规定。

2）根据行业和项目的具体情况，有重点地审核关键指标和有关问题。如矿产资源储量、品位是否准确，项目地质条件是否清楚，原材料、燃料和动力供应是否可靠，交通运输条件、外部协作配套条件是否落实等。

3）所采用的技术、工艺方案是否先进、成熟、适用，设备选型是否得当，资源利用是否合理。

4）市场调查和预测是否可靠，产品是否具有市场竞争能力，建设规模、产品方案是否符合国家的建设方针和长远规划的要求，配套工程能否同步建设，项目建成后能否保证正常营运。

5）建设地点选择是否符合区域规划、城市规划的要求，生产工艺和“三废”治理是否符合生态环境保护要求。

6）投资估算是否切合实际，有无高估冒算、任意提高标准或漏项少算的情况。

7）进行企业经济评价和经济费用效益分析，并做不确定性分析。

8）审查资金渠道是否符合国家规定，来源是否落实可靠，贷款额度是否得当，贷款条件是否合理，偿还能力是否可靠，配套投资是否落实等。

9）通过项目经济效益分析，对有关政策和管理体制提出改进建议。

10）在以上工作基础上对拟建项目总评价，得出项目是否上马的明确结论。

4. 项目评估报告

项目评估报告是在对可行性研究报告详细分析的基础上，向决策部门提供项目建设主要概况和评估结果的综合性技术经济文件。报告一般包括以下几个部分：

（1）总论

总论部分主要分析拟建项目的概况、历史背景和性质，并对项目上马的必要性做出评价。

（2）市场调查与预测

市场调查与预测部分主要预测市场供求和产品竞争能力，对“产品未来需要量”与“产品总供应能力”进行分析比较，从而对建设项目规模进行评价。

（3）生产建设条件的评估

生产建设条件的评估部分主要分析资源的可靠性，工程地质和水文地质条件，工艺技术水平，原材料、燃料和动力供应及其稳定性，交通运输条件及协作配套条件的落实情况，环境保护治理方案，引进成套项目的多方案比较，厂址选择的合理性等。

（4）技术评估

技术评估部分主要从可持续发展的高度出发，根据国家的有关技术政策，对建设项目选用的工艺技术和技术装备的先进性、适用性和经济性系统评估，检验采用的新工艺、新技术、新设备、新材料的安全可靠性。

（5）投资和财务基本数据评审

投资和财务基本数据评审部分主要包括投资估算、资金来源渠道、投资构成、流动资金估算、生产规模及产品方案数据、产品成本、销售收入及税金估算、盈利水平估算、贷款利率及条件、贷款偿还能力等方面数据的审查核算，以及各项技术经济指标的测算。

（6）财务评价、国民经济评价和不确定性分析

财务评价、国民经济评价和不确定性分析主要从项目角度和国民经济角度对投资项目的经济效益进行核算、分析和评估；对不确定性因素进行风险分析与预测，并提出相应对策，作为最终决策依据。

（7）总评估

总评估部分主要归纳、综合评估工作的全过程，反映评估结果；文字简练，用准确的数据来证明，并且明确说明项目是否可行；提出的结论及政策建议具有科学性、合理性和可行性。

项目评估是项目投资决策中不可缺少的步骤。按照《建设项目经济评价方法与参数》（第三版）的要求，工程项目决策过程中，要健全项目经济评价、评估的工作制度。政府投资项目应由政府有关决策部门委托符合资质要求的咨询中介机构进行评价和评估。承担政府投资项目可行性研究和经济评价的单位不得参加同一项目的评估。

为了科学地做好项目评估工作，应充分利用信息技术，开发和完善评价软件和项目信息数据库，以加强项目评价工作的科学管理，提高工作效率和经济评价的质量。

4.3 工程项目投资决策的可行性研究

综上所述，可行性研究是工程项目投资决策中的重要关键环节。

4.3.1 可行性研究概述

1. 可行性研究的概念

可行性研究又称可行性分析，是运用技术科学、社会学、经济学及系统工程学等多种科学手段对一项拟建工程项目的必要性、可行性、合理性进行技术经济论证的综合科学，是一门新兴的应用学科。可行性研究的基本任务是通过广泛的调查研究，综合论证一个建设项目在技术上是否先进、实用和可靠，在经济上是否合理，在财务上是否盈利，为投资决策提供科学的依据。同时，可行性研究还能为银行贷款、合作者签约、工程设计等提供依据和基础资料，是决策科学化的必要步骤和手段。可行性研究是建设项目经济分析理论在项目前期的应用，它既是对建设项目前景进行科学预见的方法，又是项目设想细化和项目方案创造的过程。可行性研究是一项政策性、技术性、综合性很强的工作，是项目投资决策前期工作中最关键的环节。

2. 可行性研究的发展历史

从古代开始，人们都在自觉或不自觉地对自己将要从事的活动进行着可行与否的探索。但是，这种行为上升为一种系统、科学的方法自觉地为人们所运用，却是从 20 世纪才开始的事情。20 世纪 30 年代，美国在制定田纳西流域开发与综合利用项目时，最早采用了这种方法，取得了很好的经济效果，称之为“投资项目可行性研究”。后来这种方法在世界各国不断地推广与发展，影响十分深远，又被称为技术经济论证、投资前研究、投资研究或费用分析等。

近年来，随着现代科学技术、科学管理和市场商品经济的高度发达及迅猛发展，投资项目规模越来越大、越来越复杂，建设的难度越来越高，使得项目的可行性研究在实践中不断充实、完善并得以发展，逐步形成了一套系统的科学研究方法。一方面，它吸收最新的科技成果，用于大型项目的建设和工艺技术的研究；另一方面，它运用最新的经济科学理论，如经济计量学、数量经济学、技术经济学、市场预测学、经济控制论、信息论、系统论及经济效果理论与方法等，对建设项目投产后经济效益进行科学的计算和预测；同时，它还把现代管理科学，如企业管理学、系统工程学、生产经营学、施工组织学等用于决策和管理，提高了项目的投资效果。目前，可行性研究在世界上许多国家得到了推广和运用，适用范围扩展到基本建设、技术改造、科学实验、经营管理、国防建设、生态平衡、技术经济政策、资源或区域开发等方面，取得了良好的效果。

为了指导发展中国家开展可行性研究，联合国工业发展组织先后编写了《工业可行性研究编制手册》《项目评价准则》《可行性研究的经济分析》，使可行性研究的做法日益规范。

20 世纪 70 年代末 80 年代初，是我国确定采用投资决策理论与方法的关键时期。国务院在 1981 年颁发的《关于加强基本建设计划管理、控制基本建设规模的若干规定》中明确规定，所有新建、扩建大中型项目以及所有利用外资进行基本建设的项目，都要提出可行性研究报告。1982 年开始将可行性研究作为工业投资的一项重要程序。1983 年颁布《建设项目进行可行性研究的试行管理办法》，1991 年又做了修订，该办法对我国基本建设项目可行性研究的编制程序、内容、审批等进行了规定。1993 年，国家计委、建设部联合发布了《建设项目经济评价方法与参数》（第二版），为社会主义市场经济条件下，正确实行可行性研究、科学决策项目投资提供了指导原则。2006 年，在总结第二版实施经验的基础上，经过深入细致的调查研究，形成了《建设项目经济评价方法与参数》（第三版），提出了一套比较完整、切实可行的经济评价方法和参数体系。总之，十一届三中全会以来，我国对可行性研究的运用经历了从陌生到自觉执行的过程，并充实、丰富了其内容，建立了一整套行之有效的规章、程序，从而将可行性研究工作纳入了制度化、法制化轨道。

4.3.2　可行性研究的工作阶段

根据目的、要求和内容的不同，可行性研究可分为以下几个工作阶段：

1. 投资机会研究

该阶段的主要任务是对各种建设项目和投资机会做出鉴定，对投资项目或投资方向提出建议，即在一定的地区和部门内，以自然资源和市场调查预测为基础，寻找最有利的投资机会。也就是说，投资机会研究主要是为项目投资者寻求具有良好发展前景、对经济发展有较大贡献且具有较大成功可能性的投资、发展机会，并形成项目设想。

对于工业项目来说，在投资机会研究过程中，主要通过以下几个方面的研究来寻找投资机会：在加工或制造方面有潜力的自然资源新发现；作为工业原材料的农产品生产格局的状况与趋向；由于人口或购买力增长而具有需求增长潜力的产品及类似新产品的情况；有应用前景的新技术的发展情况；现有经济系统潜在的不平衡，如原材料工业与加工制造业的不平衡；现有各工业行业前向或后向扩展与完善的可能性；现有工业生产能力扩大的可能性、多种经营的可能性和生产技术改造的可能性；进口情况及替代进口的可能性；投资环境，包括宏观经济政策、产业政策等；生产要素的成本和可得性；出口的可能性等。

投资机会研究相当粗略，主要依靠笼统的估计而不是详细的分析。该阶段耗时1~3个月，投资估算的精确度为±30%，研究费用一般占总投资的0.2%～0.8%。该阶段的主要成果是提出项目建议。如果投资机会研究认为可行的，就可以进行下一阶段的工作。

2. 初步可行性研究

初步可行性研究又称预可行性研究，是在机会研究的基础上，进一步对项目建设的可能性与潜在效益进行论证分析，决定是否有必要进行下一步详细的可行性研究分析。

初步可行性研究阶段需要估计产品市场需求量、机器设备、建筑材料和生产所需原材料、燃料和动力的供应情况及其价格变动的趋势；分析工艺技术在实验室或实验工厂试验情况；对几种不同生产规模的建厂方案，估算其投资支出、生产成本、产品售价和可能获得的利润，从而选择合理的经济规模；对决定项目生产能力的主要设备和一些投资费用较大的设备，要进行生产设备的选型。

这一阶段的主要任务包括：分析机会研究的结论，并在详尽资料的基础上做出投资决定；根据项目设想产生的依据，确定是否进行下一步的详细可行性研究；确定哪些关键性问题需要进行辅助性专题研究，如市场需求预测、实验室试验、实验工厂试验等；判断项目设想是否具有生命力，能否获得较大的利润。

初步可行性研究是投资机会研究与详细可行性研究之间的一个中间阶段，它与投资机会研究的区别主要在于所获资料的详细程度不同。这一阶段不是可行性研究的必不可少的阶段，只有在投资机会研究时项目的有关资料不足、获利情况不明显的时候才进行。如果投资机会研究有足够的资料，也可以越过初步可行性研究阶段，直接进行详细可行性研究。

初步可行性研究阶段投资估算精度可达±20%，所需费用占总投资的0.25%~1.5%，时间为4~6个月。此阶段的主要成果是初步可行性研究报告。

3. 详细可行性研究

详细可行性研究即通常所说的可行性研究。经过初步可行性研究的项目，还需要通过详细可行性研究来确定其具体实施方案和计划。详细可行性研究的主要任务是对项目的产品纲要、技术工艺和设备、厂址与厂区规划、投资需求、融资、建设计划，以及项目的经济效果等各方面进行全面、深入、系统的分析和论证。也就是说，在对项目的市场、选址、建设方案等方面深入研究的基础上，深入细致地分析项目在技术上、财务上、经济上的可行性，减少项目的不确定性，对可能出现的风险制定防范措施，提出项目投资的可行性和选择依据标准。详细可行性研究是工程项目投资决策的基础。

本阶段的成果即是作为投资决策依据的可行性研究报告。这一阶段投资估算的精度为±10%，研究时间需要 8~12 个月或者更长；所需费用，小型项目占投资的 1.0%~3.0%，大型复杂的工程占 0.2%~1.0%。

在实际工作中，可行性研究的三个阶段可能不是十分清晰。有些小型和简单项目常把机会研究与初步可行性研究合二为一。在我国，许多项目的前两个阶段与详细可行性研究工作常常是交织在一起进行的。下面介绍的可行性研究主要是指详细可行性研究。

另外，按照国家有关规定，对于大中型和限额以上的项目及重要的小型项目，在可行性研究完成之后，必须经有权审批单位委托有资格的咨询评估单位就项目可行性研究报告进行评估论证，分析该可行性研究的可靠性和真实性，判断项目是否可行，对项目做出最终决策。这就是项目的评估与决策。未经评估的建设项目，任何单位不准审批，更不准组织建设。

4.3.3　可行性研究的步骤

1. 签订协议

可行性研究编制单位与委托单位，就项目可行性研究工作的范围、重点、深度要求、完成时间、经费预算和质量要求交换意见并签订委托协议，根据协议开展可行性研究各阶段的工作。

2. 组建工作小组

根据委托项目可行性研究的范围、内容、技术难度、工作量、时间要求组建项目可行性研究工作小组。大型项目可细分为若干个专业小组。各专业组的工作一般应由项目负责人统筹协调。

工程项目可行性研究工作需要多种专业人才，如房地产估价师、造价工程师、社会学家、环境技术评估专家，市场研究员、经济分析专家、调查分析人员、报告编制人员等。对相关人员的人数、工作内容、费用及时间做出适当安排。

3. 制订工作计划

工作计划的内容包括各项研究工作开展的步骤、方式、进度安排、人员配备、工作条件、工作质量评定标准和费用预算等，并与委托单位交换意见。

4. 市场调查与预测

市场调查的范围包括各地区及国内外市场、有关企事业单位和行业主管部门等，主要收集项目建设、生产运营等各方面所必需的信息资料和数据。市场预测主要是利用市场调查所获得的信息资料，对项目产品的未来市场供应和需求（数量、价格等）情况进行定性与定量分析。

5. 方案设计与优化

在调查研究、收集资料的基础上，针对项目的具体情况，提出备选方案。备选方案应尽量详尽，并各有长短，可以比较。在此基础上运用合适的评价方法，进行方案论证、比选、优化，选出推荐方案。

6. 项目评价

对所选方案进行环境评价、财务评价、国民经济评价及不确定性分析，以判别项目的技术可行性、经济合理性和抗风险能力。工程项目要对其投资费用、经营费用、收益、资金偿还进行估算，做出财务评价。大型项目不仅必须做国民经济评价，还要考虑项目投资、租售价格、规模、建设工期等不确定性因素的变化，做出不确定性分析。

7. 编写可行性研究报告

项目可行性研究各专业方案经过技术经济论证和优化之后，由各专业组分工编写。之后，经项目负责人衔接、协调、综合、汇总，提出可行性研究报告初稿，在与委托单位交换意见、修改完善后，向委托方提交正式可行性研究报告。一般来讲，一份完整的可行性研究报告应包括封面、摘要、目录、正文、附件和附图六个部分。

总之，通过可行性研究，在管理方面，提出如何提高效率来进行项目建设；在经济方面，估算所需投资，研究项目的获利能力、偿还资金能力，提出最佳运用资金的方案；在环境及社会经济方面，从国民经济或社会的需求出发，评价项目的经济效益、社会效益和环境效益。技术上的可行性分析则根据具体项目来定。

4.3.4 可行性研究报告

1. 可行性研究报告的作用

（1）可行性研究报告是项目投资决策的依据

可行性研究对与建设项目有关的各个方面都进行了调查研究和分析，并以大量数据论证了项目的必要性、可实现性及实现后的结果。项目投资者或政府主管部门根据项目可行性研究的评价结果，并结合国家财政经济条件和国民经济长远发展的需要，做出是否应该投资和如何进行投资的决定。

工程项目具有投资量大、涉及面广、建设周期长等特点。因此，在投资前，为了避免和减少投资决策的盲目性，提高工程项目综合效益，应在市场预测和投资环境分析的基础上对拟建项目在技术上是否先进适用、经济上是否合理、财务上是否盈利、建设上是否可能等进行综合论证。通过可行性研究，明确该项目是否该建或建设时应采取的方案，从而为投资决策提供科学的、可靠的依据。国家规定，凡是没有经过可行性研究的建设项目，不能批准设计任务书，不能进行设计，不能列入建设计划。

（2）可行性研究报告是筹措资金及向银行、政府部门申请贷款的依据

通过可行性研究的有关数据，企业可以了解项目所需资金的种类和数量，决定筹措资金的具体方法和数量；银行通过审查项目可行性研究报告，确认了项目的盈利能力、偿债能力和风险状况，才能做出是否贷款及贷款额度的决定。

工程项目所需资金数额巨大，一般通过银行信贷、保险公司投资、企事业单位集资及发行建设债券和股票等途径筹集。当工程项目所需资金来源于多种途径时，应进行可行性分析，确定最佳的资金筹措方式，以减少资金利息和工程项目的总投资。目前工程项目的资金主要来源于银行的信用贷款，申请贷款时，银行必须审查工程项目的可行性研究报告，确认

该项目在规定的时间内具有偿还能力，银行不会承担过大的风险，才会同意贷款并确定贷款额度。同样，其他途径的主要资金来源方在投放资金前，也必须对项目的可行性研究报告进行审查。

(3) 可行性研究报告是同有关部门、企业签订协议或合同的依据

不论申请国外银行贷款，还是与合资、合作方进行技术谈判和商务谈判，抑或与原材料、燃料供应厂进行协议，均以可行性研究报告为依据。

工程项目协作配套关系多、涉及面广、整体性强，工程项目的顺利进行涉及相关方的大量协议或合同，以明确双方的权利和义务，并受到法律的约束和监督。在可行性研究中，必须对工程项目土地征用、拆迁方案、主要材料供应、设备选型、工程项目的总造价等有关问题做论证和估算，从而为同材料供应商、承包商、拆迁方等有关部门签订协议或合同提供了依据。

(4) 可行性研究报告是编制设计文件的依据

在工程项目可行性研究中，根据开发场地的规划要求，对拟建工程项目的占地面积、建设性质和规模、建筑密度、容积率及其他设计条件都提出了明确要求，并对开发场地的工程地质条件和原来使用情况做了调查分析。这些资料为编制设计文件提供了依据。

(5) 可行性研究报告是建设单位申请建设用地及施工许可的依据

可行性研究对拟建项目如何合理利用土地提出了设想和措施，对总图布置、环境及生态保护方案提出了论证。国家土地开发部门和土地管理部门可根据可行性研究报告审查项目用地计划、项目建设是否符合城市规划、项目对环境的影响等，从而决定是否办理土地使用手续。可行性研究报告中的环境保护治理方法可作为环保部门对项目进行环境评价、研究治理措施及签发建设许可文件的依据。

(6) 可行性研究报告是编制项目建设基础资料的依据

在编制项目建设基础资料时，要根据可行性研究所确定的建设规模、建设标准来进行。另外，可行性研究报告本身就是项目工程建设的重要基础资料。

(7) 可行性研究报告是项目科研试验、机构设置、职工培训、生产组织的依据

根据批准的可行性研究报告，进行与建设项目有关的生产组织工作，包括设置相宜的组织机构，进行职工培训，以及合理地组织生产等工作安排。

(8) 可行性研究报告是对项目考核和后评价的依据

工程项目竣工、正式投产后的生产考核，应以可行性研究报告中所制定的生产纲领、技术标准及经济效果指标作为考核标准。项目后评估是在项目建成运营一段时间后，对其实际运营效果是否达到预期目标所进行的分析及评估。建设项目的预期目标是在可行性研究报告中确定的，因此，项目后评估应以可行性研究报告为依据，来评估项目目标的实现程度。

2. 可行性研究报告的编制依据

(1) 国民经济中长期发展规划和产业政策

国家和地方国民经济和社会发展规划是一个时期国民经济发展的纲领性文件，对项目建设具有指导作用。另外，产业发展规划也同样可作为项目建设的依据。例如，国家关于一定

时期内优先发展产业的相关政策，国家为缩小地区差别确立的地区开发战略，以及国家为加强民族团结而确定的地区发展规划等。

（2）项目建议书

项目建议书是工程项目投资决策前的总体设想，主要论证项目的必要性，同时初步分析项目建设的可能性，是进行各项投资准备工作的主要依据。基础性项目和公益性项目只有经国家主管部门核准，并列入建设前期工作计划后，方可开展可行性研究的各项工作。可行性研究确定的项目规模和标准原则上不应突破项目建议书中的相应指标。

（3）委托方的意图

可行性研究的承担单位应充分了解委托方建设项目的背景、意图、设想，认真听取委托方对市场行情、资金来源、协作单位、建设工期及工作范围等情况的说明。

（4）有关的基础资料

进行厂址选择、工程设计、技术经济分析需要可靠的自然、地理、气象、水文、地质、经济、社会等基础资料和数据。对于基础资料不全的，应进行地形勘测、地质勘探、工业试验等补充工作。

（5）有关的技术经济规范、标准、定额等指标

有关的技术经济规范、标准、定额等指标是技术经济分析的重要依据。例如，钢铁联合企业单位生产能力投资指标、饭店单位客房投资指标等。

3. 可行性研究报告的内容

工程项目的重要特点之一是不重复性。因而，每个项目应根据自身的技术经济特点确定可行性研究的工作要点，以及相应可行性研究报告的内容。根据国家发展改革委的有关规定，一般工业项目可行性研究报告可按以下内容编写：

（1）总论

主要内容包括项目基本情况、项目承办单位、可行性研究报告编制依据、项目建设内容与规模、项目总投资及资金来源、经济及社会效益、结论与建议。

（2）项目建设背景及必要性

项目建设背景一般从项目本身和国民经济两个层次进行分析。项目层次的分析是站在投资者的位置，从项目产品和投资效益的角度论证项目兴建理由是否充分、合理；国民经济层次则是从国民经济全局的角度分析项目对宏观经济条件的符合性，如是否符合合理配置和有效利用资源的要求，是否符合区域规划、行业发展规划的要求，是否符合国家技术政策和产业政策的要求等。通过这两个层次的分析，判别项目建设的理由是否充分、合理，以确定项目建设的必要性。

（3）项目承办单位概况

主要内容包括公司介绍、公司项目承办优势，即介绍项目承办单位的基本情况，以及公司承办项目的优势所在。

（4）项目市场分析

主要内容包括市场前景与发展趋势、市场容量分析、市场竞争格局、价格现状及预测、市场主要原材料供应、营销策略。通过市场分析，为确定项目建设规模和产品方案提供

依据。

(5) 项目技术工艺方案

主要内容包括项目产品、规格及生产规模、项目技术工艺及来源、项目主要技术及其来源、项目工艺流程图、项目设备选型、项目无形资产投入。

技术方案选择要体现先进性、适用性、可靠性、安全性和经济合理性的要求。技术方案选择包括生产方法选择和工艺流程方案选择两个方面。技术方案选择的主要内容包括技术的先进程度、技术的可靠程度、技术对产品质量性能的保证程度、技术对原材料的适应性、工艺流程的合理性、自动化控制水平、技术获得的难易程度、对环境的影响程度，以及购买技术或专利的费用等技术经济指标。

设备方案选择是在研究和初步确定技术方案的基础上，对所需主要设备的规格、型号、数量、来源、价格等进行研究比选。要比选各设备方案对建设规模的满足程度，对产品质量和生产工艺要求的保证程度，设备的使用寿命和物料消耗指标，备品备件保证程度，安装试车技术服务，以及所需设备投资等。

(6) 项目的原材料、燃料和动力供应

主要内容包括主要原材料、燃料和动力供应，主要原材料、燃料和动力价格，项目物料平衡，以及年消耗定额。

对项目所需的原材料、辅助材料和燃料的品种、规格、成分、数量、价格、来源及供应方式进行研究论证。主要原材料、燃料和动力供应方案应进行多方案比选，比选的主要内容包括满足生产要求的程度，采购来源的可靠程度，价格和运输费用是否经济合理等。

(7) 场址选择

场址选择是在初步可行性研究（或项目建议书）规划选址已确定的建设地区和地点范围内，进行具体坐落位置选择，习惯上称为工程选址。场址选择应主要研究场址位置、占地面积、地形地貌、气象条件、地震情况、工程地质与水文地质条件、征地拆迁及移民安置条件、交通运输条件、水电供应条件、环境保护条件、法律支持条件、生活设施依托条件、施工条件等内容。场址方案比选要进行工程条件和经济条件两个方面的比较。

(8) 节能措施

主要内容包括设计依据、节能措施、能耗分析。

(9) 节水措施

主要内容包括设计依据、节水措施、水耗分析。

(10) 环境保护

主要内容包括场址环境条件、主要污染物及产生量、环境保护措施、设计依据、环保措施及排放标准、环境保护投资、环境影响评价。

在分析环境影响因素及其影响程度的基础上，按照国家有关环境保护法律法规的要求，研究提出治理方案。治理方案应根据项目的污染源和排放污染物的性质，采取不同的治理措施。在可行性研究中，应在环境治理方案中列出所需的设施、设备和投资。对环境治理的各种方案（包括局部方案和总体方案），要从技术水平、治理效果、管理及监测方式、环境效益等方面进行技术经济比较，做出综合评价，并提出推荐方案。

(11) 劳动安全、卫生与消防

主要内容包括设计依据、安全防范措施、卫生保健措施、消防设施。

在已确定技术方案和工程方案的基础上，分析论证在建设和生产过程中存在的安全、卫生、火灾等对劳动者和财产可能产生的不安全因素，并提出相应的防范措施。

(12) 组织机构与人力资源配置

主要内容包括组织机构设置及其适应性分析、人力资源配置、员工培训。

组织机构设置就是根据拟建项目的特点和生产运营的需要，研究确定相应的组织机构模式；根据拟建项目的规模大小，研究确定项目的管理层次；根据建设和生产运营特点和需要，设置相应的管理职能部门。适应性分析主要是分析项目法人的组建方案是否符合《公司法》和国家有关规定的要求；项目执行机构的层次和运作方式能否满足建设和生产运营管理的要求；项目法人代表及主要经营管理人员的素质能否适应项目建设和生产运营管理的要求，能否承担项目筹资建设、生产运营、偿还债务等责任。

组织机构设置方案确定后，应研究确定各类人员，包括生产人员、管理人员和其他人员的数量和配置方案。员工培训计划则包括培训岗位、人数，以及培训的内容、目标、方法、时间、地点和培训费用等。

(13) 项目实施进度

主要内容包括建设工期、实施进度安排、技术改造项目建设与生产的衔接。

项目建设工期可以参考有关部门或专门机构制订的建设项目工期定额和单位工程工期定额，并结合项目建设内容、工程量大小、建设难易程度和施工条件等具体情况综合研究确定。项目建设工期确定后，应根据工程实施各阶段工作量和所需时间，对时序进行大体安排，并编制项目实施进度表。技术改造项目应考虑建设与生产的衔接。

(14) 投资估算与融资方案

主要内容包括建设投资和流动资金估算、资本金和债务资金筹措、融资方案分析。

投资估算是在对项目的建设规模、技术方案、设备方案、工程方案及项目实施进度等进行研究并基本确定的基础上，估算项目投入总资金，并测算建设期内分年资金需要量，作为制订融资方案，进行经济评价，以及编制初步设计概算的依据。融资方案是在投资估算的基础上，研究拟建项目的资金渠道、融资形式、融资结构、融资成本、融资风险，比选推荐项目的融资方案，并以此研究资金筹措方案和进行财务评价。

(15) 财务评价

主要内容包括财务评价基础数据与参数选取、营业收入与成本费用估算、财务评价报表编制、盈利能力分析、偿债能力分析、财务评价结论。

在国家现行财税制度和市场价格体系下，从项目和投资者的角度，分析和预测项目的财务效益与费用，计算财务评价指标，分析项目的盈利能力、偿债能力和财务生存能力，从而判断项目在财务上的可接受性。

(16) 经济及社会效益分析

主要内容包括影子价格及评价参数选取、效益费用范围与数值调整、经济评价报表、经济评价指标、项目对社会的影响分析、项目与所在地适应性分析、经济评价。

财务现金流量不能全面、真实地反映经济价值的项目，需要进行经济费用效益分析，从资源合理配置的角度，分析项目投资的经济效益和对社会福利所做出的贡献，评价项目的经济合理性。对于效果难以或无法货币化的项目，采用费用效果分析，比较项目的效果与所支付的费用，判断项目的费用有效性或经济合理性。社会评价则是分析拟建项目对当地社会的影响、当地社会对项目的适应性和可接受程度及项目存在的社会风险，从而判断项目的社会可行性。

（17）风险与不确定性分析

主要内容包括项目盈亏平衡分析、敏感性分析、项目主要风险识别、风险程度分析、防范风险对策。

在市场预测、技术方案、工程方案、融资方案、财务评价和社会评价等论证基础上，进行不确定性分析；进一步识别拟建项目在建设和运营中潜在的主要风险因素，揭示风险来源，判别风险程度，提出规避风险对策，为决策提供依据。

（18）研究结论与建议

主要内容包括推荐方案总体描述、推荐方案优缺点描述、主要对比方案、结论与建议。

4. 可行性研究报告的深度要求

1）可行性研究报告应能充分反映项目可行性研究工作的成果，内容齐全、结论明确、数据准确、论据充分，满足决策者确定方案和项目决策的要求。

2）可行性研究报告选用主要设备的规格、参数应能满足预订货的要求；引进技术设备的资料应能满足合同谈判的要求。

3）可行性研究报告中的重大技术、经济方案应有两个以上方案的比选。

4）可行性研究报告中确定的主要工程技术数据应能满足项目初步设计的要求。

5）可行性研究报告中构造的融资方案应能满足银行等金融部门信贷决策的需要。

6）可行性研究报告中应反映可行性研究过程中出现的某些方案的重大分歧及未被采纳的理由，以供委托单位或投资者权衡利弊、进行决策。

7）可行性研究报告应附有评估、决策（审批）所必需的合同、协议、意向书、政府批件等。

总之，可行性研究报告的基本内容可概括为四大部分：市场研究、技术研究、经济评价、环境评价，这四部分构成了可行性研究的四大支柱。第一是市场研究，包括产品的市场调查与预测，这是建设项目成立的重要前提，其主要任务是解决项目建设的“必要性”问题；第二是技术研究，即技术方案和建设条件研究，从资源投入、厂址、技术、设备和生产组织等问题入手，对项目的技术方案和建设条件进行研究，这是可行性研究的技术基础，它要解决建设项目在技术上的“可行性”问题；第三是效益研究，即经济评价，是决定项目投资命运的关键，是项目可行性研究的核心部分，它要解决项目在经济上的“合理性”问题；第四是环境评价，要解决建设项目是否符合国家资源消耗、环境保护、生态文明建设要求的问题。

本章小结

本章主要介绍了工程项目投资决策基本知识，包括工程项目投资决策的概念、必要性、特征及应遵循的原则；工程项目投资决策的程序，包括目标确定、方案创造、综合评价和项目评估的内容和方法；作为投资决策科学化的必要步骤和手段的可行性研究相关知识，即可行性研究的工作阶段、研究步骤，可行性研究报告的作用、编制依据和基本内容等。

复习题

1. 什么是工程项目投资决策？为什么这项活动是非常必要的？
2. 工程项目投资决策应遵循的原则有哪些？
3. 简述工程项目投资决策基本程序。
4. 简述工程项目综合评价的步骤和方法。
5. 项目评估的基本原则是什么？为什么要进行项目评估？
6. 什么是可行性研究？简述可行性研究的基本步骤。
7. 可行性研究报告有什么作用？
8. 试编制一份工程项目可行性研究报告。

第 4 章练习题

扫码进入在线答题小程序，完成答题后可获取答案及其解析

第5章 工程项目的投资结构

本章重难点

重点掌握公司型投资结构的运作方式，以及普通合伙制投资结构与公司型投资结构的区别；难点在于理解合伙制投资结构的类型，以及非公司型投资结构与合伙制投资结构的区别。

5.1 项目投资结构概述

项目的投资结构对项目融资的组织和运行方式有着重要的影响，项目发起人在项目融资之前必须明确采用何种投资结构，尤其是存在多个发起人的情况下，必须选择合理的项目投资结构。对于基础设施建设项目和资源开发项目，由于需要投入巨额资金，项目周期也很长，单一的投资者难以承担项目的风险，因此有必要由多个主体共同投资建设、共同承担风险，形成互补性效益，利用不同投资者的信用等级和所在国的优惠政策吸引项目贷款。此时，各个发起人需要考虑投资结构的影响因素，以确定采用何种投资结构。

选择项目投资结构，就是在项目所在国的法律、法规、会计、税务等客观因素的制约下，寻求一种能够最大限度地实现其投资目标的项目资产所有权结构。确定项目单位的组织结构或项目投资结构是项目前期开发阶段的核心环节。所以，无论以何种形式组建项目单位，都应在项目进行全面可行性研究之前的前期开发阶段尽早确定下来。

5.1.1 项目投资结构的含义

项目的投资结构，即项目的资产所有权结构，主要是指项目发起人对项目资产权益的法律拥有形式和发起人之间的法律合作关系。采用不同的投资结构，投资者对其资产的拥有形式，对项目产品及项目现金流量的控制程度，以及投资者在项目中所承担的债务责任和所涉及的税务结构会有很大差异。

5.1.2 项目投资结构的影响因素

(1) 项目风险的分担和项目债务隔离程度的要求

实现融资的有限追索是采取项目融资方式的一个基本出发点。在项目投资结构设计时，必须考虑如何根据各项目参与方的特点和要求来实现项目风险的合理分配，以及项目的债务追索性质和强度符合项目投资者的要求。通常项目投资者实现的收益率是与其承担的风险紧密相关的，因此，各个投资者往往由于其背景、投资目标和对项目融资具体要求的不同，会对投资结构提出不同的要求。在投资结构设计时必须经过不断的修正和调整，最大限度地满足各投资者的要求。

(2) 补充资本注入灵活性要求

由于融资项目所需资金数额巨大，项目风险种类较多，往往风险较一般项目要大；而且由于通常融资项目的债务股本比例较高，因此当项目遇到经营困难时，往往难以通过其他方式筹集资金，只能通过补充资本的形式来满足资金需求。融资项目要求注入补充资本的可能性大小和数额多少，往往取决于项目的性质、投资等级、经济强度等因素。如果投资项目具有较高的经济强度，则要求注入补充资本的可能性不大；反之，在设计项目投资结构时，就要格外重视这一问题。因此，当可能经常要求注入补充资本时，一般倾向于选择公司型投资结构；而如果项目出现财务困难的概率较小，则可能会偏向选择契约型投资结构。

(3) 对税务优惠利用程度的要求

充分利用合理的项目税务结构来降低项目的投资成本和融资成本是国际投资活动的一个重要特点，因此，税务问题是在设计项目投资结构和融资结构时需要考虑的一个重要问题，同时，税务结构问题也是投资结构设计中需要考虑的最为复杂的问题之一。在许多国家的税法中都规定，不同公司之间的税收在某些特定条件下可以合并，统一纳税。因此，在项目投资结构设计时可以设法用一个公司的税务亏损去冲抵另一个公司的盈利，从而降低其总的应缴税额，提高其总体的综合投资效益。

不同的项目投资结构，往往会影响到投资者能否合理有效地利用融资项目的税务亏损问题。例如，在有限责任公司投资结构中，项目公司是纳税主体，其应纳税收入或亏损以公司为单位计算，较难实现税务冲抵。在契约型投资结构中，项目资产由投资者分别直接拥有，项目的产品也是由投资者直接拥有，销售收入都直接归投资者所有，投资者可以自行决定其纳税收入问题，这就为冲抵税务亏损提供了可能。

(4) 财务处理方法的要求

项目的投资结构不同，其财务处理方法往往也存在差异。这种差异主要体现在两个方面：一是财务资料的公开披露程度；二是财务报表的账务处理方法。按照各国公司法、证券法等相关法律规定，股份公司往往要承担信息公开披露的责任和义务。如果投资者不愿意将项目资料公布于众，则可能会对有限责任股份公司投资结构持谨慎态度。而且，按照各国相关法律规定，采用不同的投资结构，或者虽然投资结构相同，但是采用不同的投资比例，往往会影响到项目的资产负债情况是否反映在投资者自身的财务报表上以及反映的方式，这就会对投资者的资产负债情况带来不同的影响。因此，在设计项目投资结构时，应注意对投资结构做适当的会计处理。

（5）产品分配形式和利润提取的难易程度

项目投资者参与项目的投资、开发、建设，往往是以获取一定的经济目标为目的的。这种经济目标可能是直接的项目产品，也可能是分得的项目利润。由于项目的特点不同和投资者自身的特点不同，对项目产品的分配形式和利润提取方式会有不同要求。在设计投资结构时，往往要考虑以下两个方面：

1）通常不同的投资结构，对利润的提取形式有不同的规定。例如，在有限责任公司投资结构中，由项目公司统一对外销售、统一结算、统一纳税，在弥补项目经常性支出和资本性支出后，在投资者之间进行利润分配。而在契约型投资结构中，项目产品是直接分配给各投资者自己支配的，投资者如果拥有较广泛的销售渠道和市场知名度，就很容易将产品变现，取得收入，赚取利润。因此，从这个意义上说，大型跨国公司参与项目融资时，会偏向于选择契约型投资结构；而中小型公司参与项目融资时，采取公司型投资结构的居多。

2）投资项目的不同性质也对项目投资结构有重要影响。在资源开发项目中，多数投资者愿意直接获得项目产品。因为这些产品可能是其后序工业的原材料，也可能是其特定客户或特定市场所必需的一些关键性资源。这是大多数跨国公司在资源丰富的发展中国家和地区从事投资活动的一个重要原因。而在基础设施项目投资中，多数投资者一般就不会十分重视对项目产品的直接拥有形式，只是为了开拓公司的业务活动领域，增加公司利润。因此，在资源开发项目中，一般以契约型投资结构从事项目的开发和建设；而在基础设施项目中，则以公司投资结构为主要投资形式。

（6）融资的便利性

项目投资结构不同，项目资产的法律拥有形式就不同，投资者融资时所能提供的抵押担保条件也就不同，从而直接影响到项目的融资活动。

在有限责任公司投资结构中，项目公司是全部资产的所有人，它可以较容易地将项目资产作为一个整体抵押给贷款银行来安排融资，并且可以利用一切与项目投资有关的税务好处及投资优惠条件来吸引资金。同时，项目公司又完全控制着项目的现金流量。因此，以项目公司为主体安排融资就比较容易。在考虑融资的便利性时，还要顾及各国对银行留置权的法律规定。如有些国家法律规定，银行要对合伙制结构的抵押资产行使留置权，要比对公司型投资结构更为困难。

（7）资产转让的灵活性

投资者在一个项目中的投资权益能否转让、转让程度及转让成本，是评价一个投资结构有效与否的又一重要因素。其结果对项目融资的安排起着非常重要的作用。

作为项目融资的贷款银行，需要投资者提供抵押的资产或权益是可以较方便地转让的。这样，一旦借款人违约，借款银行就可以通过出售用作抵押的资产或权益以抵消贷款本息，减少贷款的违约风险。反之，如果投资者用作融资抵押的资产或权益无法转让或转让困难，项目的融资风险就相应增加，贷款银行在安排融资时就会要求增加融资成本，增加信用保证，以减少贷款风险，这样，对投资者来说就是增加了财务负担，相应会降低投资收益。

（8）项目管理的决策方式与程序

项目管理的决策方式与程序的关键是在充分保护少数投资者权益的基础上，建立一个有效的决策机制。决策方式与程序问题需要确立不同投资者在投资结构的不同层次中拥有的管理权和决策权，以及这些权利的性质和实际参与管理的形式及程度。无论采取何种投资结构，投资各方都需要按照各种决策问题的重要性序列，通过合资协议将决策程序准确地规定下来。一般的原则是，最重要的问题需要全部投资者的同意才能决策，次重要的问题要求绝大多数（如2/3以上或3/4以上）投资者同意才能决策，一般性的问题只要求简单多数的同意。

国际上较为普遍采用的投资结构有四种基本的法律形式：公司型投资结构、合伙制或有限合伙制投资结构、非公司型投资结构和信托基金结构。

5.2 公司型投资结构

公司型投资结构的基础是有限责任公司。公司型投资结构是目前世界上最简单有效的一种投资结构，其历史悠久、使用广泛。

公司是与其投资者（公司股东）完全分离的独立法律实体，即公司法人。公司的权利和义务是由国家有关法律（如公司法）及公司章程所赋予的。作为一个独立的法人，公司拥有一切公司资产和处置资产的权利。对于公司资产，公司股东既没有直接的法律权益，也没有直接的受益人权益。公司承担一切有关的债权债务，在法律上具有起诉权，也有被起诉的可能。并且，除了在公司被解散的情况外，公司对这些资产和权益享有永久性继承权，而不受到其股东变化的影响。投资者通过持股拥有公司，并通过选举任命董事会成员对公司的日常运作进行管理。

5.2.1 公司型投资结构的运作方式

由于股份有限公司发起人的人数有最低限制（不得少于5人），出资必须是货币，而项目融资中发起人的人数一般不到5人，投资者还倾向于以技术、厂房、土地、原材料等入股，所以项目融资中的公司型投资结构一般采用有限责任公司的形式。

由于公司型投资结构相对简单明了，国际上大多数的制造业和加工业项目采用的都是公司型投资结构，并且在20世纪60年代以前有很高比例的资源开发项目也采用的是公司型投资结构。公司型投资结构如图5-1所示。

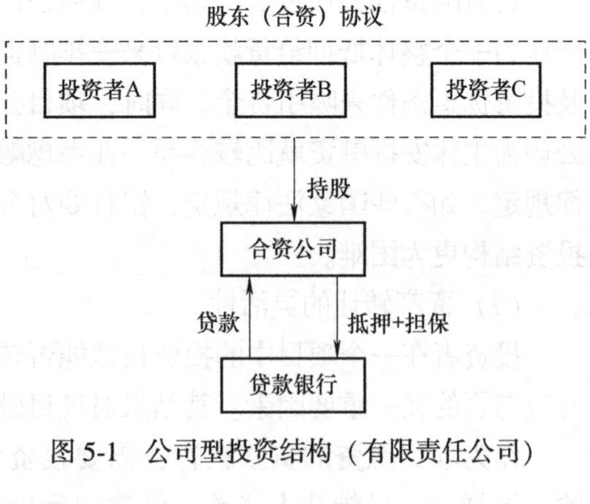

图5-1 公司型投资结构（有限责任公司）

5.2.2 公司型投资结构的优点

（1）公司股东承担有限责任

在公司型投资结构中，投资者的责任是有限的，其最大责任被限制在已支付的股本资金及已认购但尚未支付的股本资金之内。风险的隔离可以说是选用公司型投资结构的一个最重要的考虑。在公司型投资结构中，项目公司对偿还贷款承担直接责任，从而实现了对项目投资者的有限债务追索。

（2）融资安排比较容易

公司型投资结构对于安排融资有两方面的优点：其一，公司型投资结构便于贷款银行取得项目资产的抵押权和担保权，也便于贷款银行对项目现金流量的控制，一旦项目出现债务违约，银行可以比较容易地行使自己的权力；其二，公司型投资结构易于被资本市场所接受，条件许可时可以直接进入资本市场，通过股票上市或发行债券等多种方法筹集资金。

（3）投资转让比较容易

公司股票代表着投资者在一个公司中的投资权益。相对项目资产的买卖而言，股票的转让程序比较简单和标准化。另外，通过发行新股，公司型投资结构也可以较容易地引入新的投资者。

（4）股东之间关系清楚

公司法中对股东之间的关系有明确的规定。其中最重要的一点是股东之间不存在任何的信托、担保和连带责任。

（5）可以安排非公司负债型融资结构

根据一些国家的公司法规定，如果投资者在项目公司中拥有的股份不超过 50%，则该项目公司的资产负债情况不需要反映在项目投资者的资产负债表中。这就实现了非公司负债型融资。

5.2.3　公司型投资结构的缺点

（1）投资者对项目的现金流量缺乏直接控制

在投资公司中，没有任何一个投资者可以对项目的现金流量实行直接控制。这对于希望利用项目的现金流量自行安排融资的投资者来说是一个很不利的因素。

（2）项目税务结构的灵活性差

不能利用项目公司的亏损去冲抵投资者其他项目的利润。由于项目公司不是任何一个投资者的控股公司或子公司，则项目开发前期的税务亏损或优惠就无法转移给投资者，而只能保留在项目公司中，并在一定年限内使用，这就造成了如果项目公司在几年内不盈利，税务亏损就会有完全损失的可能性，也就降低了项目的综合投资效益。

这种投资结构还存在着“双重纳税”的现象，即项目公司如有盈利时要缴纳公司所得税，项目投资者取得的股东红利也要缴纳公司所得税或个人所得税。这样无形中就降低了项目的综合投资回报率。

5.2.4　公司型投资结构的变通

为了克服公司型投资结构的缺点，国外许多公司在法律许可的范围内尽量对其基本结构加以改造，创造出种种复杂的结构，争取尽快、尽早利用项目的税务亏损（或优惠），提高投资的综合经济效益。其中一种具有代表性的做法是在投资公司中做出某种安排，使得其中一个或几个投资者可以吸收使用项目投资前期的税务亏损（或优惠），同时将所获得的部分利益以某种形式与其他投资者分享。下面通过一个实例说明这种对公司型投资结构的变通。

1989年年初，有四家公司（F、C、T、B）在新西兰联合组成了一个投资财团，投标收购濒于倒闭的新西兰钢铁联合企业。组成投资财团的四家公司的情况如下：

1）F公司是当地最大的工业集团之一，具有雄厚的资金实力且拥有钢铁工业方面的生产管理经验和技术。但是，由于该公司过去几年发展过快，资产负债表中的负债比例较高，不希望新收购的钢铁联合企业再并入公司的资产负债表，所以要求持股比例不超过50%。

2）C公司是当地一家有较高盈利水平的有色金属公司。

3）T公司和B公司是两家外国投资公司。

新西兰钢铁联合企业由于管理不善成本超支，连年亏损，终于倒闭，并留下了超过5亿新西兰元的税务亏损。投资财团希望利用这些税务亏损节约投资成本，但是只有C公司一家可以吸收这些亏损。因此，几家公司在律师和会计师的协助下设计出如图5-2所示的合资公司结构。具体操作过程如下：

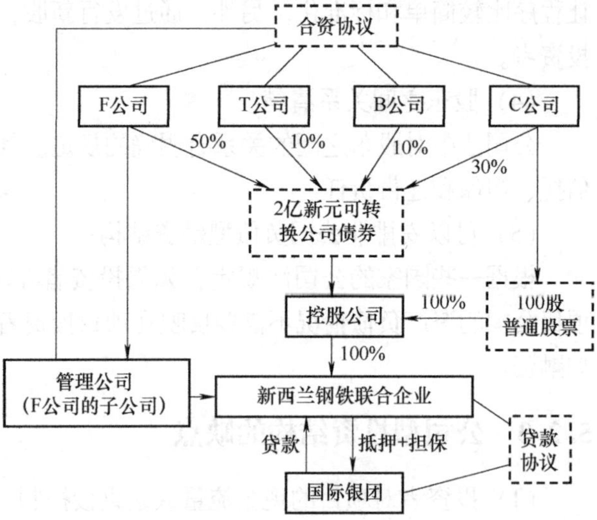

图5-2　新西兰钢铁联合企业的合资公司结构

1）根据合资协议，C公司认购控股公司的100股股票（1元1股），成为控股公司以至于钢铁联合企业法律上百分之百的拥有者。这样控股公司及钢铁联合企业的资产负债和经营损益可以并入C公司的财务报表，同时，控股公司和钢铁联合企业的税收也可以与C公司的税收合并，统一纳税。

2）四方投资者通过认购控股公司的可转换债券（在合资协议中规定可转换债券持有人的权益及转换条件）作为此项投资的实际股本资金来源；由于可转换债券定期支付利息，又为投资者安排股本资金融资提供了一定的可能性。

3）投资者根据合资协议组成董事会负责公司的重要决策，并任命F公司的下属公司担任项目经理负责公司的日常生产经营。

4）由于C公司通过此项投资可以获得5亿新西兰元的税务亏损的好处，所以多出资5000万新西兰元。由于巧妙地利用了被收购企业的税务亏损，除C公司外的其他投资者都可以实现一定程度的投资资金节约，而C公司通过将钢铁联合企业的税务亏损合并冲抵其他方面业务的利润，也可以预期获得1.65亿新西兰元的税款节约（当地公司所得税税率为33%）。

5.3　合伙制投资结构

合伙制投资结构是指至少两个以上合伙人之间以获取利润为目的，共同从事某项投资活动而建立起来的一种法律关系。合伙制投资结构不是一个独立的法律实体，其合伙人可以是自然人也可以是公司法人。合伙制投资结构是通过合伙人之间的法律合约建立起来的，没有法定的形式，一般也不需要在政府注册，这一点与成立一个公司有本质的不同。然而，多数国家都有完善的法律来规范合伙制投资结构的组成及其行为。合伙制投资结构包括普通合伙制和有限合伙制两种。

5.3.1　普通合伙制投资结构

1. 普通合伙制投资结构的基本概念

普通合伙制是指所有的合伙人对合伙制的经营、合伙制结构的债务以及其他经济责任和民事责任负有连带的无限责任的一种合伙制。普通合伙制结构中的合伙人称为普通合伙人。在大多数国家中，普通合伙制结构一般被用来组成一些专业化的工作组合，如会计师事务所、律师事务所等，以及被用来作为一些小型项目开发的投资结构，很少在大型项目和项目融资中使用。普通合伙制投资结构如图 5-3 所示。

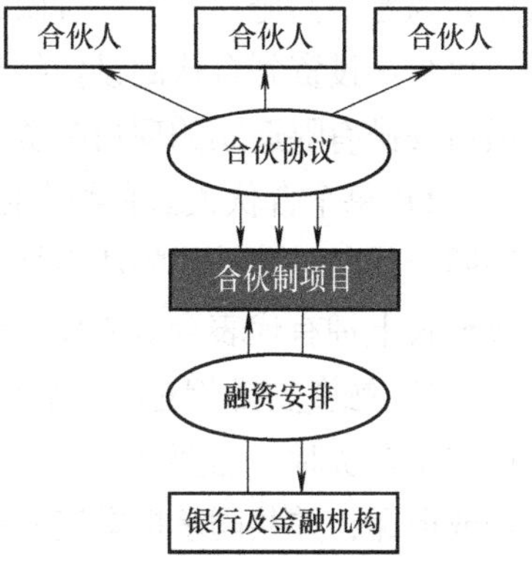

图 5-3　普通合伙制投资结构

2. 普通合伙制投资结构与公司型投资结构的区别

1）公司型投资结构的资产是由公司而不是其股东所拥有，而合伙制的资产则是由合伙人所拥有。

2）公司型投资结构的债权人不是其股东的债权人；而合伙人将对普通合伙制的债务责任承担个人责任。

3）公司型投资结构的一个股东极少能够请求去执行公司的权利；而每个合伙人均可以要求以所有合伙人的名义去执行合伙制权利。

4）公司型投资结构的股东可以同时是公司的债权人，并且根据债权的信用保证安排（如资产抵押等）可以取得较其他债权人优先的地位；而合伙人给予合伙制的贷款在合伙制解散时，只能在所有外部债权人收回债务之后回收。

5）公司型投资结构的股份转让，除有专门规定之外，可以不需要得到其他股东的同意；而合伙制投资结构的法律权益转让必须得到其他合伙人的同意。

6）公司型投资结构的管理一般是公司董事会的责任；而在普通合伙制投资结构中，每个合伙人都有权参与合伙制的经营管理。

7）公司型投资结构可以为融资安排提供浮动担保；而在多数国家中，合伙制投资结构不能提供此类担保。

8）对公司型投资结构的股东数目一般限制较少；而合伙制投资结构中对合伙人数目一般有所限制。

9）公司型投资结构的税务结构灵活性较差；而合伙制投资结构由于不是一个纳税主体，其在一个财政年度内的净收入或亏损将全部按投资比例直接转移给普通合伙人，普通合伙人单独申报自己在合伙制投资结构中的收入、扣减和税务责任，并且从合伙制投资结构中获取的收益（或亏损）允许与合伙人其他来源的收入进行税务合并，从而有利于合伙人较灵活地做出税务安排。

3. 普通合伙制投资结构的缺点

1）合伙人承担无限责任。由于合伙人在合伙制投资结构中承担无限责任，因而一旦项目出现问题，或者如果某些合伙人由于种种原因无力承担其应负的责任，其他合伙人就面临着所需要承担的责任超出其在合伙制投资结构中所占投资比例的风险。这一问题严重限制了普通合伙制在项目开发和融资中的使用。

为了克服这一缺陷，国外有些公司在使用普通合伙制作为投资结构时加入了一些减少合伙人风险的措施，其中一种做法是投资者并不直接进入合伙制投资结构，而是专门成立一个项目公司投资到合伙制投资结构中，如图 5-3 所示；另一种做法是为采用合伙制投资结构的项目安排有限追索的项目融资。

2）每个合伙人都有约束合伙制的能力。普通合伙制投资结构的另一个潜在的问题是，按照合伙制投资结构的法律规定，每个合伙人都被认为是合伙制的代理，因而至少在表面上或形式上拥有代表合伙制投资结构签订任何法律协议的权利。

3）融资安排相对比较复杂。由于合伙制投资结构在法律上并不拥有项目的资产，因此在安排融资时，需要每一个合伙人同意将项目中属于自己的那一部分资产权益拿出来作为抵押或担保，并共同承担融资安排中的责任和风险。合伙制投资结构安排融资的另一个潜在问题是，如果贷款银行由于执行抵押或担保权利进而控制了合伙制投资结构的财务活动，有可能导致在法律上贷款银行也被视为一个普通合伙人，从而被要求承担合伙制投资结构的所有经济和法律责任。

5.3.2 有限合伙制投资结构

有限合伙制是指在有一个以上的合伙人承担无限责任的基础上，允许更多的投资人承担有限责任的经营组织形式。有限合伙制主要适用于风险投资。人们知道，进行投资活动，尤其是风险投资，需要满足两个条件：一是要有资金；二是要有投资管理人才，能“慧眼识英雄”，辨别有盈利潜力的项目。但是，在现实中，能够管好投资的人不一定有钱，而有钱的人不一定会投资。在这种情况下，采用有限合伙制投资结构，就能将这两部分结合起来：由具有良好投资意识的专业管理机构或个人作为普通合伙人，承担无限连带责任，负责企业的经营管理；作为资金投入者的有限合伙人享受合伙收益，对企业债务只承担有限责任。

1. 有限合伙制投资结构的基本概念

有限合伙制是在普通合伙制基础上发展起来的一种合伙制投资结构。有限合伙制投资结构需要包括至少一个普通合伙人和至少一个有限合伙人。在有限合伙制投资结构中，普通合伙人负责合伙制项目的组织、经营、管理工作，并承担对合伙制投资结构债务的无限责任；而有限合伙人不参与也不能够参与项目的日常经营管理，对合伙制投资结构的债务责任也被限制在有限合伙人已投入和承诺投入合伙制项目中的资本数量。

在使用有限合伙制投资结构的项目中，普通合伙人一般是在该项目领域具有技术管理特长并且准备利用这些特长从事项目开发的公司。由于资金、风险、投资成本等多种因素的需求，普通合伙人愿意组织一个有限合伙制投资结构吸引对项目的税务、现金流量和承担风险程度有不同要求的较广泛的投资者参加到项目中共同分担项目的投资风险和分享项目的投资利润。有限合伙制的投资结构如图 5-4 所示。

有限合伙制投资结构是通过有限合伙协议组织起来的，在协议中对合伙各方的资本投入、项目管理、风险分担、利润及亏损的分配比例和原则均需要有具体的规定。

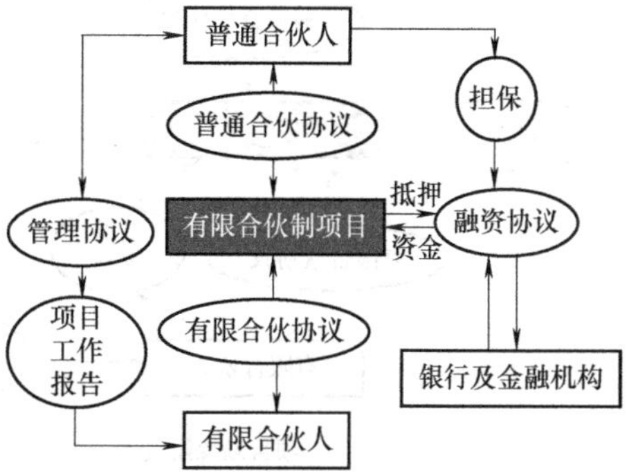

图 5-4　有限合伙制的投资结构

2. 有限合伙制投资结构的优点

有限合伙制具备普通合伙制在税务安排上的优点，一定程度上又避免了普通合伙制的责任连带问题，是项目融资中经常使用的一种投资结构。

1）手续简便。大多数国家目前还没有专门针对成立有限合伙制形式的法律法规，因此，其所受限制较少。

2）每个普通合伙人有权直接参加企业的管理，有利于发挥各合伙人的业务专长和管理能力，做到资源充分利用。

3）在一定程度上避免了普通合伙制的责任连带问题。由于在有限合伙制投资结构中出现了一种有限合伙人，而有限合伙人的责任仅以其投入和承诺投入的资本额为限来对合伙制投资结构承担债务责任。同时，因为它仍然不是一个法律实体组织，所以，对于有雄厚资金实力的投资公司和金融机构来说，既可以承担有限的债务责任，又可以充分利用合伙制在税务扣减方面的优点。这是在项目融资中采用有限合伙制投资结构的主要原因。

4）税务安排比较灵活。由于有限合伙制投资结构本身不是一个纳税主体，其在一个财政年度内的净收益或亏损可以全部按投资比例直接转移给合伙人，合伙人单独申报自己在合伙制投资结构中的收益并与其他收益合并后确定最终的纳税义务。

3. 有限合伙制投资结构在项目融资中的应用

1）资本密集、回收期长，但是风险较低的公用设施和基础设施项目，如电站、公路等，在这类项目中，有限合伙人可以充分利用项目前期的税务亏损和投资优惠冲抵其他的收入，提前回收一部分投资资金。

2）投资风险大、税务优惠大，同时又具有良好勘探前景的资源类地质勘探项目，如石油、天然气和一些矿产资源的开发。许多国家对资源类项目的前期勘探费用支出给予优惠的税收政策，对于这类项目，通常是由项目的主要发起人作为普通合伙人，邀请其他投资者作为有限合伙人为项目提供前期勘探的高风险资金，而普通合伙人则承担全部或大部分的项目建设开发的投资费用，以及项目前期勘探、建设和生产阶段的管理工作，如图 5-5 和图 5-6所示。

3）有限合伙制本身所具有的独特价值，确实在一定程度上弥补了公司制的不足，满足了风险投资家的创业思想。在有限合伙制中，既有人合因素，又有资合因素。它承载了无限责任和有限责任两种形式，既能扩大融资渠道，又能积极防范道德风险的出现，可以有效地解决公司制风险投资的弊端，从而在高风险、高回报的风险投资业中发挥了积极作用，有望成为风险投资的最佳组织模式。

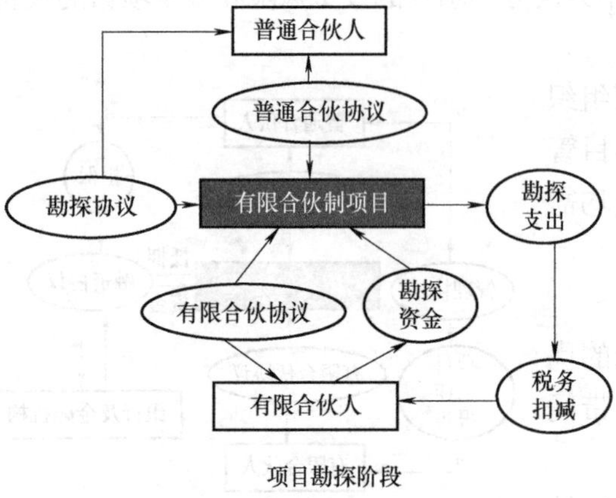

图 5-5　有限合伙制投资结构在资源类项目中的应用（一）

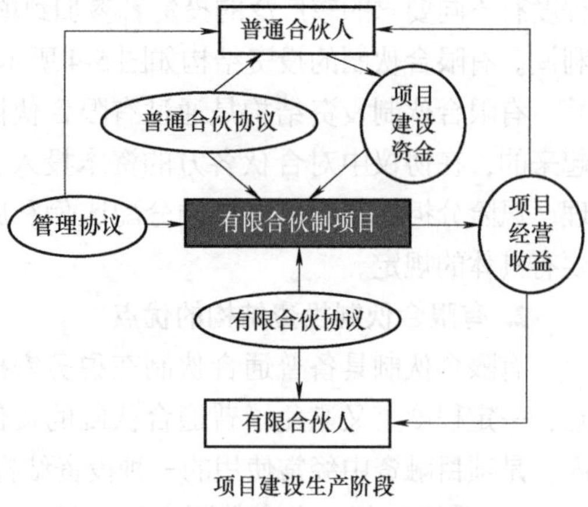

图 5-6　有限合伙制投资结构在资源类项目中的应用（二）

总体来说，合伙制投资结构在法律上比公司型投资结构复杂，有关法律在不同国家之间也相差较大。在使用有限合伙制作为项目投资结构时，尤其要注意项目所在国家对有限合伙制投资结构的税务规定和对有限合伙人的定义，防止由于结构设计考虑不周而可能出现的两种极端情况：①如果结构安排不好，有限合伙制有可能被作为公司制投资结构处理，而失去了采用合伙制投资结构的意义；②如果对“参与管理”的概念界定不清楚，有限合伙人可能由于被认为“参与管理”而变成为普通合伙人，从而增加了有限合伙人在项目中的风险。

5.4　非公司型投资结构

非公司型投资结构在项目融资中的应用领域主要集中在采矿、能源开发、初级矿产加工、石油化工、钢铁及有色金属等。这种投资结构从严格的法律概念来说不是一种法律实体，只是投资者之间建立的一种契约性质的合作关系。选择这种投资结构的原因可能是在这些领域中仅由一个投资者来开发并融资能力有限，所以联合其他投资者共同融资、共同解决技术和管理问题，并共同承担风险，但又不失去对投资项目的控制；或者投资者具有进行项目开发所需要的所有条件，如技术、经验及融资能力，但缺少当地政府授予的经营合同，此时它就可能与当地的经营者联合起来共同投资。

5.4.1　非公司型投资结构的运作方式及特征

1. 非公司型投资结构的运作方式

非公司型投资结构又称契约型投资结构，是项目发起人为实现共同目的，根据合作经营协议结合在一起的一种投资结构。它是一种被广泛接受并且大量使用的投资结构。

非公司型投资结构在与合作企业的合同中约定投资或者合作条件、收益，或者产品的分配、风险，亏损的分担，经营管理的方式，以及终止合作时财产的归属等事项。简单的非公司型投资结构如图 5-7 所示。

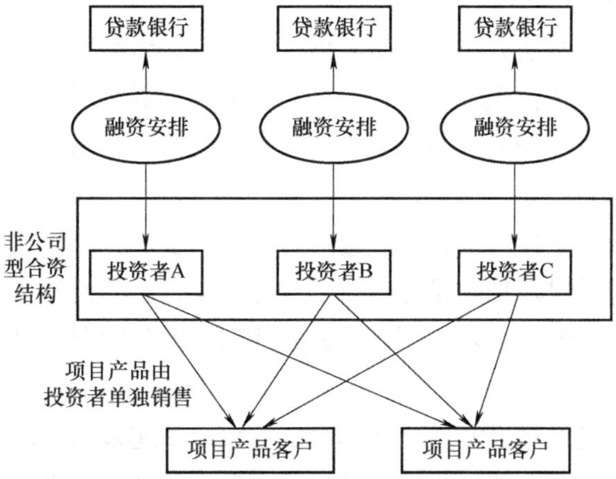

图 5-7　简单的非公司型投资结构

2. 非公司型投资结构的主要特征

1）非公司型投资结构是通过每一个投资者之间的合资协议建立起来的。

2）在非公司型投资结构中，每一个投资者直接拥有全部项目资产的一个不可分割的部分。

3）根据项目的投资计划，每一个投资者需要投入相应比例的资金，这些资金的用途包括项目的前期开发费用、项目的固定资产投入、流动资金、共同生产成本和管理费用等；同时，每一个投资者直接拥有并有权独自处置其投资比例的项目的最终产品。

4）投资者只承担与其投资比例相应的责任，投资者之间没有任何的连带责任或共同责任。

5）由投资者代表组成的项目管理委员会是非公司型投资结构的最高决策机构，负责一切有关问题的重大决策。项目的日常管理由项目管理委员会指定的项目经理负责。项目经理可以由其中一个投资者担任，也可以由一个独立的项目管理公司担任。有关项目管理委员会的组成、决策方式及程序，以及项目经理的任命、责任、权利和义务，需要通过合资协议或者单独的管理协议加以明确规定。

6）投资者同意它们之间在非公司型投资结构中的关系是一种合作性质的关系，而不是一种合伙性质的关系。

7）项目经营所需的资金由一种被称为“资金支付系统”的机制来提供。这种资金支付系统是由各投资者分别出资开立的一个共同账户，然后考虑各投资者承担的债务比例和下月项目费用支出预算，来估算每个月各投资者应出资的数额。如果某个投资者违约，则其他投资者将不得不代其履行支付义务，然后再要求违约者偿还。

5.4.2　非公司型投资结构的优点

（1）投资者在投资结构中承担有限责任

每个投资者在项目中所承担的责任将在合资协议中明确规定。除了特殊情况外，这些责任将被限制在投资者相应的投资比例之内，投资者之间没有任何的连带责任或共同责任。

（2）税务安排灵活

由于投资结构不是一个法人实体，所以项目本身不必缴纳所得税，其经营业绩可以完全合并到各投资者本身的财务报表中去。投资者在项目中的投资活动和经营活动都将全部地、直接地反映在投资者自身公司的财务报表中，其税务安排也将由每一个投资者独立完成。

（3）融资安排较灵活

项目投资者在非公司型投资结构中直接拥有项目的资产，直接掌握项目的产品，直接控制项目的现金流量，并且可以独立设计项目的税务结构。它为投资者提供了一个相对独立的融资活动空间，每一个投资者可以按照自身发展战略和财务状况安排项目融资。

（4）投资结构设计灵活

非公司型投资结构是通过投资者之间的合资协议建立起来的，每一个投资者直接拥有全部项目资产的一个不可分割的部分，直接拥有并有权独自处理与投资比例相符的项目最终产品。投资者只承担与其投资比例相符的相应的责任，投资者之间没有任何连带责任或共同责任。

5.4.3 非公司型投资结构的缺点

（1）结构设计存在一定的不确定性因素

在结构设计上要注意，防止其投资结构被认为是合伙制投资结构而不是非公司型投资结构。有的国家就曾有将非公司型投资结构作为合伙制投资结构处理的法院判决案例。

（2）投资转让程序比较复杂

在非公司型投资结构中，投资转让是投资者在项目中直接拥有的资产和合约权益的转让。与股份转让或其他资产形式转让（如信托基金中的信托单位）相比，其程序比较复杂，与此相关联的交易成本也较高，对直接拥有资产的精确定义也相对比较复杂。

（3）管理程序比较复杂

由于缺乏现成的法律规范约束非公司型投资结构的行为，参加该种结构的投资者的权益基本上依赖于合资协议加以保护，因而必须在合资协议中对所有的决策和管理程序按照问题的重要性清楚地加以规定。对于投资比例较小的投资者，特别要注意保护其在投资结构中的权利，要保证这些投资者在重大问题上的发言权和决策权。

5.4.4 非公司型投资结构与合伙制投资结构的区别

（1）非公司型投资结构不是以“获取利润”为目的而建立起来的

非公司型投资结构的合资协议规定，每一个投资者将从合资项目中获得相应份额的产品，而不是相应份额的利润。

（2）在非公司型投资结构中，投资者们并不是“共同从事”一项商业活动

非公司型投资结构的合资协议中规定，每一个投资者都有权独立做出其相应投资比例的项目投资、原材料供应、产品处置等重大商业决策。从税务角度来看，一个合资项目是合作生产“产品”还是合作生产“收入”，是区分非公司型投资结构与其他投资结构的基本出发点。

从以上两点可以看出，非公司型投资结构更适合作为产品“可分割”的项目的投资结构。

5.5　信托基金结构

信托基金作为一种投资形式，在英国、美国、法国等国应用较为普遍，而在我国应用较少。在房地产项目和其他不动产项目的投资、资源性项目的开发以及项目融资安排中比较经常使用的一种信托基金形式称为单位信托基金，又称为契约型开放式基金，在本书中将其简称为信托基金结构。严格地讲，信托基金结构是一种投资基金的管理结构，在投资方式中属于间接投资形式。

5.5.1　信托基金结构的构成要素

1）信托契约。信托契约与公司的股东协议相似，是规定和规范信托单位持有人、信托基金受托管理人和基金经理之间法律关系的基本协议。

2）信托单位持有人。信托单位持有人类似于公司股东，是信托基金资产和其经营活动的所有者。理论上，信托单位持有人不参加信托基金及信托基金所投资项目的管理。

3）信托基金受托管理人。信托基金的受托管理人代表信托单位持有人持有信托基金结构的一切资产和权益，代表信托基金签署任何法律合同。受托管理人由信托单位持有人根据信托契约任命并对其负责，主要作用是保护信托单位持有人在信托基金中的资产和权益不受损害，并负责控制和管理信托单位的发行和注册，以及监督信托基金经理的工作。除非信托基金经理的工作与信托单位持有人的利益发生冲突，受托管理人一般不介入日常的基金管理。在采用英美法律体系的国家，信托基金的受托管理人一般由银行或者职业的受托管理公司担任。

4）信托基金经理。信托基金经理由受托管理人任命，负责信托基金及其投资项目的日常经营管理。一些国家规定，受托管理人和信托基金经理必须由两个完全独立的机构担任。

5.5.2　信托基金结构的优缺点

信托基金结构在项目开发的融资中的应用，主要是作为一种被动的投资形式（即不作为项目的主要管理者），或者是为实现投资者特殊融资要求而采用的一种措施。这种结构的一个显著特点是易于解散，在不需要时可以很容易地将信托基金中的一切资产资金返还给信托单位持有人。如果投资者在开发或收购一个项目时，不愿意新项目的融资安排反映在公司的财务报表中，而且希望新项目的投资结构只是作为一种临时性的安排，则信托基金结构是一种能够达到双重目的的投资结构选择。同时，信托基金结构是将大型复杂收购活动及融资安排与原有公司业务区分开的一种有效方法。

1. 信托基金结构的优点

1）有限责任。信托单位持有人在信托基金结构中的责任由信托契约确定。一般来说，信托单位持有人的责任是有限的，仅限于在信托基金中已投入和承诺投入的资金。然而，受托管理人需要承担信托基金结构的全部债务责任，并有权要求以信托基金的资产作为补偿。

2）融资安排比较容易。信托基金结构可为贷款银行提供一个完整的项目资产的权益来安排融资。并且，信托基金结构易于被资本市场接受，需要时可以通过信托单位上市等手段筹集资金。

3）项目现金流量的控制相对比较容易。按照各国有关信托基金的法律规定，信托基金中的项目净现金流量在扣除生产准备金和还债准备金后，都必须分配给信托单位持有人。从投资者的角度来看，采用信托基金结构将比公司制投资结构能够更好地掌握项目的现金流量。

2. 信托基金结构的缺点

1）税务结构灵活性差。在应用信托基金作为投资结构的国家中，历史上大量使用这种投资结构的一个重要原因是其税务安排的灵活性。然而，近些年来，这种灵活性已经在很多国家中逐渐消失了。虽然信托基金结构仍然是以信托单位持有人作为纳税主体，但是信托基金的经营亏损在很多情况下却被局限在基金内部结转用以冲抵未来年份的盈利。

2）投资结构比较复杂。信托基金结构中除投资者（即信托单位持有人）和管理公司之外，还设有受托管理人，需要有专门的法律协议来规定各个方面在决策中的作用和对项目的控制方法，因此其投资结构相对较复杂。

5.5.3 信托基金结构应用实例

第一国民资源信托基金是一个典型的信托基金投资结构，如图 5-8 所示。在第一国民资源信托基金结构中，作为基金经理的第一国民管理公司隶属于澳大利亚国民银行（澳大利亚四大商业银行之一），是该银行的投资银行分支，主要从事项目投资咨询、基金管理、项目融资等业务。当 1985 年美国铝业澳大利亚公司为波特兰铝厂寻找投资者时，第一国民管理公司认为这是一个很好的投资机会，从而发起组建了第一国民资源信托基金，在证券市场上公开上市集资，投资收购波特兰铝厂 10%的资产。第一国民管理公司在信托基金中没有任何投资，只是被基金的受托管理人任命为基金经理，负责信托基金的管理，并以项目投资者经理人的身份参与波特兰铝厂项目的管理，负责项目的产品销售、财务安排和其他的经营活动。通过这一投资结构，澳大利亚国民银行以公众集资参与了铝工业的生产和市场开发，

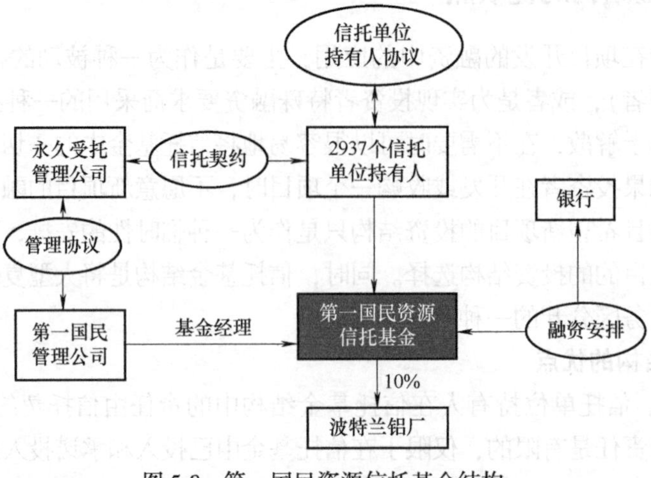

图 5-8 第一国民资源信托基金结构

并从信托基金中获得了管理费收入。

5.6　合资协议中的主要条款

合资协议是项目投资结构的根本性文件。在公司型投资结构中，这种文件通常称为股东协议，但是有些内容也可能被纳入公司章程；对于信托基金结构，这种文件的形式比较复杂，一般由信托契约、管理协议和信托基金单位持有人协议组成；在合伙制结构中，这种文件称为合伙人协议；而在非公司型投资结构中，这种文件称为合资协议。除了合资协议外，根据项目的性质和融资安排，投资者之间可能还需要有其他一系列文件作为投资结构的法律基础，包括项目管理协议、原材料能源供应协议、市场安排协议、技术转让协议、主要管理人员的聘用协议、项目建设合同、融资文件等。

无论采用何种投资结构，有一些带有共性的关键性问题是所有合资项目都要面对的，并且需要针对项目的法律结构、投资者的性质和战略目标、项目的生产管理和市场安排、项目的融资方式等一系列问题，通过投资者之间的谈判协商加以解决。

1. 合资项目的经营范围

在合资协议中，应明确定义和说明投资项目的经营范围，包括明确投资者之间的法律经济关系，明确每一个投资者在合资项目中的责任和权益，而且要说明合资项目经营范围的任何延伸或收购任何新的项目都必须得到投资者 100%的同意，并且规定任何投资者在项目以外均不得从事与合资项目相竞争的商业活动。

2. 初始资本的注入形式

初始资本注入可以有多种多样的形式。初始资本的注入形式也就是各投资者如何在项目投资中承担为项目提供一定财务支持的责任。在有些情况下，初始资本以资本金形式注入；在另一些情况下，是以某一实物作为股本资金投入的，尤其是在项目中存在股东时，这种情况比较普遍。因此，初始资本的注入形式必须在合资协议中有明确的规定。

除以现金形式注入股本外，其他形式注入的股本其评估价值必须得到其他股东的认可，因为股本注入者将会依据其股本价值取得相应的投资回报。而股本价值的评估是比较困难的，因此有必要在合资协议中确定下来，以防投资者之间发生纠纷。

3. 不确定性的资本补充

在项目融资中，当银行对债务股本比率规定了一个严格的标准时，对额外资本的补充就显得非常重要，以维持规定的债务股本比例。在项目融资出现的早期，银行在决定贷款以前，往往会要求所有投资者都足额地提供股本资金。而现在，银行一般只要求在保持原来债务股本比率的基础上，可分阶段进行股本投入，甚至可以在项目开发阶段结束时再注入股本资金。这种做法有利于相应提高项目投资的回报率。

如果在项目开始之后才注入股本资金，则需要任何一个股东相信其他股东的资信，这就要在合资协议中明确说明。如果对其中任意股东的资信存在不确定性，则必须提供一定形式的信用强化手段。最典型的形式就是由股东的银行出具银行保函或备用信用证。

4. 投资者在合资项目中的权益

合资协议中需要规定每个投资者在项目中的投资及其在全部投资中所占的比例。对于非公司型投资结构，合资协议需要说明投资者在项目中所拥有的资产是全部资产的一个不可分割的部分，投资者同意将项目资产交给投资结构使用，但是保留独立的法律所有权。每一个投资者将有权利从投资结构中获得属于自己投资比例的产品。

对于公司型投资结构，投资者持有合资项目公司的股份，项目资产的拥有形式比较简单。然而，对项目产品的分配与销售、融资担保等关键性问题也需要做出明确的规定。此外，为了安排项目融资，通常也需要投资者提供一定的项目担保和一定的项目资金保证。

5. 项目的管理和控制条款

合资协议中需要确定相应的项目管理机制，其中包括重大问题决策和日常生产管理两个方面。在公司型投资结构中，重大问题的决策权在董事会；在非公司型投资结构中，该决策权在项目管理委员会。合资协议需要规定会议召开的时间、频率、地点、会议主席的选举、会议代表（或董事）的任命及取消、会议代表（或董事）的投票权，以及重大问题的决策程序等主要内容。

关于项目重大问题的决策程序，习惯的做法是将决策问题按照性质的重要性分类：

1）最重要的问题，如修改合资协议、改变或增加项目的经营范围、出售项目资产、停产、年度资本开支和经费预算等，要求100%同意。

2）相对重要的问题，如一定金额以上的费用支出、重大项目合同等，要求绝大多数同意（2/3以上或3/4以上同意）。

3）一般性问题，要求简单多数同意。

通常，在项目管理委员会或公司董事会之下需要任命一个项目经理，负责合资项目的日常生产经营活动。在非公司型投资结构、信托基金结构和合伙制投资结构中，需要单独成立一个项目管理公司承担项目经理的职责，并通过管理协议来规范项目管理公司的行为和权限。项目管理公司向项目管理委员会报告，并按照其指示管理项目生产。项目管理公司可以是投资结构中一个具有生产技术和管理技能的投资者的子公司，也可以是投资者的合资公司，甚至可以是与投资者完全无关的具有一定专业技能的管理公司。在公司型投资结构中，项目经理除了可以由上述管理公司担任外，很多情况是由合资公司组织成立自己的管理队伍来担任。

6. 项目预算的审批程序

在合资协议中，需要对预算审批制定严格的程序。项目预算一般由项目经理负责制定，在一个财政年度开始之前，提交项目管理委员会（或合资公司董事会）审批。预算审批程序在投资结构中一般分为两个阶段、三个层次。

首先，根据项目支出的性质将预算资金分为重大资本支出、日常性资本支出和生产费用支出三个层次。

其次，在第一阶段，管理委员会审批项目年度预算，并授权项目经理在预算批准范围内负责日常性资本支出和生产费用支出。但是，在项目进行过程中，对超出一定金额的重大资本支出，尽管管理委员会在审订项目预算时已在原则上批准，项目经理在实际支出之前也需要再次报告管理委员会审批，即第二阶段审批，以确保项目的资金使用完全符合投资者的利益。为了保护少数投资者的利益，项目预算的审批通常要求100%或者绝大多数投资者同意才能通过。

7. 违约行为的处理方法

违约行为是指投资结构中的某一个投资者未能履行合资协议所规定的义务。对于非公司型投资结构或合伙制投资结构最常见的违约行为是投资者不承担和无法承担继续支付项目的资本支出和生产费用的责任。对于公司型投资结构或信托基金结构，投资者违约行为比较复杂，取决于投资者在项目中所承担的义务。一个投资者的违约行为有可能立即造成非违约方甚至整个项目的重大损失，因此，在合资协议中需要对违约行为的处理做出严格的规定，并对违约行为的补救措施提出多种可供选择的方法，为非违约方处理违约行为提供较大的选择余地和利益好处。可供选择的处理违约行为的方法主要有以下几种：

1）违约方权益的稀释。违约行为一旦发生，违约方在项目中的权益比例将被降低，而且当违约方在项目中的权益比例降低到一个特定界限以下，有可能影响项目的正常运行时，则规定该违约方不具有项目的决策权，以保证项目的重大决策仍能遵循 100%投资者同意才能通过的原则。

2）违约方权益的没收。合资协议也可以直接规定当违约行为发生时，由非违约方没收违约方在项目中的资产或权益。但是这种做法很少使用。

3）非违约方接管违约方责任的权力。在非公司型投资结构中，为了保证项目的正常运行，非违约方可以直接支付违约方所未支付的资本或生产费用。这部分支出将作为违约方的债务，并以交叉担保契约作为保证。

4）非违约方处理违约方产品的权力。合资协议中可以规定当违约行为发生时，授权项目经理或非违约方销售违约方在项目中所拥有的产品，以销售收入冲抵违约方未支付的费用。

5）非违约方强制收购。处理违约行为的另一种方法是给予非违约方收购违约方项目资产或股份的权力。收购项目资产或股份的定价可以按照公平市场原则，或者带有一定的惩罚性质。

6）违约方的部分权益损失。对一些对项目全局影响不是很大的违约行为，合资协议可以规定在违约期间违约方将失去在合资项目中的决策权及其他一些权益（例如红利分配），直至违约方的违约行为被改正为止。

7）惩罚性利息。如果违约方未能按时支付项目费用，一般规定违约方要支付高出银行利率很多的利息作为惩罚。

为了防止项目中违约行为的发生，在合资协议中有时对财务状况相对较弱的投资者的行为也要做出一些限制和规定。这些规定包括要求该投资者定期通报财务情况，要求该投资者在项目中保留一定的流动资金，以及对该投资者的利润分配政策做出一定的限制等。

8. 融资安排

融资安排是投资结构中最为复杂的问题之一。对于非公司型投资结构，如果一个投资者以其相应的项目资产和权益作为抵押安排融资，违约行为的出现就会制造贷款银行与非违约方之间的利益冲突，处理两者之间的关系就变成一个相当复杂的法律和实践问题。因而，在一些投资结构中，资金雄厚的投资者可能会要求任何一方均不能用项目资产作为贷款抵押。至少在很多情况下，投资结构会要求项目投资者之间交叉担保的优先序列要高于其中任何一个投资者以项目资产和权益对贷款银行所做出的抵押。但是，有时这种序列的存在可能导致无法安排融资。

因此，在建立非公司型投资结构时，如果其中一个或几个投资者准备利用其项目资产与权益安排融资，这些问题都必须在起草合资协议时认真加以考虑。对于公司型投资结构，如果一个投资者以相应的项目公司股权及其他权益作为抵押安排融资，可能也会遇到类似的问题。有些合资协议规定，投资者不能以公司股权作为融资抵押，或者融资安排必须经过其他投资者的批准。

9. 优先购买权

项目的优先购买权是指合资项目中现有投资者按照规定的价格公式和程序，可以优先购买其他投资者在项目中的资产（或股份）的权利。在一个合资项目中，投资者的资信程度和可靠性是保证项目成功的重要因素之一。为了阻止不受现有投资者欢迎的人进入项目，或者为了阻止某个投资者以低于市场价值的价格出售项目资产（或股份），几乎所有的合资协议中都规定现有投资者拥有项目的优先购买权。

10. 项目决策僵局的处理方法

在 50%：50%的投资结构中，有时会出现合资双方在某一决策问题上争执不下、互不让步的情况，但是由于双方持有的股份或权利相等，因而无法做出决策。这就是所谓的决策僵局。在投资结构中，如果一个或数个投资者对项目决策持有否决权时，也有可能出现项目决策僵局。严重的决策僵局会造成项目的重大损失。

为了避免项目运转出现僵局，同时又保护一方或一部分投资者的利益，需要在合资协议中规定相应的处理僵局的机制。一般处理僵局的方法包括协商、第三方仲裁和限制性收购。

本章小结

本章主要介绍了工程项目的四种投资结构，即公司型投资结构、合伙制投资结构、非公司型投资结构和信托基金结构，及其各自的流程图、特征与区别。要求在进一步的理解基础上，熟悉合资协议中的主要条款。

复 习 题

1. 试说明公司型投资结构的优缺点。
2. 分析普通合伙制投资结构与有限合伙制投资结构的区别。
3. 简述信托基金结构的构成要素。
4. 对比分析公司型投资结构与非公司型投资结构的区别。
5. 理解合资协议的主要条款的重要性和意义。

第 5 章练习题

扫码进入在线答题小程序，完成答题后可获取答案及其解析

第6章 工程项目融资概述

本章重难点

重点在于掌握项目融资具有的不同于传统公司融资的特点，具体体现在项目导向、有限追索、风险分担、非公司型负债、信用结构多样化、融资成本高、能发挥税务结构优势等方面；难点在于掌握项目融资的劣势与优势分析，以及项目融资与传统融资方式的主要区别。

6.1 工程项目融资的基本知识

项目融资这种特殊的融资方式，其早期形式可以追溯到20世纪50年代，美国一些银行利用产品贷款方式为石油天然气项目安排融资活动。然而，项目融资开始受到人们的广泛重视，并被视为国际金融的一个独立分支，则是以20世纪60年代中期在英国北海油田开发中所使用的有限追索项目贷款作为标志的。目前，项目融资已成为广泛应用于大型工程项目的资金筹集过程中的重要手段，对于填补大型工程项目建设的资金缺口，尤其是缓解基础设施项目建设的资金紧张局面，起到了十分重要的作用。在长期实践中，各国在项目融资领域积累了丰富的实践经验和理论成果。

6.1.1 工程项目融资的定义

工程项目融资作为一个金融术语，到目前为止还没有一个准确的公认定义。项目融资可以从广义和狭义两个角度进行理解。

从广义上讲，凡是为了建设一个新项目，或是收购一个现有项目，以及对已有项目进行债务重组所进行的融资活动，均可称为“项目融资”。从狭义上讲，只有“有限追索”或“无追索”形式的融资活动才被称为“项目融资”，主要包含以下基本内容：①项目融资是以项目为主体安排的融资，项目的导向决定了项目融资最基本方法；②项目融资中的债务偿还来源仅限于项目本身，项目融资用来保证贷款偿还的主要来源被限制在被融资项目本身的经济强度之中。

项目的经济强度可以从两个方面来测量：①项目未来的可用于偿还贷款的净现金流量；②项目本身的资产价值。因此，在为一个项目安排项目融资时，项目借款人对项目所承担的债务责任与其本身所拥有的其他资产和所承担的其他义务在一定程度上是分离的。

因此，项目融资是以项目的资产、预期收益或权益作抵押取得的一种无追索权或有限追索权的融资或贷款。在实践中，项目融资又被分成两个类型：无追索权的项目融资和有限追索权的项目融资。

（1）无追索权的项目融资

无追索权的项目融资是指项目发起人除了正常承诺提供的项目资本金外，不需要对项目贷款人提供任何其他支持，贷款人对项目发起人其他资产无任何追索权，只能依靠项目资产和项目所产生的收益作为还本付息的来源。

要安排无追索权的项目融资，需要对项目进行严格的论证，使项目贷款人理解并接受项目运行中的各种风险。因此，从某种程度上说，无追索权项目融资是一种低效而昂贵的融资方式。

（2）有限追索权的项目融资

有限追索权的项目融资是指项目发起人在某个特定阶段或者规定的范围内，除对项目的出资额以外，还需要承担有限的债务责任和义务，如提供从属贷款和出具履约保函，以承担已经识别一定时间或范围的项目风险，如项目建设和运营风险。除此之外，无论项目出现任何问题，贷款人均不能追索到借款人除该项目资产、现金流量及所承担义务之外的任何财产。

这种有限追索性一般表现为时间上的有限性、金额上的有限性和对象上的有限性。

1）时间上的有限性。一般在项目的建设开发阶段，贷款人有权对项目发起人进行完全追索，而通过“商业完工”标准测试后，项目进入正常运营阶段时，贷款可能就变成无追索性质的了。也就是说，建设阶段仍然由项目发起人承担完工风险。

2）金额上的有限性。如果项目在经营阶段不能产生足额的现金流量，其差额部分可以向项目发起人进行完全追索。

3）对象上的有限性。如果项目是通过发起人成立的具有单一目的的项目实体进行的融资，除发起人为项目公司提供的担保外，贷款人一般只能追索到项目公司，而不能对项目发起人追索。大多数项目融资都是有限追索的。

至于贷款人在多大程度上对项目发起人进行追索，取决于项目的特定风险和市场对该风险的态度。

6.1.2 传统公司融资方式与项目融资方式的比较

传统的公司融资方式是发起人通过向银行贷款或发行股票、债券等方式，筹集项目建设和经营所需要的资金。项目融资方式是近年来出现的新型融资方式，它与传统公司融资方式有很大的区别。

传统公司融资方式是依赖一个公司的资产负债及总体信用状况为项目筹措资金，以公司本身作为债务人而进行的融资活动，包括发行公司股票、公司债券、取得银行贷款等。公司融资是完全追索权融资，而项目融资通常是无追索或有限追索形式的筹资方式。

举例说明传统公司融资方式与项目融资方式的区别，如图 6-1 所示。

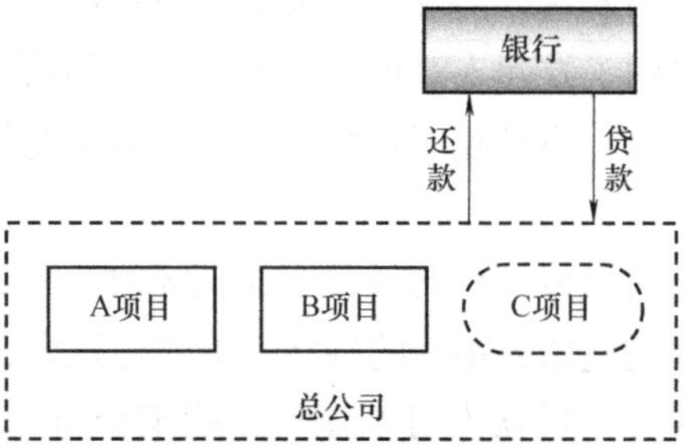

a) 传统公司融资方式

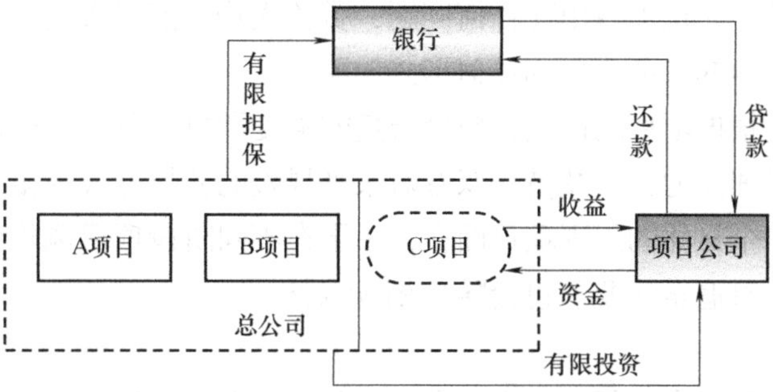

b) 项目融资方式

图 6-1　传统公司融资方式与项目融资方式的区别

某有限责任公司现有 A、B 两个项目，为满足日益增长的市场需求，决定增建 C 项目。增建 C 项目的资金筹集方式有两种：①公司以整体为抵押，借来的基金用于建设 C 项目，而归还贷款的资金来源于 A、B、C 三个项目的收益。如果项目 C 建设失败，则该公司把原来 A、B 两个项目的收益作为偿债的担保，这时称为贷款方对该公司拥有完全追索权。所谓追索，是指贷款人在借款人未按期偿还债务时，要求借款人用以除抵押资产之外的资产偿还债务的权利。②借来的资金用于建设 C 项目，用于偿还债务的资金仅限于 C 项目建成后的收益，如果 C 项目建设失败，贷款方只能从清理 C 项目的资产中收回一部分，除此之外，不能要求该公司从别的资金来源，包括 A、B 两个项目的收益来归还贷款，这时称为贷款方对公司无追索权；或者在签订贷款协议时，只能要求公司把其特定的一部分资产作为贷款担保，这时可称为贷款方对公司拥有有限追索权。

6.1.3　工程项目融资的特点与弊端

1. 工程项目融资的特点

与传统的融资方式相比，工程项目融资的基本特点可以归纳为以下几个主要方面：

(1) 项目导向

贷款银行在项目融资中主要考虑的是项目的经济强度，即依赖于项目的现金流量和资产，而不是依赖于项目的投资者或发起人的资信。这也是项目融资的首要特点。

与传统的公司融资方式相比，采用项目融资一般可以获得较高的贷款比例，根据项目的经济强度，通常可以获得60%~75%的资本需求量，在某些项目中甚至可以做到100%的融资。事实上，贷款人希望项目发起人能够投入大量的股本资金。发起人的投资不仅能够降低项目的整体负债水平，还表明了发起人对项目的关心程度和风险程度，其投入的股本比例越大，就表明越关心项目的成败，也就越能增强贷款人对项目的信心。

（2）有限追索

有限追索是项目融资方式与传统公司融资方式相区别的重要标志。无追索权可以看成有限追索项目融资的特例，即完全依靠项目的经济强度实现融资，这在实际应用过程中很难实现。作为有限追索的项目融资，贷款人可以在贷款的某个特定阶段（如项目的建设期）对项目借款人实行追索，或者在一个规定的范围（包括金额和形式的限制）内对项目借款人实行追索。除此之外，无论项目出现任何问题，贷款人均不能追索到项目借款人除该项目资产、现金流量及所承担的义务之外的任何形式的财产。

追索的程度则是根据项目的性质，现金流量的强度和可预测性，项目借款人在这个项目中的经验、信誉及管理能力，以及借贷双方对未来风险的分担方式等多方面的综合因素，通过谈判确定的。对一个具体的工程项目而言，由于在不同阶段项目风险程度及表现形式会发生变化，因而贷款人对追索的要求也会随之相应调整。

（3）风险分担

在项目融资中，项目中的任何一方都无力单独承担全部项目债务的风险责任。为了实现项目融资的有限追索，需要把与项目有关的风险要素以某种形式在项目投资者、贷款方及与项目开发有直接或间接利益关系的其他参与者之间进行分担。这种风险分担结构一方面提高了项目成功的可能性，因为各个当事人承担了风险，就必然追求回报，关注项目的成功。这一特点对于一些规模较小的公司来说尤其重要，当它们自身的资产负债状况不足以承担一个大型工程项目的负债和风险时，项目融资的优势就体现出来。因此，一个成功的项目融资结构应该是没有任何一方单独承担全部项目债务的风险责任，项目的风险由任何与项目有关系的参与者共同分担的。

（4）非公司负债型融资

非公司负债型融资是指资产负债表之外的融资，它是项目的债务不体现在公司资产负债表中的一种融资形式。项目融资通过对其投资结构和融资结构的设计，可以帮助投资者（借款人）将贷款安排成为一种非公司负债型融资，使项目的债务不表现在项目投资者（即实际借款人）的公司资产负债表中，而只以某种说明的形式反映在公司资产负债表的注释中。根据项目融资风险分担原则，贷款人对项目的债务追索权主要被限制在项目公司的资产和现金流量中，项目投资者（借款人）所承担的是有限责任，因而有条件使融资被安排成为一种不需要进入项目投资者（借款人）资产负债表的贷款形式。

非公司负债型融资对项目投资者的价值在于使这些公司有可能以有限的资金从事更多的投资，同时将投资的风险分散和限制在更多的项目之中。一个公司在从事超过自身资产规模的项目投资，或者同时进行几个较大项目的开发时，这种融资方式的价值就会得到充分体现。

(5) 信用结构多样化

在项目融资过程中，贷款的信用结构是灵活多变的，具有多样化的特点。一个成功的项目融资，可以将贷款的信用支持分配到与项目有关的各个关键方面。例如，在市场方面，可以要求对项目产品感兴趣的购买者提供一种长期购买合同作为融资的信用支持（这种信用支持所能起到的作用取决于合同的形式和购买者的资信)。资源性项目的开发受到国际市场的需求、价格变动影响很大，能否获得一个稳定的、合乎贷款银行要求的项目产品长期销售合同往往成为能否组织成功项目融资的关键。在工程建设方面，为了减少风险，可以要求工程承包公司提供固定价格、固定工期的合同，或“交钥匙”工程合同，要求项目设计者提供工程技术保证。在原材料和能源供应方面，可以要求供应方在保证供应的同时，在定价上根据项目产品的价格变化设计一定的浮动价格公式，保证项目的最低收益。这些方式都可以成为项目融资强有力的信用支持，提高项目的债务承受能力，减少融资对投资者（借款人）资信和其他资产的依赖程度。

(6) 融资成本高

工程项目融资涉及面广、结构复杂，通常需要做大量的有关风险分担、税收结构、资产抵押等一系列技术性的工作，筹资文件往往比一般公司融资要多几倍，需要几十个甚至上百个法律文件才能解决问题。这些必然使得组织项目融资要花费更长的时间，从而导致前期费用较高。同时，由于在项目融资属于有限追索性质，贷款方承担的风险较传统公司融资大，所以希望获得较高的风险收益，这样就使得贷款利率要比普通贷款利率高。工程项目融资的这一特点限制了其使用范围。因此，在实际运作中，除了需要分析工程项目融资的优势之外，还必须考虑到工程项目融资的规模经济效益问题。只有项目所需资金非常巨大，在规模效应的作用下，才可以利用项目融资方式，在解决资金问题的同时，还能实现一定的综合投资回报率目标。

(7) 能够发挥税务结构优势

充分发挥税务优势，是指在项目所在国税法允许的正常范围内，通过精心设计的投资和融资结构，把项目的税务亏损作为一种资源最大限度地加以利用，以此为杠杆来降低融资成本，减少项目高负债期的现金流量压力，提高项目的偿债能力和综合收益率。

在项目融资中使用的税务亏损是一种结构性亏损，不能简单地等同于一般意义上的经营性亏损。这种亏损多出现在项目投资的前期，由于项目的投入与产出在时间上不匹配而造成，主要成因包括固定资产折旧、债务资金的利息成本，以及一些特殊的成本摊销等。

2. 工程项目融资的弊端

虽然工程项目融资具有以上特点，因而在大型项目中应用潜力巨大，但是其本身也有一些弊端：

(1) 风险分配的复杂性

项目融资的核心是识别和分配风险。由于项目融资风险较大，风险种类较多，并且参与者众多，为在各参与方之间适当地分摊风险，满足各参与方的要求，往往要经过较长时间的谈判，通过若干个合同的形式确定下来。因此，其风险的分配往往较为复杂，极有可能增加相应的成本。风险分配的复杂性使项目融资方式在发展中国家操作起来较为困难，因为这些国家的企业独立承担项目风险的能力相对较弱。

（2）增加了贷款人的风险

由于在项目融资过程中，贷款人对项目发起人只拥有有限追索权或无追索权，所以，尽管在融资过程中贷款银行会要求项目发起人或其他利益相关方提供各种形式的担保或抵押，但项目的某些风险仍然不可避免地被转移给贷款银行。这与许多国家规定银行不能作为风险的承担者相背离。

（3）贷款人的过分监督

由于贷款银行承担了项目中的风险，为保证银行自己的贷款安全性，它必然要加强对项目发起人及项目公司的监管以控制自己面临的风险。这种监管有时会过度，如有的银行要求项目公司将项目报告、项目经营状况、项目工程技术报告等资料及时通报给贷款人，这样不仅会影响项目经营决策的效率，而且会增加项目的成本。此外，贷款人为规避风险，往往要求对项目进行过度的保险，并限制项目所有权的转移，以确保项目经营管理的连续性。

（4）较高的利息和费用负担

与传统的公司融资方式相比，项目融资存在的一个主要问题是相对筹资成本较高、组织融资所需要的时间较长。贷款人承担了较传统公司融资方式更多的风险，这必然导致项目融资的利息和费用负担也较公司融资要高。因此，只有项目所需要的资金数量确实非常巨大时，才可以利用项目融资方式。这对项目融资的应用是一个较大的限制因素。

6.1.4 工程项目融资的优势分析

由于项目融资的有限追索性、风险分担等特点，它在大型项目的融资过程中占有优势，能够完成传统公司融资不能完成的项目。与传统公司融资方式相比，项目融资的具体优势如下：

（1）筹资能力强，能更有效地解决大型工程项目筹资问题

大型工程项目投资一般资金巨大，少则几亿元，多则上百亿元，一般的投资者筹资能力有限，仅凭自己的筹资能力很难筹集到；同时，大型工程项目需要巨额资金，伴随的风险也很大，这两点就决定了一般的公司融资方式是行不通的。而采用项目融资则可以有效地解决这两个问题。因为项目融资通常是无追索或有限追索形式的贷款，项目融资的能力超过投资者自身的筹资能力；同时，项目融资风险分担的特点又把大量风险分散，由不同的参与者分担，从而实现了筹资和风险分担双重目的，解决了项目资金问题。

（2）融资方式灵活多样，能减轻政府的财政负担

无论发达国家还是发展中国家，政府能出资建设的项目是有限的，或者说很难满足经济发展的需要。这主要是因为政府财政预算支出的规模和政府举债的数量受综合国力的制约；同时，政府要在经济发展的各项投资中保持一定比例的均衡。为解决建设任务和资金供给之间的矛盾，项目融资是一个有效的途径。因为项目融资方式是多种多样的、灵活的，可以吸引众多民间资本参与其中，解决了许多应由政府出资建设项目的资金问题，为政府财政支出减轻了负担。

（3）实现项目风险分散与风险隔离，能够提高项目成功的可能性

项目融资的多方参与结构决定了可以在项目发起人、贷款人及其他项目参与方之间分散项目风险，通过各方签订的项目融资协议，能够明确项目风险责任的分担。对于项目发起人来说，利用项目融资的债务屏蔽功能，实现资产负债表外融资，将贷款人的债务追索权限于项目公司，降低自身的财务风险。而贷款人也可以根据项目的预期收益和风险水平，要求发起人提供项目融资担保，在项目无法达到合理现金流量时，能够最大限度避免贷款风险。同时，由于各方都承担了风险，必然会在项目融资过程中追求合理的回报，可促进项目成功。

6.1.5　工程项目融资的产生及发展

工程项目融资是经济技术发展到一定阶段，为满足大型项目建设的需要，在特定的历史阶段应时代要求而产生的。当只有建筑技术能够支撑大型或超大型项目的建设，而单个企业不能满足这种大型项目的资金需求或者不能承担大型项目带来的风险时，就需要在市场上筹资和寻找风险分担者。项目融资就是为了满足这种要求而逐渐发展起来的。

1. 项目融资兴起的原因

现代意义上项目融资的产生，是由特定的历史背景和项目融资本身的特点决定的。从项目融资的产生和发展过程来看，项目融资是适应项目建设的发展和各国特定的历史环境而逐渐发展起来的。近年来，项目融资在世界范围内兴起，日益受到人们的瞩目与青睐。这种融资方式对诸如发电厂、通信、基础设施建设等资本密集型产业具有特殊的吸引力。这种吸引力源于以下几个方面：

（1）资金获取

一般来说，基建项目的资金需求量是比较大的，项目发起方往往难以独自筹集到项目建设所需的全部资金。项目融资为项目的发起方提供了一个具有有限追索权或无追索权的资金来源，使项目在资金上有了保障。

（2）“资产负债表以外”的会计处理

对项目发起方来说，如果直接从银行贷款，负债率就会提高，这会加剧它所面临的金融风险，加大在未来的融资成本。而如果项目发起方采用项目融资，由于项目融资中的银行贷款通常是没有追索权的，它对项目发起方的资产负债表并没有什么影响，发起方的债权债务都不会因此而有任何改变。即便项目发起方做出一些承诺和担保，也不会影响其资产负债表上债务与权益的比例。

（3）风险分担

项目融资中的贷款一般是无追索权或有限追索权的，所以项目发起方虽然是项目的权益所有者，但并不承担项目的风险。一旦项目不能创造出足够的现金流量来偿付贷款，风险将由项目参与者共同分担。这种风险分配结构对那些规模相对较小的借款方或项目发起方尤为重要，无追索权的贷款使它们不至于因为项目失败而破产。

在风险分散的过程中，项目的境外权益投资者会希望由一家或几家规模庞大的跨国银行来承担某些政治风险，如价格限制、税收、进出口壁垒、不公平竞争、财产没收和收归国有等。而项目的贷款银行也不会独当一面，它们会要求项目所在国、所在地的政府

就项目做出一定的担保和承诺。可以看出，在复杂的相互担保中，项目的风险被有效地分散了。

(4) 税收好处

项目融资允许高水平的杠杆结构，这在某种程度上意味着资本成本的降低，因为在大多数国家贷款利息是免税的，而股权收益则必须上税。在项目融资中，可以达到 70%以上的资产负债率，有的项目负债率甚至达到 100%。

此外，由于在很多国家新企业享受资本支出的税收优惠和一定的免税期，这也会鼓励项目发起方考虑项目融资这种方式。为了利用免税期，它们需要在项目所在地成立一个项目公司。

(5) 借款限制

采用项目融资，项目发起方可以绕开银行对其某些贷款限制。如果发起方在其签订的合同或信用文件中有限制其借款的条文，那么它完全可以通过项目融资的某些形式，如远期购买协议、受托借款或产品支付协议等来构造一种在法律上不能算作“借款”的融资结构。但项目融资的优越性是有代价的，同传统公司融资方式相比，项目融资的成本要更高。

2. 现代工程项目融资的发展

(1) 20 世纪 80 年代以前，项目融资主要应用于资源开发项目

现代最早进行项目融资的案例可能就是美国通过发行工业收益债券（IRBs）进行城市基础设施和地区基础设施建设融资了。1913 年，美国国会给那些州或者政府下级机构（简称市政）发行的工业收益债券的持有者所获得的收益提供免税政策，从而促进了美国市政债券的迅速发展。

(2) 20 世纪 80 年代后，项目融资向基础设施领域发展

发展中国家的基础设施项目在第二次世界大战后都是通过财政拨款、政府贷款和国际金融机构贷款建设的。但进入 20 世纪 70 年代后，发展中国家大量举债导致国际债务危机加剧、对外借款能力下降、预算紧张。在这种情况下，政府很难拿出更多的资金投资需求日益增加的基础设施建设项目。经济要发展，基础设施建设必须加强，各国开始不断寻求一种新的融资方式，来解决经济发展和财政困难的矛盾。

在发达国家，以往基础设施项目基本上也是通过财政预算，由政府直接拨款建设。进入 20 世纪 70 年代后，情况发生了一些变化：①随着经济的发展和人民生活水平的提高，对公共基础设施的需求量越来越大、标准越来越高，而政府的财政预算则越来越紧张，由政府出面建设耗资巨大的公共基础设施项目越来越困难；②西方经济发达国家宏观经济政策的一个重要变化即对国有企业实行私有化，而公共基础设施项目作为国有部门的一个重要领域，在私有化过程中首当其冲。在这种情况下，项目融资也成了发达国家建设基础设施的重要融资方式。

(3) 项目融资逐渐向多国和多行业扩展

20 世纪 80 年代初开始的世界性经济危机，使得项目融资的发展进入了一个低潮期。一方面，国际银行界最有利可图的发展中国家贷款市场由于一些国家，特别是南美洲国家发生债务危机，已不可能再承受大量的新的债务；另一方面，能源、原材料市场的长期衰退，迫

使包括工业国家在内的公司、财团对这一领域的新项目投资持非常谨慎的态度，而这一领域又是项目融资的一个主要的传统市场。目前，项目融资在世界各地的运用已经相当普及。它的资金来源更加广泛、期限更长、政府介入更少，涉及项目遍布能源、石化、电子等行业，极大地推动了世界经济的发展。从全球看，项目融资正处在一个应用范围扩大的阶段。随着更多金融工具的出现，项目融资必然会走向大型化、国际化和技术化，而且其应用重点必然将转向发展中国家。

所以，从全球范围来看，项目融资正处在一个应用范围日益扩大的阶段。而且，由于项目融资规模、地域范围的扩大，风险分析日益成为项目融资的重要方面。

6.1.6　工程项目融资的现实意义

随着经济的发展，基础设施建设资金需求量与政府资金短缺之间的矛盾日益突出，特别是发展中国家，这种情形尤为严重。工程项目融资具有有限追索性质，适合投资大、具有稳定收益的大型、超大型项目。

1. 工程项目融资的一般意义

在为一个项目安排项目融资时，项目借款人对项目所承担的责任与其本身所拥有的其他资产和所承担的其他义务在一定程度上是分离的。对于一个贷款人来说，虽然在初始时可能愿意完全依赖于项目现金流量和资产价值作为其贷款的基础，但是也必须考虑在最坏的情况下贷款能否得到偿还的问题。如果项目的经济强度不足以支撑在最坏情况下的贷款偿还，那么贷款人就可能要求项目借款人以直接担保、间接担保或其他形式给予项目附加的信用支持。因此，一个项目的经济强度，加上项目投资者（借款人）和其他与该项目有关的各个方面对项目所做出的有限承诺，就构成了项目融资的基础。

项目融资的这一主要特性，在很多情况下可以帮助项目的投资者更为灵活地安排资金，实现其按照传统的融资方式可能无法实现的一些特殊的目标要求。

2. 工程项目融资对我国项目建设的意义

（1）有利于加快城市基础设施的步伐

优先发展基础设施是世界经济发达国家的成功经验。据分析，GDP 要增长 1%，基础设施必须至少增长 1%作保证，并应适度超前。我国城市在开发和发展过程中，基础设施的建设远远滞后于经济发展和城市发展的步伐。通过项目融资模式，利用社会资本直接投资和经营基础设施产业，可以弥补基础设施建设资金不足的主要问题，大大加快我国基础设施建设的步伐。

（2）有利于减轻政府财政负担

政府财政需要满足国家经济建设、社会文教发展、行政管理支出等方面的需要，对各个方面进行综合平衡。利用项目融资模式，可以充分利用私人资金发展我国的重大项目建设，减少项目建设对政府财政预算的影响，使政府在自有资金不足的情况下，仍能上马一些基建项目，从而支持国家经济发展。

（3）有利于改善投资结构

目前我国重大建设项目的投资主体主要是政府，投资体制格局单一，政府指令性投资比重大，资金缺口较大。采用项目融资方式，利用国际和国内商业资本直接投资和经营项目，实现投资主体多元化，改善我国项目建设的投资结构，有利于加快制度创新，实现资源的最优配置，增强我国产业的生机和活力。

(4) 有利于借鉴国外成功经验，提高项目建设管理水平

我国项目建设中有许多项目属于技术密集型项目，而目前我国项目建设所需的一些单项或成套综合技术在一定程度上与国际先进水平还有差距，一些先进设备还不能制造，在设备引进上又存在资金缺口。采用项目融资方式，把私营企业的效率引入公用项目，可以极大地提高项目建设质量和加快项目建设进度。

6.1.7 工程项目融资的成功条件

运用复杂的融资结构把各方面参与者在项目中的利益结合在一起，达到限制风险、增强项目债务承受能力的目的，以实现项目投资者采用其他融资模式所无法实现的目标要求，是项目融资的成功之处。然而，这种结构的复杂性和各个利益主体之间的平衡与组合，也导致组织项目融资的困难程度远远超过其他融资方式。为了使得一个项目融资在设计、组织阶段以及在其后的执行过程中获得成功，需要注意许多方面的问题。除项目融资的客观条件要满足之外，项目投资者是否熟悉项目融资的原理及运作方式，是否掌握相应的法律、金融财务知识，对融资的具体目标要求是否有清楚的认识，是否具备合作精神、耐心和灵活的谈判技巧等主观因素也是很重要的。

(1) 认真完成项目的评价和风险分析工作

项目的好坏是投资决策的根本，也是能否安排融资的根本，因此项目的评价和风险分析是项目融资的重要基础工作。只有好的项目才有可能吸引银行提供贷款；只有对项目风险做出正确的分析，才能找出限制项目风险的方法和途径，设计出风险分担的融资结构。

项目可行性研究与项目风险分析有共同之处，但是侧重点有所区别。项目风险分析更着重于剖析与项目融资密切相关的各种风险要素，以及这些风险要素对融资结构的影响。项目风险存在于项目的各个阶段，包括建设期的完工风险，运行期的经营风险、技术风险、原材料供应风险、市场风险，各种因素造成的停工停产风险，以及项目的金融风险、政治风险和国家风险等。对项目的风险不仅需要有定性的分析判断，更重要的是做出系统的定量分析，将各种风险因素对项目现金流量的影响数量化。

(2) 确保项目融资法律结构严谨无误

项目参与者在融资结构中的地位及他们所拥有的权利、所承担的责任和义务是通过一系列法律文件确定下来的（一个项目的融资结构可能是由几十个甚至上百个法律文件所组成的）。法律文件是否准确无误地反映出项目各个参与者在融资结构中的地位和要求，各个法律文件之间的结构关系是否严谨，是影响项目融资成功与否的必要条件。如果被融资项目是在第三国，则无论是投资者还是贷款银行都要注意该国的法律体系是否与本国法律体系或国际通用法律体系相衔接、相适应。

(3) 及早确定项目的资金来源

项目主要投资者的股本资金的投入数量和投入方式，以及这些投资者对融资结构中风险

分担方式的要求，对贷款银行和其他项目参与者加入该项目融资结构的态度有着直接的影响。这种态度不仅与项目风险高低、风险分担形式有关，而且与项目所需要的资金绝对量有关。项目的资金构成和来源应与融资结构的设计同步进行，争取尽早明确 1~2 家贷款银行作为融资资金的主要提供者，这样融资结构才能稳定。

（4）保证项目管理结构的合理性

为了保证项目融资在执行阶段的正常运作，项目合作伙伴的利益一致性和管理结构的合理性是重要的因素。出于项目规模的需求或者分担风险的需要，许多项目融资是建立在由若干个投资者组成的合资结构或者对项目有不同利益要求的参与者组成的信用保证集合体的基础上的。这种做法的优势是可以充分发挥合资或参与各方的长处；但是如果处理不好也会给项目带来种种问题，特别是在项目融资的执行阶段。

（5）充分利用各项目参与者对项目利益的追求和热情

项目在安排融资阶段可能会遇到许多无法避免的困难及问题，有的项目谈判进程可能长达几年。在项目融资的组织过程中，从始至终注意保持所有的项目参与者（包括投资者、产品购买者、原材料供应者、贷款银团、融资顾问等）在项目中的利益追求和工作热情。这是十分关键的，特别是在谈判分担风险问题，谈判从工程公司取得更好的完工保证条件，从原材料供应者获得更好的价格条件等问题时，要注意分析这些参与者对项目的期望以及对风险的承受极限，保持其参与项目的热情。

6.1.8　工程项目融资在我国的现状与发展前景

为尽快解决能源、交通、通信等基础设施严重不足的困境，加快基础设施建设步伐，改变过去搞基础设施建设单纯依靠国家财政投资的传统做法，中央政府在制订国家经济和社会发展“八五”计划时，国家发展计划委员会首次提出了运用 BOT 方式加快基础工业发展和基础设施建设的新思路。但在具体实践中，由于多方面的原因，我国项目融资方式的发展缓慢。

为使我国的项目融资尽快走上正轨，并按国际惯例运作，国家对外贸易经济合作部于 1994 年发布了《关于以 BOT 方式吸收外商投资有关问题的通知》，国家发展计划委员会也于 1997 年 4 月发布了《境外进行项目融资管理暂行办法》和《外商投资产业指导目录》。这些文件基本构成了我国 BOT 项目融资的法律框架。目前，我国项目融资在国内的运用范围主要集中于电力、公路、桥梁等大型基础设施项目，在很多奥运场馆的建设上也采用了项目融资。

2014 年 11 月，国务院又发布了《关于创新重点领域投融资机制鼓励社会投资的指导意见》（国发〔2014〕60 号），提出鼓励社会资本投资运营农业和水利工程，积极推动社会资本参与市政基础设施建设运营。

2015 年 5 月，国务院总理李克强主持召开常务会议，部署推广政府和社会资本合作（PPP）模式，汇聚社会力量增加公共产品和服务供给。会议称，在交通、环保、医疗、养老等领域，推广政府和社会资本合作模式，以竞争择优选择包括民营和国有企业在内的社会资本，扩大公共产品和服务供给，并依据绩效评价给予合理回报，是转变政府职能、激发市场活力、打造经济新增长点的重要改革举措。同时，各职能部门、各省也发文部署政府和社会资本合作的融资模式。

6.2 工程项目融资的组织形式

任何一个项目一般都要涉及产、供、销环节上的多个参与者。而以项目融资方式筹资的项目，由于资金数额大、涉及面广，且要有完善的合同体系来分担项目风险，因此这类项目的参与者更多。项目发起方、项目公司、借款方、贷款银行这些基本参与者，是这种特殊融资方式的主体；而没有承建商、供应商和购货商的参加，项目是不能实际建成的；担保受托方、保险公司也是项目成功的保障；由于项目融资涉及土地、建设经营权、关税、国内税收、环境保护、主权等重大问题，东道国政府在其中的作用更是不言而喻。

6.2.1 工程项目融资的参与者

（1）项目主办方

项目主办方又称项目发起方，是项目公司的投资者，是股东。项目主办人可以是某家公司，也可以由多个投资者组成联合体。如承包商、供应商、项目产品的购货商或项目设施的使用者都可成为项目的发起人。此外，它还包括项目间接利益接受者，如即将兴建的新交通设施所在地的土地所有者，因为该项目可以使土地升值。

（2）项目公司

项目公司通常是一个确定的法律实体。它是为了项目建设和满足市场需求而建立的自主经营、自负盈亏的经营实体。项目主办方是项目公司的发起人和出资者，项目主办方投入的资本金形成项目公司的权益。除此之外，项目公司主要靠借款营建和购置资产，以项目本身的资产和未来的现金流量作为偿还债务的保证。因此，可以把项目公司看作为一个资产经营公司，它并不一定参与建成项目的经营和产品销售。

（3）借款方

多数情况下，借款方就是项目公司。很多项目的借款方可能不止一个，它们各自独立借款以便参与到项目中。项目的承建公司、经营公司、原材料供应商及产品买主都可能成为独立的借款方。国际上一些银行和金融机构不向国有企业贷款和提供担保，为避开这一融资障碍，可设立专门的机构，如受托借款机构。银行向受托借款机构提供贷款，实际上为国有项目公司的施工筹措了资金。受托借款机构向承建商支付工程费用。项目建成后，根据与项目公司签订的产品承购协议向承购商收取货款，然后归还银行的贷款本息。

（4）贷款银行

在项目融资中，往往由多家银行组成一个银团对项目贷款，这种贷款又称为辛迪加贷款。为了分散东道国的政治风险，银团一般由来自不同国家的银行组成，包括东道国的银行。其中，贷款银行可以由东京银行、花旗银行、国际金融公司、亚洲开发银行等组成。如果项目位于亚洲地区，由于有国际金融公司或亚洲开发银行这样的多边金融机构参与投资，将有利于减少东道国的政治风险。

（5）承建商

承建商负责项目工程的设计和建设，通常与项目公司签订固定价格的总价承包合同。一般情况下，承建商要承担延期误工和工程质量不合格的风险。对于大项目，承建商可以另签合同，把自己的工作分包给分包商。

（6）供应商

供应商包括设备供应商和原材料供应商。其收益来源于供应合同，因而它们对项目的经济效益不太关心。设备的供应一般与贷款捆绑在一起。这样做，一方面，贷款方可以为本国企业开辟国外市场；另一方面，借款方可以获得出口信贷等优惠贷款。

（7）承购商

为了保证基建项目的成功，使项目建成后有足够的现金流入用于还本付息，在项目谈判阶段，一般都要确定产品及服务的承购商，并签订协议，以减少或分散项目的市场风险。

（8）担保受托方

贷款银行主要以项目公司的资产及项目未来收益作为还款保证。为了防止项目公司违约或转移资产，它们一般都要求项目公司将资产及收益账户放在东道国境外的一家中立机构，这家机构被称为担保受托方。担保受托方一般为一家资信等级较高的银行或独立的信托公司。

（9）保险公司

项目融资的巨大资金数额及未来许多难以预料的不利因素，要求项目各方准确地认定自己面临的主要风险，并及时投保。

（10）财务金融顾问

项目公司要在金融市场上筹集资金，必须取得熟悉金融市场运作规则的金融机构的帮助。项目主办人一般聘请商业银行和投资银行作为其金融和财务顾问。

（11）专家

工程项目的设计和施工有大量技术问题需要听取专家的意见。项目主办人和财务金融顾问都要聘请一些国内外有名望的技术专家，编制或审查项目的可行性研究报告，监督和协调项目的进展。

（12）律师

项目融资各参与方之间大多数是合同关系，由于项目文件的复杂性和参与方的国际性，需要有资深的国际律师事务所介入。项目主办方进行初步可行性研究，项目公司抵押资产和贷款方拟定贷款协议时都要听取律师的意见。每个采用项目融资方式的工程项目由于本身性质、所在地及东道国的不同都有其特殊之处，因此，律师要熟悉东道国的政治、经济、法律和税收制度，甚至要了解当地的社会文化观念。

（13）国际金融机构

发展中国家的许多项目是由世界银行及地区开发机构，如亚洲开发银行、欧洲复兴与开发银行提供部分或全部资金。取得这些机构的贷款可减少项目融资的资金成本，降低项目的风险。但这些机构在贷款的审查和监督、担保，以及贷款的终止和生效等问题上有各自独立的政策和标准。这势必影响融资结构，必须引起注意。

(14) 东道国政府

东道国政府在项目融资中的角色虽然是间接的，但很重要。例如，减免税收或特许兑换外币；还常常通过代理机构投入权益资金，或充当项目产品的最大买主或用户。

6.2.2 工程项目融资的组织结构

按照形成项目的融资信用体系划分，项目融资可分为两种基本的融资方式：新设项目法人融资与既有项目法人融资。

1. 新设项目法人融资

新设项目法人融资又称项目融资，是为实施新项目，由项目的发起人及其他投资人出资，建立新的独立承担民事责任的法人，承担项目的投融资及运营。以项目投资所形成的资产、未来的收益或权益作为建立项目融资信用的基础，取得债务融资。这种融资方式较易切断项目对于投资人的风险，实现所谓“无追索权”或“有限追索权”的借款融资，即项目的股本投资方不对项目的借款提供担保或只提供部分担保。

2. 既有项目法人融资

既有项目法人融资又称公司融资。在公司融资方式下，由发起人公司——既有法人(包括企业、事业单位等) 出面筹集资金，投资于新项目，不组建新的独立法人，负债由发起人公司及其合作伙伴公司承担。这类融资可以不依赖项目投资形成的资产，不依赖项目未来的收益和权益，而是依赖于已经存在的公司本身的资信。通常，一些实力较强的公司对相对规模不大的项目投资时，可以采取公司融资的形式。

在这种融资模式下，贷款和其他债务资金虽然实际上是用于项目的，但是承担债务偿还责任的是公司。项目投资运营是公司经营的一部分，项目未来现金流量是公司现金流的一部分，公司以其全部资产及现金流量提供债务偿还保证。

在公司融资模式下进行项目融资，公司作为投资者，要做出投资决策。当需要以负债形式融通资金支持时，银行要做出信贷决策。当项目规模较大，或者投资对公司发展有重大影响时，公司的股东会作为第三参与方，做出投资决策。

既有项目法人融资投资于项目有多种形式，主要有建立单一项目公司、非子公司式投资、多家公司以契约式合作结构投资。

6.2.3 工程项目融资的运作过程

1. 编制项目建议书

1) 项目业主即政府之所以采用项目融资方式，主要是为了在其基础设施的建设上少用甚至不用财政收入，以减轻国家的财政负担；对于私营投资者来说，则会对项目进行有序的人力、物力与财力投入，积极研究项目。

2) 投资前研究。为了确定项目的可行性，私营合同商必须对该项目的工程设计、经济及融资可行性进行深入而广泛的研究，拟定项目的范围，并选择适当的技术来满足其需要。由于传统项目融资是在没有政府偿还担保的情况下进行的，项目建设所需资金将不得不在金融市场上融资解决，因此合同方对项目的投资前研究必须做到尽可能确切。

3）初步规划和谈判。合同方做这项工作的目的是确认和建立赢得项目融资的潜力，同时应建立建设项目的准则、债务的资金来源、项目股本以及与有关的政府当局初步接触的方案。

4）研究项目的初步期限和条件。合同方应拟定项目的初步期限和条件，主要包括项目特许期限，收费率，政府在外汇汇率、征税等方面的资助和保证等。

2. 签订项目谅解备忘录

合同双方编制技术建议书提交给项目主管部门，如果其技术参数和内容能满足项目主管部门要求，那么该合同方在履行项目主管部门规定的相关标准后，将与项目主管部门进行新一轮的谈判，并针对所提交的技术建议书进行适当修改，在此基础上，双方签订项目谅解备忘录。

3. 签订特许权协议或意向书

当有关项目的特许运营期限和条件等经双方谈判确定后，项目部门将会与合同方签订特许权协议或意向书。在这个阶段，项目主管部门的许多政府机构将会参与其中。

4. 项目的安排和组织

在获得了项目主管部门的特许权后，合同方将为此项目专门建立一个项目公司。在这个阶段，凡是直接或间接涉及该项目的参与者相互之间的权利义务关系，必须以合同或协议的方式得到最终确认，即合同方通常要在项目所在地设立一家专门的项目公司，业主授予该公司在特许期限内进行项目设计、施工、融资管理、运营和维护其产业方面的特许权；然后要求该项目公司在特许期限届满后，将合同设施在其良好状态的情况下免费移交给业主。

5. 项目施工阶段

在这个阶段，合同方进行实际的项目施工，同时进行项目融资工作。项目施工通常采用的方法是交钥匙固定价格承包方式。承包商的总包价格不得随通货膨胀而浮动，而且承包商必须对不可预见的场地情况承担风险。项目融资的建设合同有一个显著的特点就是工期提前可获得奖金，而延误则要被罚款。为了保证施工工作的合理进行和正确执行，承包商常雇用监理机构对项目进行监察，包括施工设计、施工质量和费用控制以及对项目的管理。

6. 项目运行阶段

项目的运行和维护者将管理合同设施，并负责在该阶段中收回投资和适当的利润，以归还贷款，支付运营费用、政府税收及股东分红等。

7. 设施移交阶段

在规定的特许期限到期后，合同方通常就将合同设施的所有权无偿归还给政府或其指定的接收单位。

6.2.4　工程项目融资的实施阶段

一般来说，工程项目融资的实施程序大致可以分为五个阶段：投资决策阶段、融资决策阶段、融资结构分析阶段、融资谈判阶段和融资执行阶段，见表 6-1。

表 6-1 项目融资的实施程序

阶段	主要任务
投资决策阶段	① 项目的行业、技术、市场分析 ② 项目可行性研究 ③ 投资决策——初步确定项目合作伙伴及投资结构
融资决策阶段	① 选择项目融资方式——决定是否采用项目融资 ② 任命项目融资顾问——明确融资的具体目标与任务
融资结构分析阶段	① 评价项目的各种风险因素 ②设计融资结构及抵押保证结构
融资谈判阶段	① 项目商务合同谈判 ② 选择银行，发出项目融资建议书 ③ 组织贷款银团，起草融资法律文件 ④ 融资谈判
融资执行阶段	① 签署项目融资文件 ② 执行项目投资计划 ③ 贷款银团经理人监督并参与有关决策 ④ 项目的风险与控制

1. 投资决策阶段

对于任何一个投资项目，在决策者下决心之前，都需要经过相当周密的投资决策的分析。这些分析包括宏观经济形势的判断、工业部门的发展，以及项目在工业部门中的竞争性分析、项目的可行性研究等内容。一旦做出投资决策，接下来的一个重要工作就是确定项目的投资结构。项目的投资结构与将要选择的融资结构和资金来源有着密切的关系。同时，在很多情况下，项目投资决策也是与项目能否融资以及如何融资紧密联系在一起的。投资者在决定项目投资结构时需要考虑的因素很多，其中主要包括项目产权形式、产品分配形式、决策程序、债务责任、现金流量控制、税务结构和会计处理等方面的内容。

2. 融资决策阶段

在这个阶段，项目投资者将决定采用何种融资方式为项目筹集资金。是否采用项目融资，取决于投资者对债务责任分担、贷款资金数量，时间、融资费用，以及债务会计处理等方面的要求。如果决定选择采用项目融资作为筹资手段，投资者就需要选择和任命融资顾问，开始研究和设计项目的融资结构。

3. 融资结构分析阶段

设计项目融资结构的一个重要步骤是完成对项目风险的分析和评估。项目融资信用结构的基础是由项目本身的经济强度以及与之有关的各个利益主体与项目的契约关系和信用保证结构构成的。能否采用以及如何设计项目融资结构的关键点之一，就是要求项目融资顾问和项目投资者一起对与项目有关的风险因素进行全面分析和判断，确定项目的债务承受能力和风险，设计出切实可行的融资方案。

4. 融资谈判阶段

在初步确定了项目融资方案以后，融资顾问将有选择地向商业银行或其他投资机构发出参与项目融资的建议书、组织贷款银团、策划债券发行、着手起草有关文件。与银行的谈判中会经过很多次的反复，这些反复可能是对相关法律文件进行修改，也可能涉及融资结构或资金来源的调整，甚至可能是对项目的投资结构及相应的法律文件做出修改，来满足债权人的要求。在谈判过程中，强有力的顾问可以帮助加强投资者谈判地位，保护其利益，并能够灵活、及时地找出方法解决问题，打破谈判僵局。因此，在谈判阶段，融资顾问的作用是非常重要的。

5. 融资执行阶段

在正式签署项目融资的法律文件之后，融资的组织安排工作就结束了，项目融资进入执行阶段。在这期间，贷款人通过融资顾问经常性地对项目的进展情况进行监督，根据融资文件的规定，参与部分项目的决策，管理和控制项目的贷款资金投入和部分现金流量。

贷款人的参与可以按项目的进展划分为三个阶段：项目的建设期、试生产期和正常运行期。在项目的建设期，贷款银团经理人将经常性地监督建设情况，根据资金预算和建设日程表，安排贷款的提取；在项目的试生产期，贷款银团经理人监督项目试生产情况，将实际的项目生产成本数据和技术指标与融资文件的规定指标进行比较，确认项目是否达到了融资文件规定的商业完工标准；在项目的正常运行期，项目的投资者所提供的完工担保将被解除，贷款的偿还将主要依赖于项目本身的现金流量，贷款银团的经理人将按照项目融资文件的规定管理全部或部分项目的现金流量，以确保债务的偿还。

除此之外，贷款银团的经理人也会参与部分项目生产经营决策，在项目的重大决策问题上有一定的发言权。由于项目融资的债务偿还与项目的金融环境和市场环境密切相关，所以帮助项目投资者对项目风险的控制和管理，也是贷款银团经理人在项目正常运行阶段的一项重要工作。

6.3　工程项目融资的结构

项目融资是一种以项目的未来收益和资产作为偿还贷款的资金来源和安全保障的融资方式。工程项目融资的结构是指构成一个完整的项目融资所必备的框架形式，包括项目的投资结构、项目的融资结构、项目的资金结构和项目的信用保证结构，如图 6-2 所示。

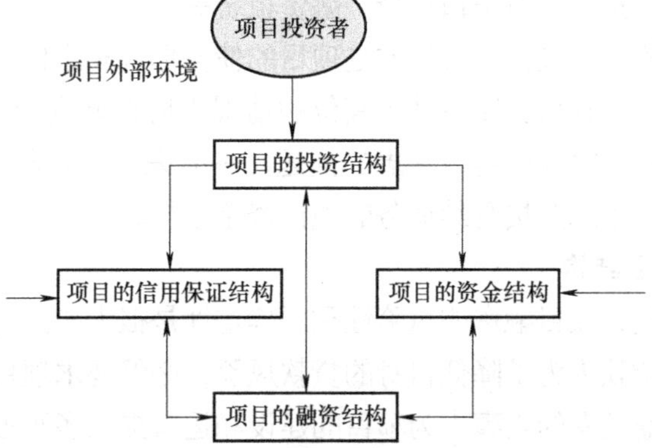

图 6-2　工程项目融资的结构

1. 项目的投资结构

项目的投资结构是指项目的资产所有权结构，即项目的投资者（项目发起人）对项目资产和权益的法律所有权形式，以及在有多个投资者的情况下，这些投资者之间因项目融资而发生的权利义务关系。每一具体投资结构的确定，都应经过一定的投资决策分析程序。在这一过程中，需要考虑的因素包括项目的产权形式、产品的分配形式、现金流量的控制、税务结构和财会制度等。目前，在国际上较为常见的投资结构主要有公司型合资结构、合伙制结构、有限合伙制结构和信托基金结构等。不同的投资结构会在所有权形式、责任形式、税务负担和权利能力等诸多方面产生不同的影响，继而对整个项目融资的运行状况产生影响。

2. 项目的融资结构

项目的融资结构是项目融资的核心，是项目融资成功与否的关键所在。所以，如何设计融资结构就成为设计整个项目融资结构的重中之重。一旦确立了项目的投资结构，项目融资的投资者就应当从实际出发，选择并设计最能够实现其融资目标的融资结构，以达到成本低、风险小、收益好的融资要求。

融资结构的决策过程包含两部分：一是根据项目债务责任的分担要求、所需资金的数量要求、项目的时间跨度、融资成本和收益预测等，来决定是否应采取项目融资方式；二是如果决定采取项目融资方式，项目投资者则应当聘请称职的融资顾问（主要由投资银行、财务公司和行业银行的项目融资部门担任），在明确融资任务和目标的基础上，在融资顾问的帮助下，确定合适的融资结构。目前，通常可以采用的融资结构主要有生产支付融资结构、杠杆租赁融资结构、BOT 融资结构及其衍生融资结构。它们被广泛运用于各种大型基础设施项目，受到了各国的普遍认同。

3. 项目的资金结构

项目的资金结构是指在项目融资的整个资金量中股本资金和债务资金的形式、比例及各自的来源等内容。项目的资金结构归根到底是由项目的投资结构和融资结构决定的，但又会反作用于这两项结构。这意味着，只有决定了项目的投资结构和融资结构，才有可能确定具体的资金结构，而资金结构的优劣又将对项目融资的成功与否产生重要影响。当前在项目融资中经常出现的资金结构主要有股本（资本金）、商业银行贷款和国际银团贷款、国际债券、欧洲债券、商业票据、政府出口信贷、融资租赁等。

在项目的资金结构中，最值得关注的是项目的债务形式和比例。这是由项目融资负债比例高的特性决定的。如何在债务比例处于高位的情况下协调好安全性与效益性之间的关系，是在设计具体的资金结构时所要重点考虑的问题。一般来说，除非有强有力的支持和担保，贷款人为了减少风险，不愿意接受纯债务的项目资金结构。

4. 项目的信用保证结构

前面已经多次提过，项目融资的风险性和不确定性是很大的。这对于贷款人而言无疑是非常不利的。因此，贷款人为了降低自身的贷款风险，必然要求项目的发起人以及其他与项目有直接或者间接利益关系的当事人为项目的建设和运营提供多种形式的担保。这种信用担保可能是财务性的，也可能是非财务性的，甚至只是某一确定计价的公式。这些信用担保的有机组合就构成了项目的信用保证结构。

项目的信用保证结构是整个项目融资结构的最后支撑，它为贷款人提供了事先的信心保障和事后的有效补救。所以，信用保证结构的设计将直接影响贷款人对贷款发放的条件安排。项目融资中常见的信用担保形式包括项目完工支持协议、资金短缺支持协议、“不论提货与否均需付款”协议等。

当然，项目融资的整体结构设计并不是各基本模块的简单组合，而应是多方参与者之间反复博弈后的整体有机设计。实际上它是通过开发商、贷款银行与其他参与方及有关政府部门等之间的反复谈判，完成融资的模块设计，并确定模块间的组合关系。因此，项目融资的结构是多方参与者对不同方案比较、选择和调整的结果，任何一个模块的调整都将影响其他模块和整个项目融资结构。

6.4 工程项目融资的资金形式

6.4.1 自有资金和权益资本筹措

1. 公司融资的自有资金筹措

当项目的投资建设是以公司融资方式进行时，可行性研究应通过分析公司的财务报表，说明公司是否能够拿出，以及能够拿出多少自有资金进行投资。这一分析的另一个作用是借以判断项目是否有希望获得债务资金。因为债务资金与自有资金的关系不是互补而是互动的：自有资金越充足，越容易争取到债务资金；自有资金匮乏，债务资金也不会跟进。

2. 项目融资的权益资本筹措

当项目的投资建设是以项目融资方式进行时，可行性研究报告中要就权益资本筹措情况做出详细说明，包括出资方、出资方式、股本资金来源及数额、股本资金认缴进度等有关内容。提交可行性研究报告时须附有各出资方承诺出资的文件，以非现金形式作价出资的，还须附有资产评估证明等有关材料。

（1）项目的结构设计

对权益资本的分析，是在项目的结构设计这样一个大框架下进行的。在明确了资产所有权结构之后，项目的结构设计包括资产负债结构和股权结构。

1）资产负债结构。资产负债比例，对于公司融资时的原有企业来说是历史形成的，没有选择的余地，只有调整的可能；对于项目融资时的项目公司来说则是设计而成的，在项目投资估算已经做出的情况下，权益资本的数额就基本决定了项目公司初始的资产负债率。

2）股权结构。只要项目公司不是独资公司，就需要投资各方通过协商，确认各自缴付股本资金的数额、形式、时间等，以及由此产生各方所占的股权比例。对此，可行性研究报告中应附有相应的协议文件。

涉外投资中，当以募集设立的方式组建股份有限公司时，有可能通过发行两种类型的股票来筹集股本：优先股和普通股。优先股通常可以得到不随盈利情况变动的股息，当公司清算时可优先分配剩余资产，没有表决权；普通股有表决权，其股息完全取决于公司的盈利情况，公司清算时分配剩余资产的序列排在最后。如果出现这样两种股本形式，应予以说明，并说明每类的比例，因为这会影响财务评价。

（2）权益资本的来源

项目融资中，权益资本有三个主要来源：一是投资者为设立项目公司而缴付的出资额，即股本资金，又称投入资本；二是准股本资金；三是直接安排项目公司上市。此外，还包括接受的捐赠。

（3）股本资金的出资形式

根据财会制度和资本金制度，投资者可以现金、实物、无形资产等形式出资，作为项目公司的资本金；对作为资本金的实物、工业产权、非专利技术、土地使用权，必须经过有资格的资产评估机构依照法律、法规评估作价，不得高估和低估。

（4）权益资本的投入与到位

以项目融资方式兴建项目时，权益资本理应先行投入，不足部分再投债务资金。否则，权益资本存到银行收取低息，同时却为债务资金付出高息，显然不合理。权益资本的到位时间，应该符合有关法律、法规及合同、章程的规定。

3. 权益资本的融资成本

融资成本是指为筹集和使用资金而付出的代价，包括资金筹集费和资金占用费两部分。资金筹集费是指在资金筹集过程中支付的各项费用，一般属一次性支出。资金占用费是因使用资金而发生的经常性费用，如股息、利息等。当以股票方式筹集权益资本时，需要支付股票印刷费、发行手续费、资产评估费、广告费、律师费等。股权或股票购买者对投资回报率的要求也是一种融资成本，属于资金占用费。

6.4.2 债务资金筹措

1. 债务资金来源

债务资金按其使用期限可分为短期（1 年以内）、中期（1~5 年）、长期（5 年以上）债务。项目投资中所需要筹集的是中长期债务资金，通过在国内外的资本市场进行各类负债融资来解决。

（1）债务资金的国内来源

西方国家的债务资金主要通过直接融资方式（证券）取得；东亚国家则主要通过银行贷款；我国的资本市场还处于发展初期，因此通过银行获得债务资金的比例更高一些。

1）银行贷款。我国的银行体系可分为国家银行（国有独资或国有控股）、股份制银行和地方银行三类。此外，许多地方的城市信用社正在加快组建为城市商业银行。

从投融资体制改革的大势来看，不管是商业银行还是政策性银行，都将按独立评审项目、自主决定贷款、自担信贷风险的市场化目标发展。所以，无论项目融资还是公司融资，只有提高资信、分散风险，才有希望获得银行的贷款支持。

2）债券融资。债券是债务人对其借款还本付息义务所开具的凭证，分为政府债券（国库券）、地方债券、金融债券、公司（企业）债券等。对于项目的筹资有直接意义的是公司

（企业）债券。

债券融资可以从资金市场直接获得资金，资金成本（利率）一般应低于向银行贷款。由于有较为严格的证券监管，只有实力很强的企业才有能力进行企业债券融资。

3）信托投资公司贷款。信托投资公司的六项主要业务中，与融资有关的是信托贷款、信托投资、租赁三项。例如，中国国际信托投资公司是我国知名的信托投资公司。

信托贷款可分为两类：一类是委托贷款（又称特定资金信托贷款），它是信托公司根据委托单位指定的借款人和资金用途，将委托单位的资金在额度内发放，并负责监督使用和到期收回本息的贷款。委托贷款须由出资单位、信托公司、借款单位三方签订合同。另一类是信托放款，它是信托公司以自有资金和筹集的资金，选择用款单位，自担贷款风险的一种贷款方式。

4）租赁融资。资本货物的出租人在一定期限内将财产租给承租人使用，由承租人分期付给一定的租赁费，这种融物与融资相结合的筹资方式就是租赁融资。租赁融资品种较多，国内开展的主要有以下几种：简单融资租赁、回租融资租赁、杠杆融资租赁、委托融资租赁、项目融资租赁、经营性租赁及国际融资转租赁。

（2）债务资金国外来源

目前，国内金融机构到国际资本市场上融资的举措也在不断增多。项目的融资方案中，应充分考虑国际融资的可能性。

1）国际贸易中长期出口信贷。出口国为了推动本国大型设备的出口贸易，在政府的支持下，由商业银行或专业银行向本国出口商或外国进口商、进口国银行提供的期限较长、金额较大的优惠性贷款，这就是国际贸易中长期出口信贷。其特点为：贷款只限购买提供贷款国的大中型成套设备等出口商品，有具体的价值比例规定；贷款期限可从1~5年直至10年，通常每半年还本付息一次，宽限期不等；贷款金额起点较高等。

出口信贷有以下三种主要形式：

① 卖方信贷。卖方信贷是由出口国银行提供给本国出口商的。我国国内项目进口设备时，可委托外贸公司与国外设备出口商签约，以延期付款或赊销方式购买进口设备。此时，信贷保险费、承诺费、管理费等均由国外出口商附加在货价中，国内机构对具体项目和金额较难掌握，一般比现汇成交的货价高3%~10%。

② 买方信贷。买方信贷是由出口国银行提供给我国外贸公司或银行的，国内项目用这笔借款向国外出口商现汇支付货款。此时，国内机构可以了解信贷保险费、承诺费和管理费等费用数额，有利于核算真实货价。买方信贷为进口商、出口商、进出口双方银行等各方都带来许多便利之处，所以它的运用大大超过卖方信贷。近年来，我国利用西方国家的出口信贷，大部分属于贷给我方的买方信贷。

③ 混合贷款。混合贷款是出口信贷、商业银行贷款，以及出口国政府的援助、捐赠相结合的贷款。其中，政府出资一般占30%~50%，因此综合利率相对较低，期限可达30~50年，宽限期可达10年；但选项较严，手续较复杂。买方信贷通常由中国银行直接向出口国银行申请，混合贷款则需先由主管部门与对方政府洽谈项目。

2）政府贷款。政府贷款是政府间利用国库资金提供的长期低息优惠贷款，具有援助性质。年利率从无息到2%~3%；偿还期限平均为20~30年，甚至有的长达50年，其中包含10年左右只付息不还本的宽限期。政府贷款一般都规定用于基础设施建设，且有一定的附加条件。

3）世界银行集团贷款。我国利用世界银行贷款的对外窗口是财政部。世界银行集团共有五个经济单位，其中与资金筹措有关的有以下三个单位：

① 国际复兴开发银行（通称世界银行）。贷款对象是成员国官方、国有企业、私营企业，要有政府担保。其贷款分为项目贷款、部门贷款、结构调整贷款、技术援助贷款、紧急复兴贷款五类。其中项目贷款比重最大，影响和作用也最大。项目贷款期限平均为6~9年，也有的长达20年，宽限期为5年；利率低于市场利率，定期调整利率，收取杂费较低。

② 国际开发协会。贷款对象是人均收入水平低的发展中国家。其贷款俗称"软贷款"，条件十分优惠。

③ 国际金融公司。向会员国，特别是发展中国家的私营企业提供资金，形式是贷款或参股，不需政府担保。每笔金额不超过200万~400万美元，贷款期限为5~15年，为商业利率。

4）亚洲开发银行贷款。我国利用亚洲开发银行贷款的对外窗口是中国人民银行。亚洲开发银行的贷款形式有以下三类：

① 硬贷款。硬贷款即普通贷款，按平均借入贷款的成本外加0.5%的利差来确定利率，定期调整；期限为10~30年，宽限期为2~7年；主要用于基础设施项目，贷款条件要求较严。

② 软贷款。软贷款也称特别基金贷款，期限长达40年，宽限期为10年；宽限期后的10年，每年还本2%，以后20年，每年还本4%；贷款为无息贷款，只收1%的手续费。另外，还为科技落后的成员国提供用于项目咨询的技术援助特别基金，属于赠款。

③ 联合融资。联合融资是指亚洲开发银行和外来资金共同资助一个项目。它有平行融资、共同融资、伞形融资（后备融资）、窗口融资和参与性融资五种类型。

（3）国际项目融资

在以项目融资方式筹资建设的情况下，大型开发项目面向国际多边资金的长期融通，就是国际项目融资。此时，项目发起人的中心工作是在无追索权（或有限追索权）的基本前提下争取最大限度的负债。

国际项目融资中债务资金的来源，既包括国内的银行贷款和债券，也包括国际商业银行贷款、国际出口信贷、国际金融机构贷款、客户（受益人）信贷，还包括外国开发银行和保险机构的信用支持。但是，融资方案并不是各个资金来源的简单叠加，而是所有这些资金渠道在一个全面、严谨、科学的项目规划中的有机结合。

2. 债务资金分析要点

在融资方案设计中，仅仅列举出有几种债务资金来源是远远不够的，还必须具体描述债务资金的基本要素，以及债务人的债权保证。

（1）债务资金的基本要素

1）时间和数量。要指出每项债务资金可能提供的数量及初期支付时间，贷款期和宽限期，分期还款的类型（等额分期偿还本金、等额分期偿还本息或其他形式）。

2）融资成本。反映融资成本的首位要素，对于贷款是利息，对于租赁是租金，对于债券是债息。应说明这些成本是固定的还是浮动的，何时调整及如何调整，每年计息几次，对应的年利率是多少，等等。

除了这些与债务总额或未偿还债务总额呈正相关关系的资金占用费之外，每项债务资金还附有一些其他费用，如承诺费、手续费、管理费、牵头费、代理费、担保费、信贷保险费及其他杂费。对于这些伴随债务资金发生的资金筹集费，应说明其计算办法及数额。

3）建设期利息的支付。建设期内是否需要支付利息，将影响筹资总量，因此需要说明债权人的要求是什么。不同的债权人有不同的付息条件，一般可分为三类：①利息资本化，也就是将建设期间的财务费用资本化，在项目投产并取得充足的现金之后，再开始偿还债务；投产之前不必付息，但未清偿的利息要和本金一样计息；②建设期内利息必须照付；③不但利息照付，而且贷款时就以利息扣除的方式贷出资金。

4）附加条件。对于债务资金的一些附加条件应有所说明，如必须购买哪类货物，不得购买哪类货物；借外债时，对所借币种及所还币种有何限制；等等。

5）利用外债的责任。融资方案分析中，要明确外债是否属国家债务，以及属于哪一类型的债务。从外债管理和外汇管理角度，凡中国境内机关、团体、企事业单位、金融机构或其他机构对中国境外国际金融机构、外国政府、企业及境内外金融机构用外国货币承担的具有契约性偿还义务的全部外债，均需要进行登记，并接受国家外汇管理部门的监测。

（2）债权保证

债权人为了保障其权益，需要有一些能够巩固其债权人地位的措施，使其权益不受侵犯，到期能收回本息。为此，债务人及涉及的第三方对债权人提供履行债务的特殊保证，这就是债权保证。

分析债务资金时，应根据可行性研究阶段所能做到的深度，对债务人及有关第三方提出的债权保证加以说明。债权保证的形式主要有借款人保证、抵押、质押、担保等。在国际信贷中，借款人保证是非常有效的；国内因市场秩序较混乱，许多借款人缺乏信用观念，债权方往往强调抵押和担保。

本章小结

本章主要针对工程项目融资的定义，分别从广义和狭义两个角度进行了阐述，本书所讲的工程项目融资是从狭义层面上进行系统分析；理解项目经济强度的重要性，以及工程项目融资的资金形式；掌握项目融资参与者之间的关系，以及其实施程序阶段的划分。

复习题

1. 简述如何正确理解项目融资的定义。
2. 简述项目融资方式与传统公司融资方式的主要区别。
3. 简述工程项目融资的参与者。
4. 简述工程项目融资运作过程的阶段。
5. 简述工程项目融资的结构。

第 6 章练习题

扫码进入在线答题小程序，完成答题后可获取答案及其解析

第7章

工程项目融资的方式

本章重难点

重点掌握项目融资的资金结构、银行借款融资方式、商业信用融资方式、债券的概念和分类、债券的发行条件和发行程序、债券发行价格的计算、普通股的发行条件和发行程序、优先股的特点和优缺点、银团贷款的概念、参与方、融资租赁的概念、分类和优缺点；难点在于债券发行价格的计算，以及普通股的发行条件和发行程序。

7.1 工程项目融资的资金结构

7.1.1 资金结构的概念和影响因素

工程项目的资金来源是多渠道的，对一个工程项目主体而言，如何将多渠道的资金结合起来，以确定一个最佳的资金结构或最佳资本结构的区间范围，是非常困难的，但同时它又是任何一个理性的管理者所追求的目标。

1. 资金结构的概念

工程项目主体资金结构是指工程项目主体各种资金的构成及其比例关系。在实务中，资金结构有广义和狭义之分。广义的资金结构是指工程项目主体全部资金的构成及其比例关系；狭义的资金结构是指工程项目主体长期资金的构成及其比例关系，故也有人称之为资本结构。资金结构变化会引起加权平均资金成本的变化，而资金结构的不同，特别是债务资金占总资金的比例大小，直接影响工程项目主体的收益和风险，必须予以足够的重视。

项目融资的资金结构是指在项目融资过程中所确定的项目的股本金（权益资本）与债务资金的形式、相互间的比例关系及相应的来源。项目融资资金结构中的股本金形式是指项目投资者直接投入资金作为股本金，还有第三方通过在资本市场上购买优先股或普通股的形式作为股本金，或者通过贷款担保和其他信用保证形式作为股本金，抑或通过无担保贷款或可转换债券或零息债券作为准股本金投入。准股本金是指项目投资者或与项目利益有关的第三方所提供的一种从属性债务。它是相对股本金而言的，既有股本金的性质，又有债务资金的性质。债务资金的形式是指通过银行借款，或是在资本市场上发行债券，或是融资租赁等。股本金与债务资金的比例关系是指在项目资金结构中股本金与债务资金的各自比例及对项目融资的影响。股本金和债务资金的相应来源是指股本金和债务资金的来源渠道及对来源的合理选择。

与传统的公司融资方式相比，项目融资可以采取灵活多样的资金结构。确定资金结构的基本原则是在不会因为借债过多而损害项目经济强度的前提下，尽可能地降低项目的资金成本。

2. 资金结构的影响因素

资金结构的形成在实践中是一个十分复杂的问题，受多种因素影响，主要有：

(1) 资产结构

比如，劳动密集型企业比技术密集型企业更偏重于负债，特别是短期负债，因为其流动资产所占比重较大，资本周转速度快。

(2) 信用等级

企业能否以负债的方式筹集到资金和能筹集到多少资金，与企业的信用等级有很大的关系。因为，如果企业信用等级不高，而且负债率已经较高，则可能无法筹集到所需要的负债额。

(3) 增长速度

处于高速成长期的企业，增长速度快，资金需要量大，自有资金很难满足其业务扩张的需要，故更倾向于使用债务资金。

(4) 盈利能力

盈利能力强的企业，内部资金来源比较充分，故这类企业对债务资金的依赖程度不大。

(5) 税收因素

债务利息可以在应税所得额中列支，使企业少缴纳所得税。因此，所得税税率越高，企业越愿意使用更多的债务资本。

(6) 法律限制

企业的融资行为是受到法律限制的。

此外，行业差异、经营者与所有者的态度、企业类型等都可能影响到企业的资金结构。

7.1.2 股本金与债务资金比例的确定问题

项目的资金结构是指项目融集资金中各种资金的构成和比例关系。项目的资金结构安排和资金来源选择在项目融资中起着非常关键的作用。巧妙地安排项目的资金构成比例，选择合适的资金形式，可以达到既能减少项目投资者自有资金的直接投入，又能提高项目综合经济效益的双重目的。

作为项目投资者，股本金与债务资金的比例是项目融资中资金结构选择首要考虑的问题。投资者投入的股本金越多，承担的风险越大，筹集债务资金的可能性越大，同时由于项目具有良好的发展前景而能够为其带来相应的较高投资收益；反之，投资者投入的股本金越少，承担的风险也比较小，筹集债务资金的可能性越小，同时也可能丧失取得较高投资收益的机会。所以作为投资者，既要把自己的风险控制在一定的范围内（自己能够承受），又要不失时机地筹集债务资金，以保证项目的经济强度。

客观地讲，项目融资没有标准的股本金与债务资金比例可供参照，可以依据以下几个方面的因素来确定：

1. 资金需求量

一个投资项目所需要的投资资金包括建设投资和流动资金。其中，建设投资包括项目的固定资产投资、无形资产投资和开办费。对于项目所需要的各项投资，可以采取科学的估算方法进行测算。资金需求量是投资者确定股本金与债务资金比例的基础。在总量已知的情况下，首先考虑自己所能投入的股本金，然后分析自己所需要的债务资金的可能性和可行性，最后初步确定股本金与债务资金的比例。

2. 投资者对项目现金流量和风险的判断

如前所述，投资者投入的股本金量与可得到的投资收益是成正比的，投入的股本金比例越高，可能获得的投资收益份额越大。所以，投资者在选择股本金与债务资金的比例时，要看其对项目现金流量和风险的判断。如果对项目现金流量有足够的把握，项目风险比较小，则可以使股本金占的比例较大一些；如果不能很有把握地确定项目的现金流量，同时对风险没有准确的判断，或者认为项目风险较大，则可以使股本金占的比例小一些。

3. 投资者筹集股本金的能力

投资者投入的股本金可以有多种形式，可以直接投入，也可以从外部筹集。在确定股本金与债务资金的比例时，一定要考虑其筹集股本金的能力，量力而行，能够保证所许诺的股本金及时到位，因为债务资金是在确定落实了股本金以后才到位的。

4. 资金市场上的资金供求关系和竞争状况

项目融资所需要的债务资金基本上来自资金市场，所以，资金市场上的资金供求关系和竞争状况是确定股本金与债务资金比例的一个重要因素。当资金市场的资金比较短缺时，投资者在借贷双方的谈判中会处于不利的地位，筹集债务资金的难度比较大，筹资成本相对也较高，债务资金所占的比例可能要相对小一些；当资金市场上供求基本平衡或供大于求时，资金市场竞争也相对比较激烈，在借贷双方的谈判中，投资者将处于比较有利的地位，筹集债务资金的难度相对较小，筹资成本也相对较低，债务资金所占的比例要相对大一些。

5. 贷款银行承受风险的能力

相对传统融资方式，项目融资中，贷款银行所面临的风险比较大，如果项目失败，贷款银行就可能“血本无归”。对于每一个贷款银行或贷款银团来说，可能有众多贷款项目，对每一个贷款项目所能承受风险的能力总是有限的。如果向某个项目提供的贷款金额过大，可能会使其面临难以承受的风险，所以在选择股本金与债务资金的比例时要充分考虑贷款银行承受风险的能力。不仅投资者要考虑，贷款银行也一定会考虑。

另外，在确定股本金与债务资金的比例时，还应考虑项目的经济强度和项目债务承受能力等因素。

7.2 资金市场融资

7.2.1 银行借款

1. 银行借款概述

银行借款是指工程项目根据借款合同向银行或非银行金融机构借入的需要还本付息的款项。工程项目根据自己的需要向银行借款。

银行借款的种类与贷款的种类相对应，可以按照不同的标准将借款分为不同的种类。常见的分类方法有以下几种：

（1）按照利率是否固定分类

按照利率是否固定，借款可以分为固定利率借款与浮动利率借款。

固定利率借款是指借款合同约定在借款全部期限内利率保持不变的借款。这种借款会在未来市场利率上升时给项目带来好处。

浮动利率借款是指借款合同约定借款利率将随着市场利率的变动而变动的借款。这种借款会在未来市场利率下降时给项目带来好处。

（2）按照有无抵押或担保分类

按照有无抵押或担保，借款可以分为信用借款、担保借款和抵押借款。

信用借款是指企业无须提供抵押或担保，仅凭自身信用而取得的借款。银行在发放贷款之前要对企业做出资信分析，然后确定其授信额度。

担保借款是指企业凭借自身和担保人的双重信用而取得的借款。如果借款企业不能按期偿还借款，则由担保人承担偿还借款的责任。目前大多数银行都采用这种放款方式。

抵押借款是指企业凭借自己提供的具有一定价值的抵押品而取得的借款。如果借款企业不能按期偿还借款，银行有权变卖抵押品并优先用其价款补偿借款的本息。

（3）按照信用条件的不同分类

按照信用条件的不同，借款可以分为信贷限额借款、周转信贷协定借款和补偿性余额借款。

信贷限额借款是指企业在接受双方商定的信贷限额信用条件下所取得的借款。所谓信贷限额，是指借款企业与银行之间通过正式或非正式协议规定的无担保借款的最高限额。

周转信贷协定借款是指企业在接受双方商定的周转信贷协定信用条件下所取得的借款。所谓周转信贷协定，是指银行与借款企业签订的具有法律效力的书面协定，它规定银行在法律上有义务向借款企业提供不超过某个最高限额的贷款。

补偿性余额借款是指企业在接受双方商定的补偿性余额信用条件下所取得的借款。所谓补偿性余额，是银行要求借款企业在银行中保持按借款限额或实际借用额的一定比例（一般为10%~20%）计算的最低存款余额。

（4）按提供贷款的机构不同分类

按照提供贷款的机构不同，贷款可以分为政策性银行贷款、商业性银行贷款和其他金融机构贷款。

政策性银行贷款是指执行国家政策性贷款业务的银行向企业发放的贷款，通常为长期贷款。例如，国家开发银行贷款，主要满足企业承建国家重点建设项目的资金需要；中国进出口银行贷款，主要为大型设备的进出口提供买方信贷或卖方信贷；中国农业发展银行贷款，主要用于确保国家对粮、棉、油等政策性收购资金的供应。

商业性银行贷款是指由各商业银行，如中国工商银行、中国建设银行、中国农业银行、中国银行等，向企业提供的贷款，用以满足企业生产经营的资金需要，包括短期贷款和长期贷款。

其他金融机构贷款一般较商业银行贷款的期限要长，要求的利率较高，对借款企业的信用要求和担保的选择比较严格。例如，从信托投资公司取得实物或货币形式的信托投资贷款，从财务公司取得的各种中长期贷款，从保险公司取得的贷款等。

2. 银行借款的程序

企业既可以从银行取得借款，也可以从非银行金融机构取得长期借款。企业从银行取得借款必须经过以下步骤：

（1）企业提出申请

企业申请借款必须符合银行提出的放贷条件。企业申请借款一般应具备以下条件：

1）借款企业实行独立核算，自负盈亏，具有法人资格。

2）借款企业的经营方向和业务范围符合国家政策。

3）借款企业具有偿还借款本金的能力。

4）借款企业的财务管理和经济核算制度健全，资金使用效益及企业经济效益良好。

5）借款企业在银行开立有账户，办理结算。

企业提出的借款申请，应陈述借款的原因、借款金额、用款时间与计划，还款期限与计划。

（2）银行进行审批

银行针对企业的借款申请，按照有关政策和贷款条件，对借款企业进行审查，依据审批权限，核准企业申请的借款金额和用款计划。银行审查的内容包括：企业的财务状况；企业的信用情况；企业盈利能力的稳定性；企业的发展前景；借款投资项目的可行性。

（3）签订借款合同

银行经审查批准后，须与借款企业进一步协商贷款的具体条件，签订借款合同，明确规定借款的数额、利率、期限和一些限制性条款。

（4）企业取得借款

借款合同生效后，银行可在核定的贷款指标范围内，根据用款计划和实际需要，一次或分次将贷款转入企业的存款结算户，以便企业支用借款。

（5）企业偿还借款

企业应按借款合同的规定按期付息还本。如果借款到期并经银行催收，借款企业仍不能予以偿付，银行可按合同规定，从借款企业的存款户中扣还借款本息及加收的利息。

3. 借款合同的内容

借款合同是规定借贷当事人各方权利和义务的契约。借款企业提出的借款申请经贷款银行审查认可后，双方即可在平等协商的基础上签订借款合同。借款合同依法签订后，即具有法律约束力，借贷当事人各方必须遵守合同条款，履行合同约定的义务。

（1）借款合同的基本条款

根据我国有关法规，借款合同应具备下列基本条款：借款种类；借款用途；借款金额；借款利率；借款期限；还款资金来源及还款方式；保证条款；违约责任等。

（2）借款合同的限制条款

由于长期贷款的期限长、风险大，因此，除了合同的基本条款以外，按照国际惯例，银行对借款企业通常都约定一些限制性条款，归纳起来有以下三类：

1）一般性限制条款。一般性限制条款是对借款企业资产的流动性及偿债能力等方面的限制条款。这类条款应用于大多数借款合同。

2）例行性限制条款。例行性限制条款作为例行常规，在大多数借款合同中都会出现，它可以弥补因一般条款规定不够完善而遗留的漏洞，以确保贷款的安全。

3）特殊性限制条款。这类条款是针对某些特殊情况而出现在部分借款合同中的条款，只有在特殊情况下才能生效。

4. 银行借款的优缺点

（1）银行借款的优点

1）融资速度快。与发行公司债券、融资租赁等其他债务筹资方式相比，银行借款的程序相对简单，在借贷双方协商一致、签订合同后，借款方即可迅速获得资金，所花时间较短。

2）筹资成本低。一方面，向金融机构借款，不必像发行证券那样支付较高的发行费用，融资费用较低；另一方面，借款利率较低，同时利息可以在所得税前支付，具有抵税作用。

3）筹资弹性较大。在借款之前，公司根据当时的资本需求与银行等贷款机构直接商定贷款的时间、数量和条件。在借款期间，若公司的财务状况发生某些变化，也可与债权人再协商，变更借款数量、时间和条件，或提前偿还本息。因此，借款筹资对公司具有较大的灵活性，特别是短期借款更是如此。

4）不影响普通股股东的控制权。提供贷款的金融机构无权参与企业的经营管理，无投票表决权，因此不会影响企业股东的控股权。

（2）银行借款的缺点

1）限制条款多。与发行公司债券相比较，银行借款合同对借款用途有明确规定，通过借款的保护性条款，对公司资本支出额度、再筹资、股利支付等行为有严格的约束，以后公司的生产经营活动和财务政策必将受到一定程度的影响。

2）筹资数额有限。银行借款的数额往往受到贷款机构资本实力的制约，难以像发行公司债券、股票那样一次筹集到大笔资金，无法满足公司大规模筹资的需要。

3）财务风险大。借款需要按期还本付息，当企业经营业绩不佳时，借款本金及利息的偿付会增加企业的财务风险。

7.2.2 商业信用

商业信用是企业在商品购销活动过程中因延期付款或预收货款而形成的借贷关系。它是由商品交易中货物与钱在时间与空间上的分离而形成的企业间的直接信用行为，因此，西方国家又称之为自然筹资方式。商业信用是企业间相互提供的，在大多数情况下，商业信用筹资属于免费资金，因此，商业信用在短期负债融资中占有相当大的比重。

1. 商业信用的具体形式

商业信用是企业短期资金的重要来源，其主要形式有应付账款、应付票据、预收货款等。

应付账款是由赊购商品形成的，以记账方法表达的商业信用形式，是最典型也最常见的一种商业信用形式。应付票据是企业进行延期付款商品交易时开具的反映债权债务关系的票据。根据承兑人的不同，应付票据分为商业承兑汇票和银行承兑汇票两种，支付期最长不超过 6 个月。预收货款是指卖方按合同或协议规定，在交付商品之前向买方预收部分或全部货款，延期到一定时间以后再交货的一种商业信用方式。广义而言，应付职工薪酬、应交税费、其他应付款等在一定程度上也能缓解企业短期的资金需求，因此也属于短期融资的形式。

2. 商业信用融资的优缺点

（1）商业信用融资的优点

1）筹资方便。商业信用是一种自发性融资，与商品交易相伴而生。商业信用的使用权由买方自行掌握，买方什么时候需要、需要多少等，在限定的额度内由其自行决定。

2）限制条件少。商业信用比其他筹资方式条件宽松，一般只对还款期限做出规定，无须担保或抵押，选择余地大。

3）融资成本低。大多数商业信用都是由卖方免费提供的，因此与其他筹资方式相比成本较低。

（2）商业信用融资的缺点

1）融资期限短。商业信用属于短期融资方式，不能用于长期资产占用。

2）风险较大。由于各种应付款项目经常发生、次数频繁，因此需要企业随时安排现金的调度。

7.3　资本市场融资

7.3.1　债券融资

1. 债券融资概述

作为直接融资的重要方式，债券融资在利用资本市场融资中具有重要作用。债券是一种有价证券，是社会各类经济主体为筹措资金而向债券投资者出具的，并且承诺按一定利率定期支付利息和到期偿付本金的债权债务凭证。随着债券市场的发展，债券融资已经成为项目融资中不可忽视的资金来源。除了在国内金融市场发行债券融资外，我国政府、银行、企业还可以在国际金融市场上通过发行海外债券募集外汇资金。

（1）债券的基本要素

1）债券面值。债券面值包括两项基本内容：一是币种；二是票面金额。债券面值的币种可用本国货币，也可用外币，这取决于发行者的需要和债券的种类。债券的发行者可根据资金的市场情况和自己的需要选择适合的币种。债券的票面金额是债券到期时偿还债务的金额。不同债券的票面金额大小可能相差悬殊，但考虑到买卖和投资的方便，多趋向于发行小面额债券。面额印在债券上，固定不变，到期必须足额偿还。

2）债券发行价格。债券发行价格是指债券发行时确定的价格。债券的发行价格可能不同于债券的票面金额：当债券的发行价格高于票面金额时，称为溢价发行；当债券发行价格低于票面金额时，称为折价发行；当债券发行价格等于票面金额时，称为平价发行。债券的发行价格通常取决于二级市场的交易价格及市场的利率水平。

3）债券偿还期限。债券偿还期限是指债券从发行日起至清偿本息之日止的时间。债券偿还期限一般分为三类：偿还期限在 1 年或 1 年以内的，称为短期债券；偿还期限在 1 年以上、10 年以下的，称为中期债券；偿还期限在 10 年以上的，称为长期债券。

4）债券票面利率。债券票面利率是指债券发行者预计 1 年内向投资者支付的利息占票面价值的比率。

（2）债券的种类

债券的种类很多，按不同的标准，债券可分为如以下几类：

1）按发行主体分类。这是最主要的分类方式。债券根据发行者的不同，可分为政府公债、地方债券、金融债券、公司债券、项目债券等几大类。

① 政府公债。政府公债是指由国家、中央政府代理机构发行的债券。各国政府公债的名称虽然不尽一致，但发行的目的的则都是弥补国家预算赤字、建设大型工程项目、归还旧债本息等。政府公债可分为国家债券和政府机构债券两种。国家债券专指由各国中央政府、财政部发行的债券，如美国的国库券、日本的国债、英国的金边债券等。政府机构债券是由各国政府有关机构发行的债券，一般由各种政府担保，是具有准国家性质的信用较高的债券。

② 地方债券。地方债券是指由市、县、镇等公共机关发行的债券。其发行目的在于进行当地开发、公共设施的建设等，如美国的市政府债券、日本的地方债券、英国的地方当局债券等。

③ 金融债券。金融债券是指由银行等金融机构发行的债券。

④ 公司债券。公司债券又称企业债券，是股份公司为筹措资金而发行的债券。发行债券的公司或企业向债券持有者做出承诺，在指定的时间按票面额还本付息。公司债券的持有者是公司债权人，而不是公司的所有者，这是与股票持有者最大的不同点。

⑤ 项目债券。项目债券是指为某一特定的工程项目而在金融市场（主要是国际金融市场）发行的债券。它是 20 世纪 90 年代之后发展起来的项目融资渠道。与项目贷款相比，项目债券的特点是期限相对较长、利率稳定、融资渠道宽、谈判过程简单。

2）按偿还期限的长短分类。根据偿还期限长短不同，债券可分为短期债券、中期债券和长期债券三种。短期债券期限一般在 1 年以内，中期债券期限一般在 1~5 年，长期债券期限在 5 年以上。

3）按债券票面是否记名分类。按债券票面是否记名，债券可分为记名债券和不记名债券。记名债券是指将债券购买人的姓名登记在债券名册上。到期时应偿还的本金和应支付的利息只能由债券记名人本人或其正式委托人、合法继承人、受赠人领取。债券持有人要转让该债券时，必须到债券发行人处办理转让手续。不记名债券是指债券票面上不记名，只附有息票，发行者见票即付利息，认票不认人。这种债券一般不能挂失。

4）按债券是否有抵押、担保分类。债券按是否有抵押、担保，可分为抵押债券、担保信托债券、保证债券、信用债券。抵押债券是指以土地、房屋等不动产或动产作为抵押品而发行的债券。债券到期如不能偿还本息，债券持有人可占有或拍卖抵押品作为抵偿。担保信托债券是指发行者以动产或持有的有价证券为担保而发行的债券，是抵押债券的一种，也称流动抵押债券。保证债券又称担保债券，是指以第三者作担保的债券。担保人可以是中央或地方政府、金融机构或其他企业。债券到期发行人不能偿还本息，担保人有代向债券持有人偿还本息的义务。信用债券是指无抵押、不担保的债券。此类债券的发行者一般信用较高，通常是政府、金融机构、知名度较高的公司。

5）按筹集的方法分类。债券按是否公开行，可分为公募债券和私募债券。公募债券是指向社会公开销售的债券。这种债券不是向指定的少数投资者出售的，而是通过证券公司向社会上所有的投资者募集资金。发行公募债券必须遵守信息公开制度，以保护投资人的利益。私募债券是指只向与发行人有特定关系的投资人发售的债券。私募债券的发行范围很小，不采用公开呈报制度，债券的转让也受到一定程度的限制，流动性较差。一般说来，投资人认购私募债券的目的不是转卖，而是为了持有债券获取利息。

6）按投资人的收益分类。按债券投资人的收益，债券可分为固定利率债券和浮动利率债券等。固定利率债券是指债券票面上已注明利息的债券。浮动利率债券是指债券票面上利率不固定，而是按规定做定期调整。

2. 债券融资的优缺点

（1）债券融资的优点

1）资金成本较低。利用债券融资的成本要比利用股票融资的成本低。这主要是因为债券的发行费用较低，债券利息在税前支付。

2）保证控制权。债券持有人无权干涉企业的管理实务。如果现有股东担心控制权旁落，则可采用债券融资。

3）可以发挥财务杠杆作用。不论公司是否盈利，债券持有人只收取固定的有限利息，而更多的收益可用于分配给股东，或留归企业扩大经营。

（2）债券融资的缺点

1）融资风险高。债券有固定的到期日，并定期支付利息。利用债券融资，要承担还本付息的义务，对于资金不足的企业无异于釜底抽薪，会给企业带来更大的困难，甚至导致企业破产。

2）限制条件多。发行债券的契约书中往往有一些限制条款，这种限制比优先股及短期债务严格得多，可能会影响企业的正常发展和以后的融资能力。

3）融资额有限。利用债券融资有一定的限度，当公司的负债比率超过一定程度后，债券融资的成本会迅速上升。

3. 债券发行的条件

债券的发行条件主要是指制约债券发行的诸要素，或者说是对债券发行的总要求。按照国际惯例，发行债券需要符合规定的条件，一般包括发行债券的最高限额、发行公司自有资本最低限额、公司获利能力、债券利率水平等。

1）依照《中华人民共和国证券法》规定，公开发行公司债券，应当符合下列条件：

① 股份有限公司的净资产不低于人民币3000万元，有限责任公司的净资产不低于人民币6000万元。

② 累积债券余额不超过公司净资产的40%。

③ 最近3年平均可分配利润足以支付公司债券1年的利息。

④ 筹集的资金投向符合国家产业政策。

⑤ 债券的利率不超过国务院限定的利率水平。

⑥ 国务院规定的其他条件。

公开发行公司债券筹集的资金，必须用于核准的用途，不得用于弥补亏损和非生产性支出。

2）有下列情形之一的，不得再次公开发行公司债券：

① 前一次公开发行的公司债券尚未募足。

② 对已公开发行的公司债券或其他债务有违约或者延迟支付本息的事实，仍处于继续状态。

③ 违反《证券法》规定，改变公开发行公司债券所募资金的用途。

4. 债券的发行程序

所谓债券的发行程序，就是指发行债券过程中所要经历的先后工作顺序。由于债券的种类、性质、范围等各异，债券的发行程序也各不相同，一般来说要经过以下四个步骤：

（1）债券发行的准备

债券发行的准备工作非常重要，对于债券能否取得发行资格、能否顺利发行起着举足轻重的作用。根据不同的债券，发行准备工作主要有以下几个方面：

1）债券的信用评级。债券的信用评级是由投资服务机构对债券发行人的基本经营情况分析评级。一般情况下，国家债券不存在资信评级机构的审查评议，这主要是因为政府债券是政府的直接债务，而政府又掌握国家的资源和税收，因此，债券的安全可靠性高，一般被认为是几乎没有信用违约风险问题。债券信用评级多出现在国债以外的其他发债者身上，如企业债券评级。较高的信用等级对发债者来说不仅是很好的广告宣传，而且对进一步的筹资，甚至产品的销售都有很大帮助。对投资者来说，信用评级可以起到保护自身利益的作用。因此，发债者的信用级别越高，越将成为吸引投资者的投资热点。

2）成立专门小组，熟悉和掌握债券发行必须要做的工作。这包括债券发行所需要的有关文件资料、报批手续、发行机构、发行成本核算、债券发行市场情况、债券的印制、债券的纳税等工作。

3）全面研究，拟定关于债券发行所必需的各种书面文件和必须提供的书面资料。这主要包括债券的可行性报告、债券的发行额度、发行范围、筹贷的使用方向及效益情况、债券的发行章程、宣传资料等。

4）对债券市场进行综合调研，特别是从法律方面，对发债者的权利、义务、责任和风险进行全面分析比较。

（2）债券发行的申请及应提供的文件

1）债券发行的申请。任何拟以债券方式筹措资金者必须在发行前首先提出正式发债申请，报人民银行审查批准。具体表现为，人民银行根据国家宏观经济政策和申请者的实际情况，决定是否批准发行，优先批准哪一家发行，以及决定其发行量的多少等。

2）申请发债应提供的文件。债券发行者依法定程序，于发债前向债券主管机关中国人民银行或其分支机构提出发债申请，并按规定报送有关文件，按计划发行总额一定比例注册申请费。需要报送的有关文件有以下几类：

① 债券发行申请书。

② 债券发行章程或说明书。这是申报的关键，应力求详细，如属公开发行的债券，必须予以公布，以便投资者了解、分析和进行选择。

一般章程或说明书应载明下列内容：发行者的全称、地址及法人代表；发行者的企业性质、注册资本和经营范围以及近 3 年（含当年）的资产负债情况；发行债务的目的、用途和经济效益预测；发行债务的总额、种类、方式、票面金额和发售价格等；债券的利率及计算方式；债券的还本付息方式及日期；债券发行的起止日期；债券承销者的全称、地址及承销方式、金额和价格；债券发行的范围及购债者的权利与义务；其他需要说明的问题。

3）营业执照。这是指由工商行政管理部门正式颁发的营业证书。主要看其是否为符合发行条件的合法的营利性企业。

4）经会计师事务所或审计师事务所核查签证的上两个年度和上一个季度连续盈利的财务报表，以确证发行者近 3 年连续盈利的真实性和合法性。

5）如发行债券筹资用于固定资产投资，还应提供有权批准部门准予进行固定资产投资的批准文件，防止计划外固定资产投资项目。

6）公开发行债券还应提供中国人民银行及其分支机构指定的资信评级机构出具的债券等级证明，债券等级达到 A 级以上才能批准发行。这一等级证明提供了比较可靠的企业偿债资信依据，也为中国人民银行提供了审批的前提条件。

7）公开发行债券还应提供发债者与承销证券的证券公司或其他经过批准可经营证券的金融机构签订的债券承销合同，通过合同建立双方的法律关系，明确发行风险。

8）中国人民银行或其批准的金融机构所需的其他文件。

（3）债券发行的审查

无论是从维护经济秩序稳定、维护企业金融机构信誉、确保债券顺利发行的角度，还是从保护投资者利益的角度来讲，发行债券都要慎之又慎。作为证券发行的管理部门，必须对发债者及债券进行严格的审查。

（4）债券的发行

债券的发行包括发行形式和发行价格的确定，以及债券发行的决策。

1）发行形式和发行价格的确定。

① 发行形式。主要包括：内部发行，必须记名并限于向发行企业职工发行；定向发行，限于向协同单位、联营单位及其职工发行；公开发行，不限对象，自由认购。

② 发行价格。详见后文的介绍。

2）债券发行的决策。企业在决策发行债券前，应充分分析自身条件并对照国家有关发行债券的金融法规进行全面决策。

① 发行额的决策。企业应考虑资金需求量，用于项目的资金应当是批准项目投资总额减去自筹资金及已经解决的资金来源，不足部分为项目的资金数。其流动资金需求量则可根据生产发展和银行借款额度不足部分来确定。

② 债券利率的决策。主要根据国家宏观利率调控需要而定。

③ 债券发行期限的决策。债券发行期就是债券发行日到还本日的时间。

④ 发行方式的决策。发行方式主要包括以下几类：包销，代理发行机构在委托协议规定期内，不管债券是否全部认购完毕，必须将筹资款划归发行企业；全额包销，即至规定的发行期内结束，未售出的债券余额部分，由代理发行机构一次买进，在协议规定期内将筹款金额一次划归发行单位；代销，又称推销，代理发行期结束后，在协议规定期内，将已发行新筹款项和未发行的债券一并划付、归还发行企业。

5. 发行价格

债券属于虚拟资本的范畴，它与厂房等真实资本不同，本身没有价值，仅仅是一种凭证或所有权证书。债券与其他虚拟资本之所以有价格，是因为它们能给持有者（投资者）带来收入，并相应构成发行者（筹资者）的成本支出。

（1）债券的价格

债券的价格也称债券行市，是指债券在证券市场上以其自身独立的运动形态进行自由买卖的市场价格。债券价格通常有以下几种不同含义：

1）票面价格。票面价格是指券面注明的发行者到期偿还的金额。

2）发行价格。发行价格是指筹资者每张债券的实得金额，也就是投资者对确定票面价格的债券所支付的购买金额。债券的发行价格往往与票面价格不一致，分为以下三种情况：

① 等价发行，即按债券票面价格发行，发行价格等于票面价格。

② 折价发行，即按低于债券票面价格发行，发行价格低于票面价格。

③ 溢价发行，即按高于债券票面价格发行，发行价格高于票面价格。

3）市场价格。市场价格即债券发行后在流通市场上的买卖价格。购进价又称买进价格，卖出价又称卖出价格。人们通常所说的债券价格是指债券的市场价格。

（2）影响债券发行价格的因素

企业发行债券时，由于市场利率既可能与票面利率相同，也可能不同，因而其发行价格可能与面值相等，也可能与面值不等，因此会出现溢价发行或者折价发行的情况。所以，债券的发行价格必然要根据有关因素计算确定。

通常情况下，债券的发行价格等于债券到期本金偿还额按市场利率计算的现值加上债券利息按市场利率计算的现值。计算公式如下：

$$P = \sum_{t=1}^{n} \frac{I_t}{(1+t)^i} + \frac{M}{(1+i)^n}$$

式中　P——债券发行价格；

I_t——债券第 t 期的利息；

M——债券面值；

i——折现率；

n——计息次数。

根据上述公式不难看出，债券发行价格的大小取决于五个基本要素：债券的面值（即本金偿还额）、票面利率、市场利率、计息方式和折现方法。

1）债券的面值。债券的面值是标在债券上的名义价值。它既是债券到期时的本金偿还额，也是计付利息的基础，即向企业投资者计付利息是以债券的面值和票面利率为准计算的。

债券面值对债券发行价格的影响表现在：在其他因素不变的情况下，债券面值越大，发行价格越高；反之，面值越小，发行价格就越低。

2）票面利率。票面利率是标在债券上的名义利率，可能与市场利率一致，也可能不一致。票面利率是企业向投资者计付利息的标准。

票面利率对债券发行价格的影响表现在：在其他因素不变的情况下，票面利率越高，债券的发行价格就越高；反之，则越低。

3）市场利率。顾名思义，市场利率就是企业发行债券时，金融市场上所通行的借贷利率，它是金融市场上资金供求矛盾运动的结果。市场利率的大小与企业债券的发行没有直接关系，是企业不能控制的因素。

市场利率对债券发行价格的影响表现在：在其他因素不变的情况下，市场利率越高，则债券发行价格越低；反之，市场利率越低，则发行价格就越高。

4）计息方式。计息方式是债券发行者计付利息的时间和形式。因为资金（货币）具有时间价值，计息方式的不同也会引起债券发行价格的变化。

① 若债券到期一次还本付息，利息的支付是在最后一次完成的，投资者获取利息的时间最晚，为了弥补投资者晚收利息的损失，债券的发行价格要低一些。

② 若债券是分次付息的，投资者可以比较及时地获取利息，因而债权的发行价格可适当高一些。

③ 在债券发行时就扣除利息（即俗称的“贴现发行”）的情况下，投资者获取利息最为及时，因而债券的发行价格也应最高。

债券的计息方式一般由企业自行确定，并在债券上标明，国家对此并不做统一规定。目前，我国企业发行的债券大多采取到期一次还本付息的方式。

5）折现方法。前已述及，因为债券的发行价格实质上是本金现值与利息现值之和，因而必然涉及现值的计算方法，即折现方法。折现方法不同，计算结果也不相同。要确定计算债券发行价格的折现方法，必须注意两个问题：

① 单利与复利。众所周知，复利法与单利法完全不同。单利法只假定“本能生利”，而

复利法则假定“本能生利，利亦能生利”。很显然，用两种不同方法计算的现值是不同的，因而债券的发行价格也是不同的。大多数企业都是运用复利法计算债券的发行价格。

② 折现频率。既然使用复利法计算债券的发行价格，由此涉及的是折现频率的确定。折现频率又称复利频率，是指在一个期间内的复利次数。复利的间隔时间越短，复利频率越高，据以计算的终值越大，而计算的现值却越小；复利的间隔时间越长，复利频率越低，据以计算的终值则较小，而计算的现值却越大。

折现频率一般可以分为以下三种情形进行探讨：

a. 债券到期一次还本付息的情形。若债券到期一次还本付息，应按照复利法和一年复利一次的方法进行折现，求出债券的发行价格。

b. 每年付息、到期还本的情形。这种情形比较简单，把本金和每年支付的利息按市场利率分别折现后求和，即得债券的发行价格。

c. 每年付息若干次、到期还本的情形。首先必须明确，因为资金（货币）有时间价值，增加付息次数必然导致提前付息，在名义利率不变的情况下，也会增加企业的负担，因而企业必然要求提高债券的发行价格。若仍按每年复利一次的方法进行计算，结果不能增加债券的发行价格。因此，在每年付息若干次的情况下，必须按换算后的市场实际利率进行利息的折现。

6. 债券的偿还

（1）债券的偿还时间

债券的偿还时间按其实发生与规定的到期日之间的关系，分为提前偿还与到期偿还两类。其中，后者又包括分批偿还和一次偿还两种。

1）提前偿还。提前偿还又称提前赎回或收回，是指在债券尚未到期之前就予以偿还。只有在企业发行债券的契约中明确规定了有关允许提前偿还的条款，企业才可以进行此项操作。

2）分批偿还。如果一个企业在发行同一种债券的当时就为不同编号或不同发行对象的债券规定了不同的到期日，这种债券就是分批偿还债券。因为各批债券的到期日不同，它们各自的发行价格和票面利率也可能不相同，从而导致发行费较高。

3）一次偿还。到期一次偿还的债券是最为常见的。

（2）债券的偿还形式

债券的偿还形式是指在偿还债券时使用的支付手段。可使用的支付手段包括现金、新发行的本公司债券（简称新债券）、本公司的普通股股票（简称普通股）和本公司持有的其他公司发行的有价证券（简称有价证券）。其中前三种较为常见。

1）用现金偿还债券。现金是债券持有人最愿意接受的支付手段，也最为常见。为了确保在债券到期时有足够的现金偿还债券，企业需要建立偿债基金。

2）以新债券换旧债券。这也叫“债券的调换”。企业之所以要进行债券的调换，一般有以下几个原因：原有债券的契约中有较多的限制条款，不利于企业的发展；把多次发行、尚未彻底偿清的债券进行合并，以减少管理费；有的债券到期，但企业现金不足。

3）用普通股偿还债券。如果企业发行的是可转换债券，可通过转换成普通股来偿还债券。

7.3.2　股票融资

1. 股票概述

股票是股份公司发行的所有权凭证，是股份公司为筹集资金而发行给各个股东作为持股凭证并借以取得股息和红利的一种有价证券。股票一经发行，每股股票都代表股东对企业拥有一个基本单位的所有权，持有者即为发行公司的股东。股票是股份公司资本的构成部分，可以转让、买卖，是资本市场的主要长期信用工具。股票实质上代表了股东对股份有限公司的所有权，股东凭借股票可以获得公司的股息和红利，参加股东大会并行使自己的权利，同时也承担相应的责任与风险。股票一经认购，持有者不能以任何理由要求退还股本，只能通过证券市场将股票转让和出售。作为交易对象和抵押品，股票已成为金融市场上主要的、长期的信用工具。

（1）股票的特征

1）收益性。收益性是指持有者凭其持有的股票，有权按公司章程从公司领取股息和红利，获取投资收益的性能。认购股票就有权享有公司的收益，这既是股票认购者向公司投资的目的，也是公司发行股票的必备条件。股票收益的大小取决于公司的经营状况和盈利水平。

股票的收益性还表现在持有者利用股票可以获得价差收入和实现货币保值。股票持有者可以通过低进高出赚取价差利润；或者在货币贬值时，持有股票因为公司资产的增值而升值，从而避免货币贬值的损失；还可以以低于市价的特价（或无偿）获取公司配发的新股而使股票持有者获得利益。

2）风险性。股票的风险性与股票的收益性相对应。认购了股票，投资者既有可能取得较高的投资收益，同时也要承担较大的投资风险。在市场经济活动中，由于不确定性因素的影响，股票的收益是事先难以确定的动态数值，它随公司的经营状况和盈利水平波动，同时也受到股票市场行情的影响。公司经营得越好，股票持有者获取的股息和红利就越多；公司经营不善，股票持有者能分得的盈利就会减少，甚至无利，这样，股票的市场价格就会下跌，股票持有者也会因股票贬值而遭受损失。由此可见，股票的风险性与收益性是并存的。股东的收益在很大程度上是对其所担风险的补偿，股票收益的大小与风险的大小成正比。因此，股票在交易市场上作为交易对象，有自己的市场行情和市场价格。由于股票价格受到诸如公司经营状况、供求关系、银行利率、大众心理等多种因素的影响，其波动有很大的不确定性。正是这种不确定性，有可能使股票投资者遭受损失。股票价格波动的不确定性越大，投资风险也越大。因此，股票是一种高风险的金融产品。

股票持有者不能退股，即不能向股票发行公司要求抽回本金，同样，股票持有者的股东身份和股东权益也不能改变；但可以通过股票交易市场将股票卖出，将股份转让给其他投资者，以收回自己原来的投资。

3）价格与面值的不一致性。股票本身没有价值，它只是真实资本的“纸制的副本”；但作为一种特殊金融商品在交易时也有一定的价格，这种价格实际上是一种资本化的收入。

股票价格受企业经营状况，以及其他社会、政治和经济等诸多因素的影响，往往与其票面价值不一致，从而吸引了大批以获取股市差价利益为目的的投机者，并为其奠定了活跃的基础。

4）流通性。股票的流通性是指股票在不同投资者之间的可交易性。流通性通常以可流通的股票数量、股票成交量，以及股价对交易量的敏感程度来衡量。股票具有很高的流通性。在股票交易市场上，股票可以作为买卖对象或抵押品随时转让。股票转让意味着转让者将其出资金额以股价的形式收回，而将股票所代表的股东身份及各种权益让渡给受让者。流通性是股票的一个基本特征，是商品交换的特殊形式。持有股票类似于持有货币，随时可以在股票市场兑现。股票的流通性促进了社会资金的有效利用和资金的合理配置。可流通股数多，成交量越大，价格对成交量越不敏感（价格不会随着成交量一同变化），股票的流通性就越好；反之，则流通性越差。

5）股份的伸缩性。股份的伸缩性是指股票所代表的股份既可以拆细，又可以合并。股份的拆细是将原来的一股分为若干股。股份拆细并没有改变资本总额，只是增加了股份总量和股权总数。当公司利润增加或股票价格上涨时，投资者购入一股股票所需的资金增多，股票市场交易就会发生困难。在这种情况下，就可以将股份拆细，即采取分割股份的方式来降低单位股票的价格，以争取更多的投资者，扩大市场的交易量。股份合并是将若干股股票合并成较少的几股。股份合并一般在股票面值过低时采用。公司在公司资本减少、公司合并或股票市价由于供应减少而回升时实行股份合并。

6）价格的波动性。股票价格的高低不仅与公司的经营状况和盈利水平密切相关，而且与股票收益与市场利率的对比关系紧密相连。此外，股票价格还会受到国内外经济、政治、社会及投资者心理等诸多因素的影响。

7）经营决策的参与性。根据法律的规定，股票的持有者即发行股票的公司的股东，有权出席股东大会，选举公司的董事会，参与公司的经营决策。股票持有者的投资意志和享有的经济利益，通常是通过行使股东参与权而实现的。股东参与公司经营决策的权力大小，取决于其持有股份的多少。

（2）股票的分类

根据不同的标准，可以对股票进行不同的分类。

1）按股东享受权利和承担义务的大小分类。以股东享受权利和承担义务的大小为标准，股票可分为普通股股票和优先股股票。

普通股股票简称普通股，是股份公司依法发行的具有管理权、股利不固定的股票。普通股票具有股票最一般的特征，是股份公司资本最基本的部分。

优先股股票简称优先股，是股份公司依法发行的具有一定优先权的股票。

2）按股票票面是否记名分类。以股票票面是否记名为标准，股票可分成记名股票与无记名股票。

记名股票是指股票上载有股东姓名或名称并将其记入公司股东名册的一种股票。记名股票要同时附有股权手册。只有同时具备股票和股权手册，才能领取股息和红利。记名股票的转让、继承都要办理过户手续。

无记名股票是指股票上不记载股东姓名或名称的股票。凡持有无记名股票的，都可成为公司股东。

3）按股票票面有无金额分类。以股票票面上有无金额为标准，股票可分为面值股票和无面值股票。

面值股票是指在股票票面上记载着每股金额的股票。股票面值的主要功能是确定每股股票在公司所占有的份额；另外，还表明在有限公司中股东对每股股票所负有有限责任的最高限额。

无面值股票是指股票票面不记载每股金额的股票。无面值股票只在票面上注明每股占公司全部资产的比例，其价值随公司财产价值的增减而增减。

4）按发行对象和上市地区分类。以发行对象和上市地区为标准，股票可分为 A 股、B 股、H 股和 N 股等。

在我国内地，有 A 股、B 股。A 股是以人民币表明票面金额；B 股是以外币认购和交易的股票。另外，还有 H 股和 N 股。H 股是在我国香港上市的股票；N 股是在美国纽约上市的股票。

2. 股票的发行

（1）股票发行的条件

股份公司和股票市场的产生是商品经济条件下极为普遍的现象，也是衡量商品经济发达程度的重要标志。因此，股票的发行必须遵循一定的法律和规定。按国际惯例，股份公司必须具备一定的发行条件，取得发行资格，并在办理必要手续后，才能发行股票。

上市的股份有限公司在证券市场上发行的股票包括公开发行股票和非公开发行股票两种类型。其中，公开发行股票又分为首次上市公开发行股票和上市公开发行股票；非公开发行股票即向特定投资者发行的股票。

1）首次上市公开发行股票（IPO）。首次上市公开发行股票是指股份有限公司对社会公开发行股票并上市流通和交易。实施 IPO 的公司，自股份有限公司成立后，持续经营时间应当在 3 年以上（经国务院特别批准的除外），应当符合中国证监会《首次公开发行股票并上市管理办法》规定的相关条件，并经中国证监会核准。

《证券法》第十二条规定，公司首次公开发行新股，应当符合下列条件：

① 具备健全且运行良好的组织机构。

② 具有持续经营能力。

③ 最近 3 年财务会计报告被出具无保留意见审计报告。

④ 发行人及其控股股东、实际控制人最近 3 年不存在贪污、贿赂、侵占财产、挪用财产或者破坏社会主义市场经济秩序的刑事犯罪。

⑤ 经国务院批准的国务院证券监督管理机构规定的其他条件。

上市公司发行新股，应当符合经国务院批准的国务院证券监督管理机构规定的条件，具体管理办法由国务院证券监督管理机构规定。

根据《首次公开发行股票并上市管理办法》（2022 年修正）规定，发行人应当符合下列条件：

① 最近3个会计年度净利润均为正数且累计超过人民币3000万元，净利润以扣除非经常性损益前后较低者为计算依据。

② 最近3个会计年度经营活动产生的现金流量净额累计超过人民币5000万元；或者最近3个会计年度营业收入累计超过人民币3亿元。

③ 发行前股本总额不少于人民币3000万元。

④ 最近一期期末无形资产（扣除土地使用权、水面养殖权和采矿权等后）占净资产的比例不高于20%。

⑤ 最近一期期末不存在未弥补亏损。

2）上市公开发行股票。上市公开发行股票是指股份有限公司已经上市后，通过证券交易所在证券市场对社会公开发行股票。上市公开发行股票包括增发和配股两种方式。增发是指上市公司向社会公众发售股票的再融资方式；配股是指上市公司向原有股东配售股票的再融资方式。

3）非公开发行股票。非公开发行股票是指上市公司采用非公开方式，向特定对象发行股票，也称定向募集增发。其对象可以是老股东，也可以是新投资者，但发行对象不超过10名。发行对象为境外战略投资者的，应当经国务院相关部门事先批准。

（2）股票发行报送的资料

公司公开发行新股，应当报送募股申请和下列文件：

1）公司营业执照。

2）公司章程。

3）股东大会决议。

4）招股说明书或者其他公开发行募集文件。

5）财务会计报告。

6）代收股款银行的名称及地址。

依照《证券法》规定聘请保荐人的，还应当报送保荐人出具的发行保荐书。依照《证券法》规定实行承销的，还应当报送承销机构名称及有关的协议。

（3）股票发行的基本程序

根据国际惯例，各国股票的发行都有严格的法律规定程序，任何未经法定程序发行的股票都不发生效力。这里介绍公开发行股票的基本程序：

1）申请发行股票的公司向直属证券管理部门正式提出发行股票的申请。公司公开发行股票的申请报告由证券管理部门受理，考察汇总后进行预选资格审定。

2）被选定股票公开发行公司向直属证券管理部门呈报企业总体情况资料，经审核同意并转报中国证监会核定发行额度后，公司可正式制作申报材料。

3）聘请具有证券从业资格的会计师、资产评估机构、律师事务所、主承销商进行有关工作，制作正式文件。

4）准备向拟选定挂牌上市的证券交易所呈交上市所需材料，提出上市申请，经证券交易所初审通过后，出具上市承诺函。

5）直属证券管理部门收到公司申报材料后，根据有关法规，对申报材料是否完整、有效、准确等进行审查，审核通过后，转报中国证监会审核。

6）证监会收到复审申请后，由中国证监会发行监管部对申报材料进行预审，预审通过后提交中国证监会股票发行审核委员会（简称发审委）复审。

7）发审委通过后，证监会出具批准发行的有关文件，并就发行方案进行审核，审核通过后出具批准发行方案的有关文件。

8）拟发行公司及其承销商在发行前 2~5 个工作日内将招股说明书概要刊登在至少一种中国证监会指定的上市公司信息披露报刊上。

9）股票发行。

（4）增资发行新股的程序

1）股东大会做出发行新股的决议。

2）由董事会向国务院授权的部门或省级人民政府申请并经批准。

3）公告新股招股说明书和财务会计报表及附属明细表，与证券经营机构签订承销合同，定向募集时向新股认购人发出认购公告或通知。

4）招认股份，缴纳股款。

5）改组董事会、监事会，办理变更登记并向社会公告。

（5）股票的直接上市融资和间接上市融资

直接上市融资是指股份有限公司按照《公司法》《证券法》的有关规定，按照股票发行程序申请公开发行股票，获得批准后发行股票，并在证券交易所上市交易。间接上市有两种形式：买壳上市和造壳上市。买壳上市即收购，公司根据《公司法》《证券法》的规定，购买上市公司的部分股份，获得上市公司的控制权，而后将原有企业的优质资产置换到上市公司的资产中，再以配股、增发新股等形式进行新一轮的融资。造壳上市是根据相关法律，在拟上市海外证券市场所允许的地点，注册一家控股公司，而后通过资产置换，将原有企业的优质资产置换到新注册的控股公司里，再以控股公司的名义在海外证券市场上直接上市融资。

3. 普通股融资

（1）普通股的概念

普通股股票也称普通股，是最常见、最基本的一种股票。普通股是股份公司依法发行的具有管理权、股利不固定的股票。普通股具备股票最一般的特征，是股份公司资本最基本的部分。普通股股票是构成发行企业资本的基础，在公司盈利和剩余财产的分配顺序上列在债权人和优先股股东之后，因此其承担的风险较大。与优先股相比，普通股是标准的股票，也是风险较大的股票。通常股份有限公司只发行普通股股票。

（2）普通股股东的权利

普通股股东对公司的管理权，主要体现在其在董事会选举中有选举权和被选举权。通常选出的董事会代表所有股东对企业进行控制和管理。具体来说，普通股股东的权利主要表现为以下方面：

1）表决权。出席或其委托代理人出席股东大会，并依公司章程规定行使表决权，这是普通股股东参与公司经营管理的基本方式。普通股股东有权投票选举公司董事会成员并有权对修改公司章程、改变公司资本结构、批准出售公司某些资产、吸收或兼并其他公司等重大问题进行投票表决。

2）股份转让权。股东持有的股份可以自由转让，但必须符合《公司法》、其他法规和公司章程规定的条件和程序。股东出售或转让股票而无须其他股东知道或同意。在公司股票上市后，股东可以在证券市场上自由转让或出售股票。

3）股利分配请求权。普通股股东有权参与企业股利的分配，以获得投资收益。

4）优先认购权。当公司增发普通股时，现有股东有权按持有公司股票的比例，优先认购新股票。这主要是为了保证现有股东在公司股份中原来所占的百分比，保证他们的控制权。

5）查账权。普通股股东有对公司账目和股东大会决议的审查权和对公司事务的质询权。从原则上来讲，普通股股东拥有查账权。在实践中，这种权利是通过委托注册会计师查证公司的各项财务报表来实现的。

6）剩余财产的要求权。当公司解散、清算时，普通股股东对剩余财产有要求权。但是当公司破产清算时，财产的变价收入首先要用来清偿债务，然后支付优先股股东，最后才能分配给普通股股东。所以在破产清算时，如果公司资不抵债，普通股股东实际上就分不到剩余财产。

7）公司章程规定的其他权利。普通股股东也基于其资格对公司负有义务。《公司法》中规定了股东具有遵守公司章程、缴纳股款、对公司负有限责任、不得退股等义务。

（3）普通股融资的优缺点

1）普通股融资的优点：

① 普通股融资支付股利灵活。普通股股利分配政策完全由公司决定，可以根据公司的经营状况和财务政策决定是否分配股利和分配多少。公司没有盈利，就可以选择不支付股利；公司有盈利，并认为适合分配股利，就向股东分配；公司盈利较少，或虽有盈利但资金短缺或有更有利的投资机会，就可以少支付或不支付股利。

② 普通股一般不用偿还股本。利用普通股筹集的是永久性资金，普通股股东不可以退股，只可以进行转让。因此，普通股只有在公司清算时才需要偿还，这就大大节约了公司的成本。

③ 普通股融资风险小。由于普通股股本没有固定的到期日，股利支付与否和支付多少视公司的经营情况和财务政策而定，在股利分配上较为灵活，因此不存在还本付息的压力，融资风险较小。

④ 由于普通股的预期收益较高，并可在一定程度上抵消通货膨胀的影响，因此，普通股融资更容易吸收资金。

2）普通股融资的缺点：

① 不能获得财务杠杆带来的利益。利用债务融资时，如果债务的融资成本低于公司的收益率，公司就可以获得财务杠杆带来的好处；但是，若采用普通股融资进行分红，就不能获得这部分比率差额带来的成本节约。

② 普通股股利不具有抵税作用。普通股股利是从税后利润中支付的，而债券利息可以

从税前支付，因此采用普通股融资的资金成本较债券融资高。

③ 增加普通股发行量，将导致现有股东对公司控制权的削弱。增发股票可以使企业融入更多资金，但是也导致公司控制权被稀释。普通股融资的策略是在充分权衡风险和收益的情况下，合理确定普通股权益占企业总资金来源的比重，选择合适的发行时间和发行方式，使普通股权益收益率在可承受风险范围内最大化。

④ 普通股的资金成本较高。一般来说，普通股融资的成本要大于债务融资。首先，从投资者的角度讲，投资于普通股风险较高，理应要求有较高的投资报酬率；其次，普通股股利从税后利润中支付，不具有抵税作用；此外，普通股的发行费用一般也高于其他证券，资金成本较高。

4. 优先股融资

（1）优先股的概念

优先股是一种特殊的股票，是一种介于股本资金和负债之间的融资方式。优先股股东不参与公司经营管理，没有公司控制权，要支付固定的股息。其股东在公司盈利分配上比普通股股东享有一定的优先权；在公司解散并分配剩余财产时，优先股股东先于普通股股东受偿，但是在债权人之后。所以，优先股可以视为一种准股本资金。

（2）优先股的权利

1）优先分配股利的权利。优先股股利分配上的优先权，是其最主要的特征。优先股通常有固定的股利，按票面价值的一定百分比来计算。例如，票面价值为 100 元、股利率为 5%时，则每年支付给优先股的股利应为 5 元。优先股股利除数额固定外，还必须在普通股股利之前支付。

2）对资产的优先要求权。在企业破产清算时，出售资产所得的收入，优先股位于债权人的求偿权之后，但先于普通股。其金额只限于优先股的票面价值，加上累积未支付的股利。为了保护优先股的这些优先权，发行协议有时也会有一些限制条款，比如禁止发行对资产拥有更加优先或同等求偿权的证券。

3）管理权。对优先股股东的管理权是有严格限制的。通常在公司的股东大会上优先股股东没有表决权，但是当公司研究与优先股有关的问题时有权参加表决。例如，如果讨论把一般优先股改为可转换优先股，或推迟优先股股利的支付时，优先股股东都有权参加股东大会并有权表决。

（3）优先股的种类

1）累积优先股和非累积优先股。累积优先股是指如果公司因故不能按期发放优先股股利，则这些优先股股利将累积到以后年度一并发放。公司在发放完全部积欠的优先股股利之前，不得向普通股股东支付任何股利。非累积优先股则无上述权利。

2）可转换优先股与不可转换优先股。可转换优先股是指有权按照发行时的规定，在将来的一定时期内转换为普通股的优先股。不可转换优先股则无上述权利。

3）参加优先股与非参加优先股。参加优先股是指其股东在获取定额股利后，还有权与普通股股东一起参与剩余利润的分配。非参加优先股则无上述权利。

4）有投票权优先股与无投票权优先股。有的优先股在公司一定时期内始终未能发放优先股股利时，可以被赋予投票权，参加公司董事的选举，以保证公司管理层能够维护优先股股东的利益。有的优先股则不能获得这一权利，称为无投票权优先股。

(4) 优先股融资的优缺点

1) 优先股融资的优点：

① 财务负担较发行债券要轻。与债务融资相比，优先股财务负担较轻，这是因为优先股股利不是发行公司必须偿付的一项法定债务。如果公司财务状况恶化，优先股股利可以不支付，从而减轻了企业的财务负担。

② 财务上较为灵活。由于优先股没有规定的最终到期日，实质上是一种永续性借款。优先股票的回收由企业决定，企业可在有利条件下收回优先股，具有较大灵活性。

③ 保持普通股股东对公司的控制权。因为优先股一般没有表决权，通过发行优先股，公司普通股股东可避免与新投资者一起分享公司的盈余和控制权。当公司既想向外筹措自有资金，又想保持原有股东的控制权时，利用优先股融资较为恰当。

④ 有利于提高公司信誉。从法律上讲，优先股股本属于公司的自有资金，可以作为公司其他筹资方式的基础，并且可以适当提高公司的信誉和借款举债能力。

2) 优先股融资的缺点：

① 融资成本高。优先股所支付的股利要从税后净利润中支付，不同于债务利息可在税前扣除。因此，优先股融资成本较高。

② 融资限制多。发行优先股通常有许多限制条款，例如，对普通股股利支付上的限制、对公司借债的限制等。

③ 财务负担重。如前所述，优先股需要支付固定股利，但又不能在税前扣除，所以，当利润下降时，优先股的股利会成为一项较重的财务负担，有时不得不延期支付。

7.4 银团贷款融资

7.4.1 银团贷款概述

1. 银团贷款的概念

银团贷款也是商业贷款的一种，是由获准经营贷款业务的一家或数家银行牵头，多家银行与非银行金融机构参加的、按照一定的分工和出资比例组成的结构严谨的金融集团，集中资金按商定的期限和条件向某一借款人（或某工程项目）提供的金额较大的中长期贷款。国际银团是由不同国家的多家银行组成的银行集团，通常会选定一家银行作为代理行代表银团成员负责管理贷款事宜。银团贷款是我国利用国外商业贷款融资的一种比较典型、普遍的方式。

银团贷款是国际银行业中一种重要的信贷模式。银团贷款是商业银行贷款概念在国际融资实践中的合理延伸。对于国际上的大多数大型项目融资案例，其资金需求规模之大、结构之复杂，只有大型跨国银行和金融机构联合组织起来，才能承担得起融资的任务。

2. 银团贷款的分类

银团贷款根据各参与行在银团中承担权利和义务的不同，可分为直接型银团贷款和间接型银团贷款。

（1）直接型银团贷款

直接型银团贷款是指在牵头行的统一组织下，由借款人与各个贷款银行直接签订一个贷款协议，根据贷款协议规定的条件，按照各自实现承诺的参加份额，通过委托代理行向借款人发放、收回和统一管理的银团贷款。

（2）间接型银团贷款

间接型银团贷款是指由牵头行直接与借款人签订贷款协议，向借款人单独发放贷款，然后再由牵头行将参与的贷款权分别转让给其他愿意提供贷款的银行，实现过程不必经借款人的同意，全部贷款的管理工作均由牵头行承担。

相对而言，直接型投资更具有优越性，因此，在国外商业贷款融资中，直接型银团贷款的融资方式被人们所普遍接受。

3. 银团组成及其分工

国外银团贷款融资过程中主要涉及的机构包括安排行、参与行、代理行、工程银行、中介机构、管理行等。这些银行都提供贷款，但又各自承担不同的责任。

（1）安排行

安排行即牵头银行，通常在贷款条件和担保文件的谈判中起主导作用，签订贷款协议并承购全部或部分贷款，风险较大，必须是有丰富经验的大银行。安排行的主要职能包括组织银团、准备文件、认购与推销贷款，承担贷款份额、安排贷款进度、与借款人谈判等。

（2）参与行

参与行即参加银团并按各自承诺份额提供贷款的银行。其主要职能是承担贷款的份额。

（3）代理行

代理行主管项目贷款的日常事务，并收取管理费。其责任是协调用款，帮助各方交流融资文件，送达通知和传递信息。代理行的主要职能包括检查协议文件签字、从各成员行筹集资金、发出取款通知、确定利率、计收和分配偿还的贷款本金及利息和费用、代理银团处理贷款业务及行使贷款人的权利。

（4）工程银行

工程银行的责任是监控技术进程和项目的业绩，并负责项目工程师和独立的专家间的联络。工程银行可能是代理行或安排行的分支机构。

（5）中介机构

中介机构主要包括银团法律顾问、律师。结构复杂的项目，银团要求聘请保险顾问、技术顾问、会计顾问、工程顾问、商业顾问、税务顾问、环境顾问等，费用由借款人支付。

（6）管理行

在项目的文件和围绕项目的公开场合中，可能指定项目的管理行或主要管理行。管理行的身份反映了对项目相当程度的参与，但管理行通常不对借款人或贷款人承担任何特殊的责任。

4. 银团贷款的特点

银团贷款的一个基本原则是每个贷款银行应该按其贷款合同约定的时间和比例分配从借

款人方面取得的任何偿债资金，借款人不能歧视其中任何一家银行。所有借款的偿债资金都支付给代理行，然后由代理行按比例分配给每一家贷款银行。银团贷款具有以下特点：

1）利益共享。银团的成员按照融资协议规定的份额比例享有贷款利息，以及其他保证、抵押、质押物或担保等权利。

2）风险共担。银团的成员按照贷款份额，承担贷款本息无法获得清偿的风险。

3）统一管理。安排负责组建银团，并与项目公司谈判。组建完成后，由借款代理行负责审查并管理借款人对提款先决条件的满足，负责召集银团会议，代表银团向贷款人违约求偿等。

4）份额表决。贷款银行根据各自承诺贷款额所占的比例或全额所占的比例，对银团重大事宜进行表决。对个别特殊事宜（事先约定），允许任何单个银行行使否决权。银行必服从银团的表决结果，放弃绝对的独立判断及行为能力。银团贷款做出这样的规定是为了限制银团中某一家银行行使其债务抵消权或者合并借款人银行账户的权利而损害其他贷款银行的利益。因为持有借款人存款的贷款银行有可能利用该存款抵消借款人在银团中所欠债务，而其他银行则未必有此便利，因而得不到相同比例的补偿，尤其是在借款人发生还款困难的情况下。

7.4.2 银团贷款利率和费用

1. 银团贷款利率

银团贷款利率，美元贷款以（通常为6个月的）伦敦银行间同业拆借利率（LIBOR）+贷款利差（Margin）为基准；人民币贷款则按照目前中国人民银行规定的基准利率及浮动范围执行。

2. 银团贷款收费

银团贷款收费通常包括牵头安排费，管理费、承诺费、代理行费等。

3. 其他费用

其他费用主要包括律师费用等中介顾问公司费用。

7.4.3 贷款期限与偿还方式

贷款期限是指借款的偿还期和宽限期。在宽限期内，只支付贷款利息，而不归还贷款本金。宽限期一般安排在项目建设期之后。借款期限主要根据项目的实际需要、建设期长短、获得收益的时间及偿还能力来确定。一般情况下，建设期项目还没有收益时，希望建设期为宽限期，此期间只偿还利息，不偿还本金。

贷款的本金偿还方式有以下两种：

1. 到期一次偿还

从每次贷款的支用日算起，到偿还期年末，将贷款一次还清。这适用于贷款金额相对不大、贷款期限较短的中期贷款。

2. 分次偿还

这种方式适用于贷款金额大、贷款期限长的贷款。在整个贷款期内，商定一个宽限期，在宽限期内，借款人只付利息，不用还本，只是每半年按实际贷款额付息一次。宽限期满后，每半年还本付息一次，每次还本金额相等，也可以安排成不等额还款，即项目营运前期现金流量较少，贷款本金可少还一些，后几年随着现金流的增加，逐年加大本金还款额度。

7.4.4　银团贷款协议的主要条款

银团贷款协议的主要条款包括提款先决条件（包括首次提款先决条件）、还款、利率、费用与税金、陈述与保证、积极承诺（又称肯定承诺）、消极承诺（又称否定承诺）、账户监督（包括现金流与项目账户）、违约事件、违约处理、贷款代理行与贷款人权力的行使、法律适用、司法管辖等。

银团贷款需要签署一整套贷款文本，一般包括银团贷款主协议、贷款人之间的协议、担保函、房地产抵押协议、机器设备抵押协议、账户抵押协议、技术转让协议权益转让协议、设备供应权益转让权益、应收账款/销售合同/委托代工合同权益抵押协议、保险权益转让协议、建设总承包合同履约担保转让协议、原材料供应协议权益转让协议、项目发起人股权质押协议、存货抵押协议、项目投资人、保荐人支持函、备用融资协议等。

7.4.5　银团贷款的优点

1. 有能力筹集到数额很大的资金

银团贷款市场是国际金融市场中规模最大、竞争最激烈的一个组成部分。银团贷款可以满足借款人长期、大额的资金需求。在同样的项目风险条件下，只有在这个市场上，才最有可能筹集到数额较大并且成本相对较低的资金。从项目融资的借款实践来看，发展中国家超过 3000 万美元、工业国家超过 1 亿美元数额的债务资金可考虑采用国际银团贷款的方式。

2. 贷款货币的选择余地大

贷款银行的选择范围非常广泛，这一点为借款人提供了很大的方便。在贷款申请过程中，借款人可以根据项目的性质、现金流量的来源和货币种类来组织最适当的资金结构。合理组织项目资金，保证了项目的合理运行，为借款人提供了方便。

3. 银团贷款的操作形式多样

在同一银团贷款内，可根据借款人需要提供多种形式的贷款，如定期贷款、周转贷款、备用信用证额度等；同时，还可根据借款人需要，选择人民币、美元、欧元、英镑等不同的货币或货币组合。

4. 融资所花费的时间和精力较少

借款人与安排行商定贷款条件后，由安排行负责银团的组建。在贷款的执行阶段，借款人无须面对所有银团成员，相关的提款、还本付息等贷款管理工作由代理行完成。

5. 能够分散风险

参与银团贷款的银行通常是国际上具有一定声望和经验的银行，具有理解和参与复杂项目融资结构和承担其中信用风险的能力，这在一定程度上分散、降低了项目风险；同时，成功地组建银团基于各参与行对借款人财务和经营情况的充分认可，借款人也可以借此业务机会提高声誉。

6. 提款方式比较灵活

因为它无须当地政府的批准，可根据协定的时间和工程建设的需要，随时提取资金。

7.5 融资租赁

7.5.1 融资租赁概述

1. 融资租赁的概念

融资租赁又称设备租赁或现代租赁，是指实质上转移与资产所有权有关的全部或绝大部分风险和报酬的租赁。资产的所有权最终可以转移，也可以不转移。

它的具体内容是指出租人根据承租人对租赁物件的特定要求和对供货人的选择，出资向供货人购买租赁物件，并租给承租人使用，承租人则分期向出租人支付租金，在租赁期内，租赁物件的所有权属于出租人所有，承租人拥有租赁物件的使用权；租赁期满，租金支付完毕并且承租人根据融资租赁合同的规定履行完全部义务后，租赁物件所有权即转归承租人所有。融资租赁是集融资与融物、贸易与技术更新于一体的新型金融产业。由于其融资与融物相结合的特点，出现问题时租赁公司可以回收、处理租赁物，因而办理融资时对企业资信和担保的要求不高，非常适合中小企业融资。

2. 融资租赁的特点

融资租赁的实质是以融物的形式达到融资的目的，它是一种十分重要的现代融资方式。融资租赁通常具有以下特点：

1）融资租赁交易涉及三方面的关系，即出租方、承租方和供货方，包括两个或两个以上的合同。融资租赁的三角关系是由其业务的特殊性决定的。出租方根据承租方的要求，出资向供货方购买设备，将其租给承租方使用，定期向承租方收取租金。由此可见，以上三方是同时关联的，而这种关联的法律依据是合同。一项融资租赁交易至少要有两个合同：一个是出租方与承租方之间的租赁合同；另一个是出租方与供货方之间订立的供货合同。

2）租赁资产的所有权与使用权相互分离。租赁资产虽由承租方选定，但由出租方购进，因此，所有权归出租方占有；承租方在完全履行合同的情况下，对租赁资产享有独占的使用权。

3）与租赁资产所有权有关的风险和利益几乎已全部转移给承租人。与租赁资产所有权有关的风险，是指由于资产闲置或技术陈旧而发生的损失，以及由于经营情况变化致使有关收入发生的变动。与租赁资产所有权有关的利益，是指在资产有效使用年限内直接使用它而获得的利益、资产本身的增值，以及变卖残值所实现的收入。

4）租赁资产由承租人自行选择，出租人只根据承租人的要求购进有关资产，提供资金融通。因此，对于资产的质量、规格、数量、性能、外观等，出租人概不负责。

5）租赁期内，租赁资产的维修、保养和保险等责任均由承租人承担。

6）出租人几乎可以通过一次出租，便全部收回在租赁资产上的投资。

7）融资租赁以承租人对设备的长期使用为前提，租赁期一般为3~5年，有的则长达10年及10年以上。为了保障出租与承租双方的利益，在合同有效期内，承租人不得中途退租、解约；出租人也不可单方面要求撤销合同，只有当租赁资产损坏至无法维修，或被证明已丧失其使用价值时，才能中止执行租赁合同。

8）租赁期满时，承租人享有廉价购买租赁资产的选择权，获得资产；也可续租或将租赁资产退给租赁公司。

7.5.2　融资租赁的形式

融资租赁可细分为以下四种形式：

1. 直接租赁

直接租赁是融资租赁的基本形式，也是最常采用的一种方式，其他融资租赁方式都是在此基础上发展起来的。直接租赁是指承租人直接向出租人租入所需要的资产，并支付租金。直接租赁的出租人主要是制作厂商、租赁公司。其特点是租赁公司根据与承租人达成的租赁协议，按照承租人提出的设备规格、技术要求，向承租人选定的供货厂商购买设备，取得设备的所有权，并将设备直接租赁给承租人使用。

2. 转租赁

转租赁是指由两家租赁公司同时承继性地经营一笔融资租赁业务，由租赁公司 A 根据最终承租人（用户）的要求先以承租人的身份从租赁公司 B 租进设备，然后以租赁公司的身份转租给用户使用的一项租赁交易。根据与供货商洽谈签订购货合同的当事人不同，转租赁又分为以下两种主要模式：

1）租赁公司 A 根据用户的要求与供货商签订购货合同；租赁公司 A 以租赁公司 B 为其融资为条件，与租赁公司 B 签订购货合同的转让合同，将租赁设备的所有权转让给租赁公司 B，但保留其他权利；租赁公司 A 以承租人身份与租赁公司 B 签订租赁合同，租进原要购买的设备；租赁公司 A 与用户签订转租赁合同，再将从租赁公司 B 租进的设备转租给用户。

2）由用户与供货商就设备规格、性能、价格及交货条件等问题进行洽谈，草签购货协议；租赁公司 B 根据购货协议与供货商正式签订购货合同；租赁公司 A 与租赁公司 B 签订租赁合同；租赁公司 A 与用户签订转租赁合同。

3. 售后回租

售后回租又称回租租赁，一般采用两种方式：一种是承租人首先借入资金购买设备，然后将该设备转卖给租赁公司以归还贷款，最后从租赁公司租入该设备以供使用；另一种是承租人将原有的设备，甚至生产线、厂房卖给租赁公司，同时向租赁公司租用同一资产，这样在不影响原资产使用的情况下，又拿出一笔现金可以进行新的项目投资。对承租企业而言，当其急需现金周转时，售后回租是改善企业财务状况的一种有效手段。此外，有的时候承租人通过对能够升值的设备进行售后回租，还可获得设备溢价的现金收益。对非金融机构类的租赁公司来说，售后回租是扩大其业务种类的一种简便易行的方法。

4. 杠杆租赁

杠杆租赁是国际上较为流行的一种融资租赁方式，适用于价值在百万美元以上、有效寿命在 10 年以上的高度资本密集型设备的长期租赁业务，如飞机、火车车厢、船舶、海上石油钻井平台、通信卫星设备和成套生产设备等。杠杆租赁的出现是现代租赁业的一个重大发展，现已成为美国、日本等国租赁业的重要组成部分。杠杆租赁是指出租人只承担部分租赁设备的购置成本，其余由银行等金融机构贷款补足的租赁形式。它通常涉及承租人、出租人和贷款人三方。从承租人的角度来看，它与其他租赁形式并无区别，同样是按合同的规定，在租赁期内按期支付租金，取得资产的使用权。但对出租人却不同，出租人只出购买资产所需的部分资金（通常为30%）作为自己的投资，另外以该资产作为抵押向贷款人借入其余资金。因此，它既是出租人又是借款人，同时拥有该资产的所有权，既收取租金又要偿付债务。如果出租人不能按期偿还借款，那么资产的所有权就要转归贷款人。参与交易的当事人、交易程序及法律结构均比融资租赁的基本形式复杂。

杠杆租赁的杠杆作用主要体现在租赁物的较高折旧率上，因为租赁公司购买租赁物品的资金大部分来自贷款，自有资金只占较小比例。这样，购买一项租赁物品以后，租赁公司本身垫资很少，却可以按物品的全部价值提留折旧，起到避税作用，降低融资成本，提高竞争能力。

7.5.3　融资租赁的风险

融资租赁的风险源于许多不确定性因素，是多方面并且相互关联的。只有在业务活动中充分了解各种风险的特点，才能全面、科学地对风险进行分析，制定相应的对策。融资租赁的风险主要有以下几种：

1. 产品市场风险

在市场环境中，不论是融资租赁、贷款或投资，只要把资金用于添置设备或进行技术改造，首先都应考虑用租赁设备生产的产品的市场风险。这就需要了解产品的销路、市场占有率和占有能力、产品市场的发展趋势、消费结构，以及消费者的心态和消费能力。

2. 金融风险

因融资租赁具有金融属性，金融方面的风险贯穿于整个业务活动过程之中。对于出租人来说，最大的风险是承租人的还租能力，它直接影响租赁公司的经营和生存，因此，应从立项开始关注还租的风险。货币支付也会有风险，特别是国际支付，支付方式、日期、时间、汇款渠道和支付手段选择不当，都会加大风险。

3. 贸易风险

因融资租赁具有贸易属性，贸易方面的风险从订货谈判到验收随时都存在。由于商品贸易在近代发展得比较完备，社会也相应建立了配套的机构和防范措施，如信用证支付、运输保险、商品检验、商务仲裁和信用咨询，对风险采取了防范和补救措施。

4. 技术风险

融资租赁的好处之一就是先于其他企业引进先进的技术和设备。在实际运作过程中，技术先进与否、先进的技术是否成熟、成熟的技术是否在法律上侵犯他人权益等因素，都是产生技术风险的重要原因。严重时，企业可能因技术问题导致设备陷于瘫痪状态。

7.5.4　融资租赁租金的确定方法

在租赁筹资方式下，承租企业要按合同规定向租赁公司支付租金。租金的数额和支付方式对承租企业的未来财务状况具有直接的影响，也是租赁筹资决策的重要依据。

1. 融资租赁租金的构成

融资租赁的租金通常包括租赁资产的购置成本和租息两部分。

1）租赁设备的购置成本包括资产购买价格、运杂费、保险费等。

2）租息包括租赁公司融资成本和租赁手续费。其中，融资成本是指租赁公司为承租企业购置设备融资的应计利息；租赁手续费包括租赁公司承办租赁设备的营业费用以及一定的利润。

此外，租赁期限的长短及租金支付方式也是影响租金的重要因素。

2. 融资租赁租金的计算

融资租赁租金的计算方法与贷款的计算类似，只是租金的算法比贷款更具有多样性和灵活性，更适合融资租赁业务复杂多变的特征。租金计算方法分为浮动租息和固定租息两大类。其中，固定租息计算有平均分摊法、等额年金法和附加率法。目前，在我国融资租赁实务中，大多采用等额年金法。

7.5.5　融资租赁融资的优缺点

1. 融资租赁融资的优点

1）融资速度快。租赁往往比借款购置设备更迅速、更灵活，因为租赁是融资与设备购置同时进行的，可以缩短设备的购进和安装时间，使企业尽快形成生产能力，有利于企业尽快占领市场、打开销路。

2）限制条款少。企业运用股票、债券、长期借款等融资方式，均会受到较为严格的资格限制；相对而言，租赁融资的限制条件较少。

3）设备淘汰风险小。伴随科学技术的不断更新与进步，设备陈旧过时的风险较高，因此，多数租赁协议中规定该风险由出租人承担，承租企业可免受该风险的影响。

4）税收负担减轻。租金可在税前扣除，承租企业可享受一定的税收优惠。

5）财务风险小。租金在整个租期内分摊，不用到期归还大量本金。许多借款在到期日一次偿还本金，这会给财务基础较弱的公司造成相当大的困难，有时甚至会产生不能偿付的风险；而租赁把这种风险在整个租期内分摊，可适当减少不能偿付的风险。

6）增加投资者运用资金的灵活性。租赁具有 100%融资的特性，采用这种方式可以使项目投资者保留较高的自有资金和银行信用额度，将其用于其他投资和业务发展机会。

2. 融资租赁融资的缺点

1）融资成本较高。一般来说，租赁的租金要比举借银行借款或发行债券所负担的利息高得多。在企业财务困难时，固定的租金也会成为一项较沉重的负担。

2）融资弹性较小。固定的租金金额和租金支付期限，增加了企业资金筹措的难度。

本章小结

本章主要介绍了工程项目融资的资金结构、银行借款、商业信用、债券融资、股票融资、银团贷款融资和融资租赁等，要求在进一步理解的基础上，掌握债券发行价格的计算。

复习题

1. 简述项目融资的资金结构。
2. 试对比股票融资与债券融资的优缺点。
3. 债券的发行价格如何确定？债券融资的优缺点有哪些？
4. 普通股融资的发行方式有哪些？在我国股票发行上市需要具备什么条件？
5. 什么是银团贷款？银团贷款的优缺点有哪些？
6. 什么是融资租赁？融资租赁的优缺点有哪些？
7. 不同的项目管理人员对项目融资方式有不同的偏好。将全班同学分成若干小组，小组中每位同学均提出自己最喜欢的融资方式并说明理由。小组内部讨论分析各位同学的差异，并指出产生差异的主要原因。

第7章练习题

扫码进入在线答题小程序，完成答题后可获取答案及其解析

第8章 工程项目融资模式

本章重难点

重点在于理解项目公司融资模式中，单一项目子公司形式与合资项目公司形式的共同点与不同点；难点在于理解杠杆租赁融资模式的五个阶段。

8.1 工程项目融资模式的设计

项目融资模式是项目整体结构组成中的核心部分。项目融资模式的设计需要与项目投资结构的设计同步考虑，并在项目投资结构确定之后进一步细化，最终完成融资模式设计工作。

1. 基本原则

设计项目融资模式，是一个较为复杂的系统工程，牵涉项目投资者、借款人、贷款人、项目公司等各方的利益。在项目融资中，必须遵循一定的原则，并根据项目特点，因地制宜地安排融资模式。在设计项目融资模式时必须遵循的基本原则如下：

(1) 有限追索原则

实现项目融资人对项目投资者（借款人）的有限追索，是设计项目融资模式必须遵循的一项最基本的原则。追索是指债务人（借款人）未按期偿还债务时，债权人（贷款人）要求债务人（借款人）用除抵押资产之外的其他资产偿还债务的权利。其中，在项目融资中，项目的抵押资产通常包括项目资产、项目现金流量，以及相关方所承诺的其他义务(如担保)。

一个具体项目债务资金的追索形式和追索程度，取决于贷款银行对项目风险的评价与项目融资结构的设计。具体说来，取决于包括项目所处行业的风险系数、投资规模、投资结构、项目开发阶段、项目经济强度、市场安排，以及项目投资者的组成、财务状况、生产技术管理、市场销售能力等在内的多方面因素。

项目投资者在设计融资模式时，通常要尽量降低融资对项目投资者的追索责任。通常贷款银行在确定对项目投资者的追索责任时，要考虑以下三个方面的问题：

1）项目的经济强度在正常情况下是否足以支持融资的债务偿还。项目本身经济强度越高，在正常情况下收益足以偿还债务，则越能对追索条件和追索程度进行较严格的限制，直至实现无追索的纯粹项目融资。

2）项目融资能否找到来自投资者以外的强有力的信用支持。如果能找到强有力的外部信用支持，如寻求信用卓著的第三方担保人（如政府机构），无疑对限制融资人的追索权是相当有用的筹码。

3）对融资结构的设计能否做出适当的技术性处理，如提供必要的担保等。至少项目发起人在融资中需要承担的责任和义务，需要提供的担保的性质、金额和时间要求等，主要取决于项目的经济强度和贷款银行的要求，可以通过借贷双方进行双边或多边谈判来决定。

（2）项目风险合理分担原则

项目融资模式设计的另一项基本原则是保证项目发起人——投资者不承担项目的全部风险责任。实现这一目标的关键是在投资者、贷款银行及其他与项目利益有关的第三方之间有效地划分项目风险。

项目建设期和试生产期的全部风险很可能由项目的直接投资者（包括项目的工程承包公司）全部承担。但是，当项目建成投产以后，通常贷款人同意只将项目直接投资者所承担的风险责任限制在一个特定的范围内，如项目直接投资者（包括对项目产品有需求的第三方）有可能只需要以购买项目全部或绝大部分产品的方式承担项目的市场风险，而贷款银行也有可能同样需要承担项目的一部分经营风险。

这是因为尽管项目直接投资者或者项目投资者以外的第三方产品购买者以长期协议的形式承购了全部的项目产品，但对于贷款银行来说，仍然存在两种潜在的风险：

1）有可能出现国际市场产品价格过低从而导致项目现金流量不足的问题。

2）有可能出现项目产品购买者不愿意或者无力继续执行产品销售协议而造成项目的市场销售问题。

这些潜在问题所造成的风险是贷款银行必须承担的，除非贷款银行可以从项目直接投资人方面获得其他的信用保证支持。

以上两条原则是项目融资最主要的原则。除此之外，投资者在设计项目融资模式时还会遇到其他一些带有共性的问题需要解决。

2. 存在的普遍问题

（1）投资者的完全融资期望

项目投资者投入一定的股本资金以支持项目的开发，是对任何一个项目进行投资的基本要求。但是，在项目融资中，这种股本资金的投入可以比传统的公司融资更为灵活，这就为通过项目融资模式的设计，争取实现投资者对项目较少的股本投入提供了条件。如何使投资者以最少的资金投入获得对项目最大限度的控制和占有，是设计项目融资模式时必须考虑的问题。

通常，项目投资者会希望项目所需要的全部资金能够做到百分之百的完全融资。对此，在进行项目融资结构设计时，除了考虑认购项目公司股本或以提供一定出资金额的方式提供股本金的传统出资方式外，还可以考虑以担保存款、信用证担保等非传统出资方式代替实际的股本资金投入，从而满足投资者的完全融资愿望。值得注意的是，在完全融资或近似完全融资的情况下，涉及融资结构时，必须先充分考虑如何最大限度地控制现金流量，保证现金流量既能满足债务融资部分的清偿要求，又能满足股本融资部分的权益要求。

（2）投资者的表外融资要求

实现非公司负债型融资（即资产负债表外融资），是一些投资者选用项目融资方式筹集项目资金的原因之一。通过项目投资结构的设计，在一定程度上也可以做到不将所投资项目的资产负债表与投资者本身公司的资产负债表合并。但是多数情况下，这种安排只对于共同安排融资的合资项目中的某一个投资者而言是有效的。如果是投资者单独安排融资，如何才能实现投资者的非公司负债型融资的要求，是在设计项目融资模式时需要考虑的问题。

例如，在项目融资中，可以把一项贷款或一项为贷款提供的担保设计成为“商业交易”的形式，按照商业交易来处理。因为商业交易在国际会计制度中是不必记入资产负债表的，这样就既实现了融资的安排，又达到了不把这种贷款或担保列入投资者资产负债表的目的。又如，在 BOT 项目融资模式中，政府以“特许权协议”为手段利用私人资本和项目融资兴建本国的基础设施。一方面达到了改善本国基础设施状况的目的；另一方面有效地减少了政府的直接对外债务，使政府所承担的义务不以债务的形式出现。

（3）处理好融资与市场之间的关系

长期的市场安排是保证项目现金流量、实现项目融资有限追索的信用保证基础，没有这个基础，项目融资是很难组织起来的。而对大多数投资者来说，尤其是在非公司型投资结构中，以合理的市场价格从投资项目中取得部分产品是其参与该项目投资的一个主要动机。这样就可能出现一种矛盾的局面：从贷款银行的角度来看，低于公平价格的市场安排意味着银行将要承担更大的市场风险；但对于项目投资者来说，高于公平价格的市场安排则意味着全部或部分地失去了项目融资的意义。因此，在设计项目融资模式时，能否确定以及如何确定项目产品的公平市场价格就成为借贷双方谈判的一个焦点问题。

（4）近期融资与远期融资的协调

工程项目融资一般都是 7~10 年的中长期贷款，期限最长的可以达到 20 年左右。而在项目投资过程中，由于投资者自身的特点不同，决定了其对项目融资的考虑也不相同。例如，有的投资者愿意接受长期的融资安排，有的投资者则考虑更多的是近期融资的需要，则其选用项目融资方式是由于对某个国家或某个投资领域不太熟悉，对项目的风险及未来发展没有十足把握而采取的一种谨慎策略，或者是出于在财务、会计或税务等方面的特殊考虑而采取的一种过渡性措施。

在此背景下，其融资战略只能是一种短期战略，项目运行中如果采用项目融资方式的各种决定因素变化不大，就长期地保持这种项目融资的结构；一旦这些因素朝着有利于投资者的方向发生较大的变化时，它们就会希望重新安排融资结构，放松或取消银行对投资者的种种限制，降低融资成本。这就是在项目融资中经常会遇到的重新融资问题。基于这一原因，在设计项目融资结构时，投资者需要明确选择项目融资方式的目的，以及对重新融资问题是如何考虑的，尽可能地把近期融资与远期融资结合起来。不同的项目融资结构在重新融资时的难易程度是有所区别的，有些结构比较简单，有些结构相对复杂，因此，项目融资模式的设计必须充分考虑这一问题。

（5）税务筹划与融资成本

项目融资的金额较大、周期较长，如何最大限度地降低融资成本是项目投资者最为关心的问题之一。由于许多国家都对一些项目，尤其是大型基建项目的投资实行税收优惠，充分、合理利用各种税收优惠，可以达到降低融资成本的目的，因此在设计项目融资模式时，经常会涉及如何进行税务筹划的问题。

一般来说，项目融资所涉及的投资数额大、资本密集程度高、运作周期长，因此，在项目融资结构的设计与实施过程中经常需要考虑的另一个重要问题是如何降低成本。为降低项目的融资成本，在具体设计项目融资模式时，应尽量从以下几个方面入手：

1）完善项目投资结构设计，增强项目的经济强度，降低风险，以获取较低的债务资金成本。

2）合理选择融资渠道，优化资金结构和融资渠道配置。

3）充分利用各种税收优惠，如加速折旧、税务亏损结转、利息冲抵所得税、减免预提税、费用抵税等。这一点在项目融资中非常重要，有的融资模式甚至是专门为了充分吸收税务亏损而设计的，如杠杆租赁融资模式。

3. 基本结构特征

（1）贷款形式

项目融资的贷款方往往通过以下形式向项目提供资金：

1）贷款方为借款方提供有限追索权或无追索权的贷款，该贷款的偿还将主要依靠项目的现金流量。

2）通过“远期购买协议”或“产品支付协议”，由贷款方预先支付一定的资金来购买项目的产品或一定的资源储量（最终将转化为销售收入）。

（2）信用保证

无论采用哪种项目融资模式，最重要的环节都是建立结构严谨的担保体系。这种担保体系的构造一般具有以下特征：

1）贷款银行要求对项目的资产（对于资源性项目，还包括所有的资源储量或者开采权）拥有第一抵押权，对项目现金流量具有有效控制权。因此，当商业银行与世界银行等多边金融机构同时为项目提供贷款时，商业银行往往愿意为后者的贷款提供担保，以取得项目资产及现金流量的完全抵押权。

2）一般要求项目投资者（借款人）将其与项目有关的一切契约性权益转让给贷款银行。所以，项目公司根据“或付或取”合同取得项目收入的权利、工程公司向项目公司提供的各种担保的权益等都必须转让给贷款者。

3）要求项目投资者成立一个单一业务的实体，即把项目的经营活动尽量与投资者的其他业务分开，除了项目融资安排之外，限制该实体筹措其他债务资金。这在股权式投资结构中容易操作，而在非公司型投资结构中，则需要巧妙地设计项目的投资结构和融资结构。

4）在项目的开发建设阶段，贷款人要求项目发起人（或项目工程公司等）提供项目的完工担保，即投资者保证提供任何超支金额，以确保项目实现“商业完工”，否则银行就收回全部贷款，或由项目工程公司用固定价格的交钥匙合同加上项目工程公司的担保银行提供的履约保函的形式来保证完工。

5）在项目经营阶段，要求项目提供类似“无论提货与否均需付款”或者“提货与付款”性质的市场销售安排，以保证项目生产稳定的现金流量，除非贷款银行对项目产品的市场状况充满信心。在项目融资中，只有很少的一部分产品会在即期市场上销售。

（3）贷款发放

一般而言，贷款协议至少应明确项目中的两个阶段：建设开发阶段和经营阶段。在这两个阶段，贷款人对项目的追索形式与程度、贷款的发放与回收都有所区别。

1）在项目开发建设阶段，贷款多是完全追索性质的。对于贷款银行来说，在项目开发建设阶段风险是最高的。因此，在这个阶段，贷款往往具有完全追索权，并有项目发起人提供的具有法律效力的担保。当然，贷款方还有另外一种策略，就是提高利率，并同时购买承建合同的担保及相关的履约担保。

在这一阶段，项目的贷款随工程进度逐步发放到位，但贷款利息的偿还通常可以向后推迟。推迟的方法有两种：一种方法是把贷款的利息先累积起来，等项目投产后有了净现金流量后再分期偿还；另一种方法是选择从银行贷出新款还旧债。根据各方事先在合同中规定的标准，经过独立的专家审核，确定项目达到各项完工标准后，贷款方对项目发起人的追索权可能会被撤销或降格，贷款利率也可能会随之下调。检验完工，标志着项目投产经营阶段的开始，这时项目便开始有了现金流入，并可以开始偿还贷款。

2）在项目经营阶段，贷款可能被安排成有限追索性质的或无追索性质的。在项目的投资经营阶段，贷款人会进一步要求以项目产品销售收入和项目其他收入作担保。贷款利息和本金的偿还速度通常是与项目的预期产量、销售收入和其他应收款项相关联的，项目净现金流量的一个固定比例会自动用于债务偿还。而且，在贷款协议中一般还会规定，在某些特殊情况下，用于偿还贷款的比例可以增加，甚至达到 100%。例如，如果产品的需求或产量明显低于预期，或贷款者有正当的理由认为项目的前景以及项目所在国的政治、经济环境发生恶性逆转等。

在投产经营阶段，偿贷比例通常是根据税后净现金流量计算的，但在有些情况下，项目发起方也会要求按税前净现金流量来计算。如果贷款银行是根据税前净现金流量来提供贷款的，则它们实际提供的贷款额要高于根据税后利润所应发放的贷款。在这种情况下，贷款者会相应地提高对项目借款人或其担保人的追索权。

8.2　工程项目融资的基本模式

在项目融资实践中，融资模式随着项目的具体情况变化而变化，种类繁多，但任何一项具体的项目融资一般都有两种基本模式：直接融资模式和项目公司融资模式。

8.2.1　直接融资模式

1. 直接融资模式的含义

直接融资模式是指由项目投资者直接安排项目的融资，并承担起融资安排中相应的责任和义务的一种模式。它是结构最简单的一种项目融资模式。

项目投资者本身的公司财务结构不复杂时，在投资者直接拥有项目资产并直接控制项目现金流量的投资结构中，采用投资者直接安排项目融资的模式比较适合。

2. 直接融资模式的特点

（1）优点

1）选择融资结构及融资方式比较灵活。发起人可以根据不同需要，在多种融资方式、多种资金来源方案之间充分选择和合并。比如，资信较好的公司融通资金的成本较低，可采用多种融资方式，操作灵活；否则，融资成本高，融资方式单一。

2）可以灵活安排债务比例。发起人可以根据项目的经济强度和本身的资金状况比较灵活地安排债务比例。

3）可以灵活运用发起人在商业社会中的信誉。同样是有限追索性质的项目融资，信誉越好的发起人就可以得到越优惠的贷款条件。

4）能在一定程度上降低融资成本。由于采用直接融资模式时，投资者可以直接拥有资产并控制项目现金流量，因而可以比较充分地利用项目的税收减免等优惠条件，降低融资成本。

（2）缺点

1）如果合资结构中的各个投资者在信誉、财务状况、市场销售和生产管理能力等方面不一致，就会增加以项目资产及现金流量作为融资担保抵押的复杂性。

2）在安排融资时，需要注意划清各个投资者在项目中所承担的融资责任和在其他业务之间的界限，这一点在操作上更为复杂。所以，在大多数项目融资中，由项目投资者成立一个专门公司来进行融资的做法就比较受欢迎。

3）通过投资者直接融资，很难将融资安排成为非公司负债型的融资形式。也就是说，安排成有限追索性质的融资时难度很大。

3. 直接融资模式的运作方式

投资者直接融资，在结构安排上主要有两种形式：

1）集中化形式即投资者面对同一贷款银行和市场直接安排融资。在这种形式下由项目投资者直接安排融资，但各个投资者在融资过程中面对的是共同的贷款银行和相同的市场安排。其具体过程如图 8-1 所示。该形式的具体操作过程如下：

① 项目投资者根据合资协议组成公司型投资结构，并按照投资比例合资组建一个项目管理公司，负责项目的建设和生产经营，同时也作为项目投资者的代理人，负责项目的产品销售。项目管理公司的这两部分职能分别通过项目的管理协议和销售代理协议予以规定和实现。

② 根据合资协议的规定，投资者分别在项目中投入相应比例的自有资金，并统一安排项目融资（但是由每个投资者独立与贷款银行签署协议）用于项目的建设资金和流动资金。

③ 在项目建设期间，项目管理公司代表投资者与工程公司签订工程建设合同，监督项目的建设，支付项目的建设费用；在生产期间，项目管理公司负责项目的生产管理，并作为投资者的代理人销售项目产品。

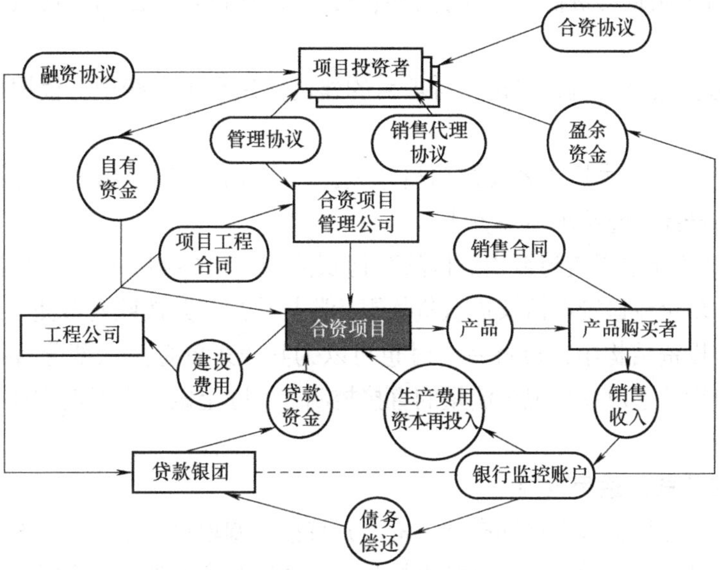

图 8-1　集中化形式

④ 项目的销售收入将首先进入一个贷款银行监控下的账户，用于支付项目的生产费用和资本再投入，偿还贷款银行的到期债务，最后按照融资协议的规定将盈余资金返还给投资者。

2）分散化形式，即投资者独立安排融资和承担市场销售责任。在这种形式中，项目投资者组成非公司型合资结构，投资项目，由投资者而不是项目管理公司组织产品销售和债务偿还。其具体操作过程如图 8-2 所示。这种形式在安排融资时更具有灵活性，其操作过程如下：

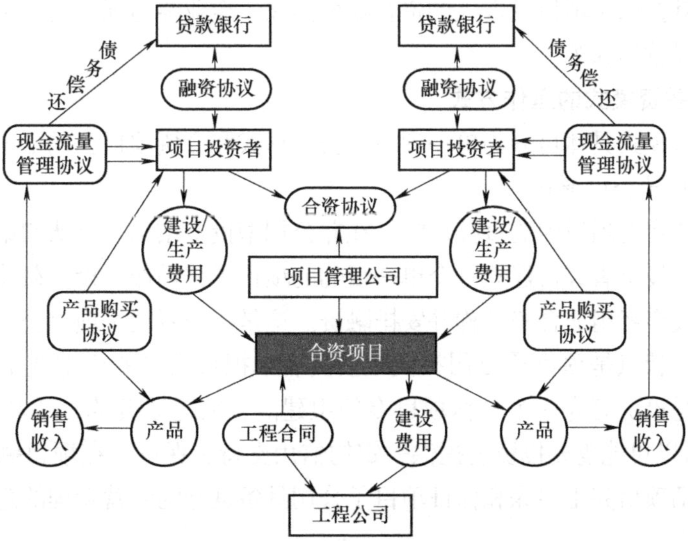

图 8-2　分散化形式

① 项目投资者根据合资协议组建合资项目，任命项目管理公司负责项目的建设和生产管理。

② 投资者按照投资比例，直接支付项目的建设费用和生产费用，根据自身的财务状况自行安排融资。

③ 项目管理公司代表投资者安排项目建设，安排项目生产，组织原材料供应，并根据投资比例将项目产品分配给项目投资者。

④ 投资者以“无论提货与否均需付款”协议的规定价格购买产品，其销售收入根据与贷款银行之间的现金流量管理协议进入贷款银行监控账户，并按照资金使用序列的原则进行分配。在公司型投资结构中，投资者有时也可以为其股东资金投入部分直接安排融资。但是，由于贷款银行缺乏对项目现金流量的直接控制，实际上做到有限追索性质的项目融资是很困难的。

4. 直接融资模式的适用范围

直接融资模式在投资者直接拥有项目资产并直接控制项目现金流量的非公司型投资结构中比较常用。并且，这种融资模式有时也是为一个项目筹资追加资本金时所能够使用的唯一方法。因为大多数的非公司型合资企业不允许以合资企业或管理公司的名义举债。

当投资者本身的公司财务结构良好并且合理时，这种模式也比较适合。并且对于资信状况良好的投资者来说，采用直接融资模式还可以获得成本相对较低的贷款。因为对贷款银行来说，资信良好的公司本身就是一种担保。

8.2.2 项目公司融资模式

1. 项目公司融资模式的含义

项目公司融资模式是指投资者通过建立一个单一目的的项目公司，从商业金融渠道安排融资的一种模式。融资的抵押是项目公司经营权、项目公司财产及项目公司其他可得到的任何合同的权利；其担保是项目投资人的资金缺额担保、企业参与项目的完工担保、客户承诺的无论提货均需付款担保等。

2. 项目公司融资模式的运作方式

项目公司融资模式具体可分为单一项目子公司形式和合资项目公司形式两种基本形式。

（1）单一项目子公司形式

为了减少投资者在项目中的直接风险，在非公司型投资结构、合伙制结构甚至公司型投资结构中，项目的投资者经常建立一个单一目的的项目子公司作为投资载体，以该项目子公司的名义与其他投资者组成合资结构并安排融资。这是投资者通过项目公司安排融资的一种形式。这种形式的特点是项目子公司将代表投资者承担项目中的全部或主要经济责任，但是，由于该公司是投资者为一个具体项目专门组建的，缺乏必要的信用和经营历史（有时也缺乏资金），所以可能需要投资者提供一定的信用支持和保证。在项目融资中，这种信用支持一般至少包括项目完工担保和保证项目子公司具备良好的经营管理的意向性担保。其操作过程如图 8-3 所示。

采用这种结构安排融资，对于其他投资者和合资项目本身而言，与投资者直接安排融资

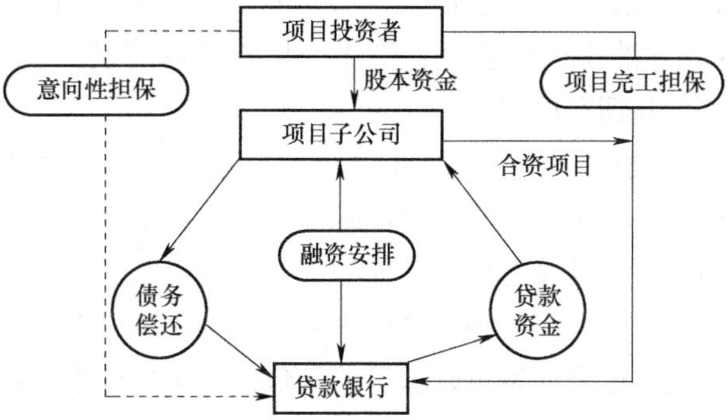

图 8-3　单一项目子公司形式

没有多大区别，然而对于投资者而言却有一些不同。

1）容易划清项目的债务责任。贷款银行的追索权只能涉及项目子公司的资产和现金流量，其母公司除提供必要的担保以外，不承担任何直接责任，融资结构相较投资者直接安排融资要简单清晰一些。

2）项目融资有可能被安排成为非公司负债型融资。

3）在税务结构安排上灵活性可能差一些，但不一定构成这种融资模式的缺陷，这取决于各国税法对公司之间税务合并的规定。

（2）合资项目公司形式

通过项目公司安排融资的另一种形式，也是最主要的形式，就是由投资者共同投资组建一个项目公司，再以该公司的名义拥有、经营项目和安排融资。这种形式在公司型合资结构中较为常用，如图 8-4 所示。采用这种形式，项目融资由项目公司直接安排，主要的信用保证来自项目公司的现金流量、项目资产，以及项目投资者所提供的与融资有关的担保和商业协议。

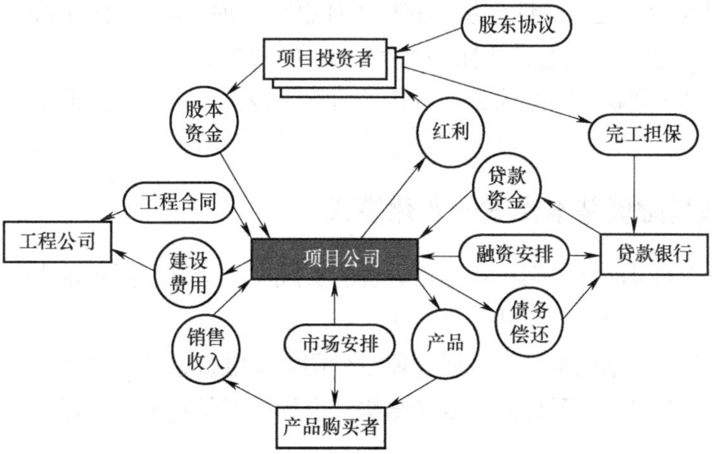

图 8-4　合资项目公司形式

对于经济强度较好的项目，这种形式可以安排成为对投资者无追索的形式。这种结构的基本思路是：

1）项目投资者根据股东协议组建项目公司，并注入一定的股本资金。

2）项目公司作为独立的生产经营者，签署一切与项目建设、生产和市场有关的合同，安排项目融资，建设经营并拥有项目。

3）项目融资安排在对投资者有限追索的基础上。在项目建设期间，投资者为贷款银行提供完工担保。完工担保是通过项目公司安排融资模式中关键的一环。由于项目公司的弱点是除了正在安排融资的项目之外没有任何其他的资产，也没有任何经营历史，所以投资者必须承担一定程度的项目责任，而完工担保是应用最普遍的一种。在项目生产期间，如果项目的生产经营达到预期标准，现金流量可以满足债务负债比率的要求，则项目融资可以安排成为无追索性质的贷款。

3. 项目公司融资模式的特点

1）项目公司统一负责项目的建设、生产、市场，并且可以整体地使用项目资产和现金流量作为融资的抵押和信用保证，在概念上和融资结构上较易于被贷款银行接受，法律结构相对比较简单。

2）项目投资者不直接安排融资，而是通过间接的信用保证形式支持项目公司的融资，如完工担保、“无论提货与否均需付款”或“提货与付款”协议等。投资者的债务责任在质和量的概念上均较直接融资清楚，较容易实现有限追索性质的项目融资和非公司负债型融资的目标要求。

3）在公司型投资结构中，通过项目公司安排融资，可以充分利用大股东在管理、技术、市场和资信等方面的优势，为项目获得优惠的贷款条件，而这些优惠条件可能是其中一些条件相对较弱的股东无法得到的；同时，共同融资避免了投资者之间为安排融资的相互竞争。

4）这种形式的主要问题是缺乏灵活性，很难满足不同投资者对融资的各种要求。这主要表现在以下两个方面：

① 在税务结构上缺乏灵活性。项目的税务优惠或亏损只能保留在项目公司中应用。

② 在债务形式选择上缺乏灵活性。虽然投资者对项目的资金投入形式可以选择以普通股、优先股、从属性贷款、零息债券、可转换债券等多种形式进入，但是由于投资者缺乏对项目现金流量的控制，在资金安排上有特殊要求的投资者就会面临一定的困难。

8.2.3 工程项目融资基本模式的变化模式

由于项目融资的灵活性较强，在项目融资的实践中，除以上两种基本融资模式外，还有与二者类似或介于二者之间的一些变化模式。

除了在公司型合资结构中投资者通过项目公司安排融资之外，投资者还可以利用信托基金结构为项目安排融资。这种模式在融资结构和信用保证结构方面与通过项目公司安排融资的模式类似。

利用合伙制项目资产和现金流量直接安排项目融资。这是一种介于投资者直接安排融资和通过项目公司安排融资二者之间的项目融资模式。这种合伙制结构不是项目公司那样的独立法人，项目贷款的借款人不是项目公司，而是由独立的合伙人共同出面。其项目融资安排的基本思路是：投资者以合伙制项目的资产共同安排项目融资，但债务的追索责任被限制在项目资产和项目现金流量的范围内，投资者只是提供“或取或付”（或“照付不议”）性质的产品承购协议，作为项目融资的附加信用保证。采用这种结构，贷款银行将对项目的现金流量实施较为严格的控制。

8.3　工程项目融资的经典模式

项目融资无论采用哪种模式，不外乎都是以基本模式为主要框架，因地制宜地进行灵活运用的结果。下面介绍一些国际上常见的具有代表性的项目融资模式，称之为工程项目融资的经典模式。

8.3.1　设施使用协议模式

1. 设施使用协议模式的概念及适用范围

（1）概念

设施使用协议模式是以一个工业设施或服务性设施的使用协议作为主体融资的安排。这种设施使用协议在工业项目中有时也称为委托加工协议，是指在某种工业设施或服务性设施的提供者与这种设施的使用者之间达成的一种具有“无论提货与否均需付款”性质的协议。

在项目融资过程中，这种无条件承诺的合约权益将转让给提供贷款的银行，并与项目投资者的完工担保共同构成项目信用保证结构的主要组成部分。一般来讲，事先确定的项目设施的使用费在融资期间应足以支付项目的生产经营成本和项目债务的还本付息额。

（2）适用范围

利用以设施使用协议为基础的项目公司安排融资，主要应用于一些带有服务性质的项目，如石油、天然气管道项目、发电设施、某种专门产品的运输系统以及港口、铁路设施等。从国际市场上看，20 世纪 80 年代以来，由于国际原材料市场的长期不景气，原材料的价格与市场一直维持在较低的水平上，导致与原材料有关项目的投资风险偏高。因此，以原料生产为代表的一些工业项目开始尝试引入设施使用协议这一融资模式，并取得了良好的效果。

2. 设施使用协议模式的运作方式

下面通过一个模拟案例来说明如何利用设施使用协议来安排项目融资。其具体操作如图 8-5 所示。

这是 20 世纪 80 年代初期澳大利亚一个运煤港口项目的建设实例。A、B、C 等几个公司以非公司型投资结构的形式在澳大利亚昆士兰州的著名产煤区投资兴建了一个大型的煤矿项目。该项目与日本、欧洲等地的公司签订有长期的煤炭供应协议。但是，由于港口运输能力不足，影响了项目的生产和出口。该项目的几个投资者与主要煤炭客户谈判，希望能够共同参与港口的扩建工作，以提升港口的出口能力，满足买方的需求。然而，买方是国外的贸易公司，不愿意进行直接的港口项目投资，而 A、B、C 等几家公司或者出于本身财务能力的限制，或者出于发展战略上的考虑，也不愿意单独承担港口的扩建工作。最后，煤矿项目投资者与主要煤炭客户等各方共同商定，采用设施使用协议作为基础，安排项目融资来筹集资金进行港口扩建。其具体操作步骤如下：

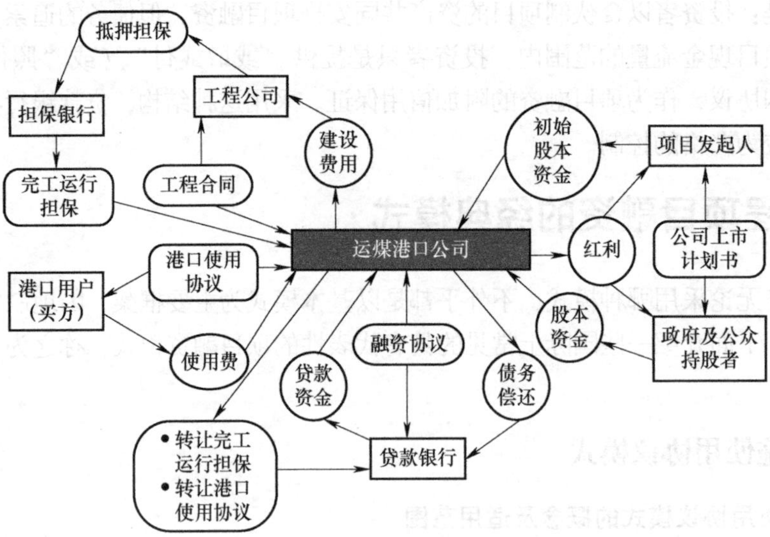

图 8-5　设施使用协议模式

1）签订设施使用协议。双方提供一个具有“无论提货与否均需付款”性质的港口设施使用协议，在港口扩建成功的前提条件下，定期向港口的所有者支付规定数额的港口使用费，作为项目融资的信用保证。由于签约方是日本和欧洲的实力雄厚的大公司，因而这个港口设施使用协议能够为贷款银行所接受；对于实力较弱的小公司，则可能还需要银行的担保信用证。

2）组建项目管理公司。A、B、C 等几家公司以买方的港口设施使用协议及煤炭的长期销售合约作为基础，投资组建了一个煤炭运输港口公司，由该公司负责拥有、建设、经营整个煤炭港口系统。因为港口的未来吞吐量及其增长是有协议保证的，港口经营收入也相对稳定和有保障，所以，煤矿项目的投资者成功地将新组建的煤炭运输港口公司推上股票市场，并公开募集当地政府、机构投资者和公众的资金作为项目的主要股本资金。

3）公开招标选择项目工程公司。港口的建设采用招标的形式进行。中标的公司必须具备一定标准的资信和经验，并且能够由银行提供履约担保。

4）构建项目融资的信用保证框架。新组建的港口公司从煤矿项目投资者手中转让过来港口的设施使用协议，以该协议和工程公司的承建合同以及由银行提供的履约担保作为融资的主要信用保证框架。

在上述案例中，对于作为铁矿石客户的国外钢铁公司而言，只需承诺正常使用港口设施和支付港口使用费的义务，比直接参与港口扩建投资节约了大量的资金，也避免了投资风险；对于铁矿项目的投资者来说，在完成了港口的扩建工作的同时，避免了大量的资金投入，有效地将港口项目的风险分散于与项目有关的用户、工程公司及其他投资者，更重要的是，通过这一安排保证了铁矿项目的长期市场。

3. 设施使用协议模式的主要特点

1）投资结构的选择比较灵活。既可以采用公司型投资结构，也可以采用非公司型投资结构、合伙制结构或者信托基金结构。选择投资结构的主要依据是项目的性质、项目投资者和设施使用者的类型，以及融资、税务等方面的要求。

2）项目投资者可以利用与项目利益有关的第三方（即项目设施使用者）的信用来安排融资，分散风险，节约初始资金投入，因而特别适用于资本密集、收益相对较低但相对稳定的基础设施类项目。

3）具有“无论提货与否均需付款”性质的设施使用协议是项目融资的不可缺少的组成部分。这种项目设施使用协议在使用费的确定上至少需要考虑到项目投资在以下三个方面的回收：

① 生产运行成本和资本再投入费用。

② 融资成本，包括项目融资的本金和利息的偿还。

③ 投资者的收益。在这方面的安排可以较前两方面灵活一些。在安排融资时，可以根据投资者股本资金的投入数量和投入方式，分别做出不同的结构安排。

4）采用这种模式的项目融资，在税务结构处理上需要比较谨慎。虽然国际上有些项目将拥有设施使用协议的公司的利润水平安排在损益平衡点上，以达到转移利润的目的，但是有些国家的税务制度是不允许这样做的。

以上是在服务性项目中，设施使用协议项目融资模式的运用。在生产型工业项目中，也可以采用这种融资模式。只不过在生产型项目中，设施使用协议又被称为委托加工协议，项目产品的购买者提供或组织生产所需要的原材料，通过项目的生产过程将其生产加工成为最终产品，然后由购买者在支付加工费后将产品取走。

8.3.2　产品支付协议模式

（1）产品支付协议模式的概念

产品支付协议模式是建立在贷款人从项目中购买某一特定矿产资源储量的全部或部分未来销售权益的基础上的融资安排。根据产品支付协议，贷款人远期购买项目全部或一定比例的资源储量或未来生产的资源性产品产量，这部分储量或产量的收益将作为项目融资的主要偿债资金来源。

（2）产品支付协议模式的适用范围

产品支付协议模式是项目融资的早期形式之一，起源于 20 世纪 50 年代美国的石油天然气项目开发的融资安排。产品支付融资适用于资源储量已经探明，并且项目生产的现金流量能够比较准确地计算出来的项目。

产品支付协议模式是在石油、天然气和矿产品项目融资中被证明和接受的无追索权或有限追索权的融资方法。它完全以产品和这部分产品销售收益的所有权作为担保品，而不是采用转让或抵押方式进行融资。这种形式是针对项目贷款的还款方式而言的。借款方在项目投产后不以项目产品的销售收入来偿还债务，而是直接以项目产品来还本付息。在贷款得到偿还前，贷款方拥有项目部分或全部产品的所有权。通常贷款方要求项目公司重新购回属于它们的产品或充当它们的代理人来销售这些产品。因此，销售的方式可以是市场出售，也可以是由项目公司签署购买合同，一次性统购统销。无论哪种情况，贷款方都不用接受实际的项目产品。

（3）产品支付协议模式的特点

1）独特的信用保证结构。这种融资模式是建立在由贷款银行购买某一特定矿产资源储量的全部或部分未来销售收入的权益的基础上的。这部分生产量的收益也就成为项目融资的主要偿债资金来源。因此，产品支付是通过直接拥有项目的产品，而不是通过抵押或权益转让的方式来实现融资的信用保证。对于那些资源属于国家所有的项目，项目投资者获得的只是资源开采权，这时，产品支付的信用保证是通过购买项目未来生产的现金流量，加上资源开采权和项目资产的抵押实现的。

2）贷款银行的融资容易被安排成为无追索性质或有限追索性质的形式。由于所购买的资源储量及其销售收益被用作产品支付融资的主要偿债来源，而产品支付融资的资金数量取决于产品支付所购买的那一部分资源储量的预期收益，在一定利率条件下所计算贴现的资产现值。所以，贷款的偿还非常可靠，从一开始贷款就可以被安排成无追索性质或有限追索性质的形式。因此，如何计算所购买的资源储量的现值就成为安排产品支付融资的一个关键性问题，同时也是实际工作中一个较为复杂的问题。

为了计算资源储量现值，一般需要确定以下因素：

① 已证实的资源总量，它将影响产品支付融资的最大可能性。

② 资源价格。

③ 生产计划，包括年度开采计划和财务预算。

④ 通货膨胀率、汇率、利率和其他一些经济因素。

⑤ 资源税和其他有关政府税收等。

3）产品支付的融资期限一般应短于项目预期的经济生产期。如果一个资源性项目具有20年的开采期，产品支付融资的贷款期限将会大大短于20年。

4）产品支付中的贷款银行一般只为项目的建设和资本费用提供融资。在产品支付协议模式中，贷款银行不承担项目生产费用的融资，并且要求项目发起人提供最低生产量、最低产品质量标准等方面的担保。

5）专门成立一个融资中介机构——项目公司。专设的项目公司用以专门负责从项目公司中购买一定比例的项目生产量。这样做的目的可能是出于以下考虑：

① 贷款人所在国家的银行禁止银行参与非银行性质的商业交易。

② 在由多家银行提供项目贷款时，希望由一家专设公司负责统一管理。如果由银行直接与项目公司签订产品支付协议，则必须得到有关部门的授权才能从事此项交易行为。

（4）产品支付协议模式的运作过程

其具体的操作过程如图 8-6 所示。

1）由贷款银行或者项目投资者建立一个融资的中介机构，从项目公司购买一定比例项目资源的生产量（如石油、天然气、矿藏储量）作为融资的基础。这个中介公司一般以信托基金结构组成。

2）贷款银行为融资中介机构安排用以购买这部分项目资源生产量的资金，融资中介机构再根据生产协议将资金注入项目公司，作为项目的建设和资本投资资金；作为产品支付协议的一个组成部分，项目公司承诺按照一定的公式（购买价格+利息）安排产品支付；同时，以项目固定资产抵押和完工担保作为项目融资的信用保证。

3）项目公司从专设公司那里得到购货款，作为项目的建设和资本投资资金，进行项目的开发建设。

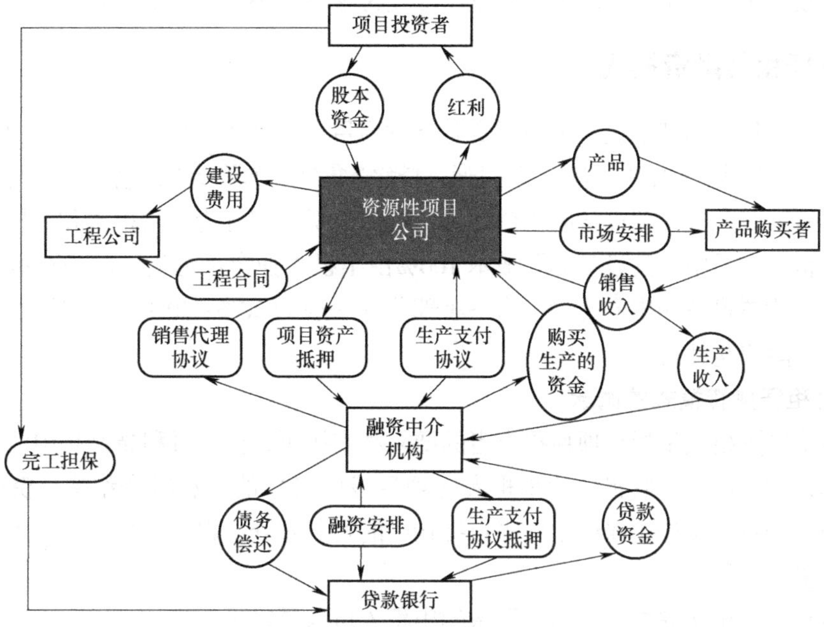

图 8-6　产品支付协议模式

4）在项目进入生产期后，根据销售协议，项目公司作为融资中介机构的代理销售其产品，销售收入将直接进入融资中介机构用来偿还债务。在产品支付协议模式融资中，也可以不使用中介机构而直接安排融资，但是这样融资的信用保证结构将会变得较为复杂；另外，使用中介机构还可以帮助贷款银行将一些由于直接拥有资源或产品而引起的责任和义务（如环境保护责任）限制在中介机构内。

（5）产品支付协议模式的另一种方式——生产贷款

产品支付项目融资的另一种可供选择的方式是生产贷款，它广泛应用于矿产资源项目的资金安排。在形式上，生产贷款与项目融资中使用的其他贷款形式没有很大的区别，有时甚至可以更灵活地安排成为提供给项目投资者的银行信用额度，投资者可以根据项目资金的实际需求，在额度范围内安排提款和还款。生产贷款的金额数量是根据项目资源储量的价值计算出来的，通常表现为项目资源价值的一个预先确定的百分数，并以项目资源的开采收入作为偿还贷款的首要来源。

生产贷款的特点主要表现在以下两个方面：

1）债务偿还安排上的灵活性。生产贷款可以根据项目预期的生产水平来设计融资的还款计划，以适应项目经营在现金流量上的要求。因而，生产贷款是一种根据项目在融资期间债务偿还能力设计的有限追索性质的融资。

2）贷款协议设计上的灵活性。例如，在生产贷款协议中可以把债务还款计划确定在一个具有上下限的范围内浮动，实际的债务偿还根据实际的生产情况，在这个范围内加以调整。

作为一种自我摊销的融资方式，产品支付通过购买一定的项目资源来安排融资，一个突出的特点是可能较少受到常规的债务比例或租赁比例的限制，增强了融资的灵活性。产品支付融资的主要限制因素来自项目的资源储量和经济生产期。另外，项目投资者和经营者的素质、资信、技术水平和生产管理能力也是产品支付融资中不可忽视的内容。

8.3.3 杠杆租赁融资模式

由于融资项目多属基础设施项目或资源开发项目，在这类项目的投资总额中，大型设备购置费所占比例较大。项目所需设备除可通过贷款筹集资金购置以外，也可以租赁的形式获得。

根据出租人对购置一项设备的出资比例，融资租赁可划分为直接租赁和杠杆租赁两种类型。在一项租赁交易中，凡设备购置成本100%由出租人独自承担的，即为直接租赁；而在项目融资中，购置设备的出资比例中有一小部分（一般为20%~40%）由出租人承担，大部分由银行等金融机构补足。

1. 杠杆租赁融资模式的概念

杠杆租赁融资模式是指在项目投资者的要求和安排下，由杠杆租赁结构中的资产出租人融资购买项目的资产，然后租赁给承租人（项目投资者）的一种融资结构。资产出租人和融资贷款银行的收入及信用保证主要来自结构中的税务好处、租赁费用、项目资产，以及对项目现金流量的控制。

在项目融资的租赁安排中，提供租赁的出租人可以是以下三方：

1）专业租赁公司、银行和财务公司，这些机构可以为项目安排融资租赁，包括直接租赁和杠杆租赁。

2）设备制造商和一部分专业性租赁公司，这些机构主要为项目安排经营租赁。

3）项目的投资者及与项目发展有利益关系的第三方，也采取租赁形式将资金投入到项目中，包括经营租赁、直接租赁和杠杆租赁等。

2. 杠杆租赁融资模式的优势

从一些国家的情况来看，租赁在资产抵押中使用得非常普遍，特别是在购买轮船和飞机的融资活动中。在英国和美国，很多大型工业项目也采用金融租赁。因为金融租赁，尤其是其中杠杆租赁的设备，技术水平先进、资金占用量大，所以它能享受到诸如投资减免、加速折旧、低息贷款等多种优惠待遇，使出租人和承租人双方都能得到好处，从而获得一般租赁所不能获得的更多的经济效益。对项目投资者和项目公司来说，采用租赁融资方式解决项目所需资金具有以下好处：

1）项目公司仍拥有对项目的控制权。根据金融租赁协议，作为承租人的项目公司拥有租赁资产的使用、经营、维护和维修权等。在多数情况下，金融租赁项下的资产甚至被看成由项目发起人完全所有、由银行融资的资产。

2）可实现百分之百的融资要求。一般地，在项目融资中，项目发起人总是要提供一定比例的股本资金，以增强贷款人提供有限追索性贷款的信心。但在杠杆租赁融资模式中，由金融租赁公司的部分股本资金加上银行贷款就可以全部解决项目所需资金或设备，项目发起人不需要再进行任何股本投资。

3）较低的融资成本。在多数情况下，项目公司通过杠杆租赁融资的成本低于银行贷款的融资成本，尤其是在项目公司自身不能充分利用税务优惠的情况下。因为在许多国家中，金融租赁可享受到政府的融资优惠和信用保险。一般地，如果租赁的设备为新技术、新设备，政府将对租赁公司提供低息贷款。如果租赁公司的业务符合政府产业政策的要求，则政府可以提供 40%~60%的融资等。同时，当承租人无法交付租金时，由政府开办的保险公司向租赁公司赔偿 50%的租金，以分担风险和损失。这样，金融租赁公司就可以将这些优惠的租金分配一些给项目承租人——项目公司。

4）可享受税前偿租的好处。在金融租赁结构中，项目公司支付的租金可以被当作费用支出，这样就可以直接计入项目成本，不需要缴纳税金。这对项目公司而言，就起到了减少应纳税额的作用。

3. 杠杆租赁融资模式的复杂性

1）结构设计的复杂性。多数融资模式的设计主要侧重于资金的安排、流向、有限追索的形式及其程度，以及风险分担等问题，而将项目的税务结构和会计处理问题放在项目的投资结构中加以考虑和解决；杠杆租赁融资模式则不同，在结构设计时，不仅需要以项目本身的经济强度，特别是现金流量状况作为主要参考依据，而且需要将项目的税务结构作为一个重要的组成部分加以考虑。因此，杠杆租赁融资模式也被称为结构性融资模式。

2）杠杆租赁融资模式中的参加者比其他融资模式要多。在一个杠杆租赁融资模式中，至少要有以下四类人员的参加：

① 至少由两个股本参加者组成的合伙制结构（在美国也可以采用信托基金结构）作为项目资产的法律持有人和出租人。合伙制结构是专门为某一个杠杆租赁融资结构组织起来的，其参加者一般为专业租赁公司、银行和其他金融机构，在有些情况下，也可以是一些工业公司。合伙制结构为杠杆租赁结构提供股本资金（一般为项目建设费用或者项目收购价格的 20%~40%），安排债务融资，享受项目结构中的税务好处（主要来自项目折旧和利息的税务扣减），出租项目资产收取租赁费，在支付到期债务、税收和其他管理费用之后取得相应的股本投资收益（在项目融资中，这个收益通常表现为一个预先确定的投资收益率）。

② 债务参加者。其数目多少由项目融资的规模决定。债务参加者为普通的银行和金融机构。债务参加者以对股本参加者无追索权的形式为被融资项目提供绝大部分的资金（一般为 60%~80%）。由债务参加者和股本参加者所提供的资金构成被出租项目的全部或大部分建设费用或者购买价格。通常，债务参加者的债务被全部偿还之前，在杠杆租赁结构中享有优先取得租赁费的权利。对于债务参加者来说，为杠杆租赁结构提供贷款和为其他结构的融资提供贷款在本质上是一样的。

③ 项目资产承租人。项目资产承租人是项目的主办人和真正投资者。项目资产承租人通过租赁协议的方式从杠杆租赁结构的股本参加者手中获得项目资产的使用权，支付租赁费作为使用项目资产的报酬。由于在结构中充分考虑到股本投资者的税务好处，所以与直接拥有项目资产的融资模式相比较，项目投资者可以获得较低的融资成本。具体地说，只要项目在建设期和生产前期可以有相当数额的税务扣减，这些税务扣减就可以被用来作为支付股本参加者的股本资金投资收益的一个重要组成部分。与其他模式的项目融资一样，项目资产的承租人在多数情况下，也需要为杠杆租赁融资提供项目完工担保、长期的市场销售保证、一定形式和数量的资金投入（作为项目中真正的股本资金）及其他形式的信用保证。由于其结构的复杂性，并不是任何人都可以组织起来以杠杆租赁为基础的项目融资。项目资产承租

人本身的资信状况是一个关键的评判指标。

④ 杠杆租赁经理人。杠杆租赁融资结构通常是通过一个杠杆租赁经理人组织起来的。这个经理人相当于一般项目融资结构中的融资顾问角色，主要由投资银行担任。在安排融资阶段，杠杆租赁经理人根据项目的特点、项目投资者的要求设计项目融资结构，并与各方谈判组织融资结构中的股本参加者和债务参加者，安排项目的信用保证结构。如果融资安排成功，杠杆租赁经理人就代表股本参加者在融资期内管理该融资结构的运作。

3）实际操作中对杠杆租赁项目融资模式的管理比其他项目融资模式复杂。其具体操作过程如图 8-7 所示。一般项目的融资结构的运作包括两个阶段，即项目建设阶段和项目经营

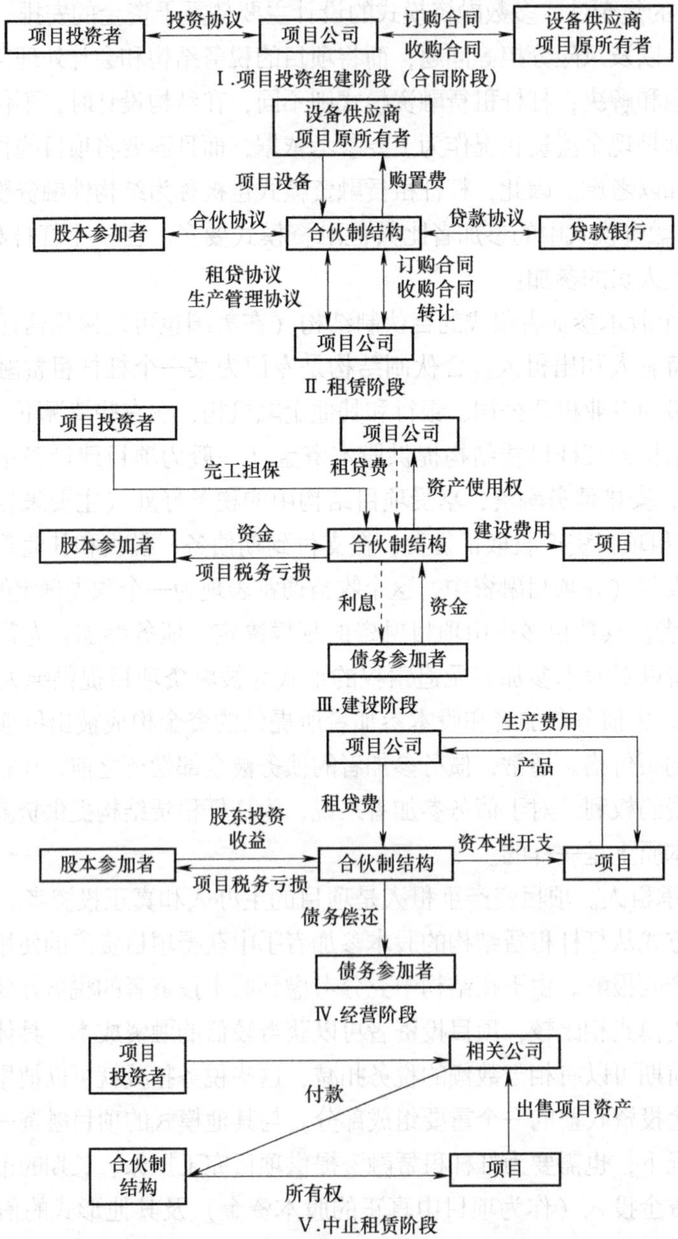

图 8-7　杠杆租赁融资模式的五个阶段

阶段。但是，杠杆租赁项目融资结构的运作需要包括五个阶段：项目投资组建阶段（合同阶段）、租赁阶段、建设阶段、经营阶段和中止租赁阶段。

4. 杠杆租赁融资模式的运作与其他项目融资结构运作之间的主要区别

1）项目投资者确定组建（或参加）一个项目的投资之后，需要将项目的资产及其投资者在投资结构中的全部收益转让给由股本参加者组织起来的杠杆租赁融资结构，然后再从资产出租人（即由股本参加者组成的合伙制结构）手中将项目资产转租回来。

2）在融资期限届满，或由于其他原因中止租赁协议时，项目投资者的一个相关公司需要以事先商定的价格（或价格公式）将项目的资产购买回去。这个相关公司在一些国家规定不能是投资者本人或项目子公司，否则就会被认为是另一种租用购买融资结构，而失去杠杆租赁融资模式中的税务好处。

5. 杠杆租赁融资模式的运作过程

具体运作过程如图 8-8 所示。

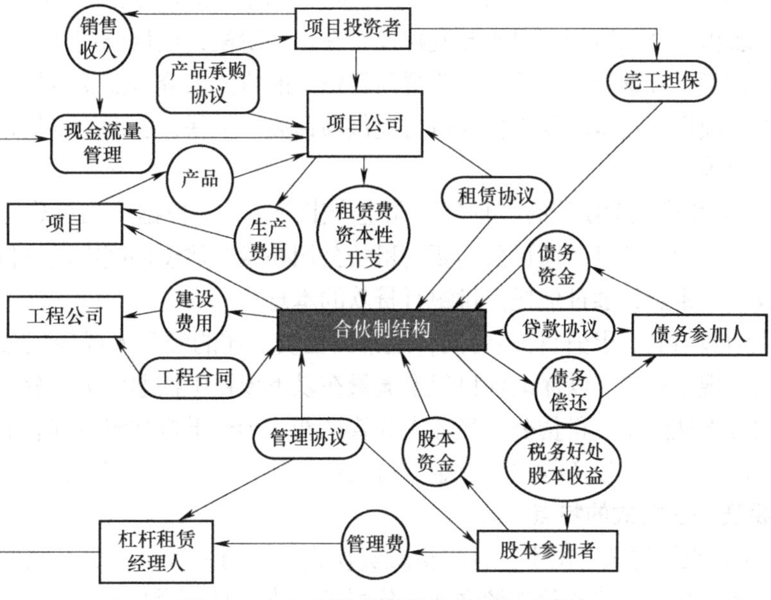

图 8-8　杠杆租赁融资模式的运作过程

1）项目投资者设立一个单一目的的项目公司，项目公司签订资产购置和建造合同，购买开发建设所需的厂房和设备，并在合同中说明这些资产的拥有权将转移给金融租赁公司，然后再从其手中将这些资产转租回来。当然，这些合同必须在金融租赁公司同意的前提下才可以签署。

2）由愿意参与到该项目融资中的两个或两个以上的专业租赁公司、银行及其他金融机构等，以合伙制形式组成一个特殊合伙制的金融租赁公司。因为对于一些大的工程项目来说，任何一个租赁机构都很难具有足够大的资产负债表来吸引和获得所有的税收好处。因此，项目资产往往由许多租赁公司分别购置和出租，大多数情况下是由这些租赁公司组成一个新的合伙制结构来共同完成租赁业务。

这个合伙制金融租赁公司就是租赁融资模式中的股本参加者，它们的职责如下：

① 提供项目建设费用或项目收购价格的20%~40%作为股本资金投入。

② 安排债务资金用以购买项目及资产。

③ 将项目及资产出租给项目公司。在这项租赁业务中，只有合伙制结构能够真正享受到融资租赁的税务好处。它在支付银行债务、税收和其他管理费后，就能取得相应的股本投资收益。

3）由合伙制金融租赁公司筹集购买租赁资产所需的债务资金，也即寻找项目的债务参加者为金融公司提供贷款。这些债务参加者通常为普通的银行和金融机构，它们通常以无追索权的形式提供60%~80%的购置资金。

一般来讲，金融租赁公司必须将其与项目公司签订的租赁协议和转让过来的资产抵押给贷款银行。这样，贷款银行的债务在杠杆租赁中就享有优先取得租赁费的权利。

4）合伙制金融租赁公司根据项目公司转让过来的资产购置合同购买相应的厂房和设备，然后把它们出租给项目公司。

5）在项目开发建设阶段，根据租赁协议，项目公司从合伙制公司手中取得项目资产的使用权，并代表租赁公司监督项目的开发建设。在这一阶段，项目公司开始向租赁公司支付租金，租金在数额上应该等于租赁公司购置项目资产的贷款部分所需支付的利息。同时，在大多数情况下，项目公司也需要为杠杆租赁提供项目完工担保、长期的市场销售保证及其他形式的信用担保等。

6）项目进入生产经营阶段时，项目公司生产出产品，并根据产品承购协议将产品出售给项目投资方或用户。这时，项目公司要向租赁公司补缴在建设期间内没有付清的租金。租赁公司以其收到的租金，通过信托支付银行贷款的本息。

7）为了监督项目公司履行租赁合同，通常由租赁公司的经理人或经理公司监督或直接管理项目公司的现金流量，以保证项目现金流量在以下项目中按顺序进行分配和使用：生产费用、项目的资本性开支、租赁公司经理人的管理费、相当于贷款银行利息的租金支付、相当于租赁公司股本投入的投资收益的租金支付及作为项目投资者投资收益的盈余资金。

6. 杠杆租赁融资模式的特点

1）融资模式比较复杂。由于杠杆租赁融资模式的参与者较多，资产抵押及其他形式的信用保证在股本参加者与债务参加者之间的分配和优先顺序问题比一般项目融资模式复杂，再加上税务、资产管理与转让等方面的问题，造成组织这种融资模式所花费的时间要相对长一些，法律结构及文件的确定也相对复杂，但其特别适用于大型项目的融资安排。

2）债务偿还较为灵活。杠杆租赁充分利用了项目的税务好处，如税前偿租等作为股本参加者的投资收益，在一定程度上降低了投资者的融资成本和投资成本，同时也增加了融资结构中债务偿还的灵活性。据统计，杠杆租赁融资中利用税务扣减，一般可偿还项目全部融资总额的30%~50%。

3）杠杆租赁融资的应用范围比较广泛。

本章小结

本章主要介绍了工程项目融资的几种基本模式，应理解设施使用协议模式和产品支付协议模式的特点及各自的流程图，了解直接融资模式的类型和特点，同时能够理解直接融资模式中单一项目子公司形式与合资项目公司形式的共同点与不同点。

复习题

1. 简述项目融资模式设计的基本原则。
2. 简述项目公司融资模式的特点。
3. 简述直接融资模式的基本形式。
4. 简述杠杆租赁融资模式的概念。
5. 简述杠杆租赁融资模式的运作过程。

第 8 章练习题

扫码进入在线答题小程序，完成答题后可获取答案及其解析

第9章 工程项目融资的典型模式

本章重难点

重点在于理解BOT融资模式的运作方式，以及BOT模式与PPP模式的共同点与不同点；难点在于理解ABS模式与BOT模式在运作过程中的不同之处。

9.1 BOT融资模式

9.1.1 BOT融资模式的起源

第二次世界大战后，发展中国家的多数基础设施项目是在政府本身、政府机构和事业单位等直接监督下建设的，而且其资金由预算经费和主权借款提供。但是，到20世纪七八十年代，经济形势有了新的变化。在20世纪80年代期间，许多国家的政府和国际贷款机构对推动私有企业发展和某些国有企业的改革、多种形式的承包乃至“私有化”越来越感兴趣。所有这些变化导致人们设法寻找一种新的方法促进基础设施项目的建设和经营。

为了寻找新方法促进发展中国家的基础设施项目，并为之筹措资金，人们把目光转向了实际上并非全新的方法——早在19世纪中期，英国的经济学家埃德温·查德威克（Edwin Chadwick）提出的转让具有垄断性质的基础设施建设权利的方法。法国在1853年最早使用了被称为“特许权”的方式，发展了著名的项目——苏伊士运河。

现代BOT的术语是由土耳其总理厄扎尔在1984年提出的，其含义为建设（Build）、经营（Operate）和转让（Transfer）。由于当时石油危机引起许多发达国家和发展中国家的财政紧张和外债危机，严重的国际债务危机几乎瓦解国际金融体系，BOT概念的提出迅速得到了许多发达国家和发展中国家的响应。这种方式也得到了国际承包公司的积极响应，因为这种方式为它们开拓了广泛的市场。

9.1.2　BOT 融资模式的内涵

1. BOT 融资模式的定义

BOT 融资模式也称为特许权融资方式，即政府或有关公共部门作为招标人，为项目（主要是公共性的基础设施项目）建设和经营提供一种特许权协议作为融资基础。在协议规定的特许期限内，由项目公司作为投资者和经营者安排融资、承担风险、建设项目，经营项目并获得合理的利润；在特许期届满时，根据协议内容将项目无偿转让给政府或有关公共部门。其运行程序主要包括招标投标、成立项目公司、项目融资、项目建设、项目经营管理、项目转让等环节。

2. BOT 融资模式的特点

1）BOT 融资模式以特许权为前提。投资者只有在取得特许权之后才可以从事项目建设。在政府和私人资本相互需要的基础上，通过政府权利让渡，私人资本有机会参与对基础设施的投资。政府的这种权利让渡只是出让建设的权利，包括为收回投资而给予投资者一段时间内经营管理的权限，到期后投资者将项目所有权归还政府，就是这种权利出让的最好体现。

2）政府在其中不仅是项目管理者，而且也是项目直接参与者。在 BOT 的法律关系中，通常是政府的主管部门和地方政府出面，将基础设施特许权给予项目公司，由项目公司进行营建。因此，在 BOT 融资模式中，政府的特许权至关重要，政府对项目的支持程度将直接影响着项目的成败。

3）采用 BOT 的项目多为带有国家垄断性质的基础设施，如高速公路、铁路、桥梁、隧道、港口、机场、电厂等，其投资数额大、技术要求高、建设周期长、建设和经营风险大。

4）投资主体的多元化和风险的分担与管理。基础设施建设的投资额大、投资回报周期长、项目风险大，因此，单个或少数投资主体无法完成 BOT 的投资或单独承担建设风险。所以，BOT 设计的主体包括多个项目投资者，如项目公司、政府、贷款人、建设者、保险公司、经营公司等，它们之间形成了复杂的法律关系，并且按特许权协议投资，分担风险和共同管理。

5）项目风险的分担方式与其他投资方式不同，即并非有协议双方共担风险，东道国政府在特许期间一般不承担风险，项目的全部或大部分风险由项目公司承担，再由项目公司通过一系列的合同安排将风险分担给其他各参与方。

6）BOT 项目特许期终结后无须进行清算，而是由政府收回特许权，并全部、无偿地收回整个项目的管理和经营权。

7）财产权利的特殊性。作为独立法人的项目公司对其项目财产拥有所有权，但始终是一种不完全的财产所有权。项目公司设立之初，其尚未形成的财产已经抵押给贷款银行，且这一抵押权必须征得财产本来所有人同意；项目建成后，在整个还贷期间，项目财产始终处于抵押权的限制下；在回报期内，随着回报额增加和经营期减少，未来所有人即政府的实际所有权逐步扩大，直至转让其所有权给政府。

3. BOT 融资模式的功能

BOT 是一种集融资、建设、经营和转让于一体的多功能投资方式。所以，BOT 融资模式是一个系统模式，它跨越了独资、合资与合作之间的界限，可以运用各种各样的投资方式。而其最大的特点是以物引资，这一点特别适合发展中国家的国情。

1）融资功能。BOT 系列项目的投资主体是私营公司项目主体，是东道国政府的基础性项目。因此出现了带资承包方式，由私营公司及财团进行融资承包建设项目。这种方式不仅可以解决发展中国家资金短缺的问题，更重要的是可使发展中国家摆脱债务危机的困扰，使项目风险分散或转移。从融资方式来看，有汇集自有资金、银行贷款、出口信贷、银团联合贷款以及与有经济实力的外国公司合作承包等。

2）建设功能。BOT 系列方式建设功能是采取国际投标方式实现的，是通过多方投资完成的。因此，BOT 建设项目是一项系统工程。在这个大系统中，既有项目主体、咨询设计、工程实施，还有经营等组织系统。因此，BOT 系列投资方式与国际工程承包方式密切相连。

3）经营功能。BOT 系列的经营功能显示了国际工程承包“前伸后延”的发展趋势。项目合同前伸到投资机会和可行性研究等阶段，后延到投产和运营阶段，这种经营功能是通过东道国政府给予投资项目的特许权实现的。而项目经营管理方式设计投资合作方式、投资回收方式及风险承担问题。因此，BOT 系列经营又与国际技术贸易、补偿贸易、租赁贸易等相互结合。

4）转让功能。投资者在政府允许的期限内，通过经营收回投资、运营与维修费用、服务费、租金及一定利润的特许权之后，转让给东道国政府。其转让的条件因投资合作方式和转让内容的不同而异；转让涉及技术转让、股权转让、经营权转让和项目转让等多种转让合同。

BOT 融资模式的功能特点决定了私营机构和公营机构都对它感兴趣。可以说，BOT 不失为政府要加快基础设施建设步伐与私营机构为大量资本求得长期稳定收益的一个好方法。

9.1.3 BOT 融资模式的优缺点

1. BOT 融资模式的优点

BOT 融资模式作为一种有效的融资手段，近年来，在我国各地的许多大型基础设施建设项目中，以其明显的优越性获得青睐。从政府部门的角度来看，其优势主要在于以下几个方面：

1）资金利用。政府采用 BOT 融资模式能吸引大量的民营资本和国外资金，以解决建设资金的缺口问题；另外，BOT 融资模式还有利于政府调整外资的使用结构，把外资引导到基础设施建设上，以便于政府集中有限资源投入到那些不被投资者看好但又关系国计民生的重大项目上。

2）风险转移。基础设施项目的建设经营周期长、规模大，这就加大了风险在整个项目建设经营过程中出现的概率和不确定性；另外，基础设施项目的投资失控现象普遍存在。政府通过 BOT 运用融资模式，把项目融资的所有责任都转移到承包商身上，由承包商承担项目借款及其风险，而政府不再需要对项目债务担保或签署，减轻了政府的债务负担；同时，承包商的收益与履约责任联系起来，加强了对投资失控现象的控制，避免了政府承担项目的全部风险。

3）项目运作效率。项目公司为了降低项目建设经营过程中的风险，获得较多的利润回报，必然引进先进的设计和管理方法，把成熟的经营机制引入到基础设施建设中，按市场化原则进行经营和管理，从而有助于提高基础设施项目的建设和经营效率，提高项目的建设质量和加快项目的建设进度，保证项目按时按质完成。

4）技术和管理水平。国外的大型投资和管理公司在项目建设和经营过程中会采用国际先进的技术和管理，这不仅能保证项目的建设质量和进度，同时对提高东道国的技术和管理水平有促进作用；另外，由于项目公司中大多有东道国的承包公司参与，这样可以为这些承包公司提供更多的发展机会，提高其就业人员的技术素质，同时还可以汇集本地资本，带动其他行业的发展。

2. BOT 融资模式的缺点

1）采用 BOT 融资模式，基础设施项目在特许权规定的期限内全权交由项目公司建设和经营。此时，政府对项目的影响力、控制力通常较弱；对于政府而言，相当于让渡了一定时期项目的产权。在这期间，就意味着政府失去了项目经营中产生的经济效益，同时也无法考虑基础设施的公益性，导致消费者剩余减少。

2）BOT 融资模式的组织结构没有一个相互协调的机制，由于各参与方都会以自身的利益为重，以实现自身利益最大化为目标，这使得它们之间的利益冲突在所难免。从经济学原理的角度来看，由于协调机制的缺失，结果会导致各参与方之间的信息不对称。博弈方在各自利益最大化的驱使下，最终达到“纳什均衡”，其中一方利益达到最大化是以牺牲其他参与方的利益为代价的，其社会总收益不是最大，自然也无法实现帕累托最优。

3）对于 BOT 项目，在项目转让给政府之前，政府对项目的控制难度相对加大，由于大量项目建设的风险转移到项目公司，这时项目公司往往要求有较高的投资回报率来补偿其所承担的风险。如果在经营期增关设卡，提高交易费用，以加速其成本回收及利润获取，而此时政府又无能为力，其结果往往与促进社会经济发展的目的产生矛盾。政府应尽快完善与 BOT 相配套的法律和政策，对项目公司进行必要的约束和引导，促使 BOT 项目运作规范化、法律化。

9.1.4　BOT 融资模式的参与者组成

1. 项目发起人

项目发起人首先应作为股东，分担一定的项目开发费用。在 BOT 项目方案确定时，就应明确债务和股本的比例，项目发起人应做出一定的股本承诺；同时，应在特许权协议中列出专门的备用资金条款，当建设资金不足时，由股东们自己垫付资金，以避免项目建设中途停工或工期延误。项目发起人拥有股东大会的投票权，以及特许权协议中列出的资产转让条款所表明的权力，即当政府有意转让资产时，股东拥有除债权人之外的第二优先权，从而保证项目公司不被怀有敌意的人控制，保护项目发起人的利益。

2. 产品购买商（或接受服务者）

在项目规划阶段，项目发起人或项目公司就应与产品购买商（或接受服务者）签订长期的产品（或服务）购买合同。产品购买商必须有长期的盈利历史和良好的信誉保证，并且其购买产品的期限至少与BOT项目的贷款期限相同，产品的价格也应保证使项目公司足以回收股本、支付贷款本息和股息，并有利润可赚。

3. 债权人

债权人应提供项目公司所需的所有贷款，并按照协议规定的时间和方式支付。当政府计划转让资产或进行资产抵押时，债权人拥有获取资产和抵押权的第一优先权；项目公司若想举新债，必须征得债权人的同意；债权人应获得合理的利息。

4. 承包商

BOT项目的承包商必须拥有强力的建设队伍和先进的技术，按照协议规定的期限完成建设任务。为了充分保证建设进度，要求承包商必须具有较好的工作业绩，并应有可靠的担保人提供担保。项目建设竣工后要进行验收和性能测试，以检测建设是否满足设计指标。一旦承包商因自身原因未按照合同规定期限完成任务，或者完成任务未能通过竣工验收，项目公司将予以罚款。

5. 保险公司

保险公司的责任是对项目中各个角色不愿承担的风险进行保险，包括建筑商风险、业务中断风险、整体责任风险、政治风险（战争、战乱等）等。由于这些风险的不可预见性很强，造成的损失巨大，所以对保险商的财力、信用要求很高。一般的中小保险公司是没有能力承担此类保险的。

6. 设备和材料供应商

供应商负责供应项目公司所需的设备、燃料、原材料等。由于在特许期限内，对燃料（原材料）的需求是长期的和稳定的，供应商必须具有良好的信誉和较强而稳定的盈利能力，能提供至少不短于还贷期的一段时间内的燃料（原材料），同时供应价格应在供应协议中明确注明，并由政府和金融机构对供应商进行担保。

7. 运营商

运营商负责项目建成后的运营管理。为保持项目运营管理的连续性，项目公司与运营商应签订长期合同，期限至少应等于还款期。运营商必须是BOT项目的专长者，既有较强的管理技术和管理水平，又有此类项目较丰富的管理经验。在运营运程中，项目公司每年都应对项目的运营成本进行预算，列出成本计划，限制运营商的总成本支出。对于成本超支或效益提高，应有相应的罚款和奖励制度。

8. 政府

政府是BOT项目成功与否的最关键的角色之一。政府对BOT的态度及在BOT项目实施过程中给予的支持，将直接影响项目的成败。

9.1.5 BOT融资模式的运作方式和风险分担

一个典型的BOT项目的参与人有政府、BOT项目公司、投资人、银行或银团，以及承担设计、建设和经营的有关公司。

政府是BOT项目的控制主体。政府决定是否设立此项目，以及是否采用BOT融资模式；在谈判确定BOT项目协议合同时，政府也占据着有利地位；政府还有权在项目进行过程中对必要的环节进行监督；在项目特许到期时，政府还具有无偿收回该项目的权利。

业主是 BOT 项目的执行主体，它处于中心位置。所有关系到 BOT 项目的筹资、分包、建设、验收、经营管理体制及还债和偿付利息都由业主负责。大型基础设施项目通常专门设立项目公司作为业主，同设计公司、建设公司、制造厂商及经营公司打交道。

银行或银团通常是 BOT 项目的主要出资人。对于中小型 BOT 项目，一般单个银行足以为其提供所需的全部资金；而大型 BOT 项目往往使单个银行感觉力不从心，从而组成银团共同提供贷款。由于 BOT 项目的负债率一般高达 70%~90%，所以贷款往往是 BOT 项目的最大资金来源。

投资人是 BOT 项目的风险承担主体，它们以投入的资本承担有限责任。尽管原则上讲政府和私人机构分担风险，但实际上各国在具体操作中差别很大。发达市场经济国家在 BOT 项目中分担的风险很小，而发展中国家在跨国 BOT 项目中往往承担很大比例的风险。

9.1.6　BOT 融资模式的执行程序

1. 立项阶段

在这一阶段，政府根据中长期的社会和经济发展计划列出新建和改建项目清单并公之于众。私人机构可以根据该清单上的项目结合自身的业务发展方向做出合理计划，然后向政府提出以 BOT 融资模式建设某项目的建议，并申请投标或表明承担该项目的意向。政府则依靠咨询机构进行各种方案的可行性研究，根据各方案的技术经济指标决定采用何种方式。

2. 招标阶段

如果项目确定采用 BOT 融资模式建设，则首先由政府或其委托机构发布招标广告，然后对报名的私人机构进行资格预审，从中选择数家私人机构作为投标人并向其发售招标文件。

对于确定以 BOT 融资模式建设的项目也可以不采用招标方式，而直接与有承担项目意向的私人机构协商。但协商方式的成功率不高，即便协商成功，往往也会由于缺少竞争而使政府答应条件过多而导致项目成本增加。

3. 投标阶段

BOT 项目标书的准备时间较长，往往在 6 个月以上，在此期间受政府委托的机构要随时回答投标人对项目提出的问题，并考虑招标人提出的合理建议。投标人必须在规定的日期前向招标人呈交投标书。招标人开标、评标、排序后，选择前 2~3 家机构进行谈判。

4. 谈判阶段

特许权协议是 BOT 项目的核心，它具有法律效力并在整个特许期内有效。它规定政府和 BOT 项目公司的权利和义务，决定双方的风险和回报。所以，特许权协议的谈判是 BOT 项目的关键一环。政府委托的招标人依次同选定的几个投标人进行谈判，成功则签订合同，不成功则转向下一个投标人。有时谈判需要循环进行。

5. 履约阶段

这一阶段涵盖整个特许期，又可以分为建设阶段、经营阶段和移交阶段。业主是这一阶段的主角，承担履行合同的大量工作。需要特别指出的是，良好的特许权协议可以激励业主认真负责地监督建设、经营的参与者，努力降低成本提高效率。

BOT 融资模式如图 9-1 所示。

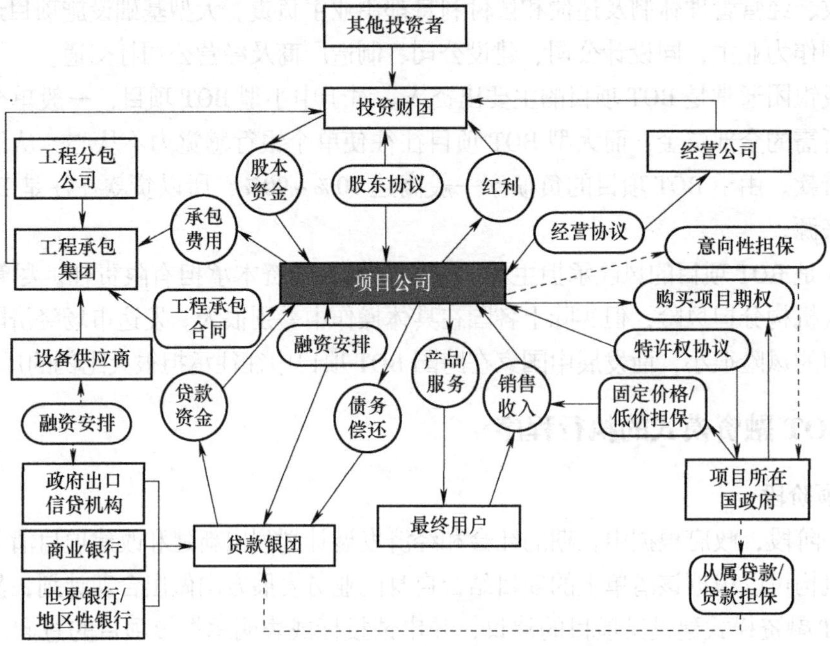

图 9-1　BOT 融资模式

9.1.7　BOT 融资模式的风险

BOT 项目投资大、期限长，且条件差异较大，常常无先例可循，所以风险较大。风险的规避和分担也就成为 BOT 项目的重要内容。BOT 项目整个过程中可能出现的风险有五种类型：政治风险、市场风险、技术风险、融资风险和不可抵抗的外力风险。

1. 政治风险

政局不稳定、社会的不安定都会给 BOT 项目带来不同程度的政治风险，这种风险是跨国投资的 BOT 项目公司特别考虑的，投资人承担的政治风险随项目期限的延长而相应递增。而对于本国的投资人而言，则较少考虑该风险因素。

2. 市场风险

在 BOT 项目的特许期中，供求关系变化和价格变化时有发生。在 BOT 项目回收全部投资以前，市场上有可能出现更廉价的竞争产品，或更受大众欢迎的替代产品，以至对该 BOT 项目的产出的需求大大降低，此谓市场风险。通常 BOT 项目投资大都期限长，又需要政府的协助和特许，所以具有垄断性，但不能排除由于技术进步等原因带来的市场风险。此外，在原材料市场上可能会由于原材料涨价而导致工程超支，这是另一种市场风险。

3. 技术风险

在 BOT 项目进行过程中，由于制度上的细节问题安排不当带来的风险，称为技术风险。这种风险的一种表现是延期。工程延期将直接缩短工程经营期，减少工程回报，严重的有可能导致项目被放弃。另一种表现是工程缺陷，即施工建设过程中的遗留问题。该类风险可以通过制度安排上的技术性处理减少其发生的可能性。

4. 融资风险

由于汇率、利率和通货膨胀率的预期外的变化带来的风险，就是融资风险。若发生了比预期高的通货膨胀，则 BOT 项目的预期价格（如果预期价格已经约定的话）则会偏低；如果利率升高，由于高负债率，则 BOT 项目的融资成本会大大增加；由于 BOT 常用于跨国投资，汇率的变化或兑现的困难也会给项目带来风险。

5. 不可抵抗的外力风险

BOT 项目与其他项目一样，要承担地震、火灾、暴雨等不可抵抗而又难以预计的外力风险。

9.1.8　BOT 融资模式的风险应对措施

应对风险的机制有两种：一种机制是规避，即以一定的措施降低不利情况发生的概率；另一种机制是分担，即事先约定不利情况发生情况下损失的分配方案。这是 BOT 项目合同中的重要内容。国际上在各参与者之间分担风险的惯例是：谁最能控制的风险，该风险便由谁承担。

1. 政治风险的规避

跨国投资的 BOT 项目公司首先要考虑的就是政治风险问题。这种风险仅凭经济学家和经济工作者的经验是难以评估的。项目公司可以在谈判中获得政府的某些特许，以部分抵消政治风险。

2. 市场风险的分担

在市场经济体制中，由于新技术的出现带来的市场风险应由项目的发起人和确定人承担。若该项目由私人机构发起，则这部分市场风险由项目公司承担；若该项目由政府发展计划确定，则由政府主要承担。而工程超支风险则应由项目公司做出一定预期，以便在 BOT 项目合同签订时有备无患。

3. 技术风险的规避

技术风险是由于项目公司在与承包商进行工程分包时约束不严或监督不力造成的，所以项目公司应完全承担责任。对于工程延期和工程缺陷，应在分包合同中做出规定，与承包商的经济利益挂钩。项目公司还应在工程费用以外留下一部分维修保证金或施工后质量保证金，以便顺利解决工程缺陷问题。对于影响整个工程进度和关系整体质量的控制工程，项目公司还应进行较频繁的工程期间监督。

4. 融资风险的规避

在工程项目融资中，BOT 融资模式是贯穿始终的一个重要内容。这个过程全部以项目公司为主体进行操作，风险也完全由项目公司承担，其融资技巧对项目费用的影响也很大。首先，工程过程中分步投入的资金应分步融入，否则会大大增加融资成本；其次，在约定产品价格时，应预期利率和通胀的波动对成本的影响。若是从国外引入外资的 BOT 项目，还应考虑货币兑换问题和汇率的预期。

5. 不可抵抗的外力风险的分担

这种风险具有不可预测性和损失额的不确定性，有可能是毁灭性损失，而政府和私人机构都无能为力。对此，可以依靠保险公司承担部分风险。这必然会增加工程费用。对于大型BOT项目，往往需要多家保险公司进行分保。在项目合同中，政府和项目公司应约定该风险的分担方法。

9.2 BOT融资模式的衍生模式

BOT的内涵前已述及，本节主要介绍BOT融资模式的衍生模式。根据世界银行《1994年世界发展报告》报道，通常所说的BOT融资模式至少有以下几种具体形式，即BOT（Build-Operate-Transfer）、BT（Build-Transfer）、BOOT（Build-Own-Operate-Transfer）、BOO（Build-Own-Operate）及TOT（Transfer-Operate-Transfer）。实际上，BOT融资模式的衍生模式并不仅仅局限于上述几种具体模式。

9.2.1 BT模式

BT（Build-Transfer）即建设—转让，是政府利用非政府资金来进行基础非经营性设施建设项目的一种融资模式。BT模式是BOT模式的一种演变形式，是指一个项目的运作通过项目公司总承包，融资、建设验收合格后转让给业主，业主向投资方支付项目总投资加上合理回报的过程。目前采用BT模式筹集建设资金成了项目融资的一种新模式。

1. BT模式的产生背景

1）随着我国经济建设的高速发展及国家宏观调控政策的实施，基础设施投资的银根压缩受到前所未有的冲击，如何筹集建设资金成了制约基础设施建设的关键。

2）原有的投资融资格局存在重大的缺陷，金融资本、产业资本、建设企业及其关联市场在很大程度上被人为阻隔，资金缺乏有效的封闭管理，风险和收益分担不对称，金融机构、开发商、建设企业不能形成以项目为核心的有机循环闭合体，优势不能相补，资源没有合理流动与运用。

2. BT模式的发展现状

BT模式发展时间短，是新生事物，是由BOT衍生而来的。标准意义的BOT项目较多，但类似BOT项目的BT项目却并不多见。

自20世纪80年代我国第一个BOT项目——深圳沙角B电厂项目实施建设以来，经过多年的发展，BOT融资模式已经为大众所熟悉。而BT模式作为BOT模式的一种演变，近年来也逐渐作为政府投融资模式的一种，被用来为政府性公共项目融资。

2004年国务院颁布的《国务院关于投资体制改革的决定》（国发〔2004〕20号），明确规定“放宽社会资本的投资领域，允许社会资本进入法律法规未禁入的基础设施、公用事业及其他行业和领域”“各级政府要创造条件，利用特许权经营、投资补助等多种方式，吸引社会资本参与社会资本参与有合理回报和一定投资回收能力的公益事业和公共基础设施的建设”。此政策背景可谓是BT模式获得发展的一个重要原因。

3. BT 模式的依据

1）《中华人民共和国政府采购法》第一章第二条规定，政府采购“是指各级国家机关、事业单位和团体组织，使用财政性资金采购依法制定的集中采购目录以内的或者采购限额标准以上的货物、工程和服务的行为”。

2）《建设部关于培育发展工程总承包和工程项目管理企业的指导意见》（建市〔2003〕30 号）第四章第七条：“鼓励有投融资能力的工程总承包企业，对具备条件的工程项目，根据业主的要求，按照建设-转让（BT）、建设-经营-转让（BOT）、建设-拥有-经营（BOO）、建设-拥有-经营-转让（BOOT）等方式组织实施。”

4. BT 模式的意义

1）发展 BT 模式使产业资本和金融资本全新对接，形成了一种新的融资格局，既为政府提供了一种解决基础设施建设项目资金周转困难的融资新模式，又为投资方提供了新的利润分配体系的追求目标，为剩余价值找到了新的投资途径。

2）BT 模式使银行或其他金融机构获得了稳定的融资贷款利息，分享了项目收益。

3）BT 模式提倡风险在政府与各投资方之间共同承担的原则，同时具备对风险进行分析、识别、评价及转移的能力，并追求合理利润，优化资源配置。

4）BT 模式有利于积极推进政府融资体制改革的深化，要求政府完善偿债机制，建立专项偿债发展基金，健全国有资产运作机制，重新整合各类资产，特别是特许经营管理的项目。

5）BT 模式不仅能获取较大的投资效益，还能提高项目管理的效率，增强投资方的人文技能、管理水平及参与市场的竞争能力，积累 BT 模式融资的经验，增加了施工业绩，为以后打入融资建筑市场创造条件。

6）BT 模式扩大了资金来源，使项目顺利建设转让给政府，能推进当地经济的可持续发展，提高经济效益和社会效益，为其他行业的融资树立典范。

5. BT 模式的运作过程

1）项目的确定阶段。政府对项目立项，完成项目建设书、可行性研究、筹划报批等工作。

2）项目的前期准备阶段。政府确定融资模式、贷款金额的时间及数量上的要求，以及偿还资金的计划安排等工作。

3）项目的合同确定阶段。政府确定投资方，谈判商定双方的权利与义务等。

4）项目的建设阶段。参与各方按 BT 合同的要求，行使权力，履行义务。

5）项目的转让阶段。竣工验收合格、合同期满，投资方有偿转让给政府，政府按约定总价，按比例分期偿还投资方的融资和建设费用。

6. BT 模式中的主体

1）项目业主。项目业主是指项目所在国政府及所属部门指定的机构或公司，也称项目发起人，负责对项目的项目建设特许权的招标。在项目融资建设期间，业主在法律上不拥有项目，而是通过给予项目一定数额的从属性贷款或贷款担保作为项目建设、开发和融资的支持。在项目建设完成和转让后，将拥有项目的所有权和经营权。

2）BT 投资建设方。BT 投资建设方通过投标方式从项目所在国政府获得项目建设的特许权，负责提供项目建设所需的资金、技术，安排融资和组织项目的建设，并承担相应的项目风险。通过招标投标方式产生相应的设计单位、施工单位、监理单位和设备、原材料供应商等。

3）贷款银行或其他相关单位。融资渠道在 BT 模式中扮演很重要的角色。项目的融资渠道一般是投资方自有资产、银团贷款、政府政策性贷款等。而贷款的条件一般取决于项目本身的经济效益、BT 投资建设方的管理能力和资金状况及政府为项目投资方提供的优惠政策。

7. BT 模式的特点

1）BT 模式仅适用于政府基础设施非经营性项目建设。

2）政府利用的资金是非政府资金，是通过投资方融资的资金。融资的资金可以是银行的，也可以是其他金融机构或私有的；可以是外资的，也可以是国内的。

3）BT 模式仅是一种新的融资模式，重点是在 B 阶段。

4）投资方在转让时不存在投资方在建成后进行经营，获取经营收入。

5）政府按比例分期向投资方支付合同的约定总价。

8. BT 模式的风险

1）政府信用风险。在 BT 模式下，投资者建成项目后，政府必须以财政资金将项目立即回购，因而对政府财政资金的依赖度高。如果政府信用或政策发生重大变化，必然影响投资者的资金安全和投资回报。

2）成本控制风险。BT 模式同样受到原材料价格变化、劳动力成本增加、工期延迟、通货膨胀、汇率波动、利率变化及环境和技术等方面的影响而增加投资风险。BT 模式不同于建设工程总承包，建设工程总承包只负责建设工程施工，其成本控制仅是施工过程中的成本，不包括项目前期工作、工程监理等成本构成，成本的可控制较高。而在 BT 模式下，政府对项目规划不具体，项目投资者几乎承担了项目建设中的所有成本风险，其主要通过控制建设成本争取盈利，从而导致项目成本控制的不确定因素增多。

3）工期控制风险。BT 项目模式下，工程能否在规定的工期内按时或提前完工，不仅关系到投资者能否早日收回投资并盈利，也关系到政府的基础设施能否早日发挥社会和经济效益。作为政府，期待项目早日建成发挥效益；作为投资者，则受到种种主客观因素的制约，按时完工总有一定难度。再加上工程自身不可预计因素的影响，以及投资者的经营管理水平、技术力量、设施设备保障、施工科学性等的制约，项目建设工期控制风险仍然存在。

4）质量控制风险。项目建设质量是投资成败的关键，关系到 BT 项目建成后能否顺利移交及投资者投资成本效益的收回。BT 模式的建设阶段实行的是投资者对项目总承包的方式承建，项目投资者在得到政府特许经营权后可将一部分项目再分包，但如果对分包商的承接能力、技术力量、管理手段，以及对复杂技术问题的处理等方面把控不严，也会出现各种各样的工程质量风险。

随着我国工程建设领域投融资体制的改革，越来越多的工程项目，尤其是基础设施项目，开始采用 BT 模式进行建设。实践中，由于目前整个行业对 BT 模式的认识不够，有关立法工作还处于探索阶段，致使诸多问题无据可依；BT 模式频频被滥用；有的以 BT 之名行垫资之实；有的仅有招标单位自身出具的还款承诺而无任何实质性担保；有的在用地、立项、规划等方面明显违反基本建设程序；等等。诸如此类不规范之处，给介入 BT 项目的企业带来了巨大的风险。

BT 模式由 BOT 演变而来，作为一种融资模式，BT 项目同样具有 BOT 项目的根本特征。作为 BT 项目的投资方，建筑企业的权利不仅应通过作为项目建设单位这一法律身份加以固定，还应设定有效的担保以确保其投资款的回收及相应投资回报的如期获取。鉴于此，对于那些拟通过 BT 模式提高竞争力的建筑企业来讲，在介入 BT 项目前后应注意以下几点：

① 深入分析相关招标文件，以确定 BT 项目的真伪，防范假 BT 模式可能带来的风险。

② 积极开展对 BT 项目的调查，包括项目合法性及项目运作前景预测等。

③ 重视对 BT 项目中招标单位回购担保的审查，以确保担保方案的有效性和可行性。

④ 对于实践中有关部门由于对 BT 模式不了解，仍按一般工程承包办理相应手续的做法，应主动予以纠正，以避免该类登记方式不当，降低对承包商的保护力度，加大投资风险。

⑤ 重视 BT 项目的签约管理和履约管理。可聘请专业律师进行全过程把关，积极防范相当长的建设周期内可能出现的法律风险。

对于能够产生现金流的基础设施项目（如收费公路、水、电厂等），由于经营比较稳定，因此受到社会投资者的欢迎。但是，对于没有现金流或现金流不足的基础设施项目，如轨道交通、城市绿化等，也可以采用政府给予一定补贴的方式，进行 BOT 或 BT 模式的融资，鼓励社会资本的参与，以减轻政府现时的财政压力。例如，上海轨道交通领域就是采用这种模式进行的。由申通集团负责项目规划投资、管理沿线各区出资 35%成立项目公司，按项目法人制运作项目公司向商业银行寻求长期项目融资（占 65%），期限为 10~21 年；建成后交由地铁建设有限公司、地铁运营公司、现代轨道交通公司承担运营。

9.2.2　BOOT 模式

BOOT（Build-Own-Operate-Transfer）即建设—拥有—经营—转让，是项目公司对所建项目设施拥有所有权并负责经营，经过一定期限后，再将该项目转让给政府的一种融资模式。它是由 BOT 融资模式演变而来的。

BOOT 是一种连投资带承包的方式，也是近十几年来才在国际承包市场出现的一块丰厚奶酪：多头获利、长线受益、高回报。但同时它对承包商的要求也高：投资人必须管好、用好资金；建设方必须保证项目进度和质量；运营商必须保证盈利。因此，此类项目对我国承包商而言，目前只有少数央企在东南亚、非洲等地区有成功运作案例，国内尚属空白。

BOOT 是由 BOT 演变而来的一种投资模式，但两者也有区别：

（1）所有权的区别

BOT 模式，项目建成后，私人只拥有所建成项目的经营权；而 BOOT 模式，在项目建成后，在规定的期限内，私人既有经营权，也有所有权。

(2) 时间上的区别

采取 BOT 模式，从项目建成到转让给政府这一段时间一般比采取 BOOT 模式短一些。

每一种 BOT 模式及其变形，都体现了政府对基础设施部分所愿意提供的私有化程度。BOT 意味着一种很低的私有化程度，因为项目设施的所有权并不转移给私人。BOOT 代表了一种居中的私有化程度，因为设施的所有权在一定有限的时间内转给私人。最后，就项目设施没有任何时间限制地被私有化并转移给私人而言，BOO 代表的是一种最高级别的私有化。

换句话说，一国政府所采纳的建设基础设施的不同模式，反映出其所愿意接受的使某一行业私有化的不同程度。由于基础设施项目通常直接对社会产生影响，并且要使用到公共资源，诸如土地、公路、铁路、管道，广播电视网等，因此，基础设施的私有化是一个特别重要的问题。

对于运输项目（如收费公路、收费桥梁、铁路等）都是采用 BOT 模式，因为政府通常不愿将运输网的所有权转交给私人。在动力生产项目方面，通常会采用 BOT、BOOT 或 BOO 模式。一些国家很重视发电，因此，只会与私人签署 BOT 或 BOOT 特许权协议。而在一些电力资源充足的国家（如阿根廷），其政府并不如此重视发电项目，一般会签署一些 BOO 许可证或特许权协议。最后，对于电力的分配和输送、天然气以及石油来说，这类行业通常被认为关系到一个国家的国计民生，因此，建设这类设施一般都采用 BOT 或 BOOT 模式。

9.2.3 BOO 模式

BOO（Build-Own-Operate）即建设—拥有—经营，该模式是一种正在推行中的全新的市场化运行模式，即由企业投资并承担工程的设计、建设、运行、维护、培训等工作，硬件设备及软件系统的产权归属企业，而由政府部门负责宏观协调、创建环境、提出需求，政府部门每年只需向企业支付系统使用费即可拥有硬件设备和软件系统的使用权。这一模式体现了“总体规划、分步实施、政府监督、企业运作”的建、管、护一体化要求。BOO 模式的优势在于，政府部门既节省了大量财力、物力和人力，又可在瞬息万变的信息技术发展中始终处于领先地位，而企业也可以从项目承建和维护中得到相应的回报。

1. BOT 与 BOO 的相同点

BOT 和 BOO 模式最重要的相同之处在于，它们都是利用私人投资承担公共基础设施项目。在这两种融资模式中，私人投资者根据东道国政府或政府机构授予的特许权协议或许可证，以自己的名义从事授权项目的设计、融资、建设及经营。在特许期，项目公司拥有项目的占有权、收益权，以及为特许项目进行投融资、工程设计、施工建设、设备采购、运营管理和合理收费等的权利，并承担对项目设施进行维修、保养的义务。在我国，为保证特许权项目的顺利实施，在特许期内，如因我国政府政策调整因素影响，使项目公司受到重大损失的，允许项目公司合理提高经营收费或延长项目公司特许期；对于项目公司偿还贷款本金、利息或红利所需要的外汇，国家保证兑换和外汇出境。但是，项目公司也要承担投融资及建设、采购设备、维护等方面的风险，政府不提供固定投资回报率的保证，国内金融机构和非金融机构也不为其融资提供担保。

2. BOT 与 BOO 的不同点

BOT 与 BOO 模式最大的不同之处在于：在 BOT 项目中，项目公司在特许期结束后必须将项目设施交还给政府；而在BOO项目中，项目公司有权不受任何时间限制地拥有并经营项目设施。从BOT的字面含义，也可以推断出基础设施国家独有的含义：作为私人投资者，在经济利益驱动下，本着高风险、高回报的原则，投资于基础设施的开发建设。为收回投资并获得投资回报，私人投资者被授权在项目建成后的一定期限内对项目享有经营权，并获得经营收入；期限届满后，将项目设施经营权无偿转让给政府。由此可见，项目设施最终经营权仍然掌握在国家手中，而且在BOT项目整个运作过程中，私人投资者自始至终都没有对项目的所有权。其实BOT模式不过是政府利用私人投资者在一定期限内对项目设施拥有经营权，但该基础设施的本质属性没有任何改变。换句话说，运用BOT模式，项目发起者可拥有一段确定的时间以获得实际的收入来弥补其投资，之后，项目交还给政府；而BOO模式，项目的所有权不再交还给政府。

9.2.4　TOT模式

TOT（Transfer-Operate-Transfer）即转让—经营—转让。TOT模式是国际上较为流行的一种项目融资模式，通常是指政府部门或国有企业将建设好的项目的一定期限的产权或经营权，有偿转让给投资人，由其进行运营管理；投资人在约定的期限内，通过经营收回全部投资并得到合理的回报，双方合约期满之后，投资人再将该项目交还政府部门或原企业的一种融资模式。

TOT模式是BOT融资模式的新发展，也是企业进行收购与兼并所采取的一种特殊形式。从某种程度上讲，TOT具备我国企业在并购过程中出现的一些特点，因此可以理解为基础设施企业或资产的收购与兼并。TOT模式的流程大致是：首先进行经营权转让，即把存量部分资产的经营权置换给投资者，双方约定一定的转让期限；其次，在此期限内，经营权受让方全权享有经营设施及资源所带来的收益；最后，期满后，再由经营权受让方转让给经营权转让方。它是相对于增量部分资源转让，即BOT而言的，都是融资的方式和手段之一。

1. TOT模式的运作程序

1）制定TOT方案并报批。转让方必须先根据国家有关规定编制TOT项目建议书，征求行业主管部门同意后，按现行规定报有关部门批准。国有企业或国有基础设施管理人只有获得国有资产管理部门批准或授权，才能实施TOT模式。

2）项目发起人（同时又是投产项目的所有者）设立SPV（Special Purpose Vehicle）或SPC（Special Purpose Corporation），即特别目的公司。发起人把完工项目的所有权和新建项目的所有权均转让给SPV，以确保有专门机构对两个项目的管理、转让、建设负有全权，并对出现的问题加以协调。SPV常常是政府设立或政府参与设立的具有特许权的机构。

3）TOT项目招标。按照国家规定需要进行招标的项目，必须采用招标方式选择TOT项目的受让方，其程序与BOT模式大体相同，包括招标准备、资格预审、准备招标文件、评标等。

4）SPV与投资者洽谈，以达成转让投产运行项目在未来一定期限内全部或部分经营权的协议，并取得资金。

5）转让方利用获得的资金建设新项目。

6）新项目投入使用。

7）项目期满后，收回转让的项目。转让期满，资产应在无债务、未设定担保、设施状况完好的情况下转让给原转让方。当然，在有些情况下是先收回转让项目，然后才将新项目投入使用的。

2. TOT 模式的优势

1）与 BOT 项目融资模式比较。TOT 模式与 BOT 相比，一方面，省去了建设环节，使项目经营者免去了建设阶段风险，使项目接手后就有收益；另一方面，由于项目收益已步入正常运转阶段，使得项目经营者通过把经营收益权向金融机构提供质押担保方式再融资，也变得容易多了。

2）与向银行和其他金融机构借款融资方式比较。银行和其他金融机构向项目法人贷款其实质是一种借贷合同关系。虽然也有一些担保措施，但金融机构不能直接参与项目经营，只能通过间接手段监督资金安全使用。在社会信用体系还没有完全建立起来的阶段，贷款者要承担比较大的风险。由于贷款者“惜贷”心理作用，项目经营者想要通过金融机构筹集资金，其烦琐的手续和复杂的人事关系常常使人止步。TOT 项目融资，出资者直接参与项目经营，由于利益驱动，其经营风险自然会控制在其所能承受的范围内。

3）与合资、合作融资方式比较。合资、合作牵涉两个以上的利益主体。由于双方站在不同利益者的角度，合资、合作形式一般都存在一段“磨合期”，决策程序也相对比较长，最后利润分配也是按协议或按各方实际出资比例分配。实行 TOT 项目融资，其经营主体一般只有一个，合同期内的经营风险和经营利益全部由经营者承担，这样在企业内部决策效率和内部指挥协调工作相对容易开展得多。

4）与内部承包或实物租赁融资方式比较。承包或租赁虽然也是把项目经营权在一定时期让渡出去，但与 TOT 项目融资相比，仍有许多不同之处。经营承包一般主体为自然人，项目对外法人地位不变，项目所有权权利完整保留。租赁行为虽然经营者拥有自己独立的对外民事权利，但资产所有权权利仍由出租者行使，租赁费用一般按合同约定分批支付或一年支付一次。TOT 项目融资是两个法人主体之间的契约行为，经营者在合同期内，仍有独立的民事权利和义务。按合同约定，经营者还可拥有部分财产所有者的权利。经营者取得财产经营权的费用也一次性支付。

5）与融资租赁方式比较。融资租赁是指出租者根据承租人对供应商和设备的选定，购买其设备交承租人使用，承租人支付租金的行为。融资租赁方式涉及购买和租赁两个不同合同，合同主体也涉及出租人、供应商、承租人三方。其运作实质是“以融物形式达到融资的目的”。TOT 项目融资方式，合同主体只有财产所有人和其他社会经营主体两者。经营者既是出资者，又是项目经营者。所有者暂时让渡所有权和经营权。其目的是通过项目融资，筹集到更多的建设资金投入到城市基础设施建设。

6）与道路两厢或其他土地开发权作为补偿方式比较。以开发权作为补偿，项目本身一般不具备创收经营权，项目具有纯公益性质。TOT 项目融资，其项目本身必须是经营性资产，有比较固定的收益。与取得其他开发权的融资方式比较，省去了建设环节的风险和政策不确定性因素风险，其运作方式对项目所有者和经营者都有益处。

3. TOT 模式的所带来的影响

开展 TOT 项目融资，其主要优势有以下几方面：

1）盘活城市基础设施存量资产，开辟经营城市新途径。随着城市扩容速度加快，迫切需要大量资金用于基础设施建设，面对巨大的资金需求，地方财政投入可谓是“杯水车薪”。另外，通过几十年的城市建设，城市基础设施中部分经营性资产的融资功能一直闲置，没有得到充分利用，甚至出现资产沉淀现象。如何盘活这部分存量资产，以发挥其最大的社会效益和经济效益，是每个城市经营者必须面对的问题。TOT 项目融资正是针对这种现象设计的一种经营模式。

2）增加了社会投资总量，以基础行业发展带动相关产业的发展，促进整个社会经济稳步增长。TOT 项目融资的实施，盘活了城市基础设施存量资产，同时也引导更多的社会资金投向城市基础设施建设，从“投资”角度拉动了整个相关产业迅速发展，促进社会经济平稳增长。

3）促进社会资源的合理配置，提高了资源使用效率。在计划经济模式下，公共设施领域经营一直是沿用垄断经营模式，其他社会主体很难进入基础产业行业。引入 TOT 项目融资后，由于市场竞争机制的作用，给所有基础设施经营单位增加了无形压力，促使其改善管理、提高生产效率。同时，一般介入 TOT 项目融资的经营单位都是一些专业性的公司，在接手项目经营权后，能充分发挥专业分工的优势，利用其成功的管理经验，使项目资源的使用效率和经济效益迅速提高。

4）促使政府转变观念和转变职能。实行 TOT 项目融资后，首先，政府可以真正体会到“经营城市”不仅仅是一句口号，更重要的是一项严谨、细致、科学的工作；其次，政府对增加城市基础设施投入增添了一项新的融资方法，政府决策思维模式将不仅紧盯“增量投入”，而且时刻注意到“存量盘活”；再次，基础设施引入社会其他经营主体后，政府可以真正履行“裁判员”角色，把工作重点放在加强城市建设规划、引导社会资金投入方向、更好地服务企业、监督企业经济行为等方面的工作上来。

4. 实施 TOT 模式应注意的问题

（1）注意新建项目的效益

由于新建项目规模大、耗费资金多，因此一定要避免以前建设中曾经出现的“贪洋求大”、效益低、半途而废等情况。首先，在目前 TOT 模式经验不足的情况下，要做好试点工作，并及时总结经验，从小到大、从单项到综合项目逐步展开；其次，在建设前一定要进行全面、详细的评估、论证，要充分估计 TOT 的负面效应，提出相关预防措施。对于事关国家建设全局的重大项目，要慎之又慎，切忌草率决定、仓促上马。中央有关部门应从国民经济全局的角度出发，严格审核、审批，防止一哄而上、盲目引进外资，防止重复建设。

（2）注意转让基础设施的价格

1）由于外方接受的是已建基础设施，避免了建设时期和试生产时期的大量风险，而由我方承担这些风险。因此，经营权的转让价应合理提高，作为对承担风险的“对价”。

2）由于 TOT 项目多为基础设施项目，其价格高低必然会对社会经济造成较大影响。而由于外方承担风险较小、花费费用少，因此，项目产品价格应按国内标准合理制定，要与社会经济承受能力相适应。

(3) 加强国有资产评估

受让方买断某项资产的全部或部分经营权时，必须进行资产评估。转让资产如果估价过低，会造成国有资产流失；估价过高，则可能影响受让方的积极性和投资热情。因此，要正确处理好资产转让和资产评估的关系。聘请的评估机构应具有相应资质，在评估时最好与转让方和其聘请的融资顾问及时沟通，评估结果应报国有资产管理部门批准。

(4) 应明确规定转移经营权的项目的维修改造

为防止外商（受让方）在转让回我方时，该项目是一个千疮百孔的“烂摊子”，可以采用一种过渡期的办法。在过渡期内，双方共同管理、共同营运项目，收入按一定比例分享，以利于我方对项目运行的监督管理。此外，还应鼓励外商对项目进行技术改造、设备更新和必要的其他扩建改造。

(5) 进一步改善 TOT 模式的投资法律环境

尽管 TOT 涉及环节较少，但作为一种利用外资的新形式，必然要求有完善的法律环境的保证。政府应通过立法规范 TOT 相关主体的行为，明确各方权利义务，保证转让项目的有偿使用和特许经营权的稳定性，保护投资者合法权益，尽量减少投资的法律风险。因此，有必要依据我国国情和国际惯例，制定出一套适合 TOT 模式的法律法规，为 TOT 在我国的有效利用创造良好的法律环境。

9.3 PFI 模式

PFI (Private Finance Initiative)，英文原意为“私人融资活动”，在我国被译为“民间主动融资”，是英国政府于 1992 年提出的，在一些西方发达国家逐步兴起的一种新的基础设施投资、建设和运营管理模式。PFI 模式是对 BOT 项目融资的优化，是指政府部门根据社会对基础设施的需求，提出需要建设的项目，通过招标投标，由获得特许权的私营部门进行公共基础设施项目的建设与经营，并在特许期（通常为 30 年左右）结束时将所经营的项目完好地、无债务地归还政府，而私营部门则从政府部门或接受服务方收取费用以回收成本的项目融资模式。

9.3.1 PFI 模式的历史

1992 年，英国废除了以前严格限制私人投资公共领域的法规，开始实施私人融资计划 (PFI)。它包括两个方面：一是既有政府项目的私有化；二是拟建项目的私人竞争招标。

英国的 PFI 项目取得了显著的成效：89%的项目按时完成，没有任何一个项目使政府的建设成本超支。而在引入 PFI 项目之前，有统计数据表明：70%的项目不能按时完成，73%的项目超出预算。同时，在另外一份权威调查报告中表明：每 100 元固定资产中，政府投资比重分别为日本 19.4%、法国 15.3%、美国 10.7%、德国 8.5%、英国 6.2%。英国比重最低，与其在政府项目中大力推广 PFI 模式是分不开的。

9.3.2　PFI模式的特点

（1）项目主体单一

PFI的项目主体通常为本国民营企业的组合，体现出民营资金的力量。而BOT模式的项目主体则为非政府机构，既可以是本国私营企业，也可以是外国公司。所以，PFI模式的项目主体较BOT模式单一。

（2）项目管理方式开放

PFI模式对项目实施开放式管理。首先，对于项目建设方案，政府部门仅根据社会需求提出若干备选方案，最终方案则在谈判过程中通过与私人企业协商确定；BOT模式则事先由政府确定方案，再进行招标谈判。其次，对于项目所在地的土地提供方式及以后的运营收益分配或政府补贴额度等，都要综合当时政府和私人企业的财力、预计的项目效益及合同期限等多种因素而定。不同于BOT模式对这些问题事先都有框架性的文件规定，如土地在BOT模式中是由政府无偿提供的，无须谈判，而且在BOT模式中，一般都需要政府对最低收益等做出实质性的担保。所以，PFI模式比BOT模式有更大的灵活性。

（3）实行全面的代理制

PFI模式实行全面的代理制，这也是与BOT模式的不同之处。作为项目开发主体，BOT公司通常自身就具有开发能力，仅把调查和设计等前期工作和建设、经营中的部分工作委托给有关的专业机构。而PFI公司通常自身并不具有开发能力，在项目开发过程中，广泛应用各种代理关系，而且这些代理关系通常应在投标书和合同中加以明确，以确保项目开发安全。

（4）合同期满后项目运营权的处理方式灵活

PFI模式在合同期满后，如果私人企业通过正常经营未达到合同规定的收益，则可以继续拥有或通过续租的方式获得运营权。这是在前期合同谈判中需要明确的。而BOT模式则明确规定，在特许权期满后，所建资产将无偿地转让给政府拥有和管理。

9.3.3　PFI的类型

根据资金回收方式的不同，PFI项目通常可以划分为以下三类：

（1）向公共部门提供服务型（Services Sold to the Public Sector）

私营部门结成企业联合体，进行项目的设计、建设、资金筹措和经营，而政府部门则在私营部门对基础设施的经营期间，根据基础设施的使用情况或影子价格向私营部门支付费用。

（2）收取费用的自立型（Financially free-Standing Projects）

私营企业进行设施的设计、建设、资金筹措和经营，向设施使用者收取费用，以回收成本，在合同期满后，将设施完好地、无债务地转让给公共部门。这种方式与BOT的运作模式基本相同。

（3）合营企业型（Joint Ventures）

对于特殊项目的开发，由政府进行部分投资，而项目的建设仍由私营部门进行，资金回收方式及其他有关事项由双方在合同中规定。这类项目在日本也被称为“官民协同项目”。

9.3.4 PFI与传统融资模式的区别

PFI模式是对BOT项目融资的优化，是指政府部门根据社会对基础设施的需求，提出需要建设的项目，通过招标投标，由获得特许权的私营部门进行公共基础设施项目的建设与经营，并在特许期结束时将所经营的项目完好地、无债务地归还政府，而私营部门则从政府或接受服务方收取费用以回收成本的项目融资方式。因此，PFI模式是以实现基础设施项目全寿命周期目标为核心，而在全过程中开发。这一变化主要体现在项目公司对项目全寿命成本进行集成化的考虑，从而使政府在整个项目的全寿命周期中的成本低于传统模式下的总成本。

PFI的运用形式主要有BOT、BTO、TOT、BROT、BOOT、BOO、DBFO等。其中的DBFO模式，项目公司要承担额外的责任，如设施设计及其建设的融资。

9.3.5 PFI模式的基本结构

PFI项目一般涉及时间长、资金投入巨大，社会效应显著，成功与否关系到整个社会的效率与安定。所以，在前期做好详细的研究与周密的权利义务安排是十分必要的。在国外，PFI项目的法律费用十分高昂，但是，正是因为在项目前期有专业律师和顾问公司的参与，避免了许多潜在的纠纷和麻烦，保证了项目的顺利开展，实际上大大节约了各方面可能发生的为解决潜在争议的开支。

PFI项目需要一系列的合同安排，而且各个合同环环相扣，合同之间的相关性导致整个项目合同群成为一个系统工程。

1）项目协议（特许权协议）。这是最关键的一份合同文件，通常通过该协议授予项目公司权力来进行整个项目的操作，包括设计、建设、融资和经营。项目公司会尽量将所有的风险转移给各种分包商。比如，将设计和建设的风险转移给承包商；将运营维护风险转移给运营商。这种转移的理论基础就是使能最有效率的管理风险的组织来管理风险。

2）建筑合同。PFI项目中的建筑合同往往都是“交钥匙”合同，由承包商承担设计、建筑、供应、安装、调试与试运行等全部工作。

3）运营与维护分包协议。该协议是从服务开始时开始执行的。通常运营商都是具有卓著的业绩的运营者，因为运营是产生现金流的来源，良好的运营才能保证对投资者（贷款人）贷款的偿还。

4）其他的专业分包合同。例如，培训合同、物流合同等。

5）附带保证/承包商直接协议。这些文件并非在任何时候都是必需的。但是，在某个分包商的工作十分重要的时候，就需要这些文件来保证分包商的工作顺利完成。总的说来，这些文件对合同的顺利履行提供一定程度的额外保护。有时政府与项目公司都需要类似的保证。

直接协议是PFI项目的一个特色。它是指资金提供方（出贷方）与借款方（承/分包商）在PFI项目合同下的合同相对方签订直接协议，规定在借款方（承/分包商）违反PFI

项目合同时，相对方不能直接终止与借款方的 PFI 项目合同，而必须给出贷方一个机会“介入”（Step-in），以纠正违约。

9.3.6　PFI 模式在城市基础设施中的应用与创新

PFI 项目在发达国家的应用领域总是有一定的侧重。以日本和英国为例，从数量上看，日本的侧重领域由高到低为社会福利、环境保护和基础设施；英国则为社会福利、基础设施和环境保护。从资金投入上看，日本在基础设施、社会福利、环境保护三个领域仅分别占英国的 7%、52%和 1%。可见，其规模与英国相比要小得多。当前在英国 PFI 项目非常多样，大型项目一般来自国防部，如空对空加油罐计划、军事飞行培训计划、机场服务支持等；更多的典型项目是相对小型的设施建设，如教育或民用建筑物、警察局、医院能源管理或公路照明；较大一些的项目包括公路、监狱和医院用楼等。

PFI 模式代表了国际上基础设施、公用事业项目开发的趋势，尤其多用于社会福利性质的建设项目。采用 PFI 模式的主要作用有：一是政府部门由传统的设施采购向服务采购转变，政府对项目的要求通过对服务要求的定义来实现，对私营机构如何融资、设计、建设、经营不会做太多干涉，支付的费用也由建设的实际费用变为根据服务情况而定；二是将私营企业的创新机制引入政府采购，即通过私营机构的参与，提高政府的投资效率，提高管理、创新的能力，为政府提供巨大的潜在收益；三是将基础设施的全寿命周期风险适当地转移到更适宜的管理机构。

PFI 模式的主要风险在于其参与方较多，一般有政府、项目发起人、项目公司、投资银行、贷款银行、建设单位、设计单位、运营单位甚至用户等，合同关系复杂，往往涉及几十个合同或协议，法律关系非常复杂。由于政府所给予的特许经营权的条件是项目合作和实施的重要基础，因此，PFI 项目成功与否，在很大程度上依赖于政府信用以及政府与项目公司的关系。PFI 项目将建设、经营的风险转移至经营机构，对经营机构的要求比较高，需要专业化程度和对市场的分析、把握能力比较强的公司，才能真正做好项目。在政府给予一定政策优惠和倾斜的同时，也需要对项目公司的运作进行有效的监督，使项目的运作在法制的基础上进行，切实保护项目参与者的利益，但现在对 BOT 项目的法律法规建设还相对滞后，需要逐步完善。此外，项目经营权的具体条件关系到项目各方的切身利益与风险，是 PFI 项目谈判成功与否的重要条件。因此，政府需要对 PFI 的招商条件进行有效的评估和策划。

PFI 模式在我国基础建设领域的应用已经有了良好的开端。如何完善 PFI 项目的应用条件和政策法规，促进 PFI 项目融资模式的创新，使其更加规范化、标准化，这是对 PFI 模式提出的更高要求。

PFI 模式的根本在于政府从私人处购买服务。目前这种模式多用于社会福利性质的建设项目，不难看出，这种方式多被那些硬件基础设施相对已经较为完善的发达国家所采用。比较而言，发展中国家由于经济水平的限制，将更多的资源投入到能直接或间接产生经济效益的地方，而这些基础设施在国民生产中的重要性很难使政府放弃其最终所有权。

9.4 ABS 模式

ABS（Asset-Backed Securitization）模式的全称是资产支持证券化融资模式，是指以目标项目所拥有的资产为基础，以该项目资产的未来预期收益为保证，在资本市场上发行高级债券来筹集资金的一种融资模式。

ABS 是当今国际资本市场上流行的一种项目融资模式，已在许多国家的大型项目中被采用。1998 年 4 月 13 日，我国第一个以获得国际融资为目的的 ABS 融资方案率先在重庆市推行。这是我国第一个以城市为基础的 ABS 融资方案。

9.4.1 ABS 模式的特点

1）通过证券市场发行债券筹集资金，是 ABS 模式不同于其他项目融资模式的一个显著特点，而证券化融资模式也是未来项目融资的发展方向。

2）ABS 模式通过发行债券募集资金，这种负债不反映在原始权益人自身的资产负债表上，从而避免了原始权益人资产质量的限制。

3）ABS 模式消除了项目原始权益人自身的风险和项目资产未来现金收入的风险，使其清偿债券本息的资金仅与项目资产的未来现金收入有关，从而分散了投资风险。

4）ABS 模式下，债券的信用风险得到 SPV 的信用担保，并且还能在国际市场上进行转让，变现能力强，投资风险小，因而由较强的吸引力，易于债券的发行和销售，而且利息率较低，能使融资成本降低。

9.4.2 ABS 模式的运作过程

ABS 模式的运作过程分为六个主要阶段，具体流程如图 9-2 所示。

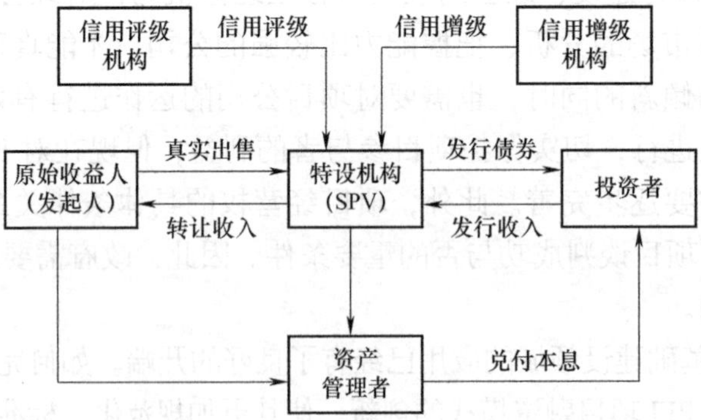

图 9-2　ABS 模式

1）组建项目融资专门公司 SPV。采用 ABS 模式，项目主办人需组建项目融资专门公司，可称为信托投资公司或信用担保公司，它是一个独立的法律实体。这是采用 ABS 模式筹资的前提条件。

2）寻求资信评估机构授予融资专门公司尽可能高的信用等级。由国际上具有权威性的资信评估机构，经过对项目的可行性研究，依据对项目资产未来收益的预测，授予项目融资专门公司 AA 级或 AAA 级信用等级。

3）项目主办人（筹资者）转让项目未来收益权。通过签订合同，项目主办人在特许期内将项目筹资、建设、经营、债务偿还等全权转让给项目融资专门公司。

4）项目融资专门公司发行债券筹集项目建设资金。由于项目融资专门公司信用等级较高，其债券的信用级别也在 A 级以上，因此只要债券一发行，就能吸引众多投资者购买，其筹资成本明显低于其他筹资方式。

5）项目融资专门公司组织项目建设、项目经营，并用项目收益偿还债务本息。

6）特许期满项目融资专门公司按合同规定无偿转让项目资产，项目主办人获得项目所有权。

9.4.3　ABS 模式的优点

相比其他证券产品，ABS 模式具有以下优点：

（1）具有吸引力的收益

在评级为 AAA 级的资产中，ABS 比到期日与之相同的美国国债具有更高的收益率，其收益率与到期日和信用评级相同的公司债券或抵押支持型债券的收益率大致相当。

（2）较高的信用评级

从信用的角度来看，ABS 是最安全的投资工具之一。与其他债务工具类似，它们也是在其按期偿还本利息与本金能力的基础之上进行价值评估与评级的。但与大多数公司债券不同的是，ABS 得到担保物品的保护，并由其内在结构特征通过外部保护措施使其得到信用增级，从而进一步保证了债务责任得到实现。大多数 ABS 从主要的信用评级机构得到了最高信用评级——AAA 级。

（3）投资多元化与多样化

ABS 市场是一个在结构、收益、到期日及担保方式上都高度多样化的市场。用以支持证券化的资产涵盖了不同的业务领域，从信用卡应收账款到汽车、船只和休闲设施贷款，以及从设备租赁到房地产和银行贷款。另外，ABS 向投资者提供了条件，使它们能够将传统上集中于政府债券、货币市场债券或公司债券的固定收益证券进行多样化组合。

（4）可预期的现金流

许多类型 ABS 现金流的稳定性与可预测性都得到了很好的设置。购买 ABS 的投资者有极强的信心按期进行期望中的偿付。然而，对出现的类似于担保的 ABS，有可能具有提前偿付的不确定性因素，因此投资者必须明白，此时现金流的可预测性就不那么准确了。这种高度不确定性往往由高收益性反映。

（5）事件风险小

由于 ABS 得到标的资产的保证，从而提供了针对事件风险而引起的评级下降的保护措施，与公司债券相比，这一点更显而易见。投资者对没有保证的公司债券的主要担心在于，不论评级有多高，一旦发生对发行人产生严重影响的事件，评级机构将调低其评级。类似的事件包括兼并、收购、重组及重新调整资本结构。这些通常都是由于公司管理层为了提高股东的收益而实行的。

9.4.4 ABS 模式与 BOT 模式的比较

1. 运作的繁简程度及融资成本的差异

BOT 模式的操作复杂，难度大。采用 BOT 模式必须经过确定项目、项目准备、招标、谈判、签署与 BOT 有关的文件合同、维护、转让等阶段，涉及政府的许可、审批及外汇担保等诸多环节，牵扯范围广，不易实施，而且其融资成本也因中间环节多而增加。

ABS 模式的运作则相对简单。在它的运作中只涉及原始权益人、特别目的公司（SPV）、投资者、证券承销商等几个主体，无须政府的许可、授权及外汇担保等环节，是一种主要通过民间的非政府的途径，按照市场经济规则运作的融资模式。它既实现了操作的简单化，又最大限度地减少了酬金、差价等中间费用，降低了融资成本。

2. 投资风险的差异

BOT 项目的投资者主要由两部分组成：一部分是权益投资人，主要包括国际工程投资公司即建筑商、设备供应商、产品购买商以及机构投资者等；另一部分是项目的债务投资人，主要包括国际上的商业银行、非银行金融机构（如保险公司、养老基金和投资基金等）。从数量上看，BOT 项目的投资者是比较有限的，这种投资是不能随便放弃和转让的，因此，每个投资者承担的风险相对而言是比较大的。

ABS 项目的投资者是国际资本市场上的债券购买者。其数量众多，这就极大地分散了投资的风险，使每个投资者承担的风险相对较小。这种债券还可以在二级市场上转让，变现能力强，使投资风险减小。ABS 债券经过信用增级，在资本市场上具有较高的资信等级，使投资者省去了分析研究该证券风险收益的成本，提高了其自身的资产总体质量，降低了自身的经营风险。这对于投资者，特别是金融机构投资者尤其具有吸引力。

3. 项目所有权和运营权的差异

BOT 项目的所有权和运营权在特许期限内是属于项目公司的，项目公司再把项目的运营权分包给运营维护承包商，政府在此期间则拥有对项目的监督权。当特许期限届满，所有权将转让给政府指定的机构。

ABS 模式中，项目资产的所有权根据双方签订的买卖合同，由原始权益人即项目公司转至特别目的公司（SPV），SPV 通过证券承销商销售资产支撑证券，取得发行权后，再按资产买卖合同规定的购买价格把发行权的大部分作为出售资产的交换支付给原始权益人，使原始权益人达到筹资的目的。在债券的发行期内，项目资产的所有权属于 SPV，而项目的运营、决策权属于原始权益人。原始权益人的义务是把项目的现金收入支付给 SPV。待债券到期，由资产产生的收入还本付息、支付各项服务费之后，资产的所有权复归原始权益人。

4. 项目资金来源方面的差异

BOT 模式既可利用外资，也可利用国内资本金。从我国采用 BOT 方式的实践来看，大多数 BOT 项目以利用外资为主。随着外资的介入，国外的建筑承包商、运营维护商也随之参与到企业的建筑和运营、维护等工作中，自然也带来了国外的先进技术和管理经验。

ABS 模式既可在国际债券市场上发行债券，也可以在国内债券市场上发行债券。目前，国际债券市场有高达 8000 亿美元的市场容量。我国在国际债券市场发行 ABS 债券可以吸引更多的外资来进行国内的基础设施建设。但这只是对外资的利用，并不能像 BOT 模式一样带来国外的先进技术和管理经验。而如果在国内债券市场上发行，则因 ABS 债券的投资风险较小，将会对我国日益强大的机构投资者，如退休养老基金，保险基金、互助基金等产生较大的吸引力，同时也有利于各种基金的高效运作。

5. 适用范围的差异

从理论上讲，凡一个国家或地区的基础设施领域内，能通过收费获得收入的设施或服务项目，都是 BOT 方式的适用对象。但就我国特殊的经济及法律环境的要求而言，不是所有基础设施项目都可以采用 BOT 模式，其使用范围是有限的。BOT 模式是非政府资本介入基础设施领域，其实质是 BOT 项目的特许期内的民营化。因此，对于某些关系国计民生的重要部门，虽然它有稳定的预期现金流入，但不宜采用 BOT 模式。

ABS 模式则不同，在债券的发行期内，虽然项目的资产所有权归 SPV 所有，但项目资产的运营和决策权依然归原始权益人所有。SPV 拥有项目资产的所有权只是为了实现“资产隔离”，实质上在这里 ABS 项目资产只是以出售为名，而行担保之实，目的就是当原始权益人一旦发生破产时，能带来预期收入的资产不被列入清算范围，避免投资者受到原始权益人的信用风险影响。SPV 并不参与企业的经营与决策。因此，在运用 ABS 模式时，不必担心项目是关系国计民生的重要项目而被外商所控制。凡有可预见的稳定的未来现金收入的基础设施资产，经过一定的结构重组，都可以证券化。比如，不宜采用 BOT 模式的重要的铁路干线、大规模的电厂等重大基础设施项目，都可以考虑采用 ABS 模式，其使用范围要比 BOT 模式广泛。

通过以上比较分析，可以看出 BOT 模式和 ABS 模式在基础设施领域应用中各有所长，应灵活运用，不应片面强调哪一种模式，而应区分阶段具体的情况，选择运用其中一种模式。既要继续大力发展 BOT 模式，也要积极探索运用 ABS 模式，不要错过当前国际上 ABS 迅速发展的良好势头。

9.4.5　ABS 模式的发展前景

1）我国经济建设的巨大资金需求和大量优质投资项目，为 ABS 融资提供了广阔的应用空间和物质基础，高速度的经济增长使我国经济具有比较大的投资价值。当前，国外一些较大的金融中介机构纷纷看好我国的 ABS 项目融资市场。

2）我国已经初步具备了 ABS 融资的法律环境。日本、欧洲和美国的巨额单位信托、互惠基金以及退休福利、医疗保险等基金日益增长，已经达到了近万亿美元，但这些资金都不能计入我国市场。我国《票据法》《信托法》《保险法》《证券法》等法律的出台，标志着采取 ABS 模式是必然的发展方向。

3）ABS 模式摆脱了信用评价等级的限制，拓宽了融资渠道。ABS 模式又是一种通过民间的非政府的途径，按照市场经济规则运作的融资模式。随着我国金融市场的不断完善，ABS 模式也会得到广泛认可。至此，ABS 模式通过信用担保和信用增级计划，使我国的企业和项目进入国际高档级证券投资市场成为可能。

4）利用ABS进行融资，有利于我国尽快进入高档次的项目融资领域。ABS模式是通过资产支持证券化进行融资，也是项目融资的未来发展方向。开展ABS项目融资，将加快我国的项目融资与国外资本市场融合的步伐，促进我国经济更快、更广地发展。

进入21世纪，国内经济的迅速发展需要大量资金的投入，而传统的招商引资和现有的融资渠道都不能满足需求，开拓新的融资渠道日益成为我国经济发展中的重要问题。在这种情况下，ABS模式将给我国的资本市场注入活力，成为我国项目融资的一种现实选择。

9.5 PPP模式

随着项目融资的发展，PPP（Public-Private Partnership，公私合伙或合营）模式开始出现并越来越流行，特别是在欧洲。该词最早由英国政府于1982年提出，是指政府与私营商签订长期协议，授权私营商代替政府建设、经营或管理公共基础设施并向公众提供公共服务。

9.5.1 PPP模式的定义

从各国和国际组织对PPP的理解来看，PPP有狭义和广义之分。

（1）狭义的PPP

狭义的PPP可以理解为一系列项目融资模式的总称，包含BOT、TOT等多种模式。它更加强调合作过程中的风险分担机制和项目的衡工量值（Value for Money原则，也称资金价值，价值判断标准为项目的经济性、效率性和效果性）。

（2）广义的PPP

广义的PPP泛指公共部门与私人部门为提供公共产品或服务而建立的各种合作关系。德国学者诺贝特·波茨（Norbert Portz）认为，试图总结PPP是什么或者应该是什么几乎没有任何意义，它没有固定的定义，并且也很难去考证这个含义模糊的英文单词的起源，PPP的确切含义要根据不同的案例来确定。

9.5.2 PPP模式的主要内涵

1）PPP是一种新型项目融资模式。项目PPP融资是以项目为主体的融资活动，是项目融资的一种实现形式，主要根据项目的预期收益、资产及政府扶持措施的力度而不是项目投资人或发起人的资信来安排融资。项目经营的直接收益和通过政府扶持所转化的效益是偿还贷款的资金来源，项目公司的资产和政府给予的有限承诺是贷款的安全保障。

2）PPP模式可以使民营资本更多地参与到项目中，以提高效率、降低风险。这也正是现行项目融资模式所欠缺的。政府的公共部门与民营企业以特许权协议为基础进行全程合作，双方共同对项目运行的整个周期负责。PPP模式的操作规则使民营企业参与到项目的确认、设计和可行性研究等前期工作中来，这不仅降低了民营企业的投资风险，而且能将民营企业在投资建设中更有效率的管理方法与技术引入项目中来，还能有效地实现对项目建设与运行的控制，从而有利于降低项目建设投资的风险，较好地保障国家与民营企业各方的利益。这对缩短项目建设周期、降低项目运作成本甚至资产负债率都有值得肯定的现实意义。

3）PPP 模式可以在一定程度上保证民营资本有利可图。私营部门的投资目标是寻求既能够还贷又有投资回报的项目，无利可图的基础设施项目是无法吸引民营资本投入的。而采取 PPP 模式，政府可以给予私人投资者相应的政策扶持作为补偿，从而很好地解决了这个问题。如税收优惠、贷款担保、给予民营企业沿线土地优先开发权等，通过实施这些政策可提高民营资本投资城市轨道交通项目的积极性。

4）PPP 模式在减轻政府初期建设投资负担和风险的前提下，提高城市轨道交通服务质量。在 PPP 模式下，公共部门和民营企业共同参与项目的建设和经营，由民营企业负责项目融资，有可能增加项目的资本金数量，进而降低较高的资产负债率，不仅能节省政府的投资，而且还可以将项目的一部分风险转移到民营企业，从而减轻政府的风险。同时，双方可以形成互利的长期目标，更好地为社会和公众提供服务。

9.5.3　PPP 模式的优点

PPP 模式的主要优点在于将市场机制引进了基础设施的投融资。不是所有城市基础设施项目都是可以商业 PPP 模式化的，应该说大多数基础设施是不能商业化的。政府不能认为，通过市场机制运作基础设施项目等于政府全部退出投资领域。在基础设施市场化过程中，政府将不得不继续向基础设施投入一定的资金。对政府来说，在 PPP 项目中的投入要小于传统融资模式的投入，两者之间的差值就是政府采用 PPP 模式的收益。

1）消除费用的超支。在初始阶段，私人部门与政府共同参与项目的识别、可行性研究、设施和融资等项目建设过程，保证项目在技术和经济上的可行性，缩短前期工作周期，使项目费用降低。PPP 模式中，只有当项目已经完成并得到政府批准使用后，私人部门才能开始获得收益。因此，PPP 模式有利于提高效率和降低工程造价，能够消除项目完工风险和资金风险。研究表明，与传统融资模式相比，PPP 模式为政府部门平均节约 17%的费用，并且建设工期都能按时完成。

2）有利于转换政府职能，减轻财政负担。政府可以从繁重的事务中脱身出来，从过去的基础设施公共服务的提供者变成监管者的角色，从而保证质量，也可以减轻财政预算方面的压力。

3）促进了投资主体的多元化。利用私人部门来提供资产和服务能为政府部门提供更多的资金和技能，促进了投融资体制改革。同时，私人部门参与项目还能推动在项目设计、施工、设施管理过程等方面的革新，提高办事效率，传播最佳管理理念和经验。

4）政府部门和私人部门可以取长补短，发挥各自的优势，弥补对方的不足。双方可以形成互利的长期目标，以最有效的成本为公众提供高质量的服务。

5）使项目参与各方整合组成战略联盟，对协调各方的不同利益目标起关键作用。

6）风险分配合理。与 BOT 等模式不同，PPP 模式在项目初期就可以实现风险分配。同时，由于政府分担一部分风险，使风险分配更合理，减少了承建商与投资商的风险，从而降低了融资难度，提高了项目融资成功的可能性。政府在分担风险的同时也拥有一定的控制权。

7）应用范围广泛。PPP 模式打破了引入私人部门参与公共基础设施项目组织机构的多种限制，可适用于城市供热等各类市政公用事业，以及道路、铁路、机场、医院、学校等。

9.5.4 PPP模式的运作过程

PPP模式的组织形式非常复杂，既可能包括营利性企业、私人非营利性组织，同时还可能有公共非营利性组织（如政府）。合作各方之间不可避免地会产生不同层次和类型的利益和责任的分歧。只有政府与私人部门形成相互合作的机制，才能使合作各方的分歧模糊化，在求同存异的前提下，完成项目目标。

PPP模式如图9-3所示。政府通过政府采购的形式与特殊目标公司（一般是由中标的建筑公司、服务经营公司或对项目进行投资的第三方组成的股份有限公司）签订特许权协议，由特殊目标公司负责筹资、建设及经营。政府通常与提供贷款的金融机构达成一个直接协议，这个协议不是对项目进行担保，而是向借贷机构承诺将按与特殊目标公司签订的合同支付有关费用。

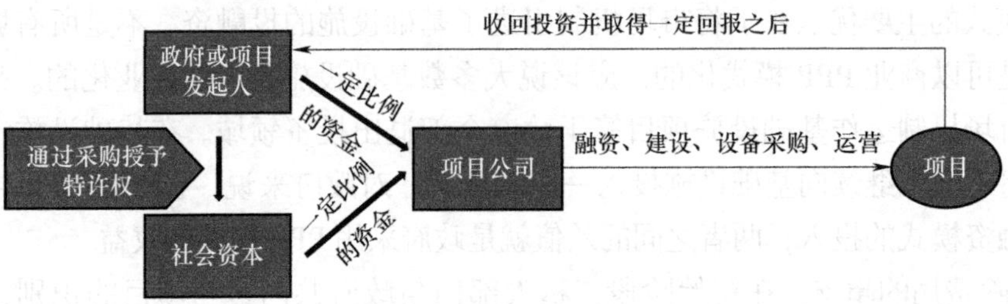

图9-3 PPP模式

这个协议使特殊目标公司能比较顺利地获得金融机构的贷款。由于协议的内容不同，PPP的实施形式也有很多。一种极端形式是，私人部门提供几乎所有的资金，承担工程带来的主要风险，如建筑成本风险、延期风险，以及由项目收益率的下降和比预期更高的运营成本所带来的风险。另一种极端形式是，私人部门只设计、建设一个许多参数已限定的项目，并且只对其中某一固定收入进行运营。较为普遍的情况是，私人承包商承担设计、建设的风险及延期风险，但是政府承诺的收益足以弥补工程的竞价成本和运营成本。

PPP模式不同于传统的承包做法。后者是让私人部门来运营一个曾经为公共部门运营的项目。在这种情况下，私人部门没有提供任何资本，也没有任何责任和控制权的转移。PPP模式也不同于完全的私有化。在私有化的情况下，除去一些必要的规制外，是不需要政府的，或者政府在项目中的重要性应该是最小化的。而在大多数的PPP项目中，政府一般都扮演着重要的角色。

风险分担是PPP模式的一个突出特点。经验表明，合适的风险分摊对于一个项目的成功至关重要。PPP模式关于风险分担的理念是不断变化的。在英国早期的PFI阶段，强调的是将风险全部转移到私人部门。但是经过一段时间的实践，人们发现让各方面承担其所能承担的最优风险将更有利于项目的发展。PPP模式的风险分担理念解决了传统公共部门建设不能处理好项目风险的问题。

简而言之，PPP模式的最大特点是：将私人部门引入公共领域，从而提高了公共设施服务的效率和效益，避免了公共基础设施项目建设超额投资、工期拖延、服务质量差等弊端。同时，项目建设与经营的部分风险由特殊目标公司承担，分散了政府的投资风险。适当有组织的 PPP 还能够使政府得到更好的财政控制。利用私营合作者所拥有的专门技能，通过 PPP 项目，公众可以得到设计更好的公共基础设施。另外，从宏观的角度来看，PPP 通过让私人部门在传统的政府领域发挥比原来更为重要的作用，刺激了经济活动。PPP 也使得在一个市场中获得的经验和技巧能够为其他市场所共享，提高了市场的运作效率，为经济的长期发展提供了动力。

9.5.5 BOT 模式与 PPP 模式的比较

与 PPP 模式相比，BOT 融资模式较早就为国人所熟知了，在我国也有不少成功运用的例子。PPP 模式是在 BOT 模式理念的基础上进一步优化而衍生出来的。BOT 的基本模式是政府为项目的建设和经营提供一种特许权协议作为融资基础，由本国或外国公司作为投资者和经营者安排融资、承担风险、建设项目，并在有限的时间内经营项目并获得合理的回报，最后根据协议将项目归还给政府。了解这二者之间的异同，有利于深化对 PPP 模式的认识。

1. BOT 模式与 PPP 模式的共同点

1）这两种模式的当事人都包括融资人、出资人和担保人。融资人是指为开发、建设和经营某项工程而专门成立的经济实体，如项目公司。出资人是指为该项目提供直接或间接融资的政府、企业、个人或银团组织等。担保人是指为项目融资人提供融资担保的组织或个人，也可以是政府。

2）两种模式都是通过签订特许权协议使公共部门与私人部门发生契约关系的。一般情况下，政府通过签订特许权协议，由私人部门建设、经营、维护和管理，并由私人部门负责成立的项目公司作为特许权人，承担合同规定的责任和偿还义务。

3）两种模式都以项目运营的盈利偿还债务并获得投资回报，一般都以项目本身的资产作担保抵押。

2. BOT 模式与 PPP 模式的不同点

（1）组织机构设置不同

以 BOT 模式参与项目的公共部门和私人部门之间是以等级关系发生相互作用的。

在组织机构中没有一个相互协调的机制，不同角色的各参与方都有各自的利益目标——自身利益最大化，这使得它们之间很容易产生利益冲突。根据信息经济学原理，由于 BOT 模式缺乏协调机制，各参与方之间存在信息不对称。博弈各方在各自利益最大化的驱使下，最终达到“纳什均衡”，即其中一方利益达到最大化是以牺牲其他参与方的利益为代价的，其社会总收益不是最大的。

PPP 模式是一个完整的项目融资概念，但不是对项目融资的彻底更改，而是对项目全寿命周期过程中的组织机构设置提出一个新的模型。它是政府、营利性企业和非营利性企业基于某个项目而形成的以“双赢”或“多赢”为理念的合作形式，可以使各参与方达到与预期单独行动相比更为有利的结果。

综上所述，PPP 模式是建立在公共部门和私人部门之间相互合作和交流基础之上的

"共赢"，避免了BOT模式由于缺乏相互沟通协调而造成的项目前期工作周期过长的问题，也解决了项目全部风险由私人部门承担而造成的融资困难问题，公共部门和私人部门合作各方可以达到互利的长期目标，实现共赢，并创造更多的社会效益，更好地为社会和公众服务。

(2) 运行程序不同

BOT模式的运行程序包括招标投标、成立项目公司、项目融资、项目建设、项目经营管理、项目转让等环节；而PPP模式的运行程序包括选择项目合作公司、确立项目、成立项目公司、招标投标和项目融资、项目建设、项目运行管理等环节。

从运行程序的角度来看，两种模式的不同之处主要在项目前期。PPP模式中，私人部门从项目论证阶段就开始参与项目；而BOT模式中则是从项目招标阶段才开始参与项目。另外更重要的是，在PPP模式中，政府始终参入其中；而在BOT模式中则是在特许权协议权签订之后，政府对项目的影响力通常较弱。

综上所述，通过上述关于BOT模式与PPP模式的介绍，可知这两种融资模式的应用条件、适应环境各不相同，同时，政府对其所产生的影响以及所承担的风险也不同。表9-1对这两种融资模式的特点和适用性进行了比较。

表9-1　BOT模式与PPP模式的特点和适用性比较

特点和适用性	融资模式	
	BOT	PPP
短期内资金获得的难易程度	难	较易
项目的所有权	拥有	部分拥有
项目经营权	失去（转交之前）	部分拥有
融资成本	最高	一般
融资需要的时间	最长	较短
政府风险	最大	一般
政策风险	大	一般

相比较而言，PPP模式更多地适用于政策性较强的准经营性基础设施项目建设。这些项目有一定的现金流入，但无法实现自身的收支平衡。政府需要对这类项目给予一定的政策倾斜和必要的资金补偿。由于这类项目的政策性较强，要求政府对这些项目具有较强的调控能力。

9.5.6 PPP模式的应用情况

如今，PPP模式在各种工程中已经得到了普遍应用。1992年，英国最早应用PPP模式。英国大部分政府管理者认为，PPP模式下的工程能达到和超过价格与质量关系的要求，可节省17%的资金。80%的工程项目按规定工期完成，而常规招标项目按期完成的只有30%；20%未按期完成的，拖延时间最长没有超过4个月。同时，80%的工程耗资均在预算之内，一般传统招标方式只能达到25%；20%超过预算的是因为政府提出调整工程方案。按照英国的经验，适于 PPP 模式的工程包括交通（公路、铁路、机场、港口）、卫生（医院）、公共安全（监狱）、国防、教育（学校）、公共不动产管理等。

在我国基础设施建设领域引入 PPP 模式的同时，促进我国基础设施建设项目的民营化，具有极其重要的现实价值。我国政府已认识到这些重要价值，并为 PPP 模式的发展提供了一定的国家政策层面和法律法规层面的支持。

本章小结

本章重点介绍了 BOT、PFI、ABS、PPP 等典型融资模式的定义、特点及其基本流程等，同时介绍了 BOT 一些衍生模式的基本内容。要求学生能够立足于我国项目融资模式发展的现状，从不同的角度考察每一种融资模式的使用范围和领域，并从中理解它们的内涵。

复习题

1. 简述 BOT 融资模式的功能。
2. 简述 BOT 融资模式的参与者组成。
3. 简述 BOT 融资模式与 ABS 融资模式的不同点。
4. 简述 ABS 模式的运作过程和独特之处。
5. 简述 BT 模式、BOOT 模式、BOO 模式、TOT 模式与 BOT 模式的区别。
6. 简述 BOT 融资模式与 PPP 融资模式的共同点和不同点。
7. 简述 PPP 模式的运作过程。

第 9 章练习题

扫码进入在线答题小程序，完成答题后可获取答案及其解析

第10章 工程项目融资的风险

本章重难点

重点对各类工程项目融资的风险因素进行了定性分析，介绍了融资风险识别的方法；难点在于对工程项目融资风险管理的基本理论的理解和对防范措施的应用。

10.1 风险概述

10.1.1 风险

1. 风险的概念

人们常说："风险无处不在，风险无时不有。""风险会带来灾难，风险与机会并存。"加之风险对人们的威胁，引起了许多专家学者对其进行深入研究的兴趣，但要对风险确切地下定义并不容易。目前比较流行的有主观和客观两种风险观。主观说的代表人物是美国学者罗伯特·L. 梅尔（Robert L. Mehr）。他在所著的《保险原理》（*Fundament of Insurance*）一书中将风险定义为"风险即损失的不确定性"（Risk is uncertainty concerning loss）。"客观说"的代表人物是小阿瑟·威廉姆斯（C. Arthur Williams）和理查德·M. 汉斯（Richard M. Heins）。他们在著作《风险管理与保险》（*Risk Management and Insurance*）中将风险定义为"在给定情况下和特定时间内，那些可能发生的结果间的差异"。

因此，可以认为，风险是在今天与未来某个时刻之间存在的某种差异，这种差异具有足可以改变某个既定目标的价值的潜力。风险就是测算这一潜在差异变化可能性的指标尺度。这种观点强调，风险是客观存在的事物，不管人们有没有认识到它，它都实实在在地存在着，而且可以用客观的尺度来衡量。一些数学理论，如概率统计等方法和原理就可以广泛地应用到风险管理中。

此外，保险业内人士常把风险这个术语用来指导所承保的损失原因，如火灾是大多数财产所面临的风险；或者指作为保险标的的人或财产，如把年轻的驾驶员看作是事故频发的风险等。

2. 风险产生的原因

风险是活动或事件发生并产生不良后果的可能性。产生风险的原因主要有两方面：

1）人们认识客观事物能力的局限性。世界上的任何事物均有其属性，人们首先是用各种数据或信息来描述事物；其次是通过对这些数据或信息的分析处理，去了解和认识事物的属性，并预测事物未来的发展和变化。但是，人们认识事物在深度和广度上均有局限性，使得描述和分析处理能力有限，而客观事物的发展变化是无限的，则在现象上就形成了人们对事物认识的信息不完备。例如，对工程建设项目的地质情况，通常是通过局部勘探，将其获得的资料数据作为设计的依据。由于对工程项目建设的环境缺乏客观认识，对工程项目的实施过程缺乏符合实际的预见，因此在地质情况较复杂的地方，工程项目建设在地基处理方面就存在较大的风险。

2）信息本身的滞后性。从信息科学理论出发，信息的不完备性是绝对的，而完备性是相对的。这主要因为信息具有滞后性。因为，人们往往用数据和信息描述客观事物的属性，而这种描述仅当事物发生或形成之后才能进行，况且需要一定时间才能完成这种客观的描述。因此，这种数据或信息的形成总是滞后于事物的形成或发展的，这就导致了信息出现滞后的现象。

10.1.2　工程项目风险的概念

对于建设工程项目而言，建筑层数多、体量大，产品具有单件性和复杂性，设计形式具有多样性，且材料、设备、技术更新快、生产流动性强，加上受地理、地质、水文条件，甚至社会、经济、自然灾害等因素的影响，从而决定了建筑产品与其他产品相比具有更大的风险性。

工程项目风险（Project Risk）是指工程项目在设计、施工准备、施工和竣工验收等实施过程的各个阶段中，在工程项目目标规定的条件下，该目标不能实现的可能性。工程项目风险也可描述为实际结果偏离预期项目投资、进度、质量和安全目标从而导致损失的可能性。

10.1.3　工程项目风险的特征

任何事物都有其自身的特征和发展规律。充分认识工程项目风险所具有的特征，对于工程项目风险管理人员和涉及工程项目风险事物的任何人来说，都具有非常重大的意义。工程项目风险一般具有如下特征：

1. 工程项目风险的客观性和普遍性

工程项目风险是由客观存在的自然现象和社会现象所引起的，而自然现象和社会现象都有其自身的发展规律，人们只能发现、认识和利用这种规律，而不能改变它，而且在项目的全寿命周期内，风险是无处不在、无时不有的。因此，工程项目风险是独立于人的主观臆想、不以人的意志为转移的客观存在。这些都说明了为什么虽然人类一直希望认识和控制风险，但直到现在也只能在有限的空间和时间内改变风险的存在及其发生的条件，降低其发生的频率，减少损失，而不能也不可能完全消除风险。随着认识世界水平的提高和对风险事件的长期观察，人们对风险规律性的认识也不断提高，为科学管理工程项目风险创造了条件。

2. 工程项目风险的不确定性

对于一个特定的项目来说，风险活动或事件的发生及其后果都具有不确定性，这是由风险事件的随机性决定的。风险是各种不确定性因素综合的产物。不确定性是风险最本质的特征，如风险事件是否发生、何时发生、发生之后会造成什么样的后果等均是不确定的。

任何一个工程项目都包含了大量相互关联的事件和活动，每一项活动都与建设造价、工期、质量、安全和环境等问题有关，因此具有相当的不确定性。最大的不确定性存在于项目的早期，而随着项目的实施，不确定性会逐渐减少。因此，一般早期阶段做出的决策对以后阶段和项目目标的实现影响最大。

3. 工程项目风险的可变性

在一定条件下，任何事物总是发展变化的。风险活动或事件也不例外，当引起风险的因素发生变化时，必然会导致风险的变化。在项目实施的整个过程中，各种风险在质和量上会发生变化。随着项目的进行，有些风险得到控制，有些风险会发生并得到处理，同时，在项目的每一阶段都可能产生新的风险。如工程项目的质量、安全等因素在不同的项目环境下，要求的严格程度是会发生重大变化的。

4. 工程项目风险具有一定的规律性和可预测性

不确定性是风险的本质属性，但这种不确定性并不是指人们对客观事物变化的全然不知，也不是指对它束手无策。工程项目的环境变化与项目的实施存在一定的规律性，所以风险的发生和影响也有一定的规律性，这种规律性是可以进行预测的。

人们可以根据以往发生过的类似事件的统计资料和经验，经过分析研究，对工程项目风险发生的可能性和损失的严重程度做出一定程度的统计分析和主观判断、估计，从而对可能发生的风险进行预测与衡量。风险分析的过程实际上就是风险预测和衡量的过程。

5. 工程项目风险的潜在性

尽管工程项目风险是客观存在的，但它的不确定性决定了它的出现只是一种可能，这种可能要变为现实还有一段距离，还有赖于其他相关条件。这一特性就是风险的潜在性。正是工程项目风险的潜在性使人类可以利用科学的方法，正确鉴别风险，改变风险发生的环境条件，从而达到减小风险、控制风险的目的。

6. 工程项目风险的阶段性

风险的发展可分为三个阶段：一是潜在风险阶段，该阶段没有损失，但风险可以逐步发展变化，最终进入风险发生阶段；二是风险发生阶段，此时风险正在发生，其后果还没有形成，一般持续时间较短；三是造成后果阶段，是指风险已经造成了人身、财产或其他损失。

7. 工程项目风险的行为相关性

工程项目风险的行为相关性是指决策者面临的风险与其决策行为是紧密关联的。不同的决策者对同一风险事件会有不同的决策行为，具体反映在其采取的不同策略和不同的管理方法上，因此也会面临不同的风险结果。风险的行为相关性表明，任何一种风险实质上都是由决策行为与风险状态结合形成的，是风险状态与决策行为的统一。风险状态是客观的，但其结果会因不同的决策行为而不同。

8. 工程项目风险的结果双重性

由工程项目风险所引发的结果可能是损失，也可能是收益。传统上总是把工程项目风险作为损失来看待。工程项目风险的双重性是指风险与收益机会共存，风险越大，收益越大；反之，风险越小，收益也越小。这是风险结果双重性的风险报酬原则的体现。一方面，风险利益使风险具有诱惑效应，使人们甘冒风险去获取利益；另一方面，虽然风险与收益共存，但一旦风险代价太大或决策者厌恶风险，就会对风险采取回避行为，这就是风险的约束效应。这两种效应分别是风险效应的两个方面，它们同时存在，同时发生作用，且互相抵消、互相矛盾。人们决策时选择是否回避风险，就是这两种效应相互作用的结果。工程项目风险结果的双重性使人们认识到，对待风险不应只是消极对待其损失的一面，还应将风险当作一种机会，通过风险管理尽量获得风险收益。

10.1.4　工程项目建设各参与方的风险

参与工程项目建设的各方包括项目法人、承包人及咨询人/设计人/监理人，他们是工程项目风险的承担者。

1. 项目法人的风险

项目法人除了会遇到工程项目外部的政治、经济和自然风险外，通常还会遇到项目决策和项目组织实施方面的风险。

（1）项目决策风险

项目法人在工程项目实施过程中，需要进行各类项目决策，主要包括：工程项目方案的选择；工程设计人、监理人和施工承包人的选择；工程材料和设备供货商的选择；工程实施中各种问题处理方案的选择等。这些项目决策问题均不同程度地存在风险。

（2）项目组织实施风险

这类风险大多起因于：政府或主管部门对工程项目干预太多；建设体制、机制或建设法规不合理；合同条件的缺陷；承包人缺乏合作诚意，工程材料、设备供应商履约不力或违约；监理工程师能力不强或工作失职等。

2. 承包人的风险

承包人既是项目法人的合作者，又是其经济利益上的对立者。因此，承包人的行为会对项目法人构成风险，项目法人的行为也会对承包人的利益造成威胁。承包人的风险大致可分为决策失误的风险、缔约和履约的风险及责任风险。

1）决策失误的风险。其风险通常包括信息取舍失误或信息失真的风险、中介与代理的风险、投标的风险及报价失误的风险。

2）缔约和履约的风险。在合同订立和履行过程中，潜伏着合同条件不平等，或存在着对承包人不利的缺陷风险、管理技术欠缺风险、合同管理不善风险、资源组织和管理不当风险，以及成本和财务管理失控风险。

3）责任风险。工程承发包是一种法律行为，其责任风险源自违约、故意或无意侵权、欺骗和其他错误。

3. 咨询人/设计人/监理人的风险

同发包人、承包人一样，咨询人/设计人/监理人在工程项目实施和管理中也面临着各种风险。

1）来自项目法人的风险。咨询人/设计人/监理人受业主委托，为项目法人提供工程技术服务，按合同承担相应的责任。但由于项目法人对工程提出过分的要求，对工程质量标准要求过高、施工工期不合理造成合同条款苛刻，对可行性研究缺乏严肃性，工程进度款不及时到位，以及盲目干预项目等方面，会对咨询人/设计人/监理人造成风险压力。

2）来自承包人的风险。来自承包人的风险主要表现在承包人不诚信、缺乏职业道德，在质量进度管理等方面要求监理工程师违反原则进行检查或验收，不对工程质量进度负责等，使监理工程师承受风险。

3）职业责任风险。咨询人/设计人/监理人的职业责任风险，一般源自设计不充分或不完善、设计错误和疏忽、投资估算和设计概算不准，以及自身的能力和水平不适应等因素。

10.2 工程项目融资的风险因素

10.2.1 政治风险

政治风险是指工程项目所处的政治背景可能带来的风险。在政局不稳定的国家和地区，政治风险可能使建设项目无法按预期计划进行，使发包人和承包商遭受严重损失。政治风险大致有以下几个方面：

1. 战争和内乱

工程项目所在国发生战争或内乱，造成国内动乱、政权更迭，国内政治经济形势恶化，建设项目可能被终止或毁约；建设现场直接或间接遭到战争的破坏；由于战争或内乱，工程现场不得不中止施工，工期拖延、成本增大；在战争或内乱期间，承包商为保护其生命财产，撤退回国或转移他处，从而被迫支付许多额外开支等。这些情况常使业主和承包商都遭到极大损失，承包商获得赔偿极少甚至得不到赔偿。

2. 国有化、没收与征用

项目法人国家根据本国政治和经济需要，颁布国有化政策，强行将承包工程收归国有，且不代替原工程业主履行义务，导致承包商无处申诉；有时也可能给予被没收资产的外国公司以少量补偿，但根本难以弥补其巨大损失。

除直接宣布国有化外，有时项目法人国家可能采取变相手段，如对外国公司强收差别税，办理物资清关时无理刁难，禁止汇出利润等。

3. 拒付债务

某些国家在财力不足的情况下，对政府项目简单地废弃合同、拒付债务。对于这类政府项目，承包商很难采取有效措施来挽回损失。有些政府可以使用主权豁免理论，使自已免受任何诉讼。

有些工程所在国发生革命，没收外资，对主要投资的外国企业或参与投资的外国企业采取歧视政策；有些工程所在国发生政变，新政府宣布不承认前政府的一切债务；有些没有付款保证的政府项目，特别是在那些与承包商国家没有外交关系的国家，投资工程项目的风险也比较大。

4. 对外关系

例如，项目法人国家与邻国关系好坏，其边境安全稳定与否，是否潜藏战争风险；与项目法人国家的关系好坏，与项目法人国家是否建立外交关系，与工程所在地政府是否有某些涉及工程承包的协议；项目法人国家对项目资金来源，如国际金融组织或外国金融机构等的各项有关规定是否熟悉了解；项目法人国家的信誉如何等，都将影响工程项目的进行。

5. 项目法人国家社会管理、社会风气等方面

例如，项目法人国家政府办事效率高低，政府官员廉洁与否，当地劳务素质如何，当地劳务的工会组织对外国公司的态度，是否常用罢工手段向雇主提出各种要求等，都将直接或间接地影响工程能否正常进行。

10.2.2　经济风险

经济风险主要是指建筑承包市场所处的经济形势和项目采购国的经济实力及解决经济问题的能力。经济风险主要有以下几个方面：

1. 通货膨胀

通货膨胀是一个全球性的问题，在某些发展中国家更为严重。通货膨胀可能使工程所在国的工资和物价大幅度上涨，超过承包商预见。如果合同中没有调值条款或调值条款写得太笼统，必然会给承包商带来较大风险。作为承包商，能预见到短期内一般规律的通货膨胀，但是很难预料到特殊情况下无规律的通货膨胀。虽然 FIDIC（国际咨询工程师联合会）合同条件及多数国家的合同法都规定有对通货膨胀的补偿措施，但毕竟还有不少国家不予补偿，尤其是工期短于 1 年的工程承包合同。

要想避免通货膨胀带来的损失，不仅要考虑工程所在地的物价水平，而且要全面考虑国际市场上材料、设备、价格的上涨情况及当地货币的贬值幅度，掌握国际市场物价浮动趋势。

2. 外汇风险

工程承包中常遇到的外汇风险有：工程所在国外汇管制严格，限制承包商外汇汇出；外汇浮动，当地货币贬值，在订立合同时没有写入固定的汇率而无法兑换出相应的硬通货币；有的项目法人采取外币延期付款的方式，且利率很低，但向银行贷款则利率较高，因而倒贴利率差；有时订立合同时所定的外汇比例太低，不够使用；订立合同时所选的外汇贬值等。

忽视外汇浮动因素，可能给承包商带来无法弥补的损失。例如，我国某公司在北非某国承建一项大型工程，在合同实施期间，当地官方多次调整汇率，由开工时的 1 : 4.81（1 美元兑换 4.81 当地币）到完工时的 1 : 25，平均每年下调 70%，而我方在合同中又没有任何保值条款，造成巨大损失。相反，签约时全面考虑国际外汇市场的行情和动态，选择合适的币种，也会给承包商带来效益。例如，某公司于 1984 年与日本某会社签订了 K 国某电站锅炉安装合同，合同总额为 85 亿日元，全部用日元结算，当时汇率为 1 美元兑换 225 日元。到工程竣工时日元汇率大幅度上涨，1 美元兑换 160 日元，仅由于汇率变化这一项该公司就盈利 100 多万美元。

3. 保护主义

随着经济区域化的逐渐形成，保护主义已在各国、各地区盛行，主要包括：规定合资公司中对外资股份的限制，以保证大部分利益归本国；对本国和外国公司招标条件不一视同仁；对本国公司和外国公司实行差别税率；对外国公司实行强制保险及税收歧视。

4. 物价上涨与价格调整风险

例如，固定总价合同，虽然投标时考虑了各种物价上涨因素，但对这些因素可能估计不足；有时合同中没有价格调整公式，或仅有外币价格调整公式而无当地币值调整公式；有时虽有价格调整公式，但是包含的因素不全，或有关价格指数不能如实反映价格变动情况，有的调价方法有限制性规定。

5. 项目法人拖延付款

项目法人资金不足，未能及时支付工程款，以各种手段拖欠。如拖延支付而合同中未订有对拖延支付如何处理的规定；虽然有项目法人拖延支付时应支付利息的规定，但利率很低；业主找借口拖延签发变更命令而使新增项目得不到支付；项目法人在工程末期拖延支付最终结算工程款和发还保留金等；有些项目法人国家利用政策保护项目法人的拖欠行为。例如，某公司在 B 国承包工程，该国不遵守国际上通用的 FIDIC 条款，而是实施自已的一套合同法规。该合同规定，如业主批准结算账单三个月后仍未付款，则承包人有权获得延付利息，利息计算以超过三个月后的天数和 B 国银行公布的贴现率为准。而在 B 国，当地币存贷款无利息，外币贴现率又较低，可收取的利息很少，故拖付工程款对项目法人极为有利。

6. 海关清关手续繁杂

有时承包商在合同执行过程中，大量物资需要从国外进口。一方面，有的承包商不了解当地的法规政策；另一方面，有些国家清关手续繁杂，海关办事效率低，工作人员作风不廉洁，以致物资供应不及时，造成工程拖期。

7. 分包风险

总包商在选择分包商时，可能会遇到分包商违约、不能按时完成分包工程而使整个工程进展受到影响的风险，或者对分包商的协调、组织工作做得不好而影响全局。特别是一些承包商常把工程某部分分包给国内有关施工单位，而签订的合同协议职责不清、风险界定不明确，易发生相互推诿。

如果一个工程的分包商比较多，容易引起许多干扰和连锁反应，如分包商工序搭接与配合不合理，个别分包商违约或破产，因此从局部工程影响到整个工程；相反，如果作为分包商常遇到总包商盲目压价、转嫁合同风险或提出各类不合理的苛刻条件，分包商就会处于被动地位。

8. 出具保函风险

承包商的担保银行一旦向项目法人开出保函，就意味着将一笔相等于担保金额的巨款押在项目法人手中，项目法人随时有可能没收这笔巨款。

虽然 FIDIC 条款不主张采用无条件担保，即“见索即赔”保函，要求项目法人在进行保函索偿之前先告知承包商，但仍有不少国家还是实行“见索即赔”保函。根据这种保函的性质，项目法人可以随时向承包商的担保银行索要不超过保函总额的任意款额，而无须事先告知承包商。

保函风险除了表现在项目法人拥有随意索偿权之外，还表现在保函的生效及撤回日期，以及预付款保函中忽略要求担保金额随预付款的分批归还而相应减少等措辞方面。

9. 带资承包的风险

有些合同中，项目法人明确要求承包商带资承包，即采用先垫款、再支付的办法。但工程开工后，由于无力支付，使承包商无法及时收回资金。还有一些变相的带资承包。如项目法人以资金紧张为由，不给承包商提供工程预付款，让承包商自己出资解决施工前期遇到的各种问题；又如项目法人在合同实行期间长期拖欠工程款或仅付少量利息，使承包商垫付的大量资金无法及时收回等。

10.2.3　技术风险

1. 地基地质条件

对于一个工程，特别是大型工程和地下工程，地基地质条件非常重要。通常项目法人提供一定数量的地质和地基条件资料，但不负责解释和分析。因而这方面的风险较大。如在施工过程中发现现场地质条件与施工图设计出入较大，施工中遇到大量岩崩坍方等引起超挖超值工作量和工期延误等。

2. 水文气候条件

水文气候条件方面的风险主要包括两种情况：一是对工程所在地的自然气候条件估计不足所产生的问题，如多雨、严寒、酷暑等对施工的影响；二是当地出现的异常气候，如特大暴雨、洪水、泥石流、坍方等。虽然按照一般的合同条件，后一类异常气候造成的工期拖延可以得到补偿，但财产损失很难全部得到补偿。

3. 材料、设备供应

如果材料的质量不合格或没有质量检验证明，监理人拒绝验收，因而引起返工或由于更换材料拖延工期；如果材料供应不及时，又会引起停工、窝工。这些因素有时可能引起连锁反应。

设备供应同样有质量不合格或供应不及时的问题，也可能有设备不配套的问题，或未能按照安装顺序按期供货，或机械设备运行状况不良等。

4. 技术规范

技术规范要求不合理或过于苛刻，工程量表中的项目说明不明确而投标时未发现，也可能引起工程项目的风险。如某公司在中东某国承包工程时，技术规范要求混凝土入仓温度为23℃，在投标时未发现此问题。实际上该国每年 5~10 月天气异常炎热，一般室外温度可达45℃以上，承包商采取多种措施（如大量采购人造冰、以冰水拌和、晚间预冷骨料等），增加了不少成本，也只能达到 28℃。后经工程师做工作，把入仓温度改为不超过 30℃。

5. 提供设计图不及时

一般合同文件对此类问题已有明示，如由于监理人工作原因，设计图提供不及时，导致施工进度延误，以致窝工，应在合同文件中订立相应的补偿规定。否则，承包商应承担由此产生的风险。

6. 工程变更

工程变更包括设计方案变更和施工方案变更两方面。变更常影响承包商原有的施工计划和安排，形成一系列新的干扰事件。在执行变更命令过程中，针对可能引起费用增加和工期延误的事件可以提出索赔，把风险转化为补偿。

7. 运输问题

对于陆上运输，要选择可靠的运输公司，订好运输合同，防止因材料或设备未按时运抵工地而影响施工进度；对于海上运输，由于港口压船、卸货、海关验关等很容易造成时间耽误，影响施工。

10.2.4 公共关系风险

1. 与项目法人的关系

例如，项目法人以各种理由为借口，或其工作效率低下，延误办理支付、签发各种证书等。

2. 与监理工程师的关系

例如，监理工程师工作效率低，拖延签发支付；监理工程师过于苛刻，以各种理由减扣应支付的工程款，特别是对“包干”项目，在项目未完成前拒绝支付或支付的比例很小等。如果承包商碰上职业道德不好的监理工程师，必然会加大工程风险，因为技术标准的解释权属于监理工程师。

3. 联营体内部各方的关系

联营体内的各家公司是临时性合作关系，很容易产生公司之间或人员之间的矛盾，从而影响配合和施工。如果订立联营体协议时职责、权利、义务等不明确，也会影响合作。联营体负责公司的工作作风和能力水平也会影响项目的具体工作。

4. 与工程所在国地方部门的关系

这里主要指与工程所在地区的相关职能部门的公共关系，如劳动局、税务局、统计局等。如何处理与其相关职能部门的公共关系，对于工程项目如期完工，有着至关重要的作用。

10.2.5 管理方面的风险

1. 投标报价失策

投标报价失策是指标价太低，或接受的合同条件过于苛刻。这无疑造成工程承包条件先天不足，承包商即使有丰富的经营管理经验，也很难改变被动局面。

2. 合同条款风险

由于工程施工合同通常是由业主或业主委托的咨询公司编制的，发包人与承包商在合同中的风险分担往往不公平。工程承包合同中一般都包含一些明显的或隐含的对承包商不利的条款，如发包人的责任转嫁给承包商、合同工期紧及技术规范要求不合理等合同风险。

3. 缺乏管理常识和经验

具备丰富的管理经验和较高的管理水平能使承包商变被动为主动，多挽回一些损失。例如，可以通过工程索赔将风险转化为利润，通过价格调值扩大收益。通过加强管理（尤其是工期控制和成本控制）以节省开支。反之，管理水平低的承包商会因管理不善而加大亏损。

除了上面提到的各种风险之外，工程建设还会碰上多种不可预见的意外情况，如发包人破产、分包商无力支付其雇员工资或偿还债务、不利的自然条件等，都会影响工程的顺利进行，构成工程风险。因此要求建设项目管理者一定要有风险意识，能及时发现风险苗头，防患于未然。

10.3 工程项目融资的风险识别

10.3.1 工程项目风险的分类

1. 根据项目实施的时间顺序划分

根据项目实施的时间顺序，风险可以划分为三个阶段：项目建设开发阶段风险、项目试生产阶段风险和项目生产经营阶段风险。每个阶段的项目风险都有不同的特点。

1）项目建设开发阶段风险。项目正式开工前有一个较长的预开发阶段，包括项目的规划、可行性研究、工程设计等。这一时期的风险是由投资者承担的，不包括在项目融资风险之中，真正的项目建设开发阶段风险是从项目正式动工建设开始计算的。由于这一阶段需要大量资金购买工程用地、设备，且贷款利息也开始计算成本，因此项目风险接近最大，如果任何不可控或不可预见因素造成项目成本超支或不能按时完工，项目就面临着巨大的压力和风险。从风险承担的角度来看，贷款银行承担的风险最大。

在这一阶段，通常工程项目融资需要投资者提供强有力的信用支持来保证项目的顺利完成。利用不同形式的工程建设合同，有可能将部分项目建设期风险转移给工程承包公司。这类合同的一个极端是固定价格、固定工期的“交钥匙”合同，另一个极端是“实报实销”合同，在两者之间又有多种中间类型的合同形式。其中，在“交钥匙”合同形式中，项目建设的控制权和建设期风险全部由工程承包公司承担。

2）项目试生产阶段风险。工程项目融资这一阶段的风险仍然是很高的，即使项目建成投产了，但如果项目不能按照原定的成本计划生产出合格的产品，就意味着对项目的现金流的分析和预测是不正确的，项目很有可能生产不出足够的现金流量支付生产费用和偿还债务。

在融资文件中应具体规定项目产品的产量和质量、原材料、能源消耗定额及其他一些技术经济指标作为完工指标，并且将项目达到这些指标的下限也作为一项指标。项目只有在规定的时间范围内满足这些指标时，才被贷款银行接受为正式完工。

3）项目生产经营阶段风险。项目达到“商业完工”标准后，即进入项目生产经营阶段。从这一阶段起，项目进入正常运转，正常情况下也应该产生足够的现金流量支付生产经营费用以及偿还债务，并为投资者提供理想的收益。随着项目进入正常运转阶段，银行的风险开始逐渐降低，融资结构基本上依赖于项目自身的现金流量和资产，成为一种无追索结构。这一阶段的项目风险主要表现在生产、市场、金融及其他一些不可预见的因素方面。

2. 根据风险的可控性进行划分

按风险的可控性，项目风险可以分为可控风险和不可控风险。可控风险是指与项目的建设和运营管理直接有关的风险，包括完工风险、生产风险、市场风险和环保风险。这类风险是项目公司在项目建设或生产运营过程中无法避免的，同时也是项目公司应该知道如何管理和控制的风险。不可控风险是指项目的生产运营由于受到超出项目公司或政府可以控制范围的经济环境的影响而受损失的风险，包括金融风险、政治风险和不可抗力风险。此类风险一般无法准确预测，所以必须采取一定的措施来降低或转移此类风险。

不可抗力风险是指项目的参与方不能预见且无法克服及避免的事件给项目造成的损坏或毁灭的风险，如自然风险、瘟疫、战争、工厂和设备遭受意外损坏等风险。一旦出现不可抗力，项目可能延期或建成后不能正常运行，甚至整个项目完全失败。一般情况，项目建设方无法控制这些不可抗力风险，只能靠投保将此类风险转移给保险公司。许多国家的出口信贷机构提供此类保险来担保部分或全部不可抗力风险。保险费计入项目成本中。在保险市场不能投保的，则采用双方共同承担不可抗力风险的原则。

10.3.2 风险识别的技术

1. 风险识别的步骤

(1) 收集资料

资料和数据能否到手、是否完整，都会影响工程项目融资风险损失的大小。

(2) 估计项目风险形式

估计项目风险形式是要明确项目融资的目标、战略、战术，以及实现项目融资目标的手段和资源，以确定项目融资及其环境的变数。

(3) 识别风险

原则上，风险识别可以从原因查结果，也可以从结果反过来找原因。从原因查结果，就是先找出本项目会有哪些事件发生，发生后会引起什么样的结果。例如，在项目进行过程中，关税税率会不会变化，关税税率提高或降低两种情况分别会引起怎样的后果。从结果找原因，比如，建筑材料涨价将引起项目超支，哪些因素会引起建筑材料涨价；项目进度拖延会造成诸多不利后果，造成进度拖延的常见因素有哪些，如项目执行组织最高管理层犹豫不决，政府有关部门审批程序烦琐复杂，设计单位没有经验，工作太多，或是施工阶段进入雨季等。

2. 风险识别的方法

(1) 核对表

风险识别实际上是关于将来风险事件的设想，是一种预测。把人们经历过的风险事件及其来源罗列出来，制作一张核对表，能帮助项目管理人员开阔思路，容易想到项目会有哪些潜在风险。核对表可以包含多项内容：以前项目成功或失败的原因、项目其他方面规划的结果（范围、成本、质量、进度、采购与合同、人力资源与沟通等计划成果）、项目产品或服务的说明书、项目班子成员的技能、项目可用的资源等。除此以外，还可以认真研究保险公司的保险条例，这些条例能够提醒人们还有哪些风险需要考虑。

（2）项目工作分解结构

风险识别要减少项目结构的不确定性，要弄清项目的组成、各组成部分的性质和它们之间的关系、项目与环境之间的关系等。项目工作分解结构是完成这项任务的有力工具。项目管理的其他方面，如范围、进度和成本管理，也要使用项目工作分解结构。因此，在风险识别中，利用现成工具能减少项目班子的工作量。

（3）常识、经验和判断

以前完成的工程项目所积累的资料、数据和经验，以及项目班子成员个人的常识、经验和判断等，对识别风险是非常重要的。尤其对于那些采用新技术、无先例可循的工程项目，更是如此。另外，与项目有关各方就风险识别进行面对面的讨论，也有可能发现一般规划活动中未曾发现或发现不了的风险。

（4）实验或试验结果

可以利用实验或试验结果识别风险。例如，在地震区建设高耸的电视塔，需要预先制作一个模型进行抗震试验。实验或试验还包括数字模型、计算机模拟、市场调查等方法。

（5）敏感性分析

敏感性分析是分析并测定各因素的变化对指标的影响程度，从而判断指标（相对于某一项目）对外部条件发生不利变化时的承受能力。一般情况下，在项目融资中需要测定敏感性的变量要素主要有价格、利率、汇率、投资、生产量、工程延期、税收政策、项目全寿命周期等。通过敏感性分析，项目管理人员能够识别出风险隐藏变量或假设。

（6）决策树分析法

决策树分析法（Fault Tree Analysis，FTA）又称故障树分析法，是 1961 年—1962 年期间，美国贝尔（BELL）电话实验室的沃森（Watson）和默恩斯（Mearns）等人在分析和预测导弹发射控制系统安全性时首先提出并采用的故障分析方法。此方法不仅能识别出导致事故发生的风险因素，还能计算出风险事故发生的概率。决策树是由节点和连接点的线组成的。节点表示事件，而连线则表示事件之间的关系。分析树从结果出发，通过演绎推理查找原因，在风险识别中，决策树分析不仅能够查明项目的风险因素，求出风险事故发生的概率，还能提出各种控制风险因素的方案，既可做定性分析，也可做定量分析。它一般用于技术性强且较为复杂的项目。

（7）专家打分法

专家打分法是一种常用的、简单的分析方法。它的应用由两个步骤组成：首先，识别出某一种特定工程项目可能遇到的所有风险，列出风险调查表；其次，利用专家经验，对可能的风险因素的重要性进行评价，综合得到整个项目风险。该方法适用于工程项目融资决策的前期。这个时期往往缺乏项目具体的数据资料，主要依据专家经验和决策者的意向，得出的结论也不要求是资金方面的具体值，而是一个大致的程度值。它一般只作为进一步分析的基础。

（8）MC 方法

蒙特卡罗（MC）方法，又称随机抽样统计试验方法。这种方法计算风险的实质是在计算机上做抽样试验，然后用具体的风险模型进行计算，最后用统计分析方法得到所求的风险值。它是估计经济风险和工程风险常用的一种方法。应用MC方法可以直接处理每一个风险因素的不确定性，但其要求每一个风险因素是独立的。该方法的难点在于对风险因素相关性的识别与评价。

10.4 工程项目融资的风险管理

10.4.1 工程项目融资风险评估

在项目初步形成及研究工作接近尾声的时候，应对项目进行评估。评估属于工程项目中最重要的阶段，因为它是项目准备工作的终点。评估包括项目的四大方面，即技术、管理体制、经济和财务。

1. 技术评估

技术评估的内容包括：项目的实际规模、布局和各种设施位置的确定；将要使用的工艺，包括设备的类型、工序及其对当地条件的适应性；将采用的提供服务的方式；执行计划的可行性；达到预期产量的可能性。

技术评估的一个关键方面在于，审核成本预算及该预算所依据的工程技术和其他数据，以便确定在可以接受的误差范围内预算是否准确，以及为应对项目执行阶段发生意外事件和预期价格上涨所预留的风险金是否充足。

另外，对拟采用的工程技术服务、设计服务或其他专业服务的程序也将进行检查。同时，技术评估还涉及对项目设施的运行费和服务性费用，以及必要的原材料和其他投入的可靠性进行评估。

2. 管理体制评估

管理体制（又称体制建设）已成为项目融资的重要目的。也可以说，资金资源的转移和实体设施的建设，就其本身来说无论价值多大，从长远观点来看，不如建立一个健全和富有生命力的“体制”更为重要。该体制应包括借款实体本身、组织机构、经营管理、人员配备、业务流程，以及制约该体制运行环境的整套政府政策。

实践表明，对项目体制方面重视不够将导致项目执行和实际运行期间问题频繁出现。对体制的评估涉及一系列问题。例如，借款实体是否组织严密；其管理工作是否到位；当地的才智和创造性是否得到有效发挥；为实现项目目标，是否需要对实体外的政策和机构进行调整等。

比较一个项目的所有方面，体制建设可能是最难解决的，原因之一在于，体制建设成功与否主要取决于有关人员对项目所在地文化环境的了解。定期检查体制安排，大胆接受新思想，积极采用可能跨越几个项目的长期措施，这些举措对管理体制的建设是非常重要的。

3. 经济评估

经济评估就是通过对几种项目设计方案进行成本效益分析，从中选出对项目的发展目标贡献最大的设计方案。通常，此类分析在项目准备的各个阶段已分步进行，评估阶段是做出最终审查与评定的阶段。

在进行经济评估时，要对项目的部门情况进行研究，检查对部门的投资计划、公营与私营部门机构的优缺点及主要的政府政策。例如，在交通运输部门，每项评估均将运输系统视为一个整体，估算其对国家经济发展的贡献。对公路项目进行评估时，要考察它与其他竞争方式（如铁路）之间的关系。要审查该部门的整个运输政策，并建议进行某些变动，如改变任何使交通运量分配不均的规定做法。

如果现行的技术水平允许，还必须对项目的造价及其给国家带来的利益进行详细分析，分析的结果通常用经济受益率来表示。此类分析往往要求解决疑难问题，如怎样确定项目的实际结果，以及如何根据国家的发展目标评价它们价值。多年来，人们一直密切关注经济评价方法的改进。当由于各种因素，如贸易限制、税收或补贴等扭曲了价格，而使市场价格无法真实反映费用本身的经济价值时，通常使用“影子价格”。在某些主要因素变化的条件下，常常需要对项目的收益进行敏感性分析。有时，对那些较为重大的不确定项目，还应进行风险分析。项目费用和效益中的某些因素，如污染控制、健康与教育水平的提高等是无法量化的。在其他项目，如电力或电信项目中，可能需要使用某些无法完全衡量出服务产生的经济效益的指标，如上缴利税。在某些情况下，可以评价具有相同效益的替代方案，进而选择成本最低的方案。

4. 财务评估

财务评估的目的，一个是保证有足够的资金用于支付项目实施所需的费用，另一个就是确保制订一份融资计划，以便能为按计划实施项目而提供资金。如果提供资金的政府当地财政收入存在困难，可考虑做某些特殊安排，如为建立一项周转基金而预支拨款或将某些税收额指定专用。

财务评估还涉及金融偿付能力，项目能否依靠其现金流量，履行其承担的一切财务责任，包括利息（债息），是否有能力依靠自有资源从资产中赚取相当的收益，积累足够的资金以满足未来的资本需要。通过资产负债表、利润表以及对现金流量的推测，仔细地审查项目的财务状况。

财务审查强调调整项目产品价格水平和价格结构的必要性，这种调整应该是经常性的。价率调整对项目评估以及随后的项目执行，都是至关重要的。

财务评估涉及从项目受益人处收回投资及经营成本的问题。各项目的实际回收要考虑到受益人的收入情况和实际问题。为了保证有效地利用有限资金，对最终受益人收取的利息一般应反映出经济中的机会成本。但利率是经常被贴补的，而通货膨胀率甚至可能超过利率。在通胀率较高的国家，有时采用指数利率系统。与成本回收一样，制定恰当的利率标准可能会成为一个有争议的问题。由于认识需要一定的时间才能在财政政策方面产生深远影响，所以应着眼于长期的经营目标。

总之，从上述几方面对项目进行深入可靠的评估，可以将相关的经验教训都融入未来项目的设计和准备之中，以确保项目的良性循环，同时也是确保将项目融资风险降到最小或可以接受水平的基础工作。

10.4.2　工程项目融资风险的防范措施

经过不断地实践探索和检验，国际上已经逐渐形成了一些行之有效的降低和减少项目融资风险的做法，尤其是参与项目贷款的主要银行，更是建立了一系列的方法和技巧以降低项目风险。结合我国项目融资的特点，可以考虑采取以下措施对融资风险进行控制：

1. 政治风险的防范措施

由于东道国政府最有能力承担政治风险，因此最后由东道国政府来承担政治风险是最佳选择。事实上，国外有一些项目正是这么做的。例如，在菲律宾的某项目中，国家电力公司同意按“项目全面收购”办法来承担这种责任。“项目全面收购”是指如果东道国政治风险事故持续一定的时期，则国家电力公司有责任用现金收购该项目，其价格以能偿还债务并向项目发起人提供某些回报为准。而在印度的某电力开发项目中，在发生政治性事故后，国家电力局或国家电力公司有责任继续支付电费，最长可达 270 天。因此，所有债务在政治性事故发生时都有所保障。

在我国，政府机构是要参与批准和管理基础设施项目的，因而政治风险不容忽视。然而，政治风险非个人和公司所能控制，只能依靠国际社会和国家的力量来防范。

（1）特许权协议

项目公司应尽量尝试向政府机构寻求书面保证，包括政府对一些特许项目权力或许可证的有效性及可转移性的保证、对外汇管制的承诺、对特殊税收结构的批准等一系列措施。例如，广西来宾电厂项目在政治风险控制方面就得到了政府强有力的支持。原国家计委、国家外汇管理局、原电力工业部分别为项目出具了支持函，广西壮族自治区政府成立了专门小组来负责来宾电厂项目。当法律变更使得项目公司的损失超过一定数额时，广西壮族自治区政府将通过修改特许期协议条款与项目公司共同承担损失，从而很好地预防了政治风险。

（2）投保

除特许权协议外，还可以通过为政治风险投保来减少这种风险可能带来的损失，包括纯商业性质的保险和政府机构的保险。但是，提供政治风险的保险公司数量很少，因为市场狭小而且保险费十分昂贵，同时对项目所在国的要求特别苛刻，因此以保险的方式来规避政治风险是很困难的。在我国，为政治风险投保的一个实例是山东日照电厂，德国的 Hermes 和荷兰的 Cesce 两家信誉机构为该项目的政治风险进行了担保，从而使该项目进展比较顺利。

（3）多边合作

在许多大型工程项目融资中，政府、出口信贷机构和多边金融机构不仅能为项目提供资金，同时还能为其他项目参与方提供一些政治上的保护，这种科学合理的产权布局可能使国家风险降低很多。也可以寻求政府机构的担保以保证不实行强制收购；或在收购不可避免时，政府机构会以市场价格给予补偿。一般来讲，很难预测到各种法规制度的变化，因此可以设法把此种风险转移给当地合作伙伴或政府。

2. 完工风险的防范措施

超支风险、延误风险及质量风险均是影响我国工程项目竣工的主要风险因素，统称为完工风险。对项目公司而言，控制它们的最简单的方法就是要求施工方使用成熟的技术，并要求其在一个双方同意的工程进度内完成；或者要求其在能够控制的范围内对发生延误承担责任。然而，对项目的贷款银行或财团而言，如果仅仅由施工方承担完工风险，显然是难有保障的。因为项目能否按期投产并按设计指标进行生产和经营将直接影响到项目的现金流量，进而影响到项目的还贷能力，而这恰恰是融资的关键。因此，为了限制和转移项目的完工风险，贷款银行可以要求项目公司提供相应的措施来降低和回避这一风险。

（1）通过合同规避完工风险

项目公司通过利用项目建设合同把完工风险转移给承包商。通常采用固定总价合同形式转嫁风险。固定总价合同是指双方在专用条款内约定合同价款包含的风险范围和风险费用的计算方法，以一次包死的总价格委托给承包商，价格不因环境变化和工程量增减而变化，承包商承担全部的完工风险。在这种合同形式下，项目公司承担的风险是很小的，而承包商所承担的风险最大。

（2）利用担保形式规避完工风险

在项目建设阶段，贷款银行为了限制及转移项目的完工风险，通常要求项目投资者或项目承包商等其他项目参与方提供相应的“完工担保”作为保证。完工担保许诺在规定时间内完成项目，若在预定工期内出现超资，则担保方承担全部超资费用。而完工担保人保护自己的方法则是选择财力可靠的承包商，使承包协议条款和完工担保条件一致。如果承包商能力和信用良好，贷款人可以不要担保。因此，选择合适的承包商建设项目，对工程项目融资无疑是十分重要的。由于完工担保的直接经济责任在项目达到商业完工标准后即告终止，贷款人的追索权只能限于项目资产本身，即项目的资产及其经营所得，再加上“无论提货与否均需付款”等类型的有限信用保证的支持来满足债务偿还的要求。

3. 市场风险的防范措施

降低和防范市场风险的方法需要从价格和销售量两个方面入手。项目融资要求项目必须具有长期的产品销售协议作为融资的支持。这种协议的合同买方可以是项目投资者本身，也可以是对项目产品有兴趣的具有一定资信的任何第三方。通过这种协议安排，合同买方对项目融资承担了一种间接的财务保证义务。“无论提货与否均需付款”和“提货与付款”合同是这种协议的典型形式。

首先，降低和规避市场风险可以要求项目有长期产品销售协议，其长期销售协议的期限要求与融资期限一致，产品定价充分反映通胀、利率、汇率等变化。

其次，在降低市场风险的谈判中，如何建立一个合理的价格体系对项目公司也是十分重要的。项目公司必须对市场的结构和运作方式有清楚的认识。在销售价格上，根据产品的性质，可以采取浮动定价和固定定价两种类型。

最后，项目公司在与政府制定的协议时，要有防止竞争风险的条款。如政府已经和项目公司达成建设一条公路的协议，则政府就不能在此公路的近距离内修筑另一条公路。

4. 金融风险防范措施

传统的金融风险管理基本上局限于对风险的预测，即通过对在不同假设条件下的项目现金流量的预测分析来确定项目的资金结构，利用提高股本资金在项目资金结构中的比例等方法来增加项目抗风险的能力，以求降低贷款银行在项目出现最坏情况时的风险。随着国际金融市场的发育，特别是近些年掉期市场和期权市场的发展，项目金融风险的管理真正实现了从“预测”向“管理”的转变。目前我国仅开展人民币对外币的远期外汇业务、择期业务；对外汇间的兑换开展了外汇期货、期权、择期业务。

(1) 利率掉期

利率掉期是指在两个没有直接关系的借款人（或投资者）之间的一种合约性安排，在这个合约中，一方同意直接地或者通过一个或若干个中介机构间接地向另一方支付该方所承担的借款（或投资）的利息成本，一般不伴随本金的交换。利率掉期一般通过投资银行作为中介来进行操作，且经常在浮动利率和固定利率之间进行。一般的利率掉期是在同一种货币之间进行的，从而不涉及汇率风险因素，利率掉期可以规避利率风险。

(2) 远期外汇合约

在我国项目工程中，项目的收入是人民币，承包商要将其兑换成美元汇回总部，因而可以事先同当地银行签订出卖远期外汇合同，在规定的交割日将人民币收入卖给银行，按合约规定的远期汇率买入美元。这里要注意，签订远期外汇合同时要考虑汇率的变动情况和人民币收入时间与交割时间的匹配。如果根据经验判断美元会升值，可根据人民币收入的时间确定交割时间及远期汇率，以便到时买入美元，避免本币贬值损失。这种方法的缺陷是交割时间固定，到了规定的交割日期合约双方必须履约，时间匹配困难。

(3) 期权

由于期权允许其持有人在管理不可预见风险的同时不增加任何新的风险，期权在项目融资风险管理中有着更大的灵活性。它避免了信用额度范围的约束（投资银行根据客户的信用程度给予客户的交易额度），只要项目支付了期权费，就可以购买所需要的期权合约，从而也就获得了相应的风险管理能力，而不需要占用任何项目的信用额度或者要求项目投资者提供任何形式的信用保证。从实际的项目来看，国际工程项目存在着许多不确定性因素，从合同签订到实际付款日时间不一定很明确，延期支付时有发生，一般的远期合约有时无法应用，而期货合约正好解决这一问题。在我国，项目承包商需要以人民币买入美元等可自由兑换货币并从其他国家购买设备或向总部汇回利润时，就可以买入外币“买权”合约。当市场汇价高于期权合约协定汇价时，承包商可以要求对方履约，即以较低的协议汇价买到外汇；而当市场汇价低于期权合约协定汇价时，承包商可以不履约，而在现汇市场上购买低价的外汇。

(4) 择期

择期是远期外汇的购买者（或卖出者）在合约的有效期限内任何一天，有权要求银行实行交割的一种外汇业务。我国对择期的交易期限规定为择期交易的起始日和终止日，在这期间，承包商可将人民币收入立即换成美元或其他可自由兑换货币汇回国内，从而避免了汇率波动的风险。根据国际惯例，银行对择期交易不收取手续费，所以择期交易在实际应用中是非常方便的。金融风险不仅仅可以在金融市场通过金融衍生工具来解决，结合我国的实际情况，项目公司（承包商）也可以考虑其他的管理方法。

(5) 固定汇率

在国际融资中选择何种货币，直接关系到融资主体是否承担外汇风险，以及将承担多大的外汇风险，因此，融资货币的选择是融资主体要考虑的一个重要问题。承包商可以与我国政府或结算银行签订远期兑换合同，事先把汇率锁定在一个双方都可以接受的价位上，以此来消除汇率频繁波动对项目成本造成的影响。根据FIDIC合同条款中规定，合同中采用的固定汇率均按施工工程所在国中央银行在交投标书截止日期前第 28 天确定的兑换率。汇值是在递交投标书前由业主通知承包商或投标人在投标书中注明的。

（6）融资货币

近年来，随着融资风险加大，我国的项目在融资时应采取融资多元化策略，也就是持有多种货币组合的债务，最好让人民币汇率锁定在“一揽子”硬通货上。一种货币的升值导致的债务增加可以靠另一种货币的贬值导致的负债减少来抵消。只要合理选择货币组合，就可以降低单一货币汇率波动造成的损失。

（7）汇率变动保险

许多国家有专门的外贸外汇保险机构，为本国或他国企业提供外汇保险服务，可利用这种保险业务来分散风险。

由于项目的具体情况千差万别，以上所介绍的风险管理措施只是一些原则性的内容，至于具体的应用则要视实际情况而定（如许多支持风险管理的客观条件我国尚不具备），可以借鉴国外经验，通过相关合同中的设计和约定灵活有效地降低风险。

5. 生产风险防范措施

生产风险主要通过一系列的融资文件和信用担保协议来防范。针对生产风险种类不同，可以设计不同的合同文件。一般通过以下方式来实现：项目公司应与信用好且可靠的伙伴，就供应、燃料和运输问题签订有约束力的、长期的、固定价格的合同；项目公司拥有自己的供给来源和基本设施（如建设项目专用运输网络或发电厂）；在项目文件中订立严格的条款与涉及承包商和供应商的延期惩罚、固定成本，以及项目效益和效率的标准。另外，提高项目经营者的经营管理水平也是降低生产风险的有效途径。

本章小结

本章主要介绍了风险的概念，应理解工程项目融资的主要风险因素及如何识别风险，同时结合工程项目融资风险管理的基本原理，理解如何应用对应的防范措施。

复习题

1. 按照项日的实施进度，工程项目融资风险如何进行分类？
2. 为什么“完工风险”是工程项目融资的核心风险？
3. 识别工程项目融资风险的工具和技术有哪些？
4. 如何控制和规避完工风险？
5. 防范金融风险的工具有哪些？

第 10 章练习题

扫码进入在线答题小程序，完成答题后可获取答案及其解析

第11章 工程项目融资担保

本章重难点

重点阐述了作为担保人的项目投资者、商业担保人以及第三方担保人的适用条件和类型；难点在于担保的范围与类型，信用担保、物权担保的形式和特许权。

11.1 担保概述

11.1.1 担保的基本概念

担保是指确保债务或其他经济合同项下以义务的履行或债务的清偿为目的的保证行为。它是债务人履行债务的特殊保障，是确保债权实现的一种法律手段。

工程项目融资担保是指工程项目的借款方或第三方以自己的资产或信用向贷款方或租赁机构做出的偿还保证，是为确保贷款协议下借款人义务的履行或债务的清偿做出的保证，是分配和转移工程项目融资风险和确保债权实现的一种法律手段。构建一个严谨的工程项目融资担保体系，强化工程项目的信用保证，也是学习工程项目融资理论的关键之一。

11.1.2 担保在工程项目中的主要作用

具体来说，担保在工程项目融资中的作用可分为以下两方面：

(1) 可降低工程项目投资者的风险

项目担保可使项目投资者避免承担全部或直接的项目债务责任，即项目投资者的责任被限制在有限的项目发展阶段之内或者有限的金额之内，可使项目投资者将项目的风险加以分散和转移给第三方担保人。

(2) 可降低贷款人的风险

在工程项目融资中，项目担保有利于贷款人转移风险，一旦贷款发生风险，贷款人可从项目担保中得到补偿；同时有利于加强对贷款人的监督，担保人为贷款人的借款行为进行担保，就为此承担了责任，会监督贷款人履行其义务。

11.2　项目担保人

11.2.1　项目投资者

项目融资中最主要和常见的一种形式是项目的直接投资者和主办人作为担保人。通常情况下，项目投资者以建立一个专门的项目公司的方式来经营项目和安排融资。但是，由于项目公司可能在资金、经营经验、信息水平等多方面存在不足以支持融资的情况，所以大多数的贷款银行会要求借款人提供来自项目公司以外的担保作为附加的债权保证，以降低贷款风险。因此，除非项目投资者能提供其他可以被贷款人接受的担保人，否则项目投资者自己必须提供一定的项目担保。

项目融资谈判能否成功，关键在于项目投资者和贷款人之间能否实现各方都可以接受的风险分担。贷款人可能要求项目投资者保证项目能至少达到生产阶段，否则项目投资者保证偿还所欠债务；贷款人也可能要求项目投资者担保在整个项目有效寿命周期内偿还贷款，即使这种担保是通过另一安排实现。项目投资者可以有自己特殊的融资安排和税收、会计目标，这将影响其对项目支持的类型和担保方式。

11.2.2　商业担保人

商业担保人以营利为目的提供担保，承担项目风险并收取服务费用。商业担保人以分散经营来降低经营风险。这些担保人通常包括银行、保险公司及其他从事商业担保的金融机构等。

商业担保包括义务担保和意外担保。义务担保人一般为商业银行、投资公司和一些专业化的金融机构，担保形式多为银行担保和银行信用证。商业担保的另一种基本方式是为防止项目意外事件的发生而进行的担保。在这类担保中，项目保险是融资文件中不可缺少的内容，担保人往往是各种类型的保险公司。保险公司提供的项目保险内容广泛，除项目资产保险外，还有项目的政治风险保险等。

担保项目投资者在项目融资中必须承担的相应义务的具体情况如下：

1）担保资金不足或资产不足的项目公司对其贷款承担的义务。比如，在房地产项目融资时，如果贷款银行认为该项目的房地产价值及贷款期内的现金流量不足以支持一个有限追索的融资结构，借款人可以以远低于房地产市场价格的契约价格从专业化的金融机构手中购入一个卖出期权作为项目融资的附加担保，在贷款期间，一旦借款人违约，贷款银行可执行该期权，将房地产以契约价格出售给期权合约的另一方，维护其权利。

2）担保项目公司对其他投资者所承担的义务。由于项目投资者往往是两个以上的公司，在这种非公司型投资结构中，各公司以一定比例投资并成立项目子公司，负责项目资金的管理，有的甚至为项目投资安排了有限追索的项目融资。对此，虽然贷款银行可以接受，但其他项目投资者却不能接受，因为有限追索的融资结构限制了对母公司的追索能力，这对于其他项目投资者来说，无疑是一个潜在的风险。因为在这种非法人式契约型合资协议中经常存在这样的条款，即在项目运营过程中，一旦项目中的一方表示无力支付项目的生产费用或资本开支，其他各方要承担该违约方应支付的费用，直到违约事件被改正或违约方资产被出售为止。一般而言，项目各方都不希望这种情况出现，因为一旦一方由于市场等问题出现支付困难，其他各方也将面临同样的局面，只是程度不同。基于这种情况，在非公司型投资项目融资结构中，资本不足的公司通常会被要求由国际性银行提供一般信用证额度为3~9个月的项目生产费用的备用信用证作为项目担保。

3）提供担保人和担保受益人之间的中介的担保义务。假设一个公司到另外一个国家或地区投资，不为当地的银行和公司所熟悉，则该公司的直接担保就很难被接受，为此需要选择一家或多家既为当地的银行、公司所接受，又为项目投资者所认可的国际商业性银行提供担保，承担项目投资者在项目中所需承担的责任。

11.2.3 与项目有关的利益关系第三方

与项目有关的利益关系第三方是指在项目的直接投资者之外与项目开发有直接或间接利益关系的机构。其可以为项目提供担保。这些机构包括商业机构、政府机构和国际金融机构。

1. 商业机构

能够提供第三方项目担保的商业机构通常有工程公司、项目设备或主要原材料供应商、项目产品（设施）的用户。首先，工程公司在很多情况下由于激烈的市场竞争，愿意以固定价格合同承包工程，相当于为工程项目提供了完工担保，即工程公司承担了项目成本超支的风险；其次，一些项目设备或主要原材料的供应商为了获得项目未来稳定的现金流量，扩大产品的销路和出口，愿意为项目就运营期间原材料的供应和设备的稳定运行提供保证，如供货合同、买方信贷等；此外，为了实现项目建成后稳定的产品销售收入，保障偿还项目贷款所需的现金流量，一些项目产品的用户也愿意为工程项目融资提供担保，如长期购买协议等。

2. 政府机构

在项目融资中，政府机构作为担保人是很普通的，尤其是在一些大型工程项目的建设中，如高速公路、大型港口、矿产资源开发、石化项目等。这些大型工程的建设有利于项目所在国的经济发展、政局稳定，促进当地人口就业，改善经济环境，因此，政府机构很愿意为项目融资提供担保。政府机构介入作为项目担保人，可减少项目的政治风险和经济政策风险，增强投资者的信心。这种担保作用是其他方式所不可替代的。此外，由于法律限制或出于政治、财务上的考虑，有时政府机构很难直接参与项目的投资，为了促进项目的开发，政府机构只能通过提供贷款担保或签订项目产品长期购买协议的形式来为项目提供担保。

3. 国际金融机构

如地区开发银行、世界银行这些国际性金融机构，虽与项目开发没有直接的利益关系，但为了促进发展中国家的经济建设，对于一些重要项目，如基础设施项目等，世界银行等国际性金融机构利用其特殊的地位和信用，愿意为融资项目提供贷款担保。这些机构参与并提供项目融资担保，能够减少项目的政治风险和商业风险，增强贷款银行对项目融资的信心，起到与上述政府机构同样重要的作用。

11.3 项目担保的范围

1. 政治风险

在政治环境不稳定的国家或地区，项目投资具有很高的政治风险，如果没有政治风险担保，很难组织有限追索性质的项目融资结构。所以，政治风险是项目融资中引人关注的一类问题。

一般地，项目所在国政府或中央银行应是最理想的政治风险担保人。因为这些机构直接决定着项目的投资环境，或与项目发展有直接的利益关系，所以其对项目的担保可减轻外国贷款银行及其他投资者对项目政治风险的担忧。尽管如此，在一些高政治风险的国家，仅有政府的保证是不够的，还需要一些诸如地区开发银行、世界银行和海外投资保险机构等提供的担保，以利于形成项目融资。

2. 商业风险

商业风险是项目融资的主要风险，也是项目担保的重要内容。一般的项目贷款人都会要求项目投资者或与项目有直接利益关系的第三方提供不同程度的担保，如竣工担保、生产成本控制担保及产品市场安排担保。

（1）竣工担保

一个项目能否在一定的预算与时间内建成并投入使用，达到竣工标准，是组织项目融资的基础。在工程项目的运作中，许多不成功的例证主要是由于存在项目不能建成竣工和形成生产能力、收回投资而产生的风险，尤其是大型基础设施项目。

（2）生产成本控制担保

一个项目能否在激烈的行业竞争中占有优势，除了其自然条件和技术条件较好之外，很好地控制生产成本是一个重要的因素。因此，生产成本控制方面的担保是必不可少的，它还可以减少贷款银行对其他担保形式的要求。

（3）产品市场安排担保

项目产品的销售状况决定了项目的发展前景，市场风险当然也是项目担保所必须面对的重要问题。对于不同的项目，贷款银行处理风险因素的侧重有所不同：对于初级能源和资源性产品项目，如各类矿产品，其价格受世界市场需求变化的影响，如果没有一方肯承担一定的产品市场和价格风险，项目的融资安排就很困难；对于加工性产品项目，如机械制造业，产品的市场销售较为复杂，贷款银行对生产成本的控制和现金流量的控制更加重视，因而要求项目的担保人承担更多的成本风险。

3. 商业政治风险

商业担保公司参与政治风险保险近年来有增长的趋势，但就其本质来讲，商业政治风险保险不是项目担保，只是在某种程度上起担保的作用。

商业政治风险保险针对特定的政治危机，其保险范围包括资产风险保险和合约风险保险。资产风险主要是因为剥夺、暴乱、内战、恐怖活动、国有化，以及限制资金转移国外等政治原因造成的资产损失。合约风险主要是由于政治原因引起的禁运、毁约、拒绝履行合同或合同担保等事件造成的被保险人损失。

11.4　项目担保的类型

11.4.1　物权担保

物权担保是指借款人或担保人以自己的有形或权益资产为履行债务偿还义务而向贷款银

行提供的担保物权，即担保物权人在债务人不履行到期债务或者发生当事人约定的实现担保物权的情形，依法享有就担保财产优先受偿的权利。担保物权的担保范围包括主债权及其利息、违约金、损害赔偿金、保管担保财产和实现担保物权的费用。其抵押权、质押权、留置权为三种主要形式。按担保标的物的性质划分，物权担保可分为不动产担保和动产担保；按担保方式划分，物权担保可分为固定担保和浮动担保。在工程项目融资中，物权担保是以项目特定物产的价值或者某种权利的价值作为担保，如债务人不履行其义务，债权人可以行使其对担保物的权利来满足自己的权益。

1. 不动产担保和动产担保

（1）不动产担保

不动产通常是指土地，以及依附于土地上的建筑物、构筑物等难以移动的财产。项目公司一般以项目资产作为担保，其担保仅限于项目公司的不动产范围，不涉及或很少涉及项目投资者的不动产。项目公司一旦违约，贷款银行有权接管项目，或重新经营或拍卖项目资产，弥补其贷款损失。但其弥补对于巨额的贷款来说可能是微不足道的，在项目失败的情形下，不动产担保对于贷款银行来说几乎无意义。如一高速公路工程，建成后实际的车流量远远低于原来预测的车流量，当项目公司无法还本付息时，即使将该高速公路的所有权移转于贷款银行，对贷款银行来说也只是杯水车薪。

（2）动产担保

动产担保是指借款人（项目融资中一般指项目公司）以自己或第三方的动产作为履约的保证。可用于提供担保的动产在各国法律中有不同的规定，但归纳起来不外乎分为有形动产和无形动产两大类。有形动产有船舶、飞机、设备、存货等；无形动产有专利权、票据、应收账款、证券、保险单、银行账户和特许权等。由于动产担保在技术上比不动产担保方便，故在项目融资中使用较多。在项目融资中，无形资产担保的意义更大些。一方面，有形动产的价值往往因为项目的失败而大大减少；另一方面，也因为无形动产涉及多个项目参与方，其权利具有可追溯性，而且这种追溯是有合同文件作为书面保证的。可以说，项目融资中的许多信用担保最后都作为无形动产担保而成为对贷款银行的一种可靠担保。

2. 固定担保和浮动担保

（1）固定担保

固定担保是指与担保人的某一特定资产相关联的一种担保，当债务人违约或破产以至于不能偿还债务时，就可以用该特定资产来清偿债务。前面所说的不动产担保和动产担保皆属于固定担保。在固定担保下，担保人在没有解除担保责任或者得到担保受益人的同意之前，不能出售或者以其他形式处置该项资产。如果置于固定担保下的资产属于生产性资产，则担保人只能根据担保协议的规定对该项资产进行正常的生产性使用；如果担保资产是不动产或银行存款，则担保人原则上是无权使用该项资产的，当借款方违约或者项目失败时，贷款方一般只能从这些担保物受偿。

（2）浮动担保

浮动担保是指债务人（借款人）以自己的全部资产作为担保物而设立的担保，以保证债务的清偿。浮动担保在融资担保中得到广泛应用，是因为它能够让债务人充分自由地处分已作为担保物的财产，同时又能维护债权人的权益。如贷款银行对项目公司银行账户的控制，但一般情况下，项目公司的银行账户由第三方托管。由于浮动担保损害了债务人的其他债权人的利益，因此可以对浮动担保采取相应的限制措施。例如，法国就规定公司的存货与应收账目不得列入该公司担保的范围之内；又如，浮动担保的发源地英国缩小了采用浮动担保的范围，规定只有股权式企业才能采用浮动担保，除此以外的任何个人或合伙组织均不得采用浮动担保。

11.4.2 信用担保

信用担保是指担保人以自己的资信向债权人保证对债务人履行偿债义务承担责任的承诺。

1. 完工担保

完工担保主要是针对项目完工风险所设立的，担保人在一定时间内（通常为项目建设期和试生产、试运行期）承担项目成本超支、工期延误甚至项目失败的责任，即在这段时间内，担保人对贷款银行承担全面追索的经济责任，直至项目达到商业完工标准。从本质上讲，完工担保人承担的是成本超支的财务风险，是一种有限责任的直接担保形式。完工担保的风险包括：由于工程或技术上的原因造成的项目延期完工或成本超支；由于外部纠纷或其他外部因素造成的项目延期完工或成本超支；由于上述任何原因造成的项目停建以致最终放弃项目。项目完工担保主要由项目投资者和工程承包公司或保险公司提供。

（1）由项目投资者提供的完工担保

项目投资者最关心的是项目能否按预定计划完成，否则其先期投入的股本资金将会灭失，所以投资者提供完工担保是贷款银行最容易接受的一种方式。在项目融资结构中，完工担保可以是一个独立协议，也可以是贷款协议的一个组成部分。完工担保通常包含完工担保的责任、完工担保的义务及保证项目投资者履行担保义务的措施三方面的基本内容。

（2）由工程承包公司或保险公司提供的完工担保

由工程承包公司或保险公司提供完工担保，实质上是项目投资者将部分或全部完工风险转移给工程承包公司，因此从某种程度上减轻了项目投资者在完工担保方面所承担的压力。其完工风险转移的方式有两种：一种是与工程承包公司签订固定价格的承包合同；另一种是要求工程承包公司提供工程担保。常见的工程担保有履约担保、预付款担保、保留金担保和缺陷责任担保。为了不影响工程承包公司的履约能力，上述工程担保通常是由工程承包公司通过金融机构提供的，具体表现形式为金融机构开出的银行保函或备用信用证。

2. 资金缺额担保

对贷款银行来说，项目完工担保主要是化解项目建设和试生产、试运行阶段的风险。那么在项目运行阶段，如果出现项目公司收入不足，无法支付生产成本和偿付到期债务的情况，贷款银行又如何化解此类风险呢？

在项目融资中，化解此类风险的方法是采用项目资金缺额担保，又称现金流量缺额担保。资金缺额担保是一种在担保金额上有所限制的直接担保，担保金额在项目融资中没有统一的标准，一般取为该项目年正常运行费用总额的 25%~75%，主要取决于贷款银行对项目风险的认识和判断。项目年正常运行费用应至少考虑三方面的内容：日常生产经营性开支；必要的大修、更新改造等资本性开支；若有项目贷款，还有到期债务利息和本金的偿还等。

实践中，资金缺额担保常采用的形式有项目投资者提供担保存款或以贷款银行为受益人的备用信用证、建立留置基金和由投资者提供对项目最小净现金流量的担保三种。

11.4.3 其他担保形式

1. 准担保交易

在项目融资中，除了上述各种担保形式外，还有许多类似担保的交易。这些交易一般在法律上被排除在物权担保范围之外，而被视为贸易交易。但由于这些交易的经济效果类似物权担保，而且在很大程度上是为了规避物权担保法的限制而进行的，故也应归为广义的担保范围内。常用的准担保交易包括融资租赁、出售和租赁回购及所有权保留，应根据实际情况选择适合的担保方式。

2. 东道国政府支持

东道国政府在项目融资中所起的作用是非常重要的。在许多情况下，东道国政府颁发的开发、运营特许权和执照是项目开发的前提。虽然东道国政府一般不以借款人或项目公司股东的身份直接参与项目融资，但可能通过代理机构进行权益投资，或者是项目产品的最大买主或用户。在我国，一些项目，特别是基本建设项目，如公路、机场、地铁等尤其如此。我国政府将参与项目的规划、融资、建设和运营各个阶段。BOT 项目就是一个典型，在项目运营一定时期后，由政府部门接管该项目。

对于其他项目，政府的支持可能是间接的，但对项目的成功仍至关重要。例如，自然资源开发和收费交通项目均需要得到政府的特许。在多数国家，能源、交通、土地、通信等资源均为国家所有，而这些资源是任何项目成功所必不可少的，因此，只有得到东道国政府的支持，才能保证项目顺利进行。

3. 消极担保条款

所谓消极担保条款，是指借款方向贷款方承诺，将限制在自己的资产上设立有利于其他债权人的物权担保。消极担保条款是融资协议中的一项重要条款，一般表述为：只要在融资协议下尚有未偿还的贷款，借款人不得在其现在或将来的资产、收入或官方国际储备上为其他外债设定任何财产留置权，除非借款人立即使其融资协议下所有的未偿债务得到平等的、按比例的担保，或这种其他的担保已经得到贷款人的同意。

11.5 项目担保的法律文件

11.5.1 基本文件

1. 一般性文件

1）政府的项目特许经营协议和其他许可证。

2）建设工程合同，是承包人进行工程建设、发包人支付价款的合同。建设工程合同包括工程勘察、设计、施工合同。

3）项目担保合同，包括抵押合同、质押合同和其他具有担保功能的合同。担保合同是主债权债务合同的从合同，通常若主债权债务合同是无效的，担保合同也无效。

4）各种供应协议，包括原材料供应协议、能源供应协议及产品设备购买协议等与建设项目所需的资源相关的协议。

5）保证合同，是为保障债权的实现，保证人和债权人约定，当债务人不履行到期债务或者发生当事人约定的情形时，保证人履行债务或者承担责任的合同。保证合同可以是单独订立的书面合同，也可以是主债权债务合同中的保证条款。保证的范围包括主债权及其利息、违约金、损害赔偿金和实现债权的费用。

6）项目经营协议。

7）运输合同，是承运人将旅客或者货物从起运地点运输到约定地点，旅客、托运人或者收货人支付票款或者运输费用的合同。

2. 融资文件

1）借款合同，是借款人向贷款人借款，到期返还借款并支付利息的合同。借款合同的内容一般包括借款种类、币种、用途、数额、利率、期限和还款方式等条款。

2）融资租赁合同，是出租人根据承租人对出卖人、租赁物的选择，向出卖人购买租赁物，提供给承租人使用，承租人支付租金的合同。融资租赁合同的内容一般包括租赁物的名称、数量、规格、技术性能、检验方法，租赁期限，租金构成及其支付期限和方式、币种，租赁期限届满租赁物的归属等条款。

3）保理合同，是应收账款债权人将现有的或者将有的应收账款转让给保理人，保理人提供资金融通、应收账款管理或者催收、应收账款债务人付款担保等服务的合同。

11.5.2　主要条款

在工程项目担保中，担保合同的内容包括：被担保债权的种类和数额；债务人履行债务的期限；担保物的名称、数量等情况；担保的范围。以贷款担保为例，其担保合同的主要条款包括以下内容：

1. 对价条款

以贷款担保为例，担保中的对价是贷款人给予借款人贷款，即担保人通过为借款人提供担保所得到的回报是贷款人向借款人提供贷款。在担保书中，对价一般以这样的条款来表达："贷款人向借款人提供贷款的前提是担保人出具担保书。"

在不同的国家，对对价条款的重视程度有所不同。在英国，对价是适用于一切合同的基本原则，是否有对价是合同生效的前提；在我国，企业的对外融资也是如此，即必须具备对价条款。

2. 担保责任

在项目融资中，融资金额较大，借款担保通常是两个以上担保人，因此必须在担保合同中明确各担保人的责任。通常的担保责任包括各个担保责任、共同担保责任及个别和共同担保责任。在个别和共同担保责任下，如果借款人违约，贷款人可以向所有担保人提出清偿要求，也可以向担保人中的任何一个提出清偿要求；同时，在向一个担保人提出清偿要求未能被满足时，还可以向其他担保人提出清偿要求。个别和共同担保责任因综合了两种担保责任的优点而被广泛地采用。

3. 担保条件

在担保合同中，一般会有这样的条款：本担保书是无条件的、不可撤销的，或本担保人无条件地、不可撤销地保证等。这些都属于担保条件。其中，“无条件”是指如果借款人违约，贷款人在没有用尽一切补救措施向借款人要求清偿规定的情况下，就可要求担保人履行担保义务。“不可撤销”是指未经贷款人（担保受益人）的同意，担保人不得解除担保合同。担保条件确立了担保合同的独立性，因而使担保人承担的义务不因贷款合同的变化而受影响。担保条件还明确了贷款人对担保人的立即追索权，即借款人如果出现违约行为，贷款人可直接向担保人要求清偿。

4. 延续担保

这一条款可使贷款人在借款的全部债务未完全清偿之前，经担保人同意，不将部分或全部解除担保责任。在担保合同中，通常是这样规定的：“本担保合同是延续不断的担保，直到借款人清偿完毕所有贷款合同项下的贷款及其利息、费用为止。”延续担保可使贷款人避免因担保合同期满而无法向担保人索付，从而保障了贷款人的合法权益。

5. 见索即付

见索即付是指一旦贷款人向担保人提出付款指示，担保人就必须立即付款。见索即付在担保合同中通常表示为：“本担保人在收到代理行发出的书面索付通知书的数日内，向代理行支付本协议项下的担保金及利息、费用。”这一条款的作用是：在担保人采取任何诉讼或其他手段对借款人或任何其他人采取行动之前，担保人的义务已履行，一经代理行提出要求，担保人必须立即通过代理行向贷款人赔偿相应的费用或损失。

6. 延期、修改及和解

担保合同中，贷款人和借款人就延长借款清偿期限达成协议或对贷款协议做出实质性修改，以及贷款人与借款人达成的某种和解，均需经过担保人同意，否则担保人的担保义务将自动免除。

7. 适用法律及司法管辖

这是指担保合同选择什么法律作为适用法。例如，本合同适用于英国法。在司法管辖方面，一般选择与适用法相关联的法院作为管辖法院，再就是确定诉讼代理人。

8. 税收费用

一般情况下，担保人在合同中均承诺，担保人将通过代理行补偿贷款人因执行担保合同而发生的费用，贷款人可获得无任何抵扣的、足额的收益。

11.5.3 特许权

特许权是项目融资中政府对项目的投资者所授予的特定权利。以 BOT 融资方式为例，就是在确定了项目发展商的条件下，政府与其经过对项目的技术、经济、法律等多方面谈判后所形成的各类法律文件。

1. 授权法律

授权法律是政府就某一工程项目的建设、经营而制定的专门法律。它明确了发展商在专营期内对项目的建设、经营、转让所具有的法定权利和义务，为保证项目资金筹措和工程建设的顺利进行提供了基础。具体来说，授权法律一般包括总则、授予工程项目开始的权利、专营权和其他特许权、项目的建设及项目的经营与转让等方面的内容。

2. 特许权协议

特许权协议是政府和项目发展商在授权法律的指导下，就项目的建设、经营和转让而签订的明确双方权利和义务的法律文件，是在保证政府应有权益的前提下，向财团法人业主授予充分权利的协议。一般情况下，特许权协议包括项目建设方面有关设计责任、建设时间、建设责任及项目建设完成度等方面的规定内容，涉及保险保证金以及政府责任公司安排财务制度等的约定。

11.5.4　许可权

在许多情况下，项目所在国或所在地政府会依照一定法规向项目颁发其开发、营运的营业执照和许可证，这是项目的基础。当一定情况发生时，政府会依照法规所赋予的权利，撤销对项目颁发的许可证。

在工程项目融资时，贷款人可能遇到风险，不只是任何与特定贷款人相关的借款人的过失可能造成许可证的被撤回，而且合资中的任何其他方的过失也可能导致许可证被撤销。同时，即使项目进展顺利，发生在同一特许地区的不相关的违约情况也可能损害本项目的特许权。另外，许可证本身可能要求许可人承担实质性责任，并要求受许可人限期履行这些责任，否则将视为违约或撤销许可证。

在工程项目融资中，贷款人可寻求项目所在国或所在地区政府许可或支持的范围包括：政府对项目融资的批准；政府对项目发展计划的批准；政府保证不对项目的生产或资源的耗减施加不利于项目现金流量的直接或间接控制等。

本章小结

本章主要介绍了与工程项目融资担保有关的内容，包括担保的基本概念、项目担保人及担保的范围和类型，并且简单介绍了一些与担保相关的法律文件。

复习题

1. 简述担保的基本概念。
2. 简述商业担保人的含义。
3. 简述担保的范围和类型。
4. 什么是浮动担保？
5. 什么是信用担保？其主要形式有哪些？
6. 完工担保一般包含哪些内容？

第 11 章练习题

扫码进入在线答题小程序，完成答题后可获取答案及其解析

第12章 国内外工程项目融资案例

本章重难点

重点介绍国内外大型基础设施项目融资模式的案例分析，其中国内案例中选取了港珠澳大桥前期融资模式案例和北京大兴国际机场项目的项目融资案例等进行分析；难点在于分析港珠澳大桥进行融资决策时面临的问题及影响因素。

12.1 基础设施建设概况

基础设施建设的目的围绕改善社会经济和保护环境两方面。在20世纪70年代之前，基础设施产业的建设往往由政府垄断，随后的经营也是由政府操办。20世纪后期，各国政府更是加大了基础设施建设的资金投入，使得各国的基础设施建设取得了前所未有的成就，形成了逐渐成熟的建设体系。其中，随着项目难度的增大，加上各国面临不同的经济问题，之前由政府单独投资的项目开始融入私有资本等新鲜血液，拉开了融资多样性的序幕。在美国开发西部初期，联邦政府及各个州政府着重发展交通行业，通过政府给予财政上的大力支持和对铁路公司的优惠政策，修建了铁路；在水利建设中，美国政府也投入了巨额资金来建设浩大的水利工程。在加拿大，政府高度重视基础设施的建设，其中的公共交通设施有公共汽车、无轨电车、“海上巴士”及“天铁”等多种方式。由于地广人稀且高楼稀少，“天铁”这一方式显示了其独特的优越性，如造价低廉、工期较短、管理便捷等。

12.2 项目融资的发展概况

项目融资的雏形始于20世纪30年代，通过项目工程本身的开发、建设及运营，以项目产生的净现金流量作为还款来源，并将项目资产作为抵押，担保以项目的未来收益和资产作为偿还贷款的资金来源和安全保障。近年来，这一方式在石油、天然气、煤炭、铜、铅和一些大型项目建设中得到广泛而成功的运用；而到了20世纪80年代初期，发展中国家基础设施建设项目开始使用项目融资。政府一味地投资使得基础设施建设的资金使用效率较低，随着经济日益发展和人们生活日益富足，对基础设施建设的需求越来越大，而此时政府也面临着财政紧缩等问题，对很多项目的投资显得力不从心。同时，西方发达国家的国有企业不断私有化，使基础设施建设部门的处境更为尴尬。此时政府规划理论的兴起，促进了企业间的竞争活力，在保证政府对这些项目拥有一定控制权的前提下，利用了市场中的竞争关系。

12.3 国内大型基础设施项目融资模式案例分析

12.3.1 案例一：港珠澳大桥前期融资模式

1. 项目简介

港珠澳大桥是我国连接香港、珠海和澳门的特大型桥梁隧道结合工程。它东起香港国际机场附近的香港口岸人工岛，向西横跨南海伶仃洋水域接珠海和澳门人工岛，止于珠海洪湾立交。桥隧全长 55km，其中主桥 29.6km，香港口岸至珠澳口岸 41.6km；桥面为双向六车道高速公路，设计速度 100km/h。工程项目总投资额约为 1269 亿元。

1983 年，时任合和实业主席、人称“桥王”的香港富商胡应湘率先提出兴建连接香港与珠海的伶仃洋大桥（港珠澳大桥前身）的大胆方案。此后，因各方利益冲突、香港主权问题、广深珠等地的逐步崛起，方案直至 2003 年年底才正式开始筹划研究。2005 年，基本确定工程方案，西岸着陆点为珠海拱北和澳门明珠，东岸着陆点为香港大屿山西北的散石湾。2006 年，粤、港、澳三方商定大桥采用“三地三检”模式。该桥通车后，由香港开车到珠海或澳门，只需要 15~20min（行船需 1h），有助吸引香港投资者到珠江三角洲西岸投资，并可促进港、珠、澳三地的旅游业。2008 年 7 月 29 日，为加快兴建港珠澳大桥项目进度，粤、港、澳三地政府考虑由企业投资改为政府出资，以收费还贷的方式建设项目。

2008 年 4 月 8 日，经粤、港、澳三地政府批准，港珠澳大桥主桥项目贷款牵头行揭晓：中国银行获聘该项目唯一牵头行。这标志着港珠澳项目开工建设前最重要环节之一的融资圆满解决。

2. 可供选择的融资模式

港珠澳大桥是典型的大型公共基础设施工程。其融资决策主要需要解决两个问题：一是项目资金的来源；二是项目融资模式的选择。

公共基础设施工程项目融资的主体一般为政府机关，结合项目工程的复杂程度和资金需求，一般可以选择的融资模式有以下几种：

1）BOT 模式。BOT 模式是政府或代表政府的授权机构通过特许权协议，将特定项目的建设及特许期内的经营权授予私人资本设立的项目公司或私人资本与国有资本共同设立的项目公司，由项目公司负责项目的投融资、建设、运营和维护。在政府资金短缺的情况下，BOT 模式可以引入私人资本参与公共基础设施项目，近年来在世界各发达国家和发展中国家通用且取得了良好的成果，是一种先进模式。但该模式事先需先确立明确的政府与投资主体的风险分担机制、明确政府支持政策协议及较高的建设管理与运营风险，并且在国内现行的法律体系框架内运行存在法律障碍。BOT 模式在港珠澳大桥融资模式中曾是最被看好的融资模式。合作融资模式即由三地政府成立一个合作企业，全面负责大桥的投资、建设以及运营，三地政府按照平均持有股份或自愿认购股份，并为其认购股份筹集相应资金，当经营期满后，政府无偿收回项目的经营权（包括收费权）。合作融资模式有明确的法律支撑，但由于该模式的全部投资均需由三地政府筹措，并且所有风险全部由政府承担，容易给政府造成较大的财政负担与风险。

2）PPP 模式。PPP 模式是政府与私人投资者通过某种方式共同投资，项目的建设资金来源于政府和私人投资者，并由政府和私人投资者分别承担项目投资风险的模式。在当时的法律环境下，PPP 模式只能在 BOT 模式或者合作项目公司模式的框架内进行创新。

项目在以上融资模式中选择，既包含了对资金来源的考虑，也包含了对融资模式本身的选择，因而整个港珠澳大桥项目融资决策的重点环节就是对融资模式的选择。

3. 融资决策影响因素分析

港珠澳大桥进行融资决策时，面临的主要问题有以下几方面：

（1）融资额巨大

由于港珠澳大桥地处特殊地理位置，工程投资巨大，依据工程投资建设费用及收费收入，工程项目的财务状况不理想，因此仅靠项目车辆通行费收入是难以吸引社会资金的。这给融资模式的选择带来了很大的法律障碍。由于港珠澳大桥涉及“一国两制”的特殊背景，工程具有跨境性质，这将牵扯一系列的法律问题。特别是，基于基本法的规定，香港及澳门地区实行特殊法律制度，因此在融资模式的制定与选择过程中需同步开展方案的法律可行性研究，并将其作为融资方案综合评价的重要性因素。另外，在我国当时的法律框架下，难以满足 BOT 融资模式涉及的众多当事人权利、义务的法律需要，并且该模式在投资回报率担保、外汇担保、收费标准等方面也突显了诸多法律障碍。

（2）公共工程融资理念差别

由于粤、港、澳三地在社会、经济、法律环境及基础设施建设管理模式上的差异，三地政府在大型公共工程融资理念和模式选择上存在着不同的观点。基于建设管理经验，香港和澳门倾向于采用 BOT 模式。该模式一方面可弥补港珠澳大桥投资巨大带来的建设资金不足，减轻政府财政负担；另一方面也有利于以利益驱动机制提高大桥建设的效率和生产力，提高项目管理水平。但就国内工程建设管理实践而言，多采用政府投资，BOT 模式则较少。

（3）三地政府责任分摊

由于三地共同投资建设，因此在确定融资模式的同时，还要确定粤、港、澳三地的投资责任分摊比例问题。如何进行比例划分，如何制定具体的融资实施方案，将是十分复杂的问题。

由以上几个特别的问题可以看出，港珠澳大桥融资决策已经不再是对已有模式的评价和选择问题，还需要针对工程建设需求在法律框架下寻求新的解决办法。对于港珠澳大桥而言，融资模式与建设管理模式及运营管理有着直接的紧密关系，并且融资模式选择本身需要综合考虑建设管理及运营管理中的诸多问题。由于港珠澳大桥跨界的性质，上述诸多问题需要在三地法律法规框架内进行。

因此，港珠澳大桥融资模式决策的影响因素分析主要是对港珠澳大桥的运营管理模式和融资决策涉及的法律事项进行分析与归纳。具体来说，包括以下方面的内容：

1）项目范围的确定。港珠澳大桥由三地合作兴建，其投资范围及合作方式的不同将会涉及不同的法律事项。因此，从物理上划分港珠澳大桥项目的建设范围，确定不同范围内的建设方式，是具体法律问题研究的基础，也是融资决策中需要首先解决的问题。

2）三地备忘录。不同的融资模式，其政府间备忘录签署的必要性、紧迫性和所涵盖的内容将有所区别，所涉及的法律事项也将有所不同，并且三地政府协调的难度与有效性也是融资决策的重要影响因素。

3）三地政府间协调决策机构。三地政府间协调决策机构的设立需要考虑三地法律所允许的机构组织形式、权力来源、权力范围、职责、议事规则和三地相关主管部门的关系安排等。采用不同的融资模式，可能对三地政府间协调决策机构的职责范围等要求有所区别。

4）口岸布设模式和管辖权移交。在方案制定的过程中，需要考虑由于口岸布设方式不同带来的部分桥面管辖权移交和移交方式等法律问题，包括管辖权移交与接受需经过的立法程序，移交管辖权的地理范围和时间范围，移交管辖权的权力范围，移交管辖权与建设、维护标准的关联等问题。该方面内容是融资方案实施中的重要组成部分。

5）项目公司设立地。项目公司是最终以其名义投资、建设、经营港珠澳大桥的企业，该企业可以由政府或私人投资者设立，也可以由政府及私人投资者共同投资设立。项目公司设立地实行不同的法律制度，将对项目公司的设立、经营行为等产生不同影响。三地政府需根据已确定的项目投资方位考虑如何设立项目公司。

6）招标适用法律。港珠澳大桥项目投资设计建设的招标主要包括对私人投资者的招标，选择工程勘察、设计机构的招标，对项目施工总承包的招标，购买建设项目所需设备的招标等。根据对香港、澳门的调研中香港、澳门地区政府的答复，以两地政府名义进行的招标可以按我国全国性法律进行。

7）税收。港珠澳大桥项目涉及的主要税收问题，在建设期主要是承建商及其他设计、勘察、中介等机构就其从项目获得收入是否需要划分为来源或产生于三地的收入，在需要划分的情况下如何划分；在运营期主要是项目公司就港珠澳大桥项目取得车辆通行费收入是否需要划分为来源或产生于三地的收入，在需要划分的情况下如何划分，以及车辆通行费收入划分原则与收费点设立地的关系。

8）外汇。内地实行严格的外汇管制，如项目公司设立在内地，涉及的外汇问题主要是项目公司偿还投资、贷款本金能否退还成外币并自由汇出，以及日常业务需要在境外支付的经常性外汇资金、贷款利益和投资股利是否方便获得及汇出，包括收取的通行费涉及的外汇管理问题，均需严格按照有关法律法规处理。

9）车流量问题。就港珠澳大桥而言，车流量受到可在三地或两地间出入境通行的车辆配额的限制。目前，部分车辆同时办有香港—内地车牌或澳门—内地车牌，但其配额数量极为有限。如果不改变配额数量，将严重影响大桥的车流量，降低投资回报率。因此，对两地车牌发放原则及其配额决定原则进行约定，增强项目的市场融资能力，是三地政府需要解决的问题。

10）与特许权协议相关的事项。与特许权协议相关的问题仅在 BOT 和 PPP 融资模式下可能出现，需要考虑的相关事项包括特许权协议的签署主体、签署方式、适用法律等。由于港珠澳大桥的特殊性，该问题的解决无先例可循，因此若需采用上述两种方式，应尽早开展研究。

11）港珠澳大桥是否需要单项立法。由于港珠澳大桥多方面的特殊性，基于基本法的规定，香港及澳门地区实行特殊法律制度，可预见有较多问题需要面对。虽然可通过三地备忘录形式确定问题的基本解决原则，但是三地备忘录并不具有法律强制力，因此可考虑制定适用于港珠澳大桥的单行法规。如果接受此类建议，则三地政府需要分别考虑是否通过本地的立法程序，将三地备忘录在本地区实行的内容通过立法赋予法律效力。考虑到制定法律或地方规定的程序和时间，三地政府应就此尽早开展研究。

4. 融资决策理论框架在本案例中的运用

（1）决策目标

港珠澳大桥融资决策的目标是选择最能够实现社会公平和效率的经济性融资方式。该决策目标是确定决策原则，以支撑决策主体进行影响因素分析和评价选择时评价指标的选取和评价标准的制定。

（2）影响因素

港珠澳大桥为大型公共项目，且具有跨境的特殊性质，因此其融资决策的主要影响因素为大桥的运营模式和涉及的相关法律条件。

（3）融资方案

港珠澳大桥最终确定了五个可供选择的融资方案。每个方案的内容包括项目投资责任划分、项目公司组建、建设和运营管理模式、三地政府协调方式四个方面。方案的制定基于前期的准备工作和各重要影响因素的分析。

（4）评价指标

港珠澳大桥融资决策确定了前期准备时间、投资人选择难度、政府财政风险及监管成本、建设阶段协调难度、法律约束等评价指标。评价标准基于决策目标——实现社会公平和效率所确定的决策原则确定。

5. 其他

此外，港珠澳大桥在进行融资决策的过程中，还有以下几点启示和猜想：

（1）融资目标对融资决策的影响

港珠澳大桥是大型公共工程，在进行融资决策时，决策主体是政府而非企业。对于政府而言，融资决策的目标不再是收益最大化，而更多的是考虑项目能实现的社会公平和效率。因融资目标的不同，港珠澳大桥进行融资决策时，尤其是在方案的评价和选择过程中，其选择的评价指标和标准会与企业有所不同。所以，港珠澳大桥放弃了一致看好的 BOT 和 PPP 模式。因为这两种方式虽然可以引入私人投资者，增加项目的创新能力和服务水平，但在私人投资者考虑项目自偿性为首要因素的前提下，BOT 和 PPP 模式不一定能够实现政府融资的目标期望——公平和效率。以港珠澳大桥为例，BOT 模式不可避免地会涉及特许权协议的问题，由于该项目的投资回报不理想，私人投资者为了收回投资和取得回报，极有可能令项目的收费时限达到 50 年，而这与政府实现大桥公平和效率的目标是不契合的。

（2）决策者对融资决策的影响

对于港珠澳大桥而言，虽然项目成本高达 1269 亿元，投资回报也不理想，但是，具有如此宏大的战略意义的公共项目，政府完全可以运用行政裁量权，提供私人投资者参与公共建设的诱因，提供关联产品的生产与经营权等方式，使私人投资者有利可图。这种相应的补偿机制在很多 PPP 模式的运营中使公共项目的低收益“天性”得以弥补。因此，在港珠澳大桥工程项目的融资中，政府仅从经济回报的角度而“放弃”私人投资者并不完全成立。在案例中，融资模式选择的关键决定因素还在决策主体——政府。

12.3.2 案例二：北京大兴国际机场项目的项目融资分析

1. 资金结构

北京大兴国际机场工程总投资 799 亿元，资本金占总投资的 50%。其中，民航局安排民航发展基金 180 亿元，首都机场集团公司安排自有资金 60 亿元，并积极吸引社会资本参与，不足部分由国家发改委和财政部按同比例安排中央预算内投资和国有资本经营预算资金解决，资本金以外投资由首都机场集团公司通过银行贷款等多元化渠道融资解决。同时，空管工程总投资 41.6 亿元，由民航局安排民航发展基金解决；供油工程机场场区内项目投资 22 亿元，资本金按 35%的比例安排，由首都机场集团公司和中国航空油料集团公司组建的合资公司安排自有资金投入，资本金以外投资由该合资公司利用银行贷款解决。

2. 融资模式（PPP 模式）的基本合作关系

PPP 模式是多方通过合作实现共赢的有效机制，具有参与主体众多、法律关系复杂的特点。因此，在具体项目操作中，政府、社会资本方、金融机构、咨询机构及其他参与方均需明确各自的角色定位和职能分工，从而实现真正的共赢。

1）大兴机场线 PPP 项目引入社会资本的操作模式。大兴机场线一期工程项目总投资约人民币 292.63 亿元，建设内容分 A、B 两部分，A 部分投资额约占项目总投资的 40%，B 部分投资额约占项目总投资的 60%。A 部分由北京市基础设施投资有限公司（简称京投公司）负责投资建设，B 部分引入社会资本投资建设，采用政府和社会资本合作（PPP）模式，资本金比例占 40%，债务融资比例占 60%。该项目实施机构为北京市交通委员会，由北京市基础设施投资有限公司（政府出资人代表）与社会投资人共同组建项目公司进行特许经营，如图 12-1 所示。项目特许期分为建设期和特许经营期，建设期约 35 个月（从 2016 年 11 月 1 日至 2019 年 9 月 19 日），特许经营期从全线贯通试运营日（2019 年 9 月 20 日）起，期限为 30 年。项目公司履行项目法人职责，负责 B 部分的投资、建设和特许经营期内权限的运营。京投公司持有项目公司 2%的股权，其余股权由社会投资人持有。项目公司与大兴机场线公司签订资产租赁协议，取得 A 部分资产的使用权。特许经营期结束时，项目公司将新大兴机场轨道线（含 A、B 部分）设施完好无偿地移交给大兴机场线公司或市政府指定部门。该项目的实施方式是政府与中标人建立的“利益共享、风险共担、全程合作”的共同体关系，可减轻政府的财政负担，减小社会主体的投资风险。

2）社会资本方之间的合作关系。大兴机场线是北京轨道交通工程当时规模最大的社会化引资项目，其 PPP 模式市场化程度比传统轨道交通行业 PPP 模式更高，主要采用“大

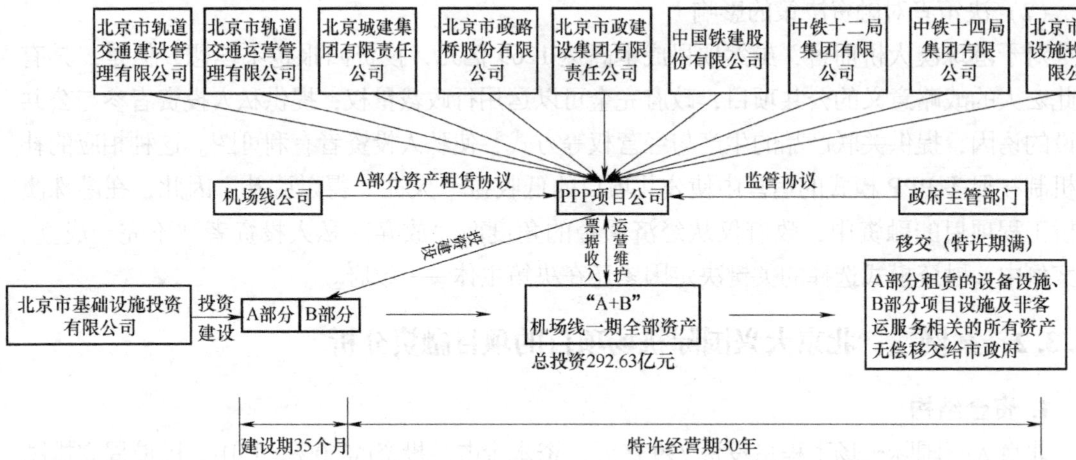

图 12-1 北京大兴机场线 PPP 融资结构

PPP”模式。所谓“大 PPP”模式，是指社会资本在原有“设备+运营”合作范围的基础上，加入土建施工部分。在这种模式下，项目更加复杂，对资金和技术的要求也较高，单靠一家的力量难以顺利完成，因此在招标阶段允许以联合体的方式参与竞标。在联合体成员中，有运营强项的公司、有建设管理强项的公司、有施工强项的公司，通过社会资本方之间的良好合作，以“建筑集团+建设、运营企业”的社会资本组合模式，以建设管理经验丰富的北京市轨道交通建设管理有限公司作为牵头人统筹建设和运营，集中联合体各方的优势，通过精诚合作，最终高质量、高水平地完成项目的运作。

3）政府方与项目公司的合作关系。主要包括以下几个方面：

① 权责清晰的特许协议。根据《北京市城市基础设施特许经营条例》的规定，并根据经北京市政府批准的《北京市轨道交通新大兴机场线引入社会资本项目实施方案》，北京市交通委员会代表市政府与项目公司签订《新大兴机场轨道线社会化引资项目特许协议》（简称《特许协议》）。除《特许协议》正文外，主要附件包括《股东协议》《资产租赁协议》《公司章程》《建设监管第三方协议》《仲裁协议》等。通过一系列法律文件，明确了政府、社会资本方和项目公司各主体在大兴机场轨道线投资、建设、运营过程中的权利和义务，为项目落地提供了规范化、法制化的运作环境。

② 合理共担风险的回报机制。上述 PPP 项目的回报机制为基于车公里补贴模式的可行性缺口补助。车公里补贴模式是指以车公里服务费及协议车公里数作为基础指标所构建的项目财务模式，包括项目票务收入、非客运服务收益、定价和调价，以及相关风险处置的各种机制安排的总和。其优势如下：

首先，从政府监管的角度来看，车公里补贴模式可更好地体现项目运营情况，可与成本监审等政府监管措施有机衔接。

其次，从风险把控的角度来看，车公里指标本身可预测性强，可承载较大幅度的客流变化，指标稳定，可有效和显著地降低客流预测不确定性对政府和项目公司双方风险的影响。

最后，从项目收益的角度来看，车公里模式补贴总额相对较客流模式略小，支付流程较客流计价模式更为平稳。稳定的模式在项目开通初期有利于促进客流持续发展并维持良好的客运服务水平，使政府与社会资本方取得双赢。

鉴于车公里补贴模式的特点和优势，大兴机场线项目采取该模式建立投资回报机制，充分体现了政府与社会资本人“风险共担、利益共享”的合作机制，响应了政府购买公共服务的 PPP 理念。依托列车运营里程（车公里）指标，从政府购买服务角度构建补贴机制，突出了政府对项目公司提供轨交数量和服务水平的要求。

4）政府出资人代表与项目公司的合作关系。在 PPP 项目中，政府通过股权出资，不仅能获得投资回报，而且可凭借股东身份对项目公司的实际运营实施监管和引导。在现有法律政策框架下，大兴机场线 PPP 项目的政府出资人代表为京投公司，其在项目公司的占股比为 2%。公司章程规定，董事长由京投公司推荐，且京投公司推荐董事在董事会重大事项的表决中拥有“一票否决”权。京投公司是政府的实施主体，其本身作为股东可参与公司内部的决策，可对项目运营实施有效监管，特许经营期结束后也有利于项目的直接交接，可有效解决可能发生的监管不到位、交接混乱等问题。

5）项目公司与金融机构的合作关系。大兴机场线 PPP 项目资本金占比 40%，债务融资占比 60%。由于贷款金额大、期限长，项目采用银团贷款方式，由多家银行参与组成的银行集团通过同一贷款协议，项目公司按约定的条件获得融资贷款，能获得优惠的贷款条件和大额资金支持，得益于大兴机场线的发展前景和项目公司的积极运作。随着市场利率持续上升，信贷环境趋于紧张，项目公司为控制自身融资成本并实现银企双方共赢，持续加强与各银行的沟通交流，多次组织贷款银行与其他金融服务机构进行现场勘察，并对运营期的广告投放、自助银行及发放联名信用卡等商业合作模式进行深入探讨交流，降低了融资成本。

3. PPP 模式下的多目标多利益方协作平台

项目公司在与北京市交通委员会签订的《特许协议》法律框架下，负责大兴机场线一期 B 部分从投融资到建设、运营的全过程管理，立足“特许协议履约主体、业主责任融资平台、公共服务统筹平台、股东收益协作平台”四大职能定位，明确为项目的实施者和运行者，成为政府方、社会资本方等各方为完成大兴机场线 PPP 项目有效运作的“特别目标载体”。项目公司作为特许经营期的经营主体，搭建 PPP 模式下的多目标多利益方的良好协作平台，可做好各方关系的桥梁与纽带，找到与各方之间的合作模式，寻求解决问题的有效途径，突破既有惯性思维，协调各方之间的利益，努力找到平衡点。

（1）多方协作的工程调度平台

大兴机场线建设期约 35 个月，土建工程体量大，施工组织及施工工艺十分复杂；各类风险工程的施工难度及安全要求较高；设备招标、采购、安装、调试周期长；项目验收、全线试运行、运营人员培训等工作众多。因此，在工程复杂、交叉施工及接口多、工期异常紧张的情况下，如何处理好各社会投资人之间的关系，搭建合作共赢的工程调度平台，建立良好顺畅的沟通机制，确保工程顺利推进，是该 PPP 项目面临的巨大挑战。

1）发挥股东优势，明确分工与协作。项目公司委托轨道交通建设管理经验丰富的北京市轨道交通建设管理有限公司负责从施工图设计至工程竣工的全过程管理。北京市轨道交通运营管理有限公司牵头做好工程筹划工作，将规划方案、征地拆迁、高压线改移、盾构机制造、穿越铁路等难点问题进行分解，并将具体工作安排分配至各参建单位，同时及时与北京市交通委员会、市重大办等各委办、各区政府，以及电力、自来水、热力、燃气等各产权单位沟通对接，为全面进场开工创造了良好的开局。北京城建集团有限责任公司充分发挥多年来在轨道交通勘察、设计、施工管理及大型场馆建设等方面积累的成功经验；北京市政路桥股份有限公司发挥道路桥梁等市政工程施工优势及建设施工管理经验；中国铁建股份有限公司充分发挥多年铁路建设经验。三家集团均有丰富的地铁建设经验，在分配施工任务时充分考虑和利用各自的优势，分别成立工程建设指挥部，建立联合作战指挥体系，切实保障了工程高质量、高水平如期完成。

2）工期协调联动机制。联合体各成员经认真研究并综合各方意见，对项目建设的工程管理机制、开工条件落实、工程管理措施、工程方案优化、新技术应用、系统功能完善、设备技术优化、科学研究等多方面有独特合理的思路和安排。例如，联合体构建了大兴机场线工程管理前期协调保障机构，发挥其在北京市，尤其是在丰台区、大兴区的建设管理和施工管理地域优势，依靠政府相关部门和单位加强与大兴机场线公司的沟通配合，积极配合大兴机场线公司开展A部分前期工作，配合与冀北超高压公司和北京电力公司协调，促成拆迁占地及输变电高压线改移，推进了大兴机场线各工点顺利按期进场施工，为大兴国际机场线按期通车运营提供了保障。

3）提前开展运营筹备工作。项目公司牵头提前开展运营筹备，作为股东之一的北京市轨道交通运营管理有限公司积极配合支持运营筹备工作，发挥其建设运营一体化输出的优势。作为多年多条线路的建设者，该公司对设备系统和设施系统的可靠性、可用性、安全性、可维修性均较熟悉，从建设管理到运营管理的转变更具人才优势、研发优势、培训优势和信息化优势等运营管理特色化优势。

（2）业主责任融资平台

项目公司肩负项目业主的法定责任，特别是在投融资方面，需要提供工程所需的充足、及时的资金支持，同时还要力求控制融资成本，维持投资预期效益。因受金融去杠杆、严监管及社会融资增长放缓的影响，社会平均贷款利率已经达到6%以上，为此，项目公司积极维护与各金融机构的合作关系，依托大兴机场线作为国家重点项目的优势和打造“国门第一线”的政府定位，通过金融市场的动态调整提款利率及加强银企合作交流等多种措施，严格控制融资成本，尽最大努力降低平均融资成本率。

（3）公共服务统筹平台

除《特许协议》约定与法定的责任外，项目公司还应履行企业的公共责任，为乘客提供对标航空的优质轨道交通服务产品。

1）大兴机场线功能服务需求和商业策划。项目公司从大兴机场线功能定位和乘客需求出发，积极组织开展了大兴机场线功能服务需求和商业策划系列研究工作。经深入考察研究，对车辆内饰及功能、站内设施及功能、资源开发、文化品牌建设、运营管理五大板块形成指导建议。

2）大兴机场线站内环境、车辆内饰及服务功能专题研究。为保证大兴机场线高品质客运专线服务，项目公司一是在大兴机场线站内环境、装修风格、使用条件等方面进行了较大幅度的优化；二是通过调研国内类似线路的车辆内饰和服务功能，改进了车辆内饰及服务功能设计方案，对标准统一的客舱进行了差异化调整，设置了商务车厢，为乘客提供更优质的人性化乘车服务。

3）大兴机场线行李辅助方案研究。为满足航空功能需求，提升大兴机场线服务品质，解决携带大件行李的旅客乘坐轨道交通不便的问题，提供全过程服务，项目公司通过实地调研广州、深圳、上海、长沙、成都、乌鲁木齐等其他城市类似线路行李值机托运系统的使用情况，出台了大兴机场线行李辅助研究方案。

（4）股东收益协作平台

股东各方通过项目公司密切协作，通过建设、运营与多种经营，最终实现了自身经济效益与社会效益目标。

1）项目公司建立了项目投资收益实时测算工作机制，对常规经济运行进行测算，为公司投融资计划、工程变更、重要经营项目盈亏等工作提供了客观决策依据，保证了大兴机场线建设投资经济风险可控。

2）充分挖掘大兴机场线非客运资源，开展专题研究及策划，通过对资源内容的梳理，明确了以广告资源、商业资源和文化品牌资源为主的三大板块。

3）采取不同商业模式的组合方式，以“性价比最优的高效益、低成本”为原则，通过多种经营提高广告商业收入。

4）为维护大兴机场线初期的良好形象、快速培育客流，研究探索多种举措吸引客流。例如，提供灵活多样的票制票价，通过推出团体票、往返票等方式吸引多种类型的乘客；与大兴国际机场、各大航空公司讨论空轨联运合作框架，设计完善联合产品计划；改善草桥站的接驳条件，提升站外接驳功能，规划公交和航空巴士路线，增加出租车和私家车的停车场地等。

12.3.3　案例三：上海迪士尼项目融资方案

1. 上海迪士尼项目简介

2009 年 1 月，迪士尼宣布与上海市政府签订《项目建议书》，将联合上海市政府，在浦东兴建全球第 6 个迪士尼乐园。2009 年 11 月 4 日，上海迪士尼项目申请报告获国家有关部门核准。2009 年 11 月 23 日，国家发改委对外公布：2009 年 10 月，经报请国务院同意，我委正式批复核准上海迪士尼乐园项目。该项目由中方公司和美方公司共同投资建设。2010 年 11 月 5 日，上海申迪（集团）有限公司（简称上海申迪集团）与美国迪士尼签署上海迪士尼乐园项目合作协议，标志着上海迪士尼乐园项目正式启动，也意味着中国迄今为止规模最大的中外合资现代服务业项目正式落地。

项目建设地址位于上海市浦东新区川沙新镇，占地 116 公顷。项目建设内容包括游乐区、后勤配套区、公共事业区和一个停车场。项目于 2011 年 4 月 8 日动工建设，到 2015 年建成，工期大约为 5 年。

2. 上海迪士尼项目融资分析

（1）投资结构

申迪集团是由上海市政府层面成立的，在上海市工商登记部门注册，主要负责人也由上海市政府任命。据《第一财经日报》报道，在3亿元注册资金中，上海市国资委管理的锦江国际出资7500万元，占股25%；上海广播电影电视发展有限公司出资9000万元，占股30%；上海陆家嘴（集团）公司出资1.35亿元人民币，占股45%。三方投资注册上海申迪公司运营迪士尼项目可以减少投资风险。而《上海国际旅游度假区暨上海迪士尼项目银团贷款框架协议》在上海签订，由国家开发银行、上海浦东发展银行和交通银行等组成的银团与上海申迪集团签订了银团贷款框架协议，所以由政府管理的上海申迪公司也可向银团贷款。

上海迪士尼项目是由上海申迪集团的申迪旅游度假开发有限公司（简称申迪旅游）和美国迪士尼投资合作的，成立了上海国际主题乐园有限公司、上海国际主题乐园配套设施有限公司、上海国际主题乐园和度假区管理有限公司三个项目公司。

上海迪士尼项目所使用的是公司型投资结构，如图12-2所示。在这种结构中，美国迪士尼和上海申迪集团都承担有限责任，项目投资与融资也十分方便，能有效地减少项目带来的风险。

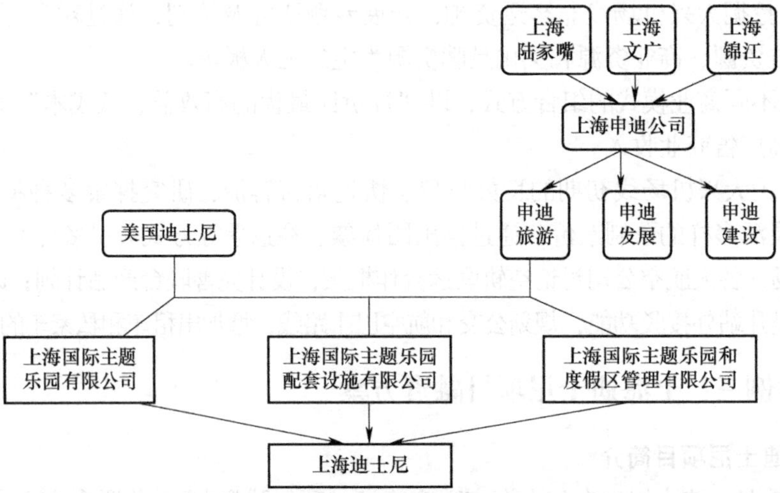

图12-2　上海迪士尼项目的公司型投资结构

（2）资金结构

上海迪士尼项目直接投资额约245亿元，间接拉动的投资上千亿元。一期的银团贷款129.15亿元，具体投资没有明确表示。《21世纪经济报道》中指出，所有投资中40%的资金为中方和迪士尼双方共同持有的股权，其中中方占57%，迪士尼占43%。其余占总投资的60%的资金则为债权，其中政府拥有80%，另外20%则为商业机构拥有，但并没有得到官方确认。整体的资金结构如图12-3所示，清晰地列出债务资金和股本资金的结构比例。

（3）信用担保结构

上海迪士尼乐园的信用担保结构并没有明确指出，也没有具体的资料显示。但是，该项目是由美国迪士尼与上海政府直接签订协议，所以在一定程度上保证了此项目的可信度。

（4）融资结构

在上海迪士尼项目中，所有投资中40%的资金为中方和迪士尼双方共同持有的股权，

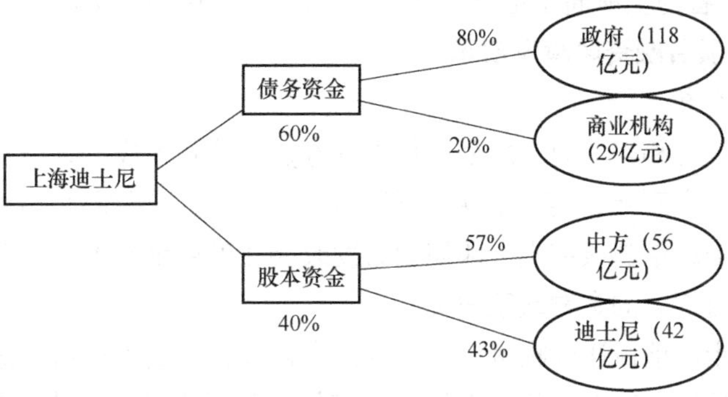

图 12-3　上海迪士尼项目的资金结构

其中中方政府占 57%，迪士尼占 43%。其余占总投资的 60%的资金则为债权，其中政府拥有 80%，另外 20%则为商业机构所有。迪士尼公司只出了一小部分资金用于一期园区的建设，其主要以品牌入股投资。在迪士尼公司看来，把过多的钱投在乐园的建设上将冒不小的风险，所以其更愿意通过品牌估值方式入股。而上海则希望通过迪士尼这个项目，促进带动上海旅游业和第三产业的发展，对项目的渴求是比较迫切的。因此，上海在迪士尼乐园项目投资金额的比例上做出了让步，愿意承担主要的项目资金。

上海迪士尼项目的融资结构如图 12-4 所示。

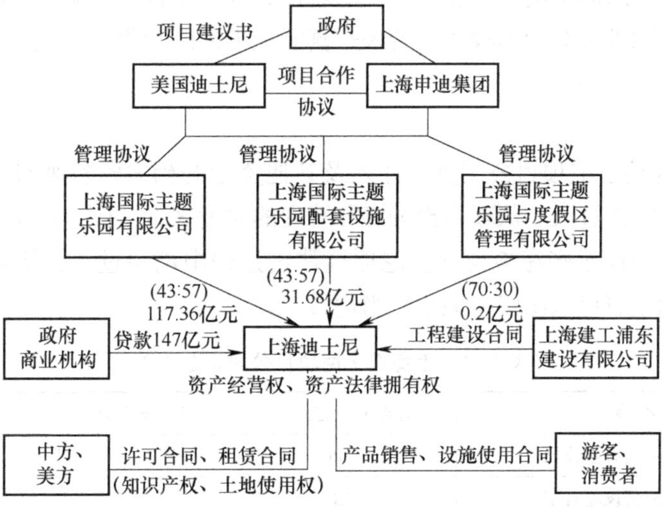

图 12-4　上海迪士尼项目的融资结构

1）由美国迪士尼和上海申迪集团合资创办的三个项目公司负责上海迪士尼项目的正常运营。

2）上海建工浦东建设有限公司负责该工程项目的施工建设。

3）政府商业机构通过购买股票等方式进行贷款融资。

4）项目的知识产权、土地使用权分别由美方、中方通过许可和租赁的方式提供给上海迪士尼项目。

5）游客和消费者与上海迪士尼之间签订的是产品销售、设施使用合同。

3. 上海迪士尼项目融资风险及启示

（1）融资风险分析

该项目由我国政府和美国迪士尼公司加上证券资金共同组成，其中六成的资金是证券资金，而证券资金受汇率影响，容易有大幅度波动。就普遍情况而言，目前在大项目的建设上，签约的项目投资总量都很惊人，即使国家发改委在项目审批上或比以往快，但是项目的发展和进度还是要看国家的金融政策情况。

除此之外，迪士尼项目还面临融资以外的几大挑战：一是银行信贷额度捉襟见肘、额度紧张；二是迪士尼项目可能在信贷的期限和利率的上限过于苛刻。申迪集团副总裁也表示，近年来由于受到国际国内经济形势的影响，迪士尼也面临融资压力，面对未来，上海迪士尼仍然不能盲目乐观。

但是也有公开资料显示，上海迪士尼是继上海世博会之后的又一重大建设项目，项目直接投资额约245亿元，间接拉动的投资规模或为千亿级。以每年1000万名游客计算，全年门票销售将超20亿元。按照以往的迪士尼产业链效应，1元的门票将拉动8元的消费，因此，单计算行食住、游购娱等最基本的游客消费，迪士尼每年带来的服务业产值将达到160亿元。

由此，上海旅游、酒店、餐饮、观光、交通等产业将直接受益。毫无疑问，上海迪士尼建成后，将会分流香港迪士尼的客流。一位专家评论说，这也都说明了上海迪士尼一旦建成运营起来，能给我国带来莫大的收益，若未来真的能带来巨大收益，我国政府也可投资引入其他类似项目。

（2）启示

从表12-1上海迪士尼项目公司资金注入及其他资金的相关资料来看，我国政府在上海迪士尼项目的资金注入过大。从项目投融资和管理的角度来看，应该借鉴巴黎、香港迪士尼的经验，尽量避免当地政府在参与迪士尼项目建设过程中消耗过大，毕竟成本回收较为缓慢，即该项目我国政府可以出资，但也应当适量。

表12-1　上海迪士尼项目公司资金注入

公 司 名 称	注册资金（亿元）	中方持股比例	美方持股比例
上海国际主题乐园有限公司	117.36	57%	43%
上海国际主题乐园配套设施有限公司	31.68	57%	43%
上海国际主题乐园和度假区管理有限公司	0.2	30%	70%

12.3.4　案例四：深圳地铁4号线二期工程项目融资

1. 项目概况和融资背景

根据《深圳市城市轨道交通建设规划》，深圳市远景规划城市轨道交通网络由15条线路组成，长365km。深圳轨道交通一期工程由1号线的东段和4号线的南段组成，正线总长度为21.8km，总投资115.53亿元，政府投资70%，其余30%由政府担保向银行贷款。在

2004 年年底完成轨道交通一期工程的基础上，近中期（至 2010 年）即轨道交通二期工程将建设 1 号线续建工程、2 号线、3 号线、4 号线续建工程、11 号线共五条线路，线路全长 120.7km，总投资 370 亿元左右。如果仍采用地铁一期工程的投融资模式，在未来的 5~8 年内，政府每年需要投资 60 亿~80 亿元，加上地铁线路营运初期的补贴，轨道投资将近 100 亿元。这不仅不利于轨道交通可持续性的发展，而且将使深圳市背上沉重的财政负担。

按照《国务院办公厅关于加强城市快速轨道交通建设管理的通知》（国办发〔2003〕81 号）文件精神，根据原国家计委公布的《关于试办外商投资特许权项目审批管理有关问题的通知》和原外经贸部制定的《关于以 BOT 方式吸收外商投资有关问题的通知》（〔1994〕外经贸法函字第 89 号）等政策的规定，2002 年 8 月 29 日，深圳市政府三届 65 次常务会议正式做出了引进境内外投资、加快深圳市轨道交通建设的决策。

根据深圳市政府常务会议精神，轨道交通 4 号线拟采用政府及个人联合的 PPP 投资机制，与香港地铁有限公司（简称港铁）联合进行建设。深圳市轨道交通 4 号线南起皇岗口岸，北至龙华新城中心，穿越深圳中心区，全长约 20.5km，其中二期续建工程长约 16km，计划总投资 58 亿元。根据国家相关政策和深圳市公用事业特许经营的有关规定，深圳市人民政府通过公开招募投资者以及资质审查和意向谈判，2004 年 1 月 15 日，深圳市人民政府和港铁签署了《关于深圳市轨道交通 4 号线投资建设运营的原则性协议》，原则上确定了以授予特许经营权的方式由港铁投资、建设、运营深圳轨道交通 4 号线 35 年（建设期 5 年，运营期 30 年）。在此协议的基础上，深港双方于 2004 年年初开始就土地开发模式、监管、风险防范等重要内容进行了近一年的艰苦谈判，最终于 2009 年 3 月签署了《深圳轨道交通 4 号线特许经营协议》。

2. 建设原则

（1）多元化投资原则

投资多元化有利于减轻政府的投资负担，提高财政资金的使用效率，符合国家关于进一步开放城市轨道交通市场的改革精神，有助于提高轨道交通经营效益，实现自负盈亏，形成良性循环，是轨道交通经营体制改革的方向。

（2）专业化建设原则

专业化的委托建设，采取招标方式选择地铁建设公司，是地铁建设体制发展的方向。从深圳市的实际情况来看，建设近中期轨道交通网络需要专业化的地铁建设公司，需要坚持培养和引进并重的原则。

（3）相对集中运营原则

在多元化的投资体制下，股东要实现投资回报，应选择效率最优的地铁建设、运营方式。一个城市由一家营运公司独家经营会缺少激励和约束机制，营运公司太多则形不成规模效益，运营成本就会提高。按照深圳市地铁投资建设的规模，参照国内相关经验，培育一家政府参股的运营公司，再引进一家有经验的运营公司（如港铁），二者适度竞争，有利于提高轨道交通网络的运营效率。

（4）政府统一管理原则

管理体制既包括监督职能，也包括服务职能。在多元化投资框架下，政府的统一管理主要体现在：第一，统一制定和引导实施轨道交通线网的总体规划、近中期发展规划；第二，统一管理轨道交通网络的共享设施，包括控制中心、线网性大修综合基地、部分供电设施；第三，统一制定和协调轨道交通网络建设和运营技术标准。

3. 项目融资基本框架

根据深圳与香港达成的原则性协议，以授予特许经营权的方式由港铁投资、建设、运营深圳轨道交通 4 号线 35 年（建设期 5 年，运营期 30 年）。港铁负责 4 号线续建工程的全额投资，同时为保障 4 号线的统一运营，4 号线一期将租赁给港铁运营。基于轨道交通项目的公益性质及长期运营亏损的特征，深圳市将以 BOT 融资方式的一种新型模式——BDOT（建设—开发—运营—转让）项目融资模式开发，即整个项目将以资本金投入、银行贷款、轨道交通运营收入及沿线站点部分土地开发的增值收益等作为主要现金流来源，由港铁负责建设、开发、运营 4 号线前 30 年。投资主体包括深圳市政府和以港铁为代表的社会投资者，其投融资模式如图 12-5 所示。

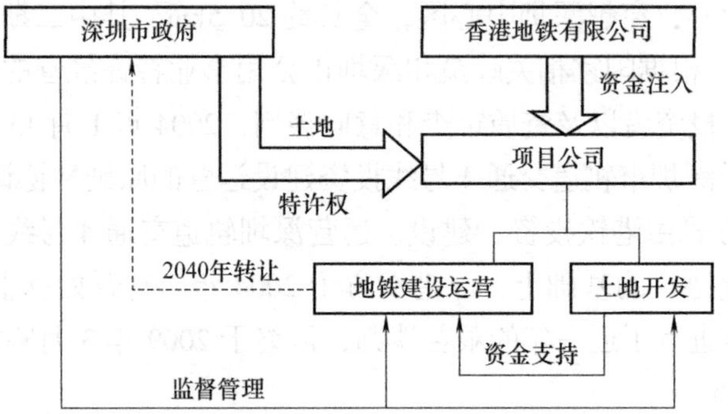

图 12-5　深圳轨道交通 4 号线的投融资模式

4. BDOT 融资模式的应用

（1）BDOT 融资模式简介

BDOT 是“Build-Develop-Operate-Transfer”的缩写，它与传统 BOT 融资模式的不同之处是多了“开发”这一环节，将轨道交通周边土地、物业开发与 BOT 相结合。该模式与传统的 BOT 融资模式相比，其特点在于政府在特许经营权中向项目承包建设方授予了项目相关产业和区域的开发权，以开发权来支持非营利性基础设施的建设，确保稳定的资金流。

（2）BDOT 融资模式的运作流程

1）2004 年年初—2005 年年初为准备阶段，主要工作为原则性协议和特许经营权协议的签订。

2）2005 年—2010 年为建设阶段，主要工作为轨道交通 4 号线的技术研究、设计、招标、施工及项目竣工和试运营工作，由港铁投资的独资项目公司组织实施。

3）2005 年—2040 年，配合轨道交通 4 号线的建设和运营，由深圳市政府划拨土地，港铁进行土地开发。

4）2010 年—2040 年为运营阶段，由港铁负责组织运营。

5）2040 年为转让的里程碑。

为了保证转让工作的顺利进行，建议深圳市政府将转让准备工作提前，使运营阶段与转让阶段有 5 年的时间搭接。可见，开发伴随运营的整个过程，为运营的正常进行提供资金保障。

（3）BDOT 融资模式的优点和创新

1）优点。其优点主要包括以下方面：

① 引进外资，提高深圳市城市基础设施建设效益。

深圳市轨道交通二期工程总投资数百亿元，仅依靠政府财政投资建设和维护城市轨道交通系统，政府财政将不堪重负。港铁承担 4 号线建设的全部投资，包括前期的土地征用和场地清理费用、设施建设和设备购置费用，并负责前 30 年的运营工作，这有利于加快二期轨道交通系统的建设，减少政府财政压力，探索轨道交通系统多元化投资的新模式。

② 引入城市规划新理念，以轨道交通引导城市新区发展。

4 号线与 1 号线有不同的定位：1 号线主要沿深圳市深南中路布置，沿线开发程度很高，建设目的以缓解交通压力为主；4 号线将从皇岗口岸起沿皇岗路直至龙华新城中心，沿线尚有较多的土地供进一步开发，引入香港地铁在轨道交通站点周边一定范围内高密度开发的经验，采用“珠链式”城市开发模式，将轨道交通的站点发展成为地区中心和交通枢纽，加快龙华城市次中心区的开发。

③ 将城市轨道交通建设与其沿线土地集约开发结合，实现“效益深圳”的目的。

许多城市由于轨道交通规划落后于城市规划，其土地增值效益往往为沿线土地开发商所有，政府难以得到该部分的效益，而且，有时在建设中还需要向沿线物业所有者和经营者支付不菲的补偿。4 号线在策划、投资机会研究和谈判过程中，始终坚持以“效益深圳”为核心，注意并贯彻了“三同步”的思想：城市规划与轨道交通规划同步，引入战略投资者与轨道交通前期准备工作同步，轨道交通建设、运营、转让规划与监管方案同步，将轨道交通建设和城市规划紧密结合，促进二者之间内在效益的实现。

④ 引入香港地铁，保持深圳轨道交通运营商的适当竞争。

2）创新。深圳轨道交通 4 号线采用 BDOT 融资模式进行建设，其创新之处在于：

① 它是我国首个非营利性大型基础设施融资项目。我国已建的轨道交通项目基本采用了以政府投资为主的直接融资模式，增加了政府的财政负担和商业银行的金融风险。BDOT 模式的成功，不仅在公共设施的投融资体制改革方面开创了先例，也将在公共设施用地与周边土地开发的结合方面成为一种有益的探索。

② 轨道交通建设运营权和沿线土地开发权捆绑建设。目前国内的轨道交通投资建设和沿线土地的升值相割裂，轨道交通建设的投资者不能分享因轨道交通建设带来的外延效益，城市轨道交通开通后，直接收益的并非轨道交通公司和政府，而是沿线的物业开发商和业主。香港轨道交通建设模式是将轨道交通建设的一部分外延效益返还给投资者用于轨道交通建设，另一部分外延收益作为土地开发收益上缴政府，政府只需要将一部分沿线物业开发权交由轨道交通公司。这样，政府无须动用财政资金用于轨道交通建设，同时投资者也获得了一定的商业回报，企业经营进入良性循环，轨道交通建设也走上了可持续发展道路。引入港铁投资建设运营深圳轨道交通 4 号线，将发挥香港在轨道交通建设和轨道交通项目相关土地

和物业开发方面的优势，对探索轨道交通可持续发展具有重要意义。

（4）BDOT融资模式的具体运作

1）建设。在深圳市政府授予特许经营权的条件下，港铁出资2.8亿元人民币作为轨道交通4号线前期的土地征用和场地清理费用。在划定线路后，港铁以投资和贷款融资等方式筹集资金，组织相关线路的设计、招标、施工和设备采购，独立承担深圳轨道交通4号线所有站点、线路的建造费用和机车等设施的购置费用。

2）开发。深圳市政府与港铁协商确定了"服从规划、划定范围、评估地价、协议出让、招标开发、地价分成"的站点周边土地开发原则，开发贯穿地铁运营的始终。

轨道交通4号线沿线若干片区土地以假设开发法（剩余法）进行地价评估，经过深入分析和反复调研，因轨道交通开发带来的地价增值约是总地价的40%。按照双方确定的地价评估方法，以2004年为基准，双方预测2006年地价水平，按楼面地价住宅达到2000元/m^2，商业接近5000元/m^2，为目前该地区公告基准地价的2~3倍。以该预测结果为主要参考因素，以40%的地价增值作为轨道交通建设融资的标准，并据此在站点周围划定了用地范围，范围包含了轨道交通的线路用地。为保证划定用地的统一规划、集约开发，双方约定，将通过深圳土地房产交易中心由项目公司以公开招标、拍卖或挂牌方式选择房地产发展商，拍卖所得地价的60%上缴市政府，40%用于4号线建设融资。

3）运营。深圳轨道交通4号线将由港铁设立的项目公司独立负责运营，运营期为30年。在此期间，一方面，运营的服务标准须遵循深圳市的法律法规制度，票价应符合深圳市的经济发展水平；另一方面，港铁应保证设备的正常维护、保养、折旧和更新，保证深圳地铁和香港地铁在运营服务上的无缝衔接、在机车维护设施和设备上的资源共享、在调度和管理上的有效沟通。

4）转让。在特许经营协议中，深圳市政府与港铁约定了轨道交通4号线的转让协议，即在港铁运营4号线满30年后，将根据实际情况决定是由港铁继续运营，还是转让给政府或其他轨道交通运营商进行运营，并规定了转让工程的具体质量要求。

12.4 国外大型基础设施项目融资模式案例分析

12.4.1 案例一：英法海峡隧道项目

1. 项目简况

英法海峡隧道包括两条7.3 m直径的铁路隧道和一条4.5 m直径的服务隧道，长50 km。项目公司为欧洲隧道公司，由英国的海峡隧道集团、英国银行财团、英国承包商，以及法国的France-Manehe公司、法国银行财团、法国承包商等10个单位组成。特许权协议于1987年签订，该项目于1993年建成。政府授予Eurotunnel公司55年的特许期（1987年—2042年，含建设期7年），项目总投资103亿美元。在特许权协议中，政府对项目公司提出了以下三项要求：

1）政府不对贷款做担保。

2）项目由私人投资，并用项目建成后的收入来支付项目公司的费用和债务。

3）项目公司必须持有20%的股票。

2. 项目参与方

1）发起人：英法两国政府。英法两国政府发出对海峡隧道工程出资、建设和经营的招标邀请，作为项目的发起人。

2）投资者：CTG-FM。CTG-FM是一个由两国建筑公司、金融结构、运输企业、工程公司和其他专业机构联合的商业集团。

3）项目公司：欧洲隧道公司。欧洲隧道公司是一个合伙制组织，负责运行和经营。

4）总承包商：TML联营体。TML联营体负责施工、安装、测试和移交运行，作为总承包商。

5）贷款方：牵头银行组织的一个由40个二级银行组成的价值50亿英镑的联合贷款承销团。

3. 项目的承发包方式与风险承担

1）项目采用固定总价和目标造价合同的方式。欧洲隧道公司承担了海峡隧道的全部建设风险，并为预算超支准备了一笔17亿美元的备用贷款。49亿美元的陆上建筑工程的一半按固定价格承包，而隧道自身则按目标造价承包，欧洲隧道公司将把实际费用加固定费支付给承包商。如果隧道以低于目标造价完成，承包商将得到全部节约资金额的一半；如果实际造价和预定目标超支，承包商必须支付规定的违约赔偿金。此外，由于不可见的水底状况、设计及技术规格的变更、通货膨胀等，其合同受到价格调整的影响。

2）计划总投资费用及建设工期的风险。总投资费用为92亿美元（在施工过程中已增加到120亿美元），计划1988年开工到1995年竣工。建设工期的风险在于，拖延施工工期就会使经营期相对缩短，并会直接影响到该项目的收益和债务的偿还。这就有可能将欧洲隧道公司置于风险之中，因为若该公司到期不能偿还银行规定的额度，则银行可以行使自己的权力对该公司进行监理并出售其资产。

4. 项目的融资情况

1）政府对贷款不做担保。

2）该项目将按有限的追偿权，100%由私营团体筹资，交付发起人使用，债务由完成的项目收益来偿还。

3）该团体必须筹资20%的股票投资，即17.2亿美元现金。除此之外，74亿美元贷款将从209家国际银行筹措。筹款之初，14家初期项目的承包商和银行首先赞助8000万美元，同时在四个发行地点成功地筹集到大批以英国英镑和法国法郎计算的股票投资。

5. 项目的政府担保情况

1）欧洲隧道公司从英国、法国两国政府得到的担保很小。

2）英国政府要求建设、筹款或经营的一切风险均由私营部门承担。除特许期较长外，政府没有向该公司提供支持贷款、最低经营收入担保、经营现有设施特许权、外汇及利率担保，仅仅提供了商务自主权、“无二次设施”的担保。

3）政府唯一为欧洲隧道公司提供的是充分的商务自主权担保，包括自主地确定其税率。

4）欧洲隧道公司的一半收入来自其铁路协议，即利用隧道的国家铁路将伦敦同目前尚未充分开发的欧洲高速铁路网联结起来；其他收入将来自对过往隧道铁路商业车辆的收费。政府许可38年内不设横跨海峡的二次联结设施。

6. 借鉴价值

1）对于政府而言，在基础设施建设领域中引入私营资本，并不意味着政府可以将所有的风险全部转移给私营部门。在BOT项目中，政府需要有足够的监管，同时政府必须确保竞标中的有效竞争，提供项目公司忠于特许权协议的激励，并且能够在特许经营期间惩罚投资者的机会主义行为。总的来说，政府有能力影响规章制度、政策、法律和其他规定，相比私营部门对政治风险、法律变更风险、国有化风险等更有控制能力，因此这些风险应该由政府来承担。

2）与政府相比，私营投资者对项目的融资、建设和经营等相关风险更有控制能力，因此在特许权协议中通常将这些风险以条文形式转移给私营投资者。而投资者则可以将部分风险转移给其他更为专业的机构，如将建造相关风险转移给施工承包商。在BOT模式中，私营投资者应注意以下几个问题：

① 需要谨慎选择投标合伙人。发起人组建PPP项目投标联合体时，应紧紧围绕三个目标来进行伙伴选择：确保联合体在项目竞标中的竞争优势，增加竞标成功的概率；确保中标后所组建的项目公司在特许期内各阶段具有足够的运作能力，保障特许权协议的顺利执行和实现预期收益；尽可能优先保障发起人的个体利益。

② 需要客观评价政府对项目的支持，注意保证项目在某一区域的垄断性，客观准确评价市场环境，切勿过分乐观预测，高估市场前景，低估市场竞争风险、价格风险和需求风险。

③ 制定严格谨慎的融资方案和财务预算，认真对待高杠杆融资背后的潜在危险，确保项目的垄断经营和收入稳定的市场优势。

3）金融机构在PPP项目中应该承担的主要风险包括融资成本增加、成本超支、项目公司破产、通货膨胀、利率风险等。具体而言，金融机构需要积极参与项目的决策和为政府和企业提供必要的咨询服务，增强对项目融资的理解，放宽对PPP项目融资条件的限制，制定适合PPP项目的项目评价标准等。

12.4.2 案例二：澳大利亚悉尼海底隧道项目

1. 项目简介

针对悉尼港湾大桥车流量逐年增多并已超过大桥设计能力的现状，澳大利亚新南威尔士州政府在1979年就向社会公开发出邀请，就解决悉尼港湾的交通问题请私人企业提出建议。最初提出的建议（主要是修建悉尼港湾第二大桥）由于种种原因均未被政府所接受。1986年，澳大利亚最大的私人建设公司Gransfield和日本的大型建设公司之一Kumagai Gumi Co Ltd（熊谷组）联合向州政府提出了建设海底隧道作为悉尼港湾第二通道的建议。州政府在经全面研究后，认为这个建议是可以接受的，于是授权这两个公司用自有资金对该项目的筹资方式、建设和隧道经营进行了全面的可行性研究。

2. 项目可能性

在对未来悉尼港湾交通量进行预测分析的基础上，提出了八个可能的走向，然后根据地质条件、隧道的结构、隧道与现有快速车道的连接方式、隧道通风方式，对通航航道及行船的影响等多方面进行比选，选择最佳的线路走向。

3. 环境影响

澳大利亚对环境保护的要求很多，为此特别提交了一份环境影响报告，从对建设海底隧道项目对环境及公众的各种影响，主要包括大质量、噪声、历史性重大建筑、城市规划、公共设施、过往船只、水质和海洋生物、当地居民的生活等方面，做出全面的评估论证，同时也提出了避免和减少对环境和公众影响的措施。在环境影响报告完成后，州政府向社会广大民众予以公布，并邀请相关人士和单位对环境影响报告提出意见。根据公众意见，除对原设计进行了小的优化修改以外，最大的变化是将隧道预制件浇注施工场地由原来的植物学湾移到肯布拉港，以避免对植物学湾附近的化工厂产生不利影响。

4. 资金筹备方案

资金筹措方案聘请了澳大利亚西太平洋（Wespac）银行为财务咨询单位，对筹资方式进行了咨询并协助提出了初步方案。该项目可行性研究报告历时 18 个月，共投入 400 万澳元，并在 1987 年被州政府批准。两家私人公司为保证该项目的实施，正式成立了悉尼港隧道有限公司，并与州政府进行谈判，签订了特许权合同。1987 年 5 月，州议会通过立法形式批准了《悉尼港隧道法》。该法对政府的职责、悉尼港隧道公司的职责及相应部门的职责等都做了十分明确的规定。

最后确认的项目达到了政府的以下目标：

1）项目在经济上是可行的，但政府的财政预算内不承担提供资金的义务。

2）隧道收费保持在最低水平上。

3）政府承受的风险限制在最低限度上。

4）政府能影响项目的设计、建设和经营，以保证项目的财政能力。

5）长期性地解决悉尼港大桥的交通问题。

6）政府仅承担项目实际收入与设计收入之间的差额风险，保证项目有足够的收入归还贷款。

5. 项目主要参与者

1）承建商：组成悉尼港隧道有限公司的两个私人公司只能承担该工程 30%的施工任务，其余 70%通过招标选择其他施工企业承担。

2）供应商：相关设备供应商、能源供应商、原材料供应商暂时还未查到详细的公司名称。

3）项目产品使用者：所有通过该隧道的车辆。

4）保险公司：CROWN 保险公司。

5）融资顾问：卡梅隆·麦克纳马拉（Cameron McNamara）与西太平洋银行。

6）政府机构：新南威尔士州的主要道路部门。

6. 项目融资结构

悉尼海底隧道是典型的 BOT 项目融资，政府特许悉尼港区隧道有限公司（简称 SHTC）

建设项目，如图12-6所示。

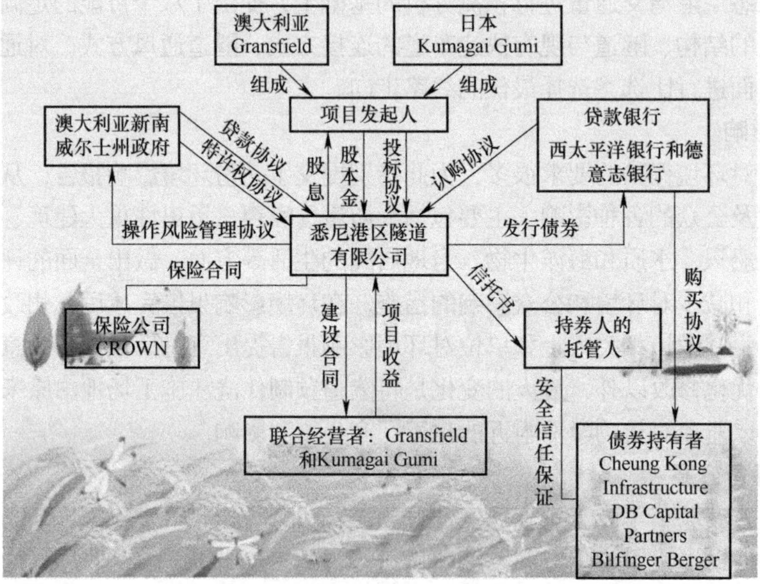

图12-6　悉尼海底隧道项目的融资结构

1）项目投资者 Gransfield 和 Kumagai Gumi 根据股东协议组建了单一目的的项目公司（SHTC），并且注入一定的股本金。

2）以项目公司为独立的法人实体，签署一切与项目建设、生产和市场有关的合同，安排项目融资，建设经营并拥有项目。具体为：

① 发行30年期4.86亿澳元的企业债券，与澳大利亚西太平洋银行和德意志银行签署债券认购协议。其中的220万澳元由 Cheung Kong Infrastructure（50%）、DB Capital Partners（30%）和 Bilfinger Berger（20%）三家企业共同购买并签署购买协议。

② 新南威尔士州政府提供无息贷款2.24亿澳元并签署贷款协议；与新南威尔士州政府签署特许权协议，负责筹资、建设、运营、回收投资、偿还债务等事务，经营期满后该项目无偿转让给政府。

③ 与 CROWN 保险公司签订保险合同，对项目风险进行分摊。

④ 与联合经营者 Gransfield 和 Kumagai Gumi 签署建设合同，对项目建设进行安排，项目收益属于 SHTC。

12.4.3　案例三：马来西亚南北高速公路

1. 项目概况

马来西亚南北高速公路项目全长912km，最初由马来西亚政府负责建设，但是在公路建成400km之后，由于财政困难，政府无法将项目继续建设下去，最终决定采取 BOT 融资模式继续项目。历时两年左右的谈判，马来西亚联合工程公司（United Engineer Company）在1989年完成了高速公路项目的资金安排，使项目得以重新开工。BOT 项目融资模式在马来西亚高速公路项目中的运用，在国际金融界获得了很高的评价，被认为是 BOT 模式的一个成功范例。

2. 项目参与者

1）项目发起人：马来西亚政府作为南北高速公路项目的发起人和马来西亚联合工程公司签署了特许经营权合约。由马来西亚联合工程公司组建的一个新公司—南北高速公路项目有限公司作为项目发起公司，负责该高速公路的筹资、设计、建造与经营。

2）项目公司：马来西亚南北高速公路项目公司。

3）财务顾问：英国投资银行摩根格兰福（Morgan Grenfell），为项目策划和操作，并在金融市场上筹集资金。

4）贷款银行：包括由马来西亚本国的银行和非银行类金融机构组成的本国银团和国际金融机构组成的国际银团。

5）东道国政府：马来西亚政府在该项目中起着重大作用，为项目提供了多层次的支持和担保。

3. 资金来源

项目资金构成中，马来西亚联合工程公司对项目公司设立投入的股本资金 11.5 亿美元，占项目总投资的 53.97%。英国投资银行摩根格兰福为项目组织了为期 15 年、总金额为 9.21 亿美元的有限追索项目贷款，占项目总建设费用的 42.42%。其中，5.81 亿美元来自马来西亚的银行和其他金融机构，是当时马来西亚国内银行提供的最大的一笔项目融资贷款；另外 3.4 亿美元来自由十几家国外银行组成的国际银团，该笔资金为工程的顺利进行提供了重要的保证。马来西亚政府提供 6000 万美元的从属性备用贷款。马来西亚南北高速公路公司对已经投入使用的 309km 公路的通行费收入，也构成该项目的资金来源之一。

4. 项目融资结构

1987 年年初开始，经过为期两年的项目建设、经营、融资安排的谈判，马来西亚政府与马来西亚联合工程公司签署了一项有关建设经营南北高速公路的特许权合约。马来西亚联合公路公司为此成立了一家项目子公司——南北高速公路项目有限公司。以政府的特许权合约为核心组织起来项目的 BOT 融资结构由三部分组成：政府的特许权合约、项目的投资者和经营者及国际贷款银团。

（1）政府的特许权合约

马来西亚政府是南北高速公路项目的真正发起人和特许权合约结束后的拥有者。政府通过提供一项为期 30 年的南北高速公路建设经营特许权合约，不仅使得该项目由于财政困难未能动工的 512km 得以按照原计划建设并投入使用，而且通过项目建设和运营带动了周边经济的发展。

对于项目的投资者和经营者及项目的贷款银行，政府的特许权合约是整个 BOT 融资的关键核心。这个合约的主要内容包括以下几方面：

1）南北高速公路项目公司负责承建 512km 的高速公路，负责经营和维护高速公路，并有权根据一个双方商定的收费方式对公众收取公路的使用费。

2）南北高速公路项目公司负责安排项目建设所需的资金。但是，政府将为项目提供一项总金额为1.65亿马来西亚元（约合6000万美元）的从属性备用贷款，作为对项目融资的信用支持；该项贷款可在11年内分期提取，利率为8%，并具有15年的还款限期，最后的还款期是在特许权协议结束的时候。

3）政府将原已建好的400km高速公路的经营权益在特许权期间转让给南北高速公路项目公司。但是，项目公司必须根据合约对其公路设施加以改进。

4）政府向项目公司提供最低公路收费的收入担保，即在任何情况下，如果公路交通流量不足，公路的使用费用收入低于合约中规定的水平，则政府负责向项目公司支付其差额部分。

5）特许权合约期为30年。在特许权合约的到期日，南北高速公路项目公司将无偿地将南北高速公路的所有权转让给马来西亚政府。政府的特许权合约不仅构成了BOT项目融资的核心，也构成了项目贷款的信用保证结构核心。

（2）项目的投资者和经营者

项目的投资者和经营者是BOT模式的主体，在这个案例中，是马来西亚联合工程公司所拥有的南北高速公路项目公司。

在这个总造价为57亿马来西亚元（约合21亿美元）的项目中，南北高速公路项目公司作为经营者和投资者，除股本资金投入之外，还需要负责项目建设的组织，与贷款银行谈判安排项目融资，并在30年的时间内经营和管理这条高速公路。

马来西亚联合工程公司作为工程的总承包商，负责组织安排由40多家工程公司组成的工程承包集团，在为期7年的时间内完成512km高速公路的建设。

（3）国际贷款银团

英国投资银行摩根格兰福作为项目的融资顾问，为项目组织了为期15年、总金额为25.35亿马来西亚元（约合9.21亿美元）的有限追索项目贷款，占项目总建设费用的44.5%，其中16亿马来西亚元（约合5.81亿美元）来自马来西亚的银行和其他金融机构，是当时马来西亚国内银行提供的最大的一笔项目融资贷款，9.35亿马来西亚元（约合3.4亿美元）来自由十几家国外银行组成的国际银团。即使对于BOT融资模式，这个金额同样也是一个很大的数目。项目贷款是有限追索的，贷款银团被要求承担项目的完工风险和市场风险。然而，由于实际上政府特许权合约中提供项目的最低收入担保，项目的市场风险相对减轻了，并在某种意义上转化成为一种政治风险，因而贷款银团所承担的主要商业风险为项目的完工风险。项目的延期将在很大程度上影响到项目的收益。但是，与其他项目融资的完工风险不同，公路项目可以分段建设、分段投入使用，从而相对减少了完工风险对整个项目的影响。项目建设所需要的其他资金将由项目投资者在7年的建设期内以股本资金的形式投入。

5. 项目风险

针对不同的风险，该项目设计了不同的规避措施，力求实现风险最大限度的可控和风险最小化。方案如下：

1）信用风险：马来西亚政府为该项目提供了6000万美元的从属性备用贷款，增强了贷款银团的信心，降低了信用风险。

2）完工风险：由贷款银行承担，对于公路项目的建设和经营来说，其完工风险小于其他基础设施项目。因为公路项目可以分段建设、分段投入使用、分段取得收益，即使出现某段工程不能按时完工的情况，也不会像电厂、桥梁、隧道等项目一样无法运营。

3）市场风险：在本项目中，政府提供了最低收入担保，化解了这一风险。如果公司在经营的前 17 年内因交通量下降而出现现金流量困难，马来西亚政府将另外提供资金，即经营的前 17 年有最低营业收入保证。

4）国家风险：政府特别立法，设立 BOT 专责委员会保证项目实施。

5）金融风险：由于该项目投资规模巨大，建设期长达 7 年，因此项目投资者和项目经营者会面临相当的利率和汇率风险。为此，马来西亚政府为项目提供了相应的金融风险担保。政府提供的援助性贷款为 23500 万美元，约为项目从开始筹资到建造完工总成本的 13%。该笔贷款在 25 年内还清，并在前 15 年内可延期偿付，其固定年利率为 8%。马来西亚政府还授予南北高速公路项目公司经营现有的一条长 309km 的高速公路，公司无须购买该路段，其部分通行费收入用于新建公路。在外汇方面，马来西亚政府提供的担保是：如果汇率的降低幅度超过 15%，政府将补足其缺额。最后，政府还提供了利率担保：如果贷款利率的上升幅度超过 20%，政府将补足其还贷差额。

6. 项目融资方案评析

（1）采用 BOT 模式为马来西亚政府和项目投资者及经营者均带来了很大的利益

1）从政府的角度，由于采用 BOT 模式，可以使南北高速公路建设投融资按原计划建成并投入使用，对于促进国民经济的发展具有很大的好处，同时，可以节省大量的政府建设资金，并且在 30 年特许权合约结束以后，可以无条件收回这一公路。

2）从项目投资者和经营者的角度，BOT 模式的收入是十分可观的。马来西亚联合工程公司可以获得两个方面的利益：第一，根据预测分析，在 30 年的特许权期间内南北高速公路项目公司可以获得大约两亿美元的净利润；第二，作为工程总承包商，在 7 年的建设期内从承包工程中可以获得大约 1.5 亿美元的净税前利润。

（2）对 BOT 模式中风险问题的分析

采用 BOT 模式的基础设施项目，在项目的风险方面具有自己的特殊性。这些特殊性对 BOT 模式的应用具有相当的影响。

1）基础设施项目的建设期比一般的项目要长得多。如果采用净现值法计算项目的投资收益，则会由于建设期过长而导致项目净现值大幅度减少，尽管类似高速公路这样的项目可以分段建设、分段投入使用。然而，基础设施项目的固定资产寿命比一般的工业项目要长得多，经营成本和维护成本按照单位使用量计算也比工业项目要低，从而经营期的资金要求量也相对比较低。

因此，从项目融资的角度来看，项目建设期的风险比较高，而项目经营期的风险比较低。

2）对于公路项目建设，有关风险因素的表现形式和对项目的影响程度与其他采用 BOT 模式的基础设施项目也有所不同。首先，公路项目的完工风险要低于其他采用 BOT 模式的基础设施项目，如桥梁、隧道、发电厂等，这是因为在前面反复提到的公路项目可以分段建设、分段投入使用、分段取得收益。如果项目的一段工程出现延期，或由于某种原因无法建设，虽然对整个项目的投资收益会造成相当的影响，但不会像桥梁、隧道等项目那样颗粒无收。正因为如此，在马来西亚南北高速公路的 BOT 项目融资中，贷款银行同意承担项目的完工风险。其次，公路项目的市场风险表现也有所不同。对于电厂、电力输送系统、污水处理系统等基础设施项目，政府的特许权协议一般是承担100%的市场风险，即按照规定的价格购买项目生产的全部产品。

这样，项目融资的贷款银行不承担任何市场需求方面的风险，项目产品的价格是根据一定的公式（与产品的数量、生产、成本、通货膨胀指数等要素挂钩）确定的。然而，对于公路、桥梁等项目，由于是面对公众的，由使用者的数量及支付一定的使用费构成，所以面临着较大的不确定性因素。项目使用费的确定，不仅仅是与政府谈判的问题，还必须考虑到公众的承受能力和心理因素。如果处理不好，类似收费加价这样的经济问题就会演变成为政治问题。因此，在公路建设这样的项目中，政府在特许权合约中关于最低收益担保的条款，成为 BOT 模式中非常关键的一个条件。

3）项目所在国金融机构的参与对促成大型 BOT 融资结构起着很重要的作用。毋庸讳言，在 BOT 融资结构中，由于政府的特许权合约在整个项目融资结构中起着举足轻重的作用，从项目贷款银团的角度考虑，项目的国家风险和政治风险就变成一个十分重要的因素。这方面包括政府违约、外汇管制等一系列问题。项目所在国的银行和金融机构，通常被认为对本国政治风险的分析判断比外国银行要准确得多。因而在大型 BOT 融资结构中，如果能够吸引到本国的若干家主要金融机构参与，可以起到事半功倍的作用。在马来西亚南北高速公路的项目融资安排中，这一点被国际金融界认为是十分成功的。

本章小结

本章简要介绍了国内外一些典型的工程项目案例，分别从资金结构、投资结构、融资模式、融资风险和防范等不同的层面，系统性地进行了分析，将前述章节的融资理论与工程实践案例相结合，从而达到理论与实践相结合的教学效果。

复习题

1. 简述影响港珠澳大桥融资决策的因素。
2. 简述北京大兴国际机场融资模式的基本合作关系。
3. 结合国内外工程案例，概述我国工程项目融资的发展优势。
4. 通过案例分析，试总结影响工程项目融资成功的关键因素。

第 12 章练习题

扫码进入在线答题小程序，完成答题后可获取答案及其解析

参考文献

[1] 王乐，杨茂盛．工程项目融资［M］．北京：中国电力出版社，2016.
[2] 刘亚臣，常春光．工程项目融资［M］．3版．大连：大连理工大学出版社，2012.
[3] 柯永建，王守清．特许经营项目融资（PPP）：风险分担管理［M］．北京：清华大学出版社，2011.
[4] 李波，冯革，徐萍．项目融资管理［M］．上海：上海交通大学出版社，2010.
[5] 叶苏东．项目融资：理论、实务与案例［M］．2版．北京：清华大学出版社，2010.
[6] 戴大双．项目融资［M］．2版．北京：机械工业出版社，2009.
[7] 李春好，曲久龙．项目融资［M］．2版．北京：科学出版社，2009.
[8] 蒋先玲．项目融资［M］．3版．北京：中国金融出版社，2008.
[9] 汤伟钢，李丽红．工程项目投资与融资［M］．北京：人民交通出版社，2008.
[10] 陈健，陶萍．项目融资［M］．北京：中国建筑工业出版社，2008.
[11] 徐莉．项目融资［M］．武汉：武汉大学出版社，2006.
[12] 武献华，石振武．工程经济学［M］．北京：科学出版社，2006.
[13] 邓宏乾．房地产金融［M］．上海：复旦大学出版社，2006.
[14] 国家发展改革委，建设部．建设项目经济评价方法与参数［M］．3版．北京：中国计划出版社，2006.
[15] 刘立群，田淑芬．工程项目投资分析［M］．北京：化学工业出版社，2005.
[16] 张极井．项目融资［M］．2版．北京：中信出版社，2003.
[17] 马秀岩，卢洪升．项目融资［M］．大连：东北财经大学出版社，2002.
[18] 杨庆，董飞．项目融资：日照电厂的成功之路［J］．中国电力企业管理，2000（4）：22-23.
[19] 于九如．投资项目风险分析［M］．北京：机械工业出版社，1999.
[20] 卢家仪，卢有杰，等．项目融资［M］．北京：清华大学出版社，1998.
[21] 赵先立，李子君．地铁经济中的公私合作：北京地铁4号线的运营、经验和意义［J］．城市观察，2012（5）：77-85.
[22] 马云超．公路工程项目融资BT模式应用案例分析［J］．建材世界，2011，32（4）：111-113.
[23] 谢青波，王文顺，缪小龙，等．一个成功BOT项目融资案例分析［J］．建筑经济，2009（9）：23-25.
[24] 张云宁，王玲，王书文．浅议南京地铁二号线BT投融资模式［J］．建筑经济，2008（8）：35-38.
[25] 杨芳．项目融资的优势和风险分析［J］．科技资讯，2006（32）：172-173.
[26] 文忠平，彭淼．中国项目融资法律政策环境的简要分析［J］．市场周刊，2005（9）：110-111.
[27] 宋永发，石磊．工程项目投资与融资［M］．北京：机械工业出版社，2019.
[28] 项勇，卢立宇，徐姣姣．建设工程项目投资与融资［M］．北京：机械工业出版社，2020.

[29] YE S D, LIU Y S. Study on development patterns of infrastructure projects [J]. Journal of construction engineering and management, 2008, 134 (2): 94-102.

[30] YE S D, LIU Y S. Major pitfalls in developing independent power projects [C]. Proceedings of international conference on construction and real estate management. Harbin: Harbin Institute of Technology, 2007: 349-356.

[31] LING Y Y, LAU B S Y. A case study on the management of the development of a large-scale power plant project in East Asia based on design-build arrangement [J]. International journal of project management, 2002, 20 (6): 413-423.

[32] NEVITT K P, FABOZZI F. Project finance [M]. 7th ed. London: Euromoney Publications PLC, 2000.

[33] CHANCE C. Project finance [M]. London: IFR Publishing Ltd, 1991.

[34] 陈南凤. 北京大兴国际机场轨道线 PPP 模式研究与应用 [J]. 建筑技术, 2020, 51 (2): 171-173.